LUQIAO SHIGONGTU SHIDU

路桥施工图识读

主编　袁玉卿
参编　温　森　赵丽敏　王笑风　黎　鹏

中国电力出版社
CHINA ELECTRIC POWER PRESS

内 容 提 要

本书先对路桥施工图有关内容进行了总体的阐述，然后对总体设计、路线平面及纵断面设计图、路基横断面图、路基防护图及相关参数、各类路面设计图及相关参数、路基路面排水设计、桥梁工程、涵洞工程、隧道工程、路线交叉等内容的读图、识图进行了全面的讲解。同时，按照图纸的编排顺序，对图纸的表达内容进行详细剖析。

本书适合路桥工程高校学生学习，以便更好地适应工作岗位，也适合路桥工程施工人员参考借鉴。

图书在版编目（CIP）数据

路桥施工图识读/袁玉卿主编. —北京：中国电力出版社，2014.1（2025.7重印）
ISBN 978-7-5123-4867-7

Ⅰ.①路… Ⅱ.①袁… Ⅲ.①道路工程-工程施工-工程制图-识别②桥梁工程-工程施工-工程制图-识别 Ⅳ.①U415②U445

中国版本图书馆 CIP 数据核字（2013）第 207674 号

中国电力出版社出版、发行
北京市东城区北京站西街 19 号 100005 http://www.cepp.sgcc.com.cn
责任编辑：关 童
责任印制：杨晓东 责任校对：王小鹏
廊坊市文峰档案印务有限公司印刷・各地新华书店经售
2014 年 1 月第 1 版・2025 年 7 月第13次印刷
787mm×1092mm 16 开本・15 印张・363 千字
定价：36.00 元

前　言

当前的高等教育厚基础、宽口径，专业课时也有所压缩。对于道桥或相关专业，毕业生走上工作岗位之后，一时很难将所学的基本理论和方法应用于工程实践，从而出现看不懂施工图、工作开展困难的现象。针对这种情况，有的施工单位采取师傅带徒弟模式，有的施工单位集中培训新进毕业生。若有一本帮助道桥毕业生识读施工图的图书，对于刚踏上工作岗位的新人来说，将会事半功倍。

本书根据交通部的《公路工程基本建设项目设计文件编制办法》相关规定，完全参照公路工程图纸的编排顺序和技术内容编写，具有很强的针对性，能使有一定基础的道桥相关专业人士迅速读懂正规施工图。本书的参与编写者为设计、施工及研究经验丰富的人员，能保证理论与实践的统一性、先进性。本书开门见山，直观地将施工图内容与大学生的基础知识对接，浅显易懂。

本书首先对路桥施工图有关内容进行了总体的阐述，然后对总体设计、路线平面及纵断面设计图、路基横断面图、路基防护图及相关参数、各类路面设计图及相关参数、路基路面排水设计、桥梁工程、涵洞工程、隧道工程、道路路线交叉等内容的读图、识图进行了全面的讲解。

本书由袁玉卿（第1～5章）主编，黎鹏（第6、9、11章）、温森（第8、10章）、赵丽敏（第7、12章）等参编。其中，王笑风收集了大量图纸，研究生郭涛、李伟、许海铭、曹容川做了大量的文字整理工作，蔚旭灿、万海涛、罗运阔也对书稿提出了许多宝贵建议。

本书在编写过程中，参考了有关标准、规范、教材和论著，在此谨向有关编著者表示衷心的感谢！

由于作者水平有限，书中难免有不妥之处，恳请读者批评指正。

袁玉卿

2013年7月

目　录

第 1 章

绪 论

设计人员绘制施工图来表达设计构思和意图，施工人员通过识读施工图，理解设计意图并按图施工，使设计图转化为工程实物。

1.1 路桥施工图组成

根据现行的《公路工程基本建设项目设计文件编制办法》，一套公路工程施工图通常由总体设计、路线、路基、路面、桥梁、涵洞、隧道、路线交叉、交通工程及沿线设施、环境保护与景观设计、其他工程、筑路材料等内容组成（图 1-1）。

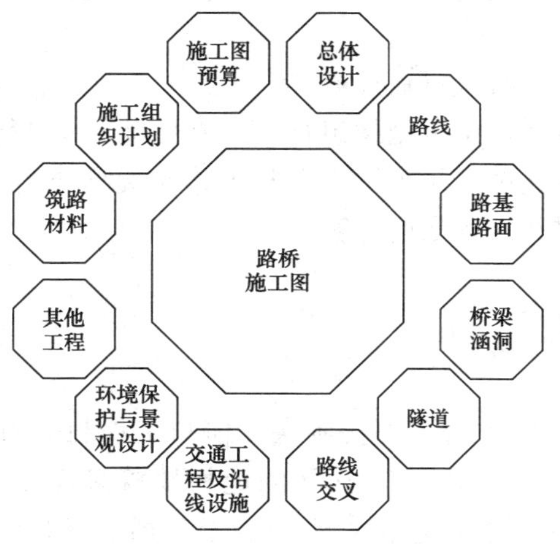

图 1-1 路桥施工图的组成

1.2 路桥施工图识读关键

1. 识读顺序

整套图的识读，一般是先看总体设计说明，之后是路线设计、路基设计、路面设计、桥梁设计等，按图 1-2 最左侧列由上至下进行。在每类设计文件或图中，以图 1-2 中的路线图为例，从说明开始，依次是路线平面图、路线纵断面图，最后是公路用地图。当然，特殊情况或需要时，可以不按顺序，而是直接挑选需要的图或文件查阅。

具体图纸识读，应首先掌握投影原理和熟悉道路、桥涵、管道等构造及常用图例，其次是正确掌握识读图纸的方法和步骤，并且要耐心、细致，结合实践反复练习，不断提高识读图纸的能力。具体如下：

(1) 由下往上、从左往右的看图顺序是施工图识读的一般顺序。

(2) 由先到后看，指根据施工先后顺序，比如看桥梁施工图，以基础墩台下部结构到梁桥桥面的上部结构依次看，此顺序基本上也是桥梁施工图编排的先后顺序。

(3) 由粗到细，由大到小，先粗看一遍，了解工程概况、总体要求等，然后细看每张图，熟悉图的尺寸、构件的详细配筋等。

(4) 将整套施工图纸结合起来看，从整体到局部，从局部到整体，系统看读。

2. 识读要求

(1) 看目录表，了解图纸的组成。

(2) 看设计说明，了解道路施工图的主要文字部分。设计说明主要是对施工图上未能详细表达或不易表达的内容用文字和图表加以描述。

(3) 识读平面图，了解平面图上新建工程的位置、平面形状，能进行主点坐标计算、桩号推算、平曲线计算，是施工过程中定位放线的主要依据。

(4) 识读纵断面图，了解构造物的外形和外观、横纵坐标的关系，识读构筑物的标高，能进行竖曲线要素计算。

(5) 识读横断面图，能进行土方量计算。

(6) 识读沥青路面结构图，了解结构组合、组成材料，能进行工程量计算。

(7) 识读水泥路面的结构图，了解水泥混凝土路面接缝分类名称、对接缝的基本要求，常用钢筋级别与作用，能进行工程量的计算。

1.3 路桥施工图图例

施工图的具体表达和识图方法，要按画法几何与工程制图的标准。但是，对总平面图和路线图而言，穿越的地理区域较大，其间的地物地貌多而复杂，并且对路线的施工有重要影响。常见的地物地貌，主要包括：学校、卫生所、工厂、水塔、房屋、水利设施、农田设施、电力、通信、已有道路、铁路、桥梁等，图例详见图 1-3、图 1-4。常见的结构物包括：渡槽、天桥、立体交叉、声屏障、桥梁、隧道等，图例表达详见图 1-5。每一种都有相应的图例表达，可以事前识记。识图时若有记忆不清，可以重新查找相应的图例。

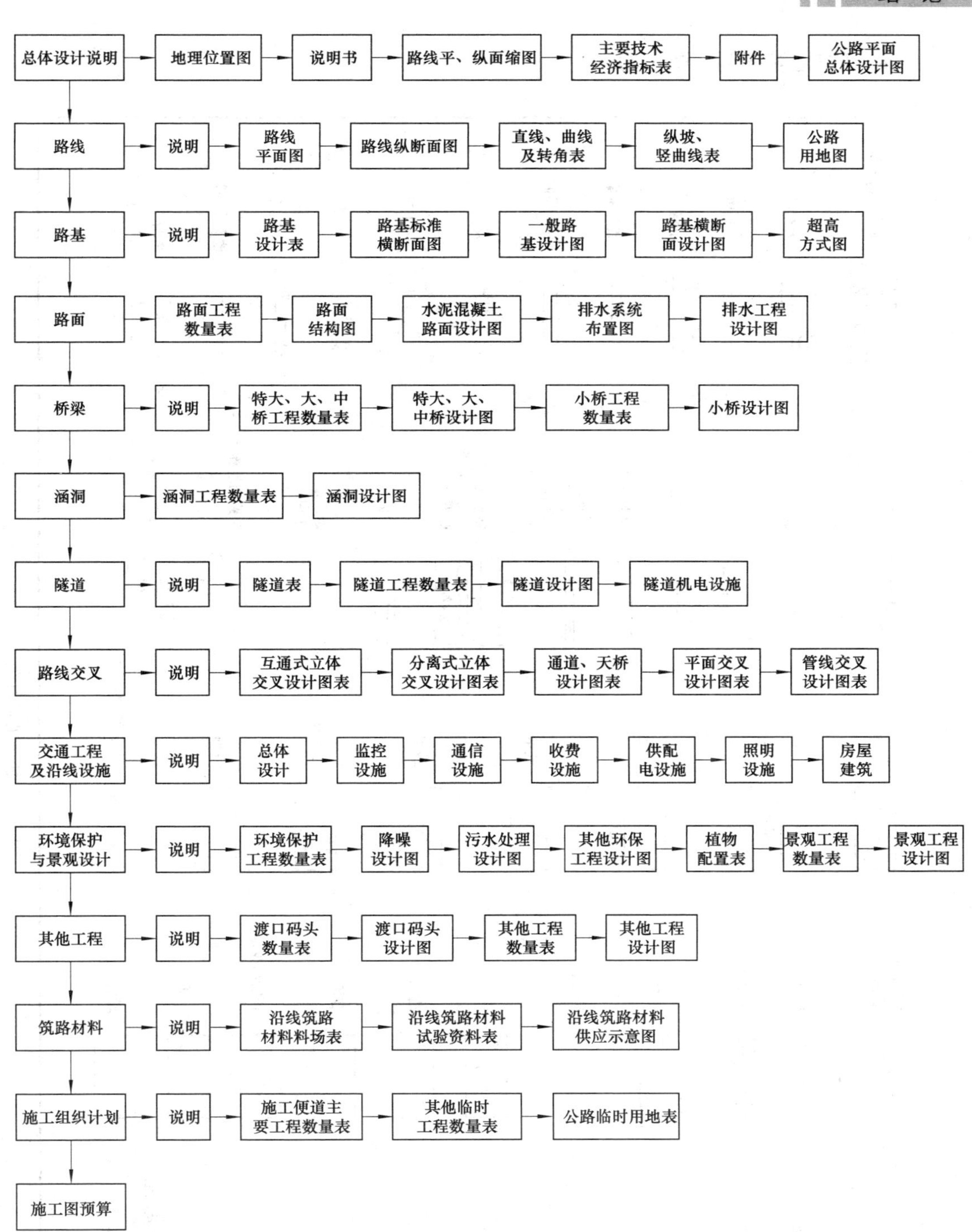

图1-2 路桥施工图的识读顺序

1. 地物地貌图例（图 1-3）

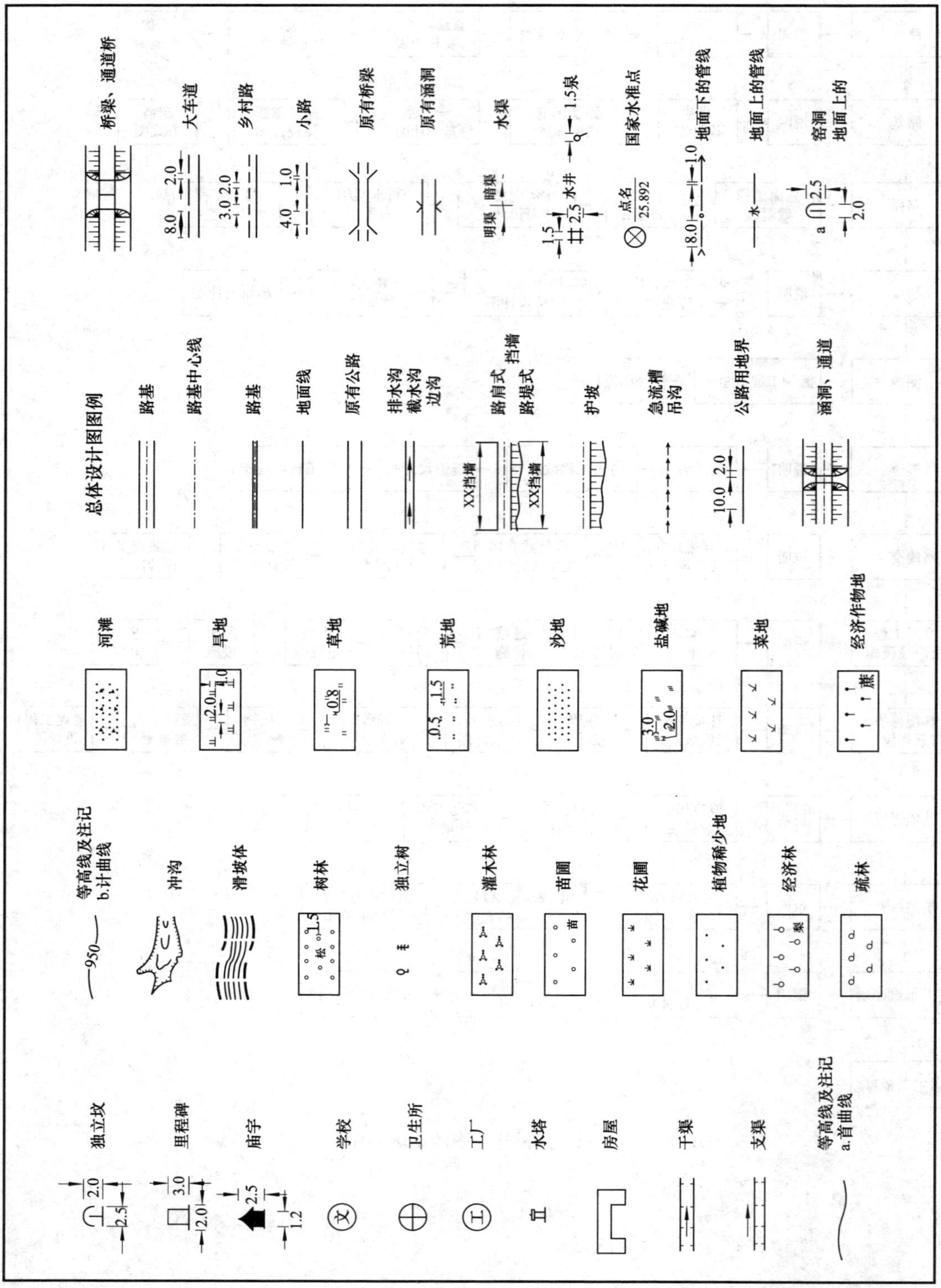

图 1-3 地物地貌图例

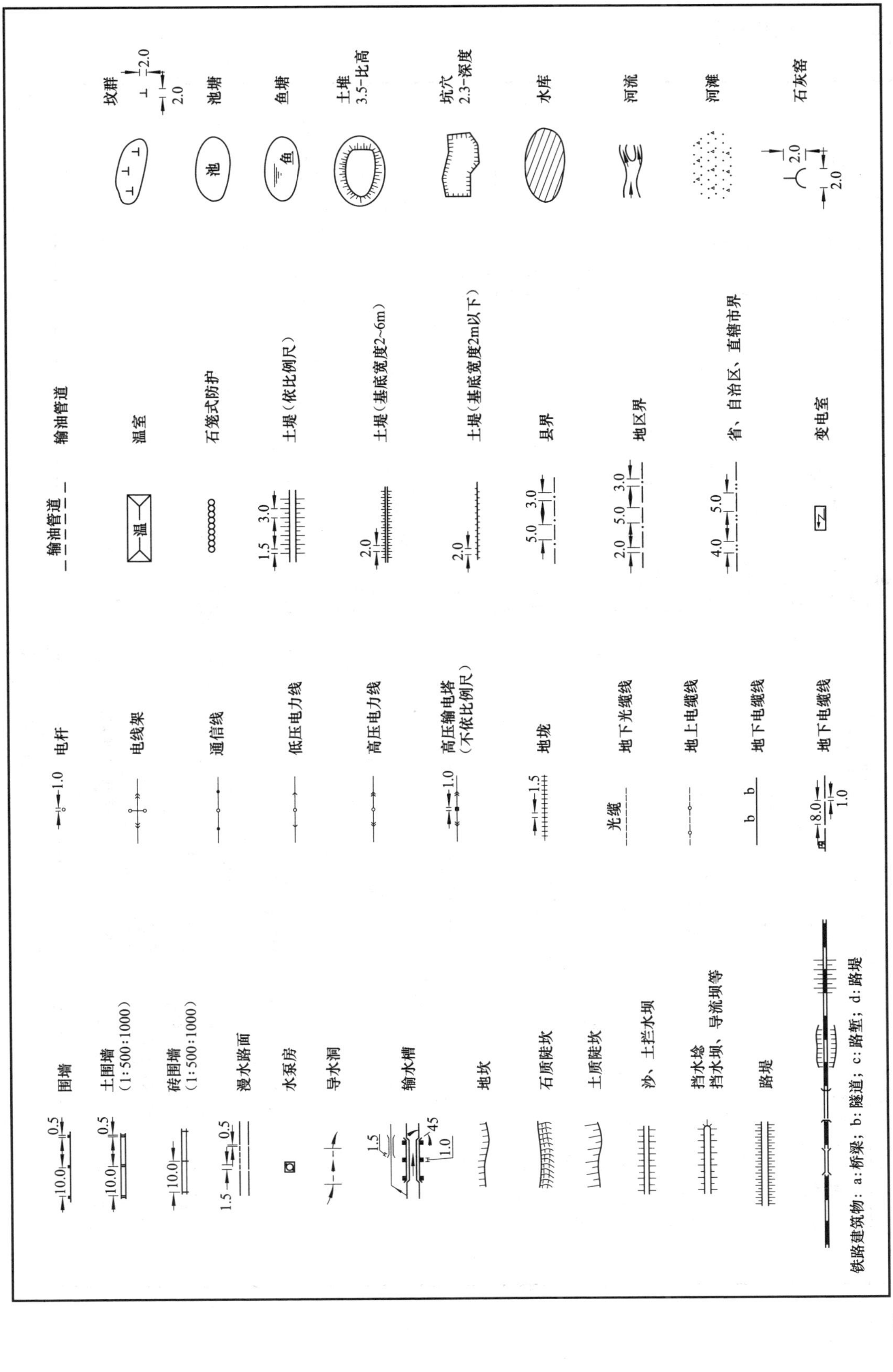

符号标注	名称	符号标注	名称	符号标注	名称	符号标注	名称
10.0　0.5	围墙	1.0	电杆	输油管道	输油管道	2.0　2.0	坟群
10.0　0.5	土围墙（1∶500∶1000）		电线架	温	温室	池	池塘
10.0	砖围墙（1∶500∶1000）		通信线		石笼式防护	鱼	鱼塘
1.5　0.5	漫水路面		低压电力线	1.5　3.0	土堤（依比例尺）		土堆 3.5-比高
	水泵房		高压电力线	2.0	土堤（基底宽度2~6m）		坑穴 2.3-深度
	导水洞	1.0	高压输电塔（不依比例尺）	2.0	土堤（基底宽度2m以下）		水库
1.5　45　1.0	输水槽	1.5	地垅	5.0　3.0	县界		河流
	地坎	光缆	地下光缆线	2.0　5.0　3.0	地区界		河滩
	石质陡坎		地上电缆线	4.0　5.0	省、自治区、直辖市界	2.0　2.0	石灰窑
	土质陡坎	b　b	地下电缆线		变电室		
	沙、土拦水坝	8.0　1.0	地下电缆线				
	挡水埝 挡水坝、导流坝等						
	路堤						

铁路建筑物：a：桥梁；b：隧道；c：路堑；d：路堤

图 1-4　地物地貌图例

2. 结构物图例

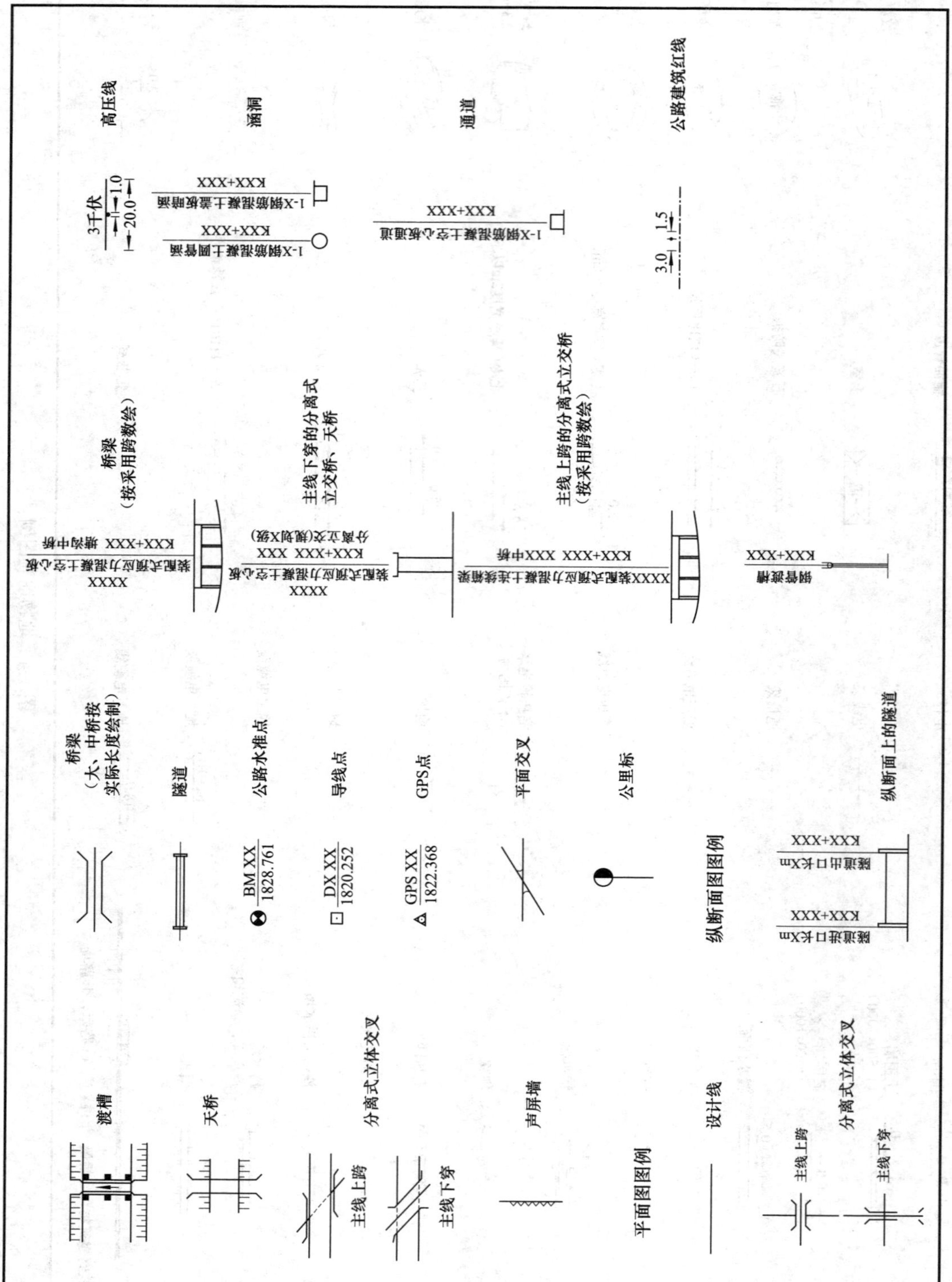

平面图图例

渡槽

天桥

主线上跨

主线下穿

分离式立体交叉

声屏墙

设计线

主线上跨

主线下穿

分离式立体交叉

桥梁（大、中桥按实际长度绘制）

隧道

BM XX / 1828.761

公路水准点

DX XX / 1820.252

导线点

GPS XX / 1822.368

GPS点

平面交叉

公里标

纵断面图图例

隧道进口长Xm KXX+XXX

隧道出口长Xm KXX+XXX

纵断面上的隧道

XXXX 装配式预应力混凝土空心板 KXX+XXX 塘沟中桥

桥梁（按采用跨数绘）

XXXX 装配式预应力混凝土空心板 KXX+XXX XXX 分离立交(规划X级)

主线下穿的分离式立交桥、天桥

XXXX装配式预应力混凝土连续箱梁 KXX+XXX XXX中桥

主线上跨的分离式立交桥（按采用跨数绘）

钢管渡槽 KXX+XXX

3千伏 1.0 20.0

高压线

1-X钢筋混凝土圆管涵 KXX+XXX

1-X钢筋混凝土盖板暗涵 KXX+XXX

涵洞

1-X钢筋混凝土空心板通道 KXX+XXX

通道

3.0 1.5

公路建筑红线

图 1-5　结构物图例

第 2 章

总 体 设 计

2.1　总体设计说明

1. 项目地理位置图

如图 2-1 所示为某快速通道在省级以上交通网络图中的位置及沿线主要城镇。

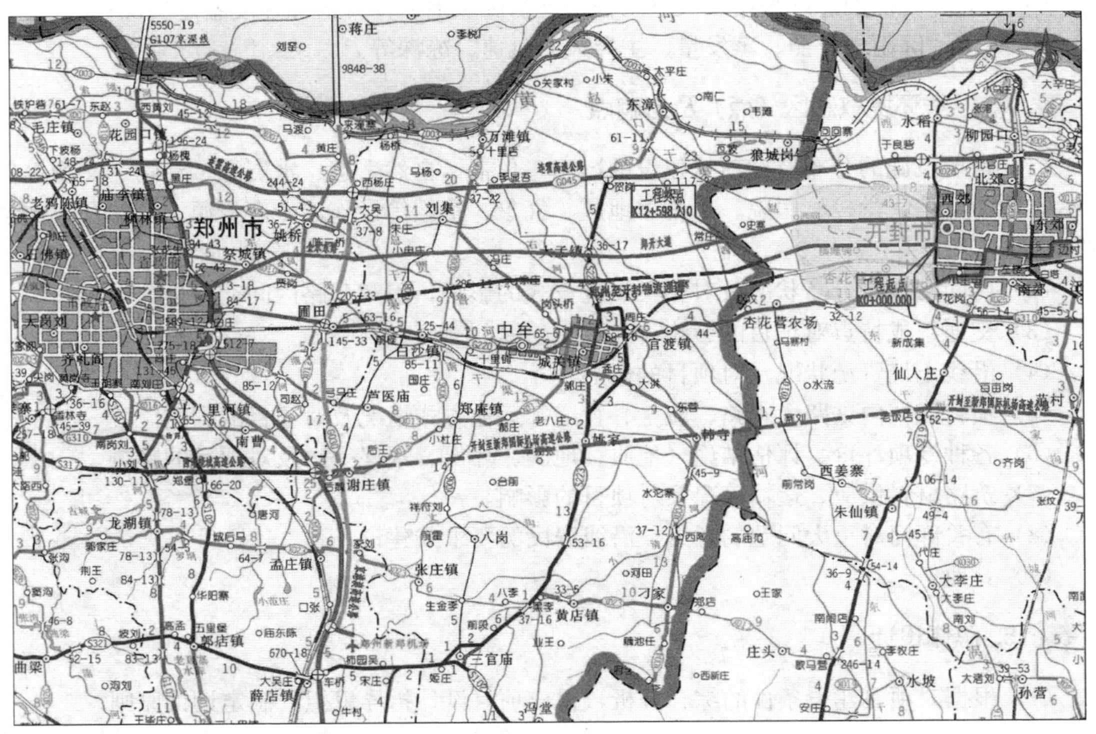

图 2-1　某快速通道地理位置图

2. 说明书

(1) 概述。说明项目的基本概况、起始位置、沿线基本概况等。

(2) 任务依据。说明项目建设的施工图设计所根据的具体文件。

(3) 设计标准。主要说明项目施工图所采用的主要标准和规范以及设计依据。

(4) 扼要说明测设经过。

(5) 路线起终点、中间控制点、全长，以及沿线主要城镇、河流、公路及铁路等。

(6) 可行性研究报告批复意见的执行情况。

(7) 其他需要说明的事项。

3. 建设条件

(1) 项目区域城镇现状布局、规划与拟建项目的关系。

(2) 项目区域路网现状、规划与拟建项目的关系。

(3) 沿线自然地理条件及对项目的影响。

1) 地形、地貌；

2) 区域地质稳定性评价；

3) 工程地质评价；

4) 水文地质评价；

5) 不良地质路段情况；

6) 地震动峰值加速度采用及大型工程构造物区域地震动峰值加速度鉴定情况；

7) 气温、降雨、日照、蒸发量、主导风向风速、冻深等。

4. 沿线环境敏感区（点）及影响点

(1) 重要设施的分布及对项目建设的影响。包括：自然生态、水资源、动物、文物等保护区，电力电信、学校、医院、军用、地震、气象、宗教等设施，矿产资源，自然及人文景观等。

(2) 区间交通量分布状况及对交叉设置方式的影响，附“公路区间交通量分布图”。

(3) 交通组成特点对项目的影响。

(4) 沿线土地资源状况及对项目的影响。

(5) 项目区域内铁路、水路、航空、管道等运输方式情况及对项目的影响。

(6) 各种专项评价、评估结论（地质、地震、环保、水保等）及对项目的影响。

(7) 筑路材料供应、运输情况及对项目的影响。

(8) 有关部门对重大问题的意见，沿线居民的要求或建议。

(9) 其他。

5. 总体设计

(1) 根据对项目建设条件的综合分析，提出项目设计指导思想，制定设计原则。

(2) 路线起终点论证，及与其他公路（含规划公路）的衔接方式。采用分期修建方案时，起终点的近期实施方案及远期的设计预留方案。

（3）技术标准及主要技术指标的采用情况，不同技术标准之间的衔接过渡情况。

（4）路线总体设计方案。附“路线总体设计方案平面布置图”，含比较方案，要求同“路线平、纵面缩图”。

（5）设计速度小于或等于 100km/h 路段车辆运行速度模拟检验结论。

（6）安全设计措施。

（7）公路一般路段与特殊路段（如爬坡车道、紧急避险车道等）的横断面布置方案（组成、宽度、构造及设施）的设置情况。

（8）沿线大型桥梁、隧道、交叉、服务设施的设置位置、间距，设计方案之间的相互关系及协调情况。

（9）沿线交叉工程与其他交通方式的协调情况，以及与当地生产、生活需要的适应情况。

（10）管理、养护、服务设施的设置情况。

（11）全线土石方情况，取土、弃土方案。

（12）占用土地情况及节约用地措施。

（13）与沿线环境及景观的协调情况。

（14）分期修建方案及其比选结论。

（15）各种筑路材料的采用情况。

（16）新技术、新材料、新设备、新工艺等的采用情况。

（17）设计概算。

（18）下阶段需要深入解决的问题。

（19）下阶段需要进行试验、研究的项目。

（20）需要说明的其他事项。

6. 路线

（1）路线布设及主要技术指标采用情况。

（2）可行性研究报告批复的路线控制点执行情况。

（3）路线方案布置及比选论证。山区复杂路段应在踏勘或地质调绘基础上进一步深入研究工程可行性路线方案，通过在 1∶10 000 或 1∶2000 地形图上反复进行路线方案的优化工作，合理利用走廊资源，并提出同深度比较的路线方案，附 1∶10 000 或 1∶2000 路线方案图、相关专业图表，提出推荐方案。其他路段直接通过同深度方案综合比选提出推荐意见。论述时应就方案的提出理由、方案的工程实施条件、方案的技术经济合理性等考虑以下几方面：

1）建设条件对各路线方案布置的影响分析；

2）各方案的选择和布置情况（控制点间距、路线、桥梁、隧道、互通式立体交叉、服务设施位置的协调及其位置的确定）；

3）各方案平、纵指标及连续、均衡情况；

4）行车安全、通行能力、服务水平的分析比较；

5）公路用地、征用基本农田及拆迁情况；

6）与铁路、原有公路、农田水利、电力、电信、重要管线（道）等的干扰（包括施工）情况；

7）各方案路线对沿线环境影响评价和比较；

8）各方案主要工程数量、造价（可根据方案情况采用估价、基价或概算）及运营效益的比较；

9）结合该地区社会经济发展、城镇规划、路网结构论证路线布局的合理性及对沿线社会效益和经济效益的影响；

10）其他评价和比较（包括政府有关部门对路线的意见和评价）。

（4）对设计速度≤100km/h 的路段，宜采用运行速度方法，对可能出现运行速度差大于 20km/h 的路段进行安全性分析、评价，并给出改善的平纵面技术指标，或采取必要的交通安全、管理措施等。

（5）安全设施。

1）设计原则。

2）设计方案。结合公路几何参数、特大桥及大桥、隧道、互通立交等构造物分布情况拟定设计方案、规模。

3）标志。

4）标线。

5）护栏。

6）隔离栅。

7）防眩设施。

8）防落物网。

9）视线诱导标。

10）防撞设施。

11）其他安全设施。

7. 路基、路面

（1）沿线地质、地层情况描述、不良地质地段及其相关物理、力学指标等。

（2）一般路基设计。

1）路基横断面布设及加宽超高方式。

2）路基填土高度、挖方深度、路堤（或路堑）最大、最小高度及其控制因素等。

3）高填深挖路基、陡坡路堤、路桥（涵）过渡路基等设计方案及比选论证（必要时对高填深挖路基按工点说明）。

（3）特殊地质路基。

（4）路基防护工程。

（5）取土、弃土方案及节约用地的措施。

（6）路面设计原则、设计依据、交通量及交通组成（必要时应实测交通组成及车辆轴重）、路面结构方案、类型的比选论证、路面结构设计（主线、互通立交匝道、被交道路、收费站广场、桥面铺装、隧道路面等）、材料要求等。

（7）路基、路面排水设计原则及方案。

（8）路基土工试验、筑路材料及路面结构混合材料试验情况。

（9）需要进行的科研试验项目。

（10）下阶段应注意的问题。

8. 桥梁、涵洞

（1）设计原则。

（2）技术标准采用情况。

（3）沿线桥梁、涵洞的分布情况。

（4）桥梁抗震设计情况。

（5）桥梁耐久性设计及措施。

（6）沿线水系及水文概况、特征，农田水利设施与桥涵设置位置及孔径选择的关系。

（7）沿线工程地质、筑路材料与桥涵结构类型选择的关系。

（8）逐个说明每座桥梁跨越河流的流域情况、河段特征、桥位处地质、水文、通航情况，桥位的比选情况，水文计算、桥梁孔径确定，岸坡防护工程设计、工程抗震措施、通航河流防撞设计、桥梁施工方案等。特大桥应提出两个以上桥型方案进行比选论证；对常规大、中桥应简述不同墩高、不同跨径、不同桥型综合比选论证情况，选定最合理的墩高、跨径及梁型组合后，全线桥梁统一按此组合合理布置，桥型布置不再作多方案比较；中、小桥、涵洞水文计算、孔径确定依据说明。

（9）特大桥或重要桥梁的景观设计。

（10）特大桥或重要桥梁的养护方案。

（11）下阶段应注意的问题。

9. 隧道

（1）设计原则。

（2）技术标准采用情况。

（3）沿线隧道的分布情况。

（4）逐处说明隧道（包括明洞）的位置、长度、断面形式及与路线协调情况，各方案比选论证情况。

（5）逐处说明隧道、竖井、斜井和辅助坑道的地形、地貌、气象、工程地质、水文地质、地震及洞口自然坡体稳定性情况。

（6）说明隧道支护衬砌结构类型，洞门形式的确定，抗震措施，洞内外防、排水方案，洞内装饰及路面方案。

（7）特殊线形、交叉位置关系情况下的隧道设计方案。

（8）特殊地质条件下隧道设计方案和施工方案，以及应对突发事件的预案论证。

（9）特殊结构隧道设计方案论证及施工方案。

（10）隧道施工场地、便道布置和弃渣方案。

（11）环境保护设计。

（12）隧道通风、照明、供配电、消防、救援等的设置原则、规模、标准及方案的论证情况。

（13）长及特长隧道运营期的救援、防灾、逃生方案论证。

（14）下阶段应解决的问题及注意事项。

10. 路线交叉

（1）设计原则。

（2）技术标准采用情况。

（3）路线交叉（包括互通式立体交叉、服务设施匝道及连接道路、分离式立体交叉、通道、天桥、平面交叉及管线交叉）的分布及设置概况。

（4）逐处说明互通式立体交叉的位置及其在路网中的作用、设置理由、集散交通量、衔接道路、地质、地形、地物情况，互通方案的比选与论证比较表，技术指标的选用，匝道车道数的确定，变速车道采用的形式及其长度的取值，平交处通行能力的分析，收费口收费车道数的设置，排水方案及跨线构造物的方案等。对转换交通量较大的枢纽互通，当匝道间或匝道与主线间存在交织运行且交织段长度较短时，应对交织段的通行能力进行分析。

（5）逐处说明服务设施的位置、地质、地形、地物等情况，变速车道采用的形式及其长度的取值，连接道路，排水方案及交叉构造物（通道、天桥）的方案等。

（6）分离式立体交叉的位置、设计标准、排水设施、跨线构造物的类型（上跨、下穿）及方案比选等情况。

（7）通道和天桥的设置情况。

（8）平面交叉的设置情况。被交道路现状及拟改建采用的标准（包括等级、设计速度、路基宽度、路面及排水等）、交通管理方式、平面交叉采用的类型及其方案比选情况等。

（9）重要管线、管道交叉或平行时的设计情况，并说明有关规定对设计的具体要求。

（10）下阶段应解决的问题及注意事项。

11. 交通工程及沿线设施

（1）根据本项目交通量、几何设计、服务水平和环境等的具体情况与特点说明各项设施的设置目的、要求及技术措施。

（2）交通工程及沿线设施的设计标准、规模、技术指标。

（3）交通工程及沿线设施推荐方案的主要工程规模、建筑面积、占地面积及其造价。

（4）下阶段应解决的问题及注意事项。

12. 环境保护与景观设计

（1）环境保护与景观设计的依据（包括环境影响评价、水土保持方案等报告书及批复意见）。

（2）项目区域社会环境和自然环境现状（包括物种多样性、自然植被覆盖率、土壤养分、历史文化遗产、自然保护区、自然及人文景观的分布等）。

（3）环境敏感区域分析（含敏感区的调整，取土场、弃渣场的布设分析）及与自然保护区、水资源保护区等的关系，服务区交通量及污水排放预测。

（4）指导思想和设计原则。

（5）主体各专业设计的环境保护措施。

（6）各项环境保护设施的布设位置、类型、功能。

（7）主要场地的景观方案及比选。

(8) 拟采用的植物配置及特性。

(9) 与环保、文物及当地政府有关部门的协商情况。

(10) 下阶段应解决的问题及注意事项。

13. 其他工程

(1) 逐处说明悬出路台、防雪走廊、观景台等工程的设置理由及工程情况。

(2) 改路、改渠、改河（沟）等工程情况，等级公路及重要沟渠的改移应逐处说明。

(3) 逐处说明渡口码头的地形、地质、其他情况及其布置原则和方案。

(4) 下阶段应解决的问题及注意事项。

14. 筑路材料

(1) 沿线筑路材料（包括工业废渣）种类、质量、储量、供应量（包括外购材料）、运输条件与运距。

(2) 主要料场分布情况。

(3) 主要材料采购及运输等情况。

(4) 下阶段应解决的问题及注意事项。

2.2 主要技术经济指标表

主要技术经济指标表包括基本指标，路线，路基、路面等相关经济数量（表 2-1）。

表 2-1　　主要技术经济指标表

工程名称：　　　　第 1 页　共 1 页

序号	指标名称	单位	数量	备注
一	基本指标			
1	公路等级			
	K7+616.5～K12+569.134	级	一级	
2	设计速度			
	K7+616.5～K12+569.134	km/h	80.00	
3	交通量	辆/昼夜		远景交通量
4	占用土地（永久）	亩	589.78	
5	拆迁建筑物	m^2	1268.00	
6	预算总额	万元		
7	平均每公里造价	万元		
二	路　线			
8	路线总长（公路）	公路公里	4.953	
9	路线增长系数		1.010	
10	平均每公里交点数	个	0.403	
11	平曲线最小半径	m/个	4000/1	

序号	指标名称	单位	数量	备注
12	平曲线总长	m	1769.881	
13	平曲线长占路线总长		35.675%	
14	直线最大长度	m	1602.079	
15	最大纵坡		1.710%	
		处	1	
16	最短坡长	m	215.380	
		处	1.00	
17	竖曲线占路线总长	m	2332.891	
			47.025%	
18	平均每公里纵坡变更次数	次	2.822	
19	竖曲线最小半径			
	凸形	m/个	7800/1	
	凹形	m/个	6000/1	
三	路基、路面			
20	路基宽度			
	K7+616.5～K12+569.134	m	69.00	

续表

序号	指标名称	单位	数量	备注	序号	指标名称	单位	数量	备注
21	土方	km^3	407.90		32	平均每公里小桥长	m	6.27	
22	平均每公里土方	km^3	82.36		33	平均每公里涵洞道数	道	1.62	
23	标准轴载累计作用次数	万次/每车道	4703.7		五	交叉工程			
					34	通道	道		
24	路面结构类型及宽度				35	人行天桥	m/座		
	沥青路面（机动车道 32m）	km	4.953		36	平面交叉			
						与公路平交	处	14.00	
四	桥梁、涵洞					与铁路平交	处		
25	设计车辆荷载					与土路平交	处		
26	桥面净宽	m			37	管线交叉	处		
27	大桥	m/座	106.04/1		六	交通工程及沿线设施			
28	中桥	m/座	119.58/2		38	安全设施（公路）	公路公里	4.953	
29	小桥	m/座	31.04/2		39	供电照明设施（公路）	公路公里	4.953	
30	涵洞	道	8.00		七	环境保护			
31	平均每公里大、中桥长	m	21.41		40	绿化（公路）	公路公里	4.953	

编制：　　　　复核：

2.3 路线总体设计图

1. 路线平、纵面缩图

平面缩图应表示出路线（包括比较方案）起讫点、5km（或 10km）标、控制点、地形、主要城镇、与其他交通路线的关系以及县以上境界（图 2-2）。简明示出特大桥、大桥、隧道、主要路线交叉、主要沿线设施等的位置和形式。对制约路线方案的不良地质、滞洪区、文物古迹、城镇规划、风景区等的分布范围，必要时可着色，醒目示出其分布。比例尺用 1∶10 000～1∶100 000。

纵断面缩图一般绘于平面缩图之下，必要时也可单独绘制，简明示出主要公路、铁路、河流、特大桥、大桥、隧道及主要路线交叉等的位置、名称与高程，标注设计高。水平比例尺与平面缩图相同或与其长度相适应，垂直比例尺用 1∶1000～1∶10 000。

2. 总体设计图表

（1）路线方案比较图。平面图所示内容同平、纵缩图中的平面缩图，纵面图所示内容同路线纵断面所示内容。平面图比例尺 1∶10 000，纵面图与平面比例相适应。山区复杂路段宜提供全路段 1∶10 000 平面图和相应比例尺纵面图。

（2）公路平面总体设计图。表示出地形、地物、坐标网格、路线位置、桩号、路基边线、坡脚或坡顶线、桥涵、隧道、路线交叉、沿线排水系统、服务区、停车区、紧急停车带、管理养护区、收费站、沿线取（弃）土场、路（渠）改移等的布设位置。路线位置应标出中心线、路基边线、示坡线、公里桩、百米桩及曲线主要桩位。对沿线的重要地物（村镇、文物、古迹、规划等）和环境敏感区（点）（景区、学校、自然保护区等）及重要设施的范围必要时应示出。比例尺用 1∶1000 或 1∶2000，如图 2-3 所示。

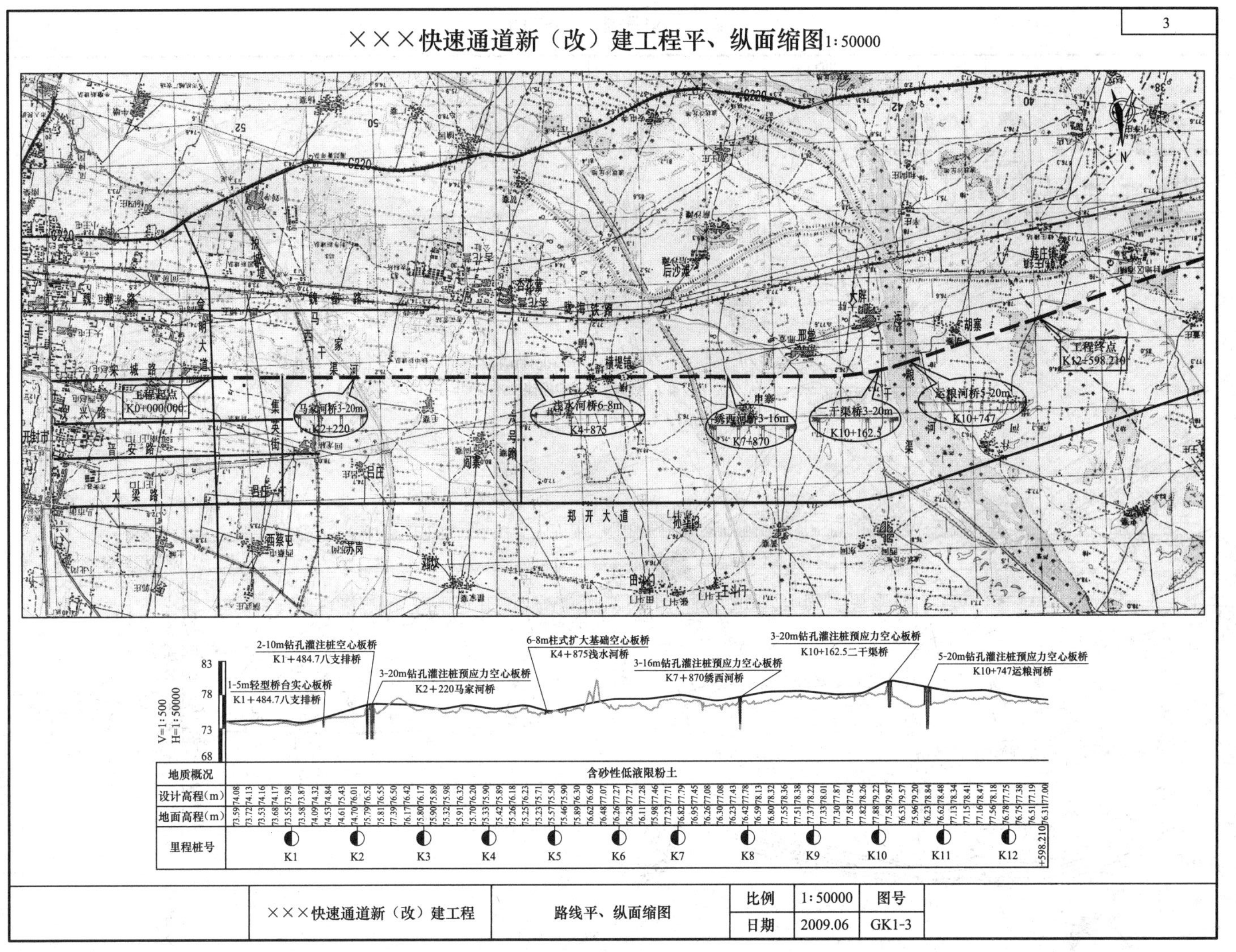

图 2-2　某快速通道路线平、纵面缩图

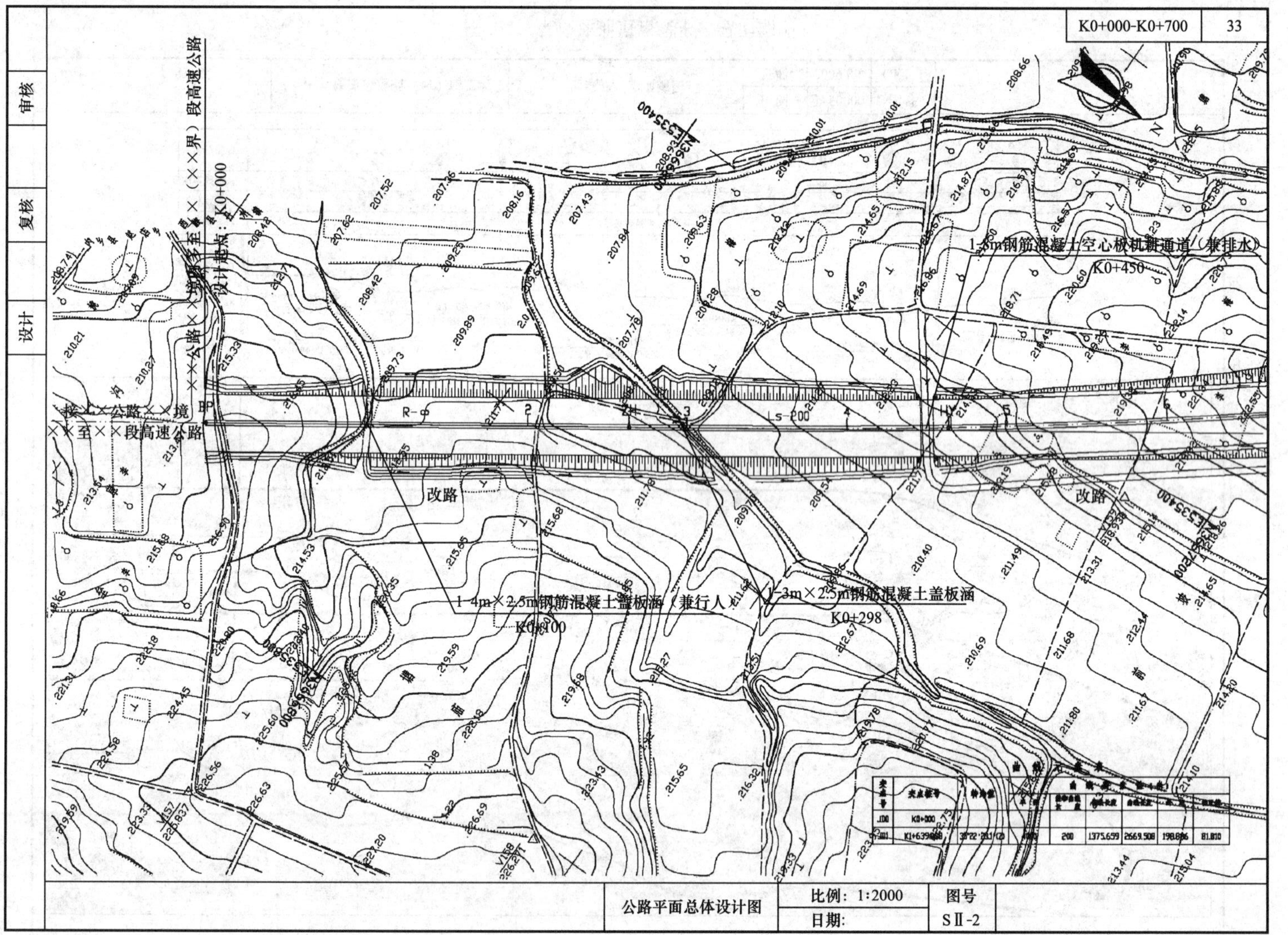
K0+000-K0+700
33
1-3m钢筋混凝土空心板机耕通道（兼排水）
K0+450
1-4m×2.5m钢筋混凝土盖板涵（兼行人）
K0+100
1-3m×2.5m钢筋混凝土盖板涵
K0+298
改路
改路
接××公路××境
××至××段高速公路
设计起点：K0+000
设计
复核
审核
公路平面总体设计图
比例：1:2000
日期：
图号
SⅡ-2

图 2-3 线路总体设计图

(3) 公路标准横断面图。表示出主线一般路段的标准横断面及护栏、隔离栅等的设置位置，比例尺用1∶200。

(4) 运行速度曲线图。检验与评价设计速度小于或等于100km/h公路行车安全性，为交通工程设计提供依据，包括小客车、大型车的两个方向。

(5) 运行速度计算表。包括小客车、大型车两个方向。

(6) 公路分期修建方案设计图。对分期修建的公路，应根据总体设计及分期实施计划，参照上述平面总体设计和公路典型横断面图的要求，绘出前期及后期工程的平面总体设计及其横断面，包括各种构造物、交通工程及沿线设施的分期实施总体设计方案。

第3章

路线设计图

3.1 路线平面图

1. 平面图概念

(1) 路线平面图形成示意（图 3-1）

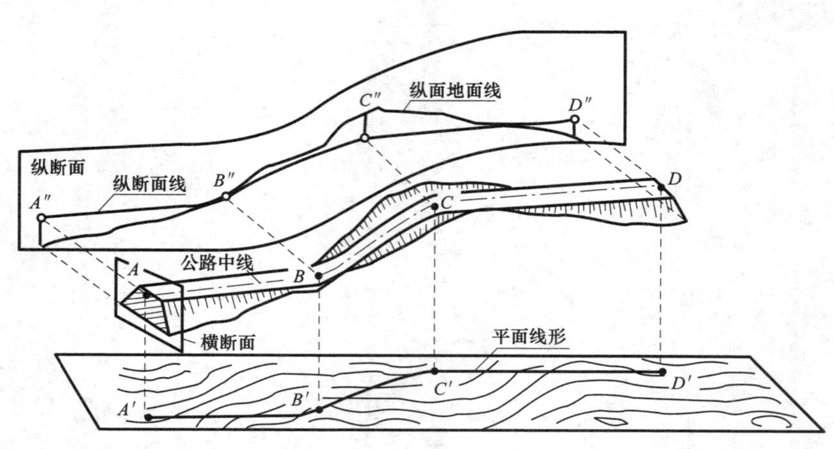

图 3-1　路线平面图形成示意

路线平面图是从上向下投影所得到的水平投影图，也就是用标高投影法所绘制的道路线形沿线周围区域的地形图。因此，从路线平面图可获得路线的方向、平面线形（直线和左、右弯道线）以及沿线两侧一定范围内的地形、地貌、地物和地质情况，路线是指道路沿长度方向的行车道中心线。

(2) 路线平面图（图 3-2）

路线平面图综合反映了路线的平面位置、线形和几何尺寸，反映沿线人工构造物和重要工程设施的布置，公路与沿线地形、地物和行政区划的关系等。

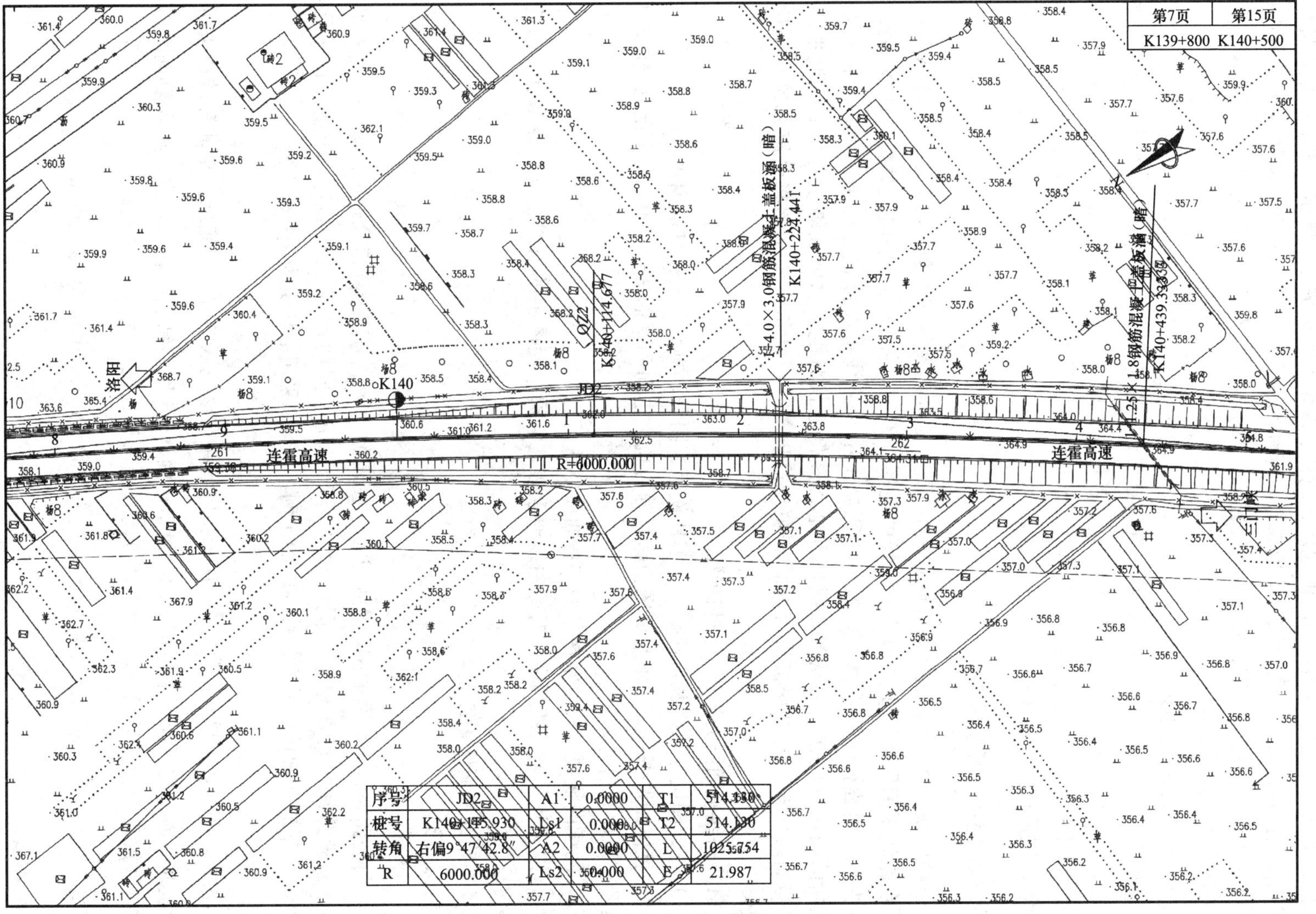
第7页
第15页
K139+800
K140+500
K140+439.333
1—1.25×1.8钢筋混凝土盖板涵（暗）
K140+224.441
1—4.0×3.0钢筋混凝土盖板涵（暗）
K140+114.677
QZ2
JD2
R=6000.000
连霍高速
K140
洛阳
序号 JD2
桩号 K140+115.930
转角 右偏9°47′42.8″
R 6000.000
A1 0.0000
Ls1 0.0000
A2 0.0000
Ls2 0.0000
T1 514.130
T2 514.130
L 1025.754
E 21.987

图 3-2　×××-×××路线平面图

公路平面图中会标示出：沿线的地形、地物、线位及里程桩号、断链、平曲线主要桩位与其他交通路线的关系，县级以上境地界等；标注水准点、导线点及坐标网格或指北图式；示出特大桥、大中桥、隧道、路线交叉位置等；列出平曲线要素和交点坐标等。平面设计图的比例尺一般为 1∶(2000～15 000)。

(3) 城市道路平面图

城市道路平面图一般会标明路线、规划红线、行车道线、人行道线、停车场、绿化、交通标志、人行横道线、沿线建筑物出入口、各种地上地下管线的走向位置、雨水进水口、窨井等，注明交叉口及沿线里程桩，弯道及交叉口处应注明曲线要素、交叉口转角缘石的转弯半径等，比例尺一般为 1∶500～1∶1000。

2. 路线平面图识读

公路路线平面图用来表示路线的平面位置、走向以及沿线两侧人工构造物、工程设施等。在路线平面图中，重点识读出沿线的地形、地物，控制点，平曲线类型，曲线要素，曲线主点，里程桩号等信息，以便在工程施工中对路线平面位置进行正确定位；针对路线纵断面图，应重点识别纵断面线形及地面高低起伏状况、纵断面坡度与坡长、竖曲线位置与曲线要素、各里程桩设计高程和填挖高度等，以便依据施工图将公路修筑在正确的位置。

(1) 路线平面图的识读方法和步骤

1) 首先阅读标题栏及角标栏，了解比例尺、图号、页码、里程桩范围等。

2) 整体浏览图纸，了解平面图中路线的方位、走向和平面线形的状况，图示页范围内的地形、地物等信息。

3) 阅读曲线要素表，掌握平面图各曲线要素。

4) 按照从左至右的顺序，对照曲线要素表，掌握平面图中的曲线主点、控制点、构造物等信息。

(2) 路线平面图识读要点与示例

1) 地形

a. 比例

一般公路路线平面图的图框栏中注明了图示的比例。为清晰并以合适的图幅表示路线平面图，一般路线平面图根据不同的地形情况采用不同的比例，通常在山岭重丘区采用 1∶2000，平原和微丘区采用 1∶5000 的比例，图 3-3 采用的比例为 1∶2000。

b. 方位

路线平面图上绘制有指北针，用来指明道路在该地区的方位与走向。指北针的箭头所指为正北方向。在平面图上也可采用测量坐标网（“+”为结点）表示方位，其 X 轴向为南北方向（指北 N 为正），Y 轴向为东西方向（指东 E 为正）。

图 3-3 中 E496200 N3693200，表示距坐标原点 X 向为 3 693 200m，Y 向为 496 200m。

c. 地形

平面图上采用等高线表示地形起伏情况，每隔 4 条等高线画出 1 条粗的等高线，并标有相应的高程数字，称为计曲线。等高线越稠密，表示高差越大；反之，高差越小。相邻等高线高差为 2m。

根据图 3-3 中等高线的疏密可看出，该地区西南方向地势较低且平坦，有一条河流经过；东北方向和北部地势较高，山脉纵横。共有 4 个比较高的山峰，最高点为 329.30m。拟建公路 K50＋150 东侧山之东麓较平缓，西坡较陡峻。拟建公路 K50＋200 西侧山之西麓较平缓，东坡较陡峻。因此，在 K50＋150 与 K50＋200 之间形成了南北狭长的相对平坦地带，北高南低，容易形成汇水区，并向西南向排水。整体来看，东北高，西南低。

d. 地物、地貌

路线平面图覆盖区域的地物、地貌，如河流、房屋、道路、桥梁、电力线、植被等，都是按规定图例绘制的。

图 3-3 所示地区中有一条河自西北向西南流过，预计可以成为工程的取水源地。K50＋100 处有一居民点，基本在等高线 290.86 与 293.08 之间，呈南北向延伸，穿过拟建高速公路。新建高速公路将此村庄一分为二，存在房屋拆迁问题。为保证高速通车后居民的通行方便，拟建路线在村庄西约 50m 处，即 K50＋143 处设钢筋混凝土盖板涵人行通道（兼排水）。

图 3-3 中—≪—≫—所示为高压电线，与拟建道路几乎并行，相距约 100～150m。路线所过山坳是草地，近村庄处有山茱萸种植，两侧山上有松树、杨树。村庄南侧—<—∘—>—，表示有低压电线；—·—∘—·—表示有通信线。两种线网密布交汇于拟建路线 K50＋150 附近。沿路线西行，分布有杨树、梨树和菜地。

2）路线

a. 设计路线

粗实线表示道路中心线（设计线）。图 3-3 中由一段直线和一条平滑曲线连接的加粗实线表示公路设计路线，它表示的是道路的平面中心线。路线从两山峰间的平坦谷地穿过。道路的宽度相对于长度来说尺寸小得多，公路的宽度只有在较大的比例平面图中才能画清楚，因此道路路线宽度在平面图上不再示出。图 3-3 中 K50 到 K50＋312.129 标有 R-∞，表明此段为直线。继续前行，K50＋312.129 标有 ZY，表明开始进入曲线段。

b. 里程桩

路线的长度用里程表示，由左向右递增。道路路线的总长度和各段之间的长度用里程桩号表示。如图 3-3 所示，里程桩标注在道路中线上，从路线的起点至终点依次按里程顺序编号，在平面图中路线的前进方向从左向右排列。

里程桩分公里桩和百米桩两种。公里桩标注在路线前进方向的左侧，用符号“⚲”表示桩位，公里数注写在符号的上方，如“K50 ⚲”表示离起点 50km。两个公里桩之间是百米桩，标注在路线前进方向的右侧，用垂直于路线的细短线“|”表示桩位，用字头朝向路线的阿拉伯数字表示百米数，注写在短线的端部。例如，在 K50 公里桩的前进方向注写的“1 |”，表示桩号为“K50＋100”，说明该点距路线起点为 50 100m。

c. 平曲线

路线的平面线形是由直线和曲线组成的，在路线的转折处应设有平曲线，平曲线又包括圆曲线和缓和曲线两种类型。最常见且较简单的平曲线为圆弧曲线，各类线形光滑连接。

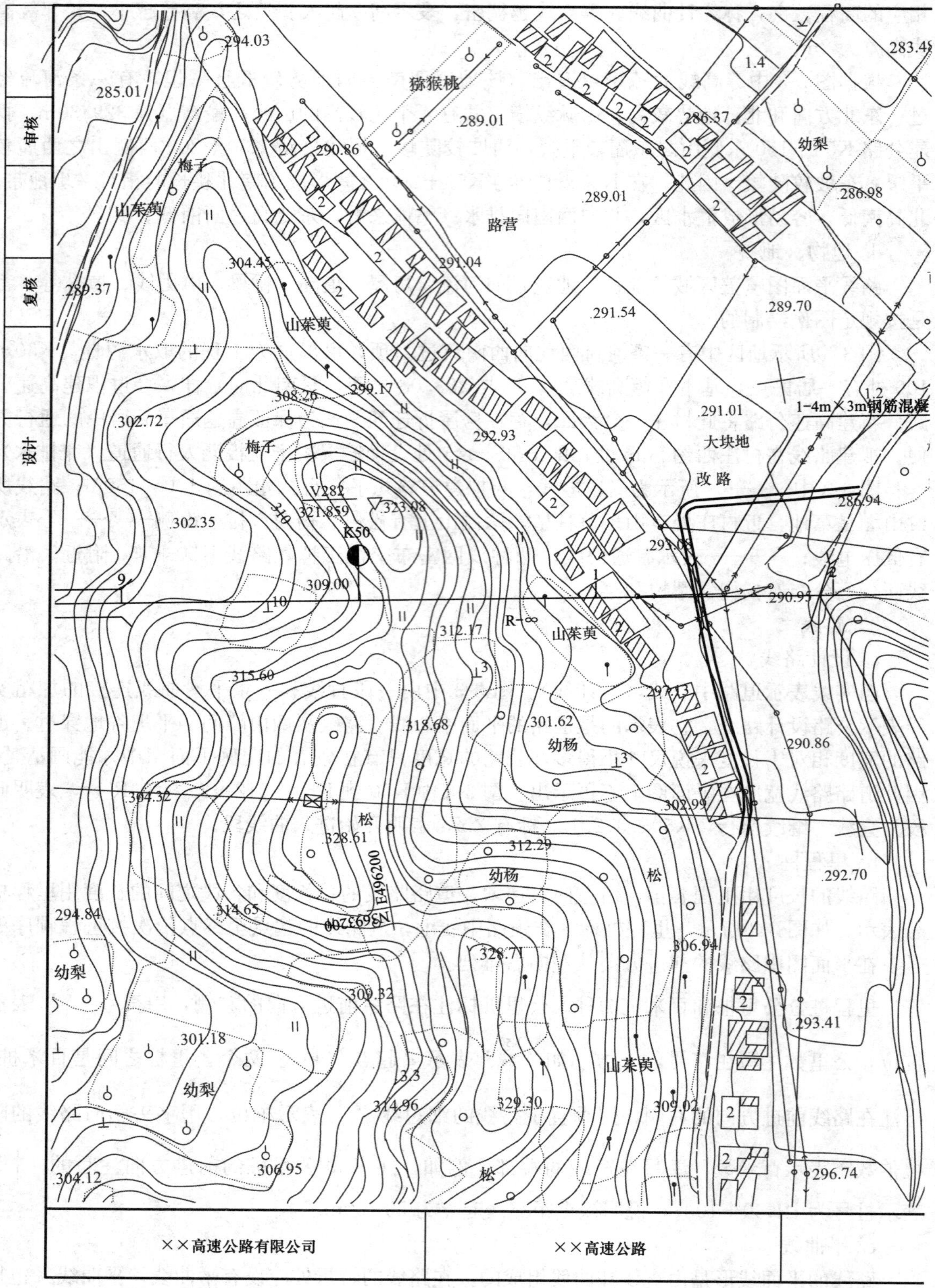

审核
复核
设计

294.03
285.01
猕猴桃
289.01
283.49
1.4
286.37
幼梨
290.86
梅子
山茱萸
289.01
286.98
路营
304.45
291.04
289.37
山茱萸
291.54
289.70
308.26
299.17
302.72
1.2
1-4m×3m钢筋混凝
291.01
292.93
大块地
梅子
改路
V282
321.859
323.08
302.35
286.94
310
K50
293.08
9
309.00
10
290.95
R-∞
312.17
山茱萸
315.60
3
297.13
318.68
301.62
幼杨
3
290.86
304.32
302.99
松
328.61
E496200
312.29
幼杨
松
292.70
294.84
314.65
N3693200
328.71
306.94
幼梨
309.32
293.41
301.18
山茱萸
幼梨
3.3
329.30
314.96
309.02
306.95
296.74
304.12
松

××高速公路有限公司	××高速公路	

图 3-3 某高速公

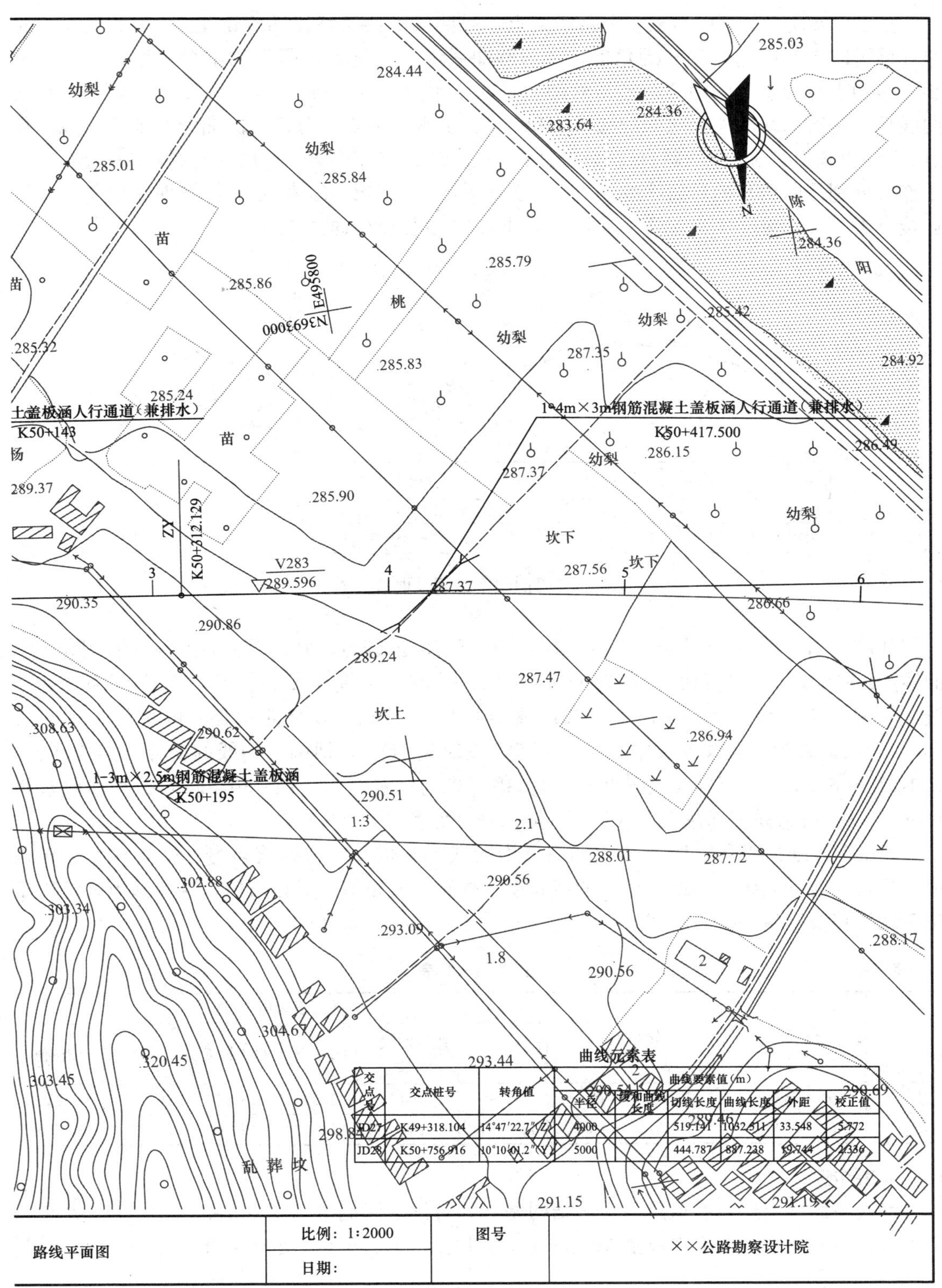

曲线元素表

交点号	交点桩号	转角值	曲线要素值（m）					
			半径	缓和曲线长度	切线长度	曲线长度	外距	校正值
JD27	K49+318.104	14°47′22.7″(Z)	4000		519.141	1032.511	33.548	5.772
JD28	K50+756.916	10°10′01.2″(Y)	5000		444.787	887.238	19.744	2.336

路路线平面图之一

如图 3-4 所示，JD1 为第一个路线交点，是路线的两直线段的理论交点；α 为转角，是路线前进时向左或向右偏转的角度；R 为圆曲线半径，是连接圆弧的半径长度；T 为切线长，是切点与交点之间距离；E 为外距，是曲线中点（QZ）到交角点（JD）的距离；L 为曲线长，是圆曲线两切点之间的弧长。JD1 处圆有 3 个主点，分别为圆曲线与前后直线的切点 ZY（直圆点）和 YZ（圆直点），圆曲线中心点 QZ（曲中点）；JD2 处的缓和曲线有 5 个主点，分别是曲线与前后直线的切点 ZH（直缓点）和 HZ（缓直点）、缓和曲线段与圆曲线连接点 HY（缓圆点）和 YH（圆缓点）、曲线中心点 QZ（曲中点）。

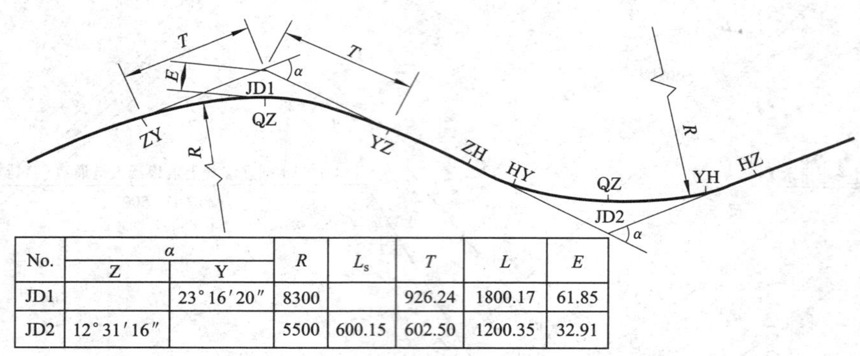

No.	α		R	L_s	T	L	E
	Z	Y					
JD1		23°16′20″	8300		926.24	1800.17	61.85
JD2	12°31′16″		5500	600.15	602.50	1200.35	32.91

图 3-4 平曲线示意图及曲线要素

如图 3-5，R-∞表示直线。K51＋428.870 是 ZH 的起点，其左侧为直线段，右侧为缓和曲线。L_s-180，表明缓和曲线长为 180m。K51＋608.870 是 HY 的起点，其左侧为缓和曲线，右侧为圆曲线。R-1600，表明圆曲线半径为 1600m。QZ（曲中点）的桩号为 K51＋736.605，此处为该段圆曲线中心点。此 QZ 点对应 JD29，即两条切线的交点。路线前行，在 K51＋864.339 处 YH（圆缓点），预示接下来为缓和曲线。L_s-180，表明缓和曲线长为 180m。以上信息详细标注在图 3-5 右下侧，摘录见表 3-1。

表 3-1 详细标明所在图纸和相邻图纸中曲线元素信息，包括交点号、交点桩号、转角值，半径、缓和曲线、切线长度、曲线长度、外距、校正值的具体数值。这些参数都将用于施工现场路线定位和测量放线。

表 3-1 **曲线元素表**

交点号	交点桩号	转角值	曲线要素值（m）					
			半径	缓和曲线长度	切线长度	曲线长度	外距	校正值
JD29	K51＋738.065	15°35′38.8″(Z)	1600	180	309.195	615.470	15.782	2.920
JD30	K52＋630.922	36°11′36.3″(Y)	1518.736	180	586.583	1139.377	79.971	33.789

d. 结构物

路线平面图上还标有道路沿线的结构物，如桥梁、涵洞等。图 3-3 中 K50＋143 处有一个 1-4m×3m 钢筋混凝土盖板涵人行通道（兼排水），K50＋195 处有 1-3m×2.5m 钢筋混凝土盖板涵，K50＋417.500 处有 1-4m×3m 钢筋混凝土盖板涵人行通道，图中用 表示。

图 3-5 中 K51＋380 处有 1-4m×3.5m 钢筋混凝土盖板箱涵机耕通道（兼灌溉）；K51＋777.500 处有 3m×20m 预应力混凝土空心板分离立交，图中用⌒⌒表示。

3. 城市道路平面图

城市道路平面图与公路路线平面图相似，用来表示城市道路的方向、平面线形和车行道布置以及沿路两侧一定范围内的地形和地物情况。

图 3-6 为某一城市道路的平面图。它主要表示了交叉路口和市区道路的平面设计情况。城市道路平面图的内容可分为路线和地形地物两部分，识图方法和步骤与公路平面图类似。

（1）路线识读要点与示例

1）道路中心线用细点画线表示。道路中心线上标有里程，表示道路的长度。图 3-6 所示的平面图表示 K1＋400～K2＋100 之间一段道路的平面图。

2）道路的走向用指北针（或坐标网）来确定。读图时，可几张图拼接起来阅读。从指北针方向可知，道路的基本走向为东西方向。

3）城市道路平面图所采用的绘图比例较公路路线平面图大，因此车、人行道的分布和宽度通常按比例画出。

4）图中拟建路线与两条既有道路分别在 K1＋500 和 K1＋895.109 处相交，形成平交路口。

（2）地形地物识读要点与示例

1）城市道路所在的地势一般比较平坦。地形除用等高线表示外，还会用大量的点表示高程。如图 3-6 中“140.95”、“141.11”等，表示黑点所在位置高程分别为 140.950m、141.110m。

2）本段道路是郊区的城市道路，向东连接西四环路，向西通向西南绕城高速公路。新建道路占用了沿路两侧一些工厂、民房、农田用地。

3.2 路线纵断面图

1. 路线纵断面概念

路线纵断面图通过公路中心线，用假想的铅垂剖切面纵向剖切获得（图 3-7）。道路路线由直线和曲线组合而成，所以纵向剖切面既有平面又有曲面，将此纵断面沿路线走向拉直展开并绘制在图纸上，就获得了路线纵断面设计图（图 3-8）。从路线纵断面图可以清楚地获悉路线的纵向设计线形以及沿线地面的高低起伏状况、地质和沿线设置构造物的情况。

路线纵断面主要包括地面线和设计线，其中设计线包括直线和曲线（凸曲线和凹曲线），详见表 3-2。

2. 路线纵断面图

在路线纵断面图中，重点识读出纵断面设计线形及地面线的高低起伏状况，纵坡坡度与坡长，竖曲线设计位置、线形与曲线要素，沿线构造物的里程桩号及构造物类型、参数，水准点的位置与高程，逐桩设计高程、填挖高度等信息。

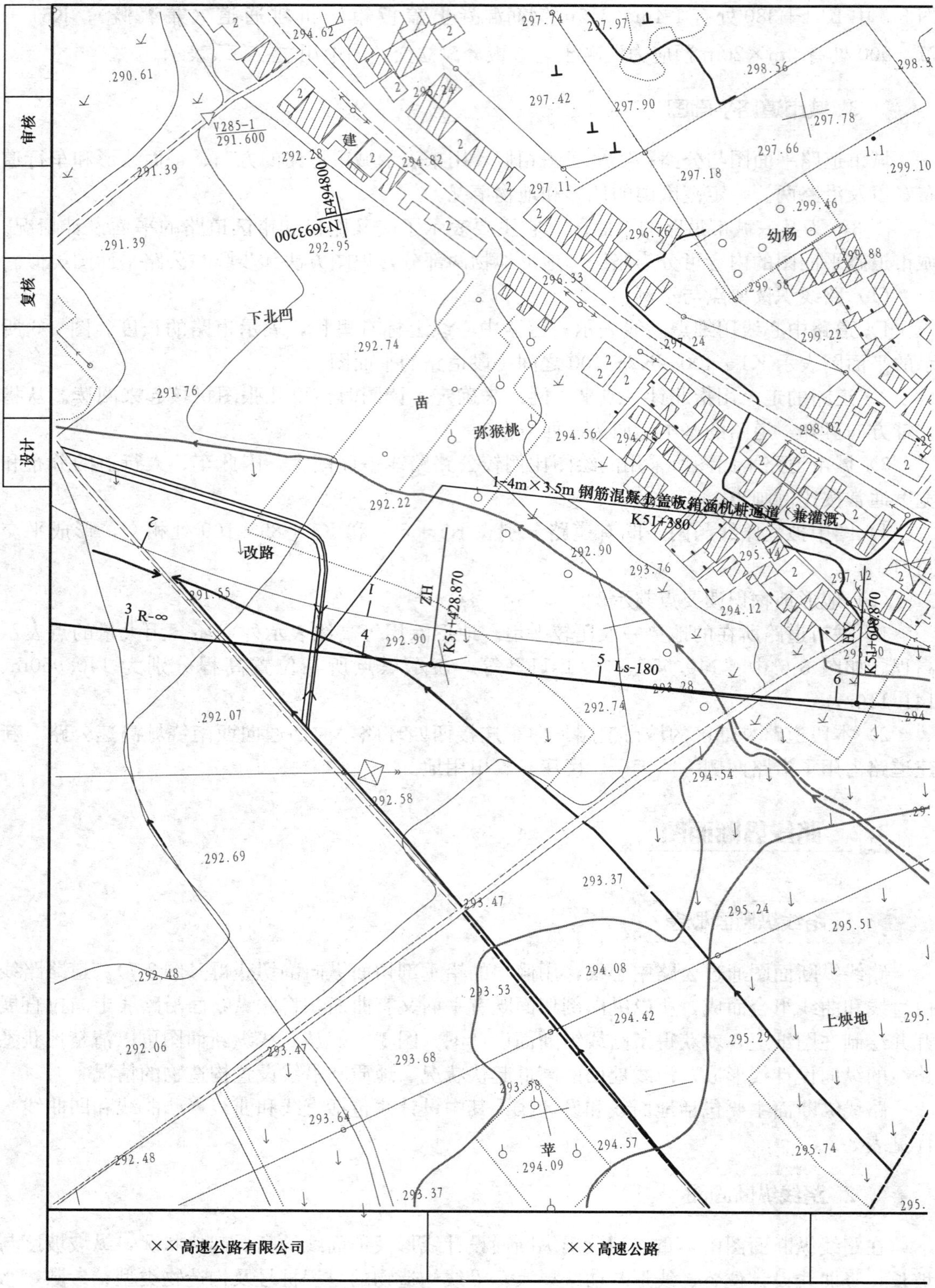

审核
复核
设计

××高速公路有限公司	××高速公路

图 3-5　某高速公

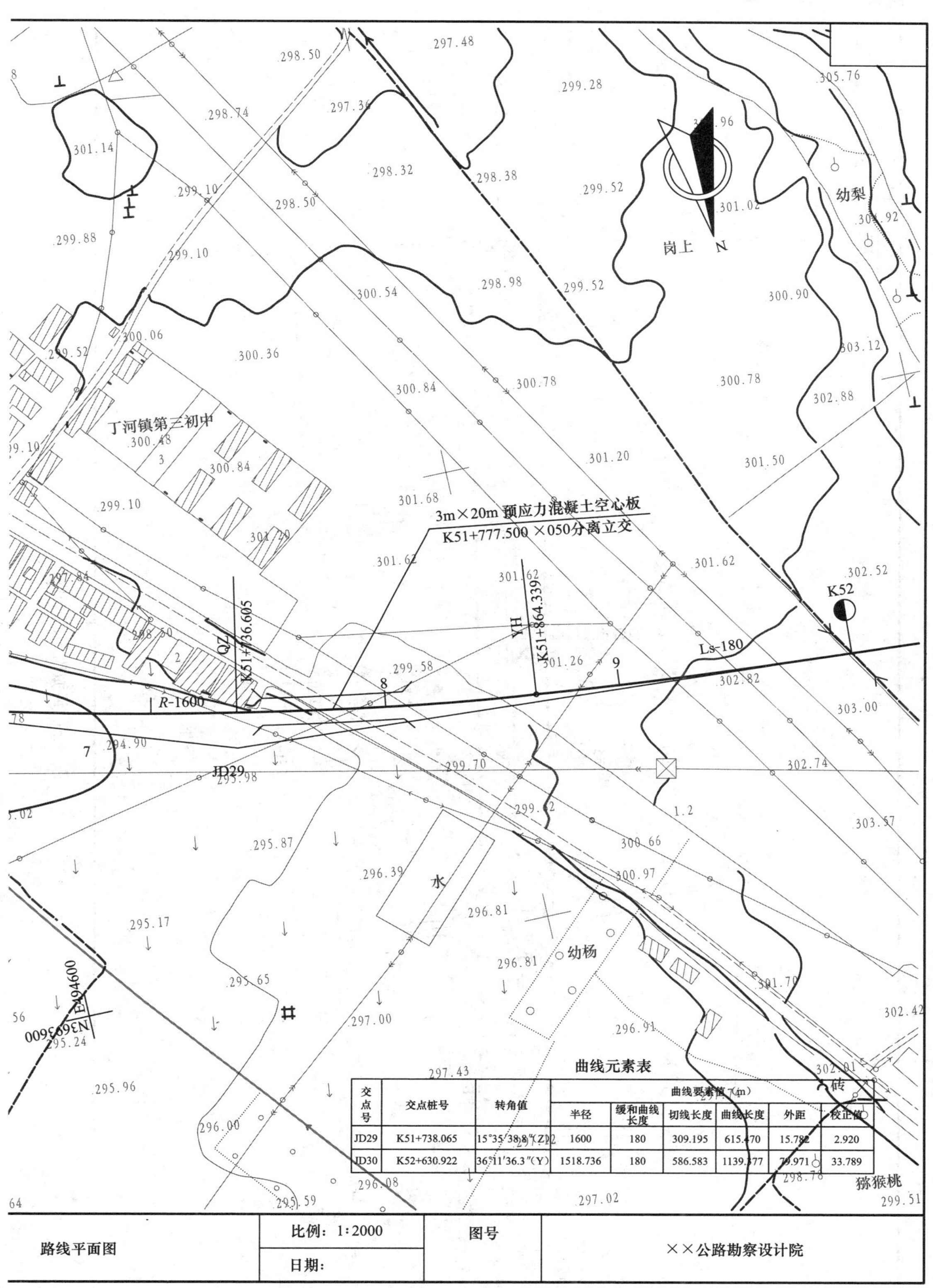

曲线元素表

交点号	交点桩号	转角值	曲线要素值（m）					
			半径	缓和曲线长度	切线长度	曲线长度	外距	校正值
JD29	K51+738.065	15°35′38.8″(Z)	1600	180	309.195	615.470	15.782	2.920
JD30	K52+630.922	36°11′36.3″(Y)	1518.736	180	586.583	1139.377	79.971	33.789

路路线平面图之二

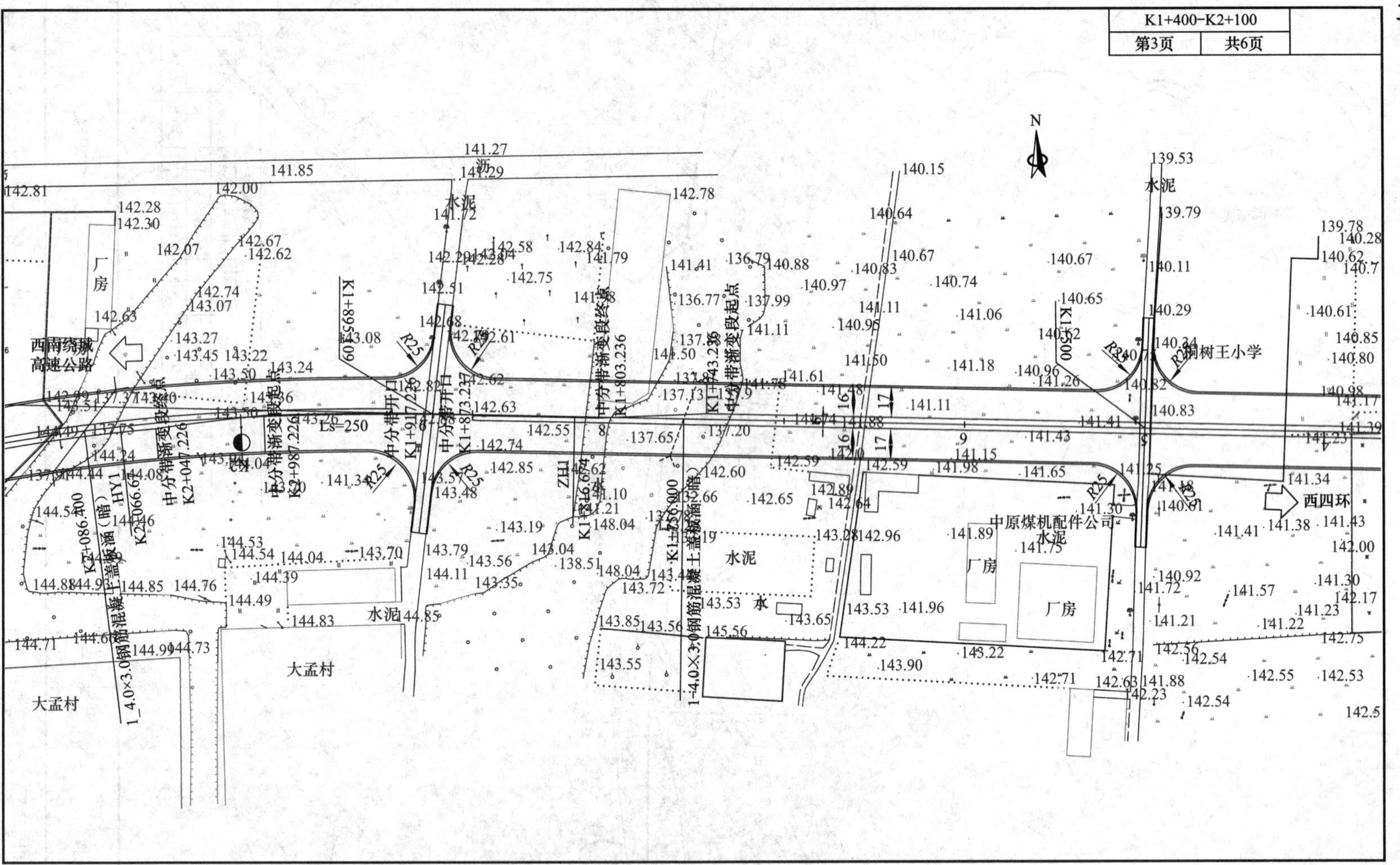

图 3-6 某城市道路平面图

图 3-7　路线纵断面图的形成示例

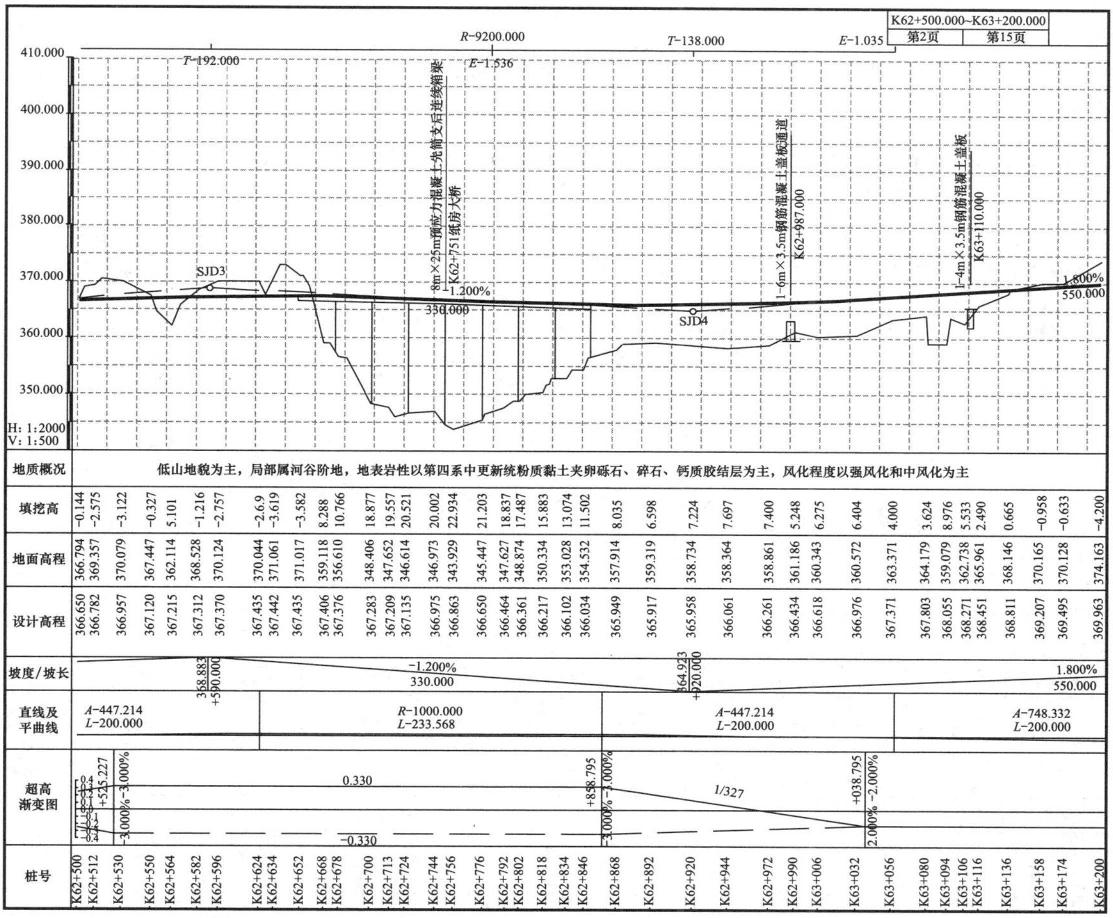

K62+500.000~K63+200.000　第2页　第15页

R-9200.000　T-138.000　E-1.035　T-192.000　E-1.536

410.000　400.000　390.000　380.000　370.000　360.000　350.000

H: 1:2000
V: 1:500

8m×25m预应力混凝土先简支后连续箱梁 K62+751纸房大桥

1-6m×3.5m钢筋混凝土盖板通道 K62+987.000

1-4m×3.5m钢筋混凝土盖板 K63+110.000

SJD3　SJD4　-1.200%　330.000　1.800%　550.000

桩号	填挖高	地面高程	设计高程
K62+500	-0.144	366.794	366.650
K62+512	-2.575	369.357	366.782
K62+530	-3.122	370.079	366.957
K62+550	-0.327	367.447	367.120
K62+564	5.101	362.114	367.215
K62+582	-1.216	368.528	367.312
K62+596	-2.757	370.124	367.370
K62+624	-2.6.9	370.044	367.435
K62+634	-3.619	371.061	367.442
K62+652	-3.582	371.017	367.435
K62+668	8.288	359.118	367.406
K62+678	10.766	356.610	367.376
K62+700	18.877	348.406	367.283
K62+713	19.557	347.652	367.209
K62+724	20.521	346.614	367.135
K62+744	20.002	346.973	366.975
K62+756	22.934	343.929	366.863
K62+776	21.203	345.447	366.650
K62+792	18.837	347.627	366.464
K62+802	17.487	348.874	366.361
K62+818	15.883	350.334	366.217
K62+834	13.074	353.028	366.102
K62+846	11.502	354.532	366.034
K62+868	8.035	357.914	365.949
K62+892	6.598	359.319	365.917
K62+920	7.224	358.734	365.958
K62+944	7.697	358.364	366.061
K62+972	7.400	358.861	366.261
K62+990	5.248	361.186	366.434
K63+006	6.275	360.343	366.618
K63+032	6.404	360.572	366.976
K63+056	4.000	363.371	367.371
K63+080	3.624	364.179	367.803
K63+094	8.976	359.079	368.055
K63+106	5.533	362.738	368.271
K63+116	2.490	365.961	368.451
K63+136	0.665	368.146	368.811
K63+158	-0.958	370.165	369.207
K63+174	-0.633	370.128	369.495
K63+200	-4.200	374.163	369.963

地质概况：低山地貌为主，局部属河谷阶地，地表岩性以第四系中更新统粉质黏土夹卵砾石、碎石、钙质胶结层为主，风化程度以强风化和中风化为主

坡度/坡长：368.883 +590.000　-1.200% 330.000　364.923 +920.000　1.800% 550.000

直线及平曲线：A-447.214 L-200.000　R-1000.000 L-233.568　A-447.214 L-200.000　A-748.332 L-200.000

超高渐变图：+525.227　-3.000%　3.000%　0.330　-0.330　+858.795　-3.000%　3.000%　1/327　+038.795　-2.000%　2.000%

图 3-8　路线纵断面图（一）

（1）路线纵断面图识读方法和步骤

1）首先阅标题栏及角标栏，了解图示比例尺、图号、页码、里程桩号范围等；

2）整体浏览图样，了解纵断面图中路线纵断面设计线与地面线大致关系，路基填挖高度与范围，图示纵断面设计线形、坡度线、竖曲线、构造物类型与位置等；

3）阅读纵断面设计图下方的资料表，掌握该图中对应各里程桩号位置的地面标高、设计高程、填挖高度、不同地质里程桩范围，纵断面设计线的坡度与坡长，平面线形示意图等；

4）按照从左至右的顺序，对应里程桩号将资料表与图样表示内容对照阅读，掌握每个里程桩位置的相关填挖数据、竖曲线要素、构造物类型和中心桩号，并掌握路线平纵组合状况。

（2）路线纵断面图识读要点与示例

路线纵断面图构成见表 3-2。

表 3-2　路线纵断面图构成

- 纵断面图
  - 地面线
  - 设计线
    - 直线（坡度线）
    - 曲线（竖曲线）
      - 凸曲线
      - 凹曲线

从图 3-9 的右上角标可知，该图是某公路 K61＋800～K62＋500 段的路线纵断面图。

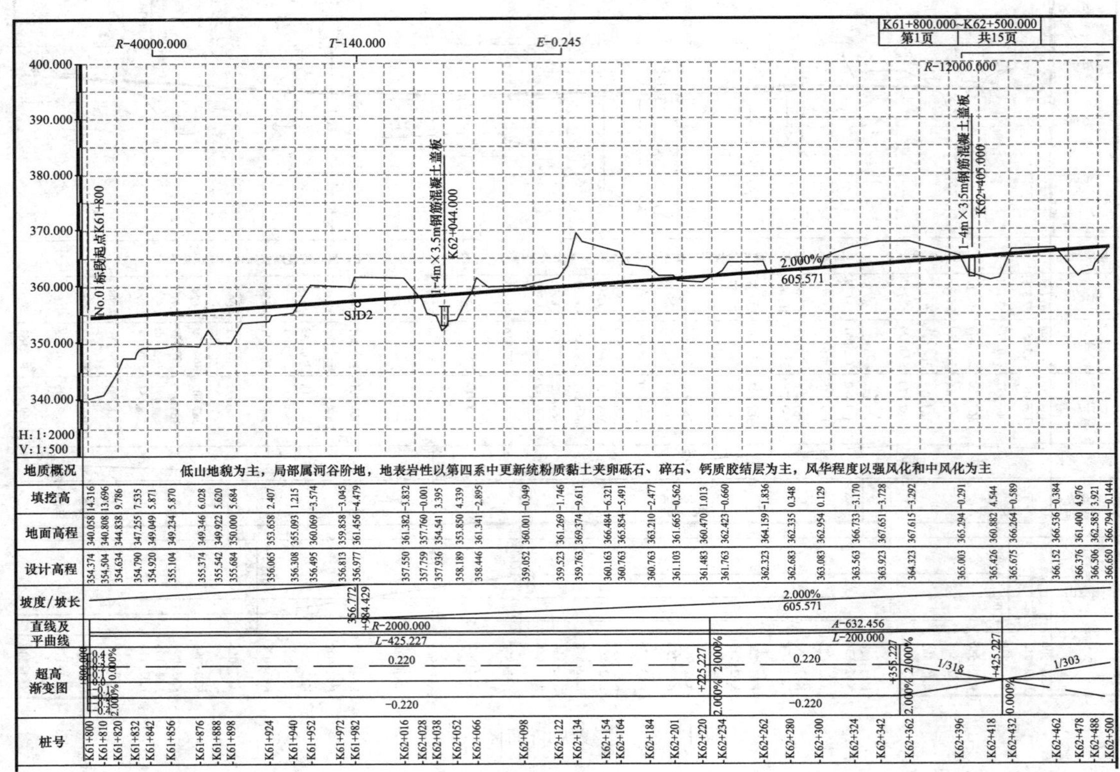

图 3-9　路线纵断面图（二）

1）图样

a. 比例

路线纵断面的水平方向表示路线长度（前进方向），竖直方向表示设计线和地面的高程。读图时应注意，由于路线的高差比路线的长度尺寸小得多，如果竖向高度与水平长度用同一种比例绘制，很难把高差明显地表示出来，所以绘制时一般竖向比例要比水平比例放大 10 倍。一般常用比例，水平 1∶2000 或 1∶5000；垂直 1∶200 或 1∶500，垂直为水平的 10 倍。图 3-9 的水平比例（H）为 1∶2000，而竖向比例（V）为 1∶500，这样画出的路线坡度比实际大，看上去也较为明显，在纵断面图的左侧按竖向比例画有高程标尺，便于读图。

b. 设计线和地面线

在路线纵断面图中，道路的设计线用粗实线表示，原地面线用细实线表示。路线纵断面设计线，根据地形起伏和公路等级按相应的工程技术标准确定，设计线上各点的标高通常是指路基边缘的设计高程。地面线根据原地面上沿线各点的实测中心桩高程绘制。比较设计线与地面线的相对位置，可知道填挖高度。

c. 竖曲线

设计线由直线和竖曲线组成，在设计线的纵向坡度变更处（变坡点），为了便于车辆行驶，一般按技术标准规定设置了圆弧形竖曲线。竖曲线分为凸形和凹形两种，在图中分别用"┌┴┐"和"└┬┘"的符号来表示。符号中部的竖线对准变坡点，符号的水平线两端对准竖曲线的始点和终点，竖曲线要素（半径 R、切线长 T、外距 E）的数值标注在水平线上方。在图 3-9 中的左侧有凹形竖曲线，其变坡点桩号为 K61＋984.429 处，变坡点高程为 356.77m，曲线半径 R 为 40000m，切线长 T 为 140m，外距 E 为 0.245m。

d. 构造物

桥涵、隧道、涵洞、通道统称构造物，一般会在设计线的上方或下方用竖直引出线标注。竖直引出线对准构造物的中心线位置，并注出了构造物的名称、规格和里程桩号。例如图 3-9 在里程桩 K62＋044.000 和 K62＋405.000 分别设有 2 座单跨盖板涵，用"□"表示涵洞的中心位置。

e. 水准点

路线纵断面图标注有沿线设置的测量水准点，竖直引出线对准水准点，里程桩号注写在竖直引出线的右侧，其编号和高程注写在水平线上方。

2）设计资料

路线纵断面图的设计资料与图样上下对齐布置，便于阅读，能较好地反映出纵向设计在各桩号处的高程、填挖方量、地质条件和坡度以及平曲线与竖曲线的配合关系。从上至下，资料主要包括：地质概况、填挖高度、地面高程、设计高程、坡度/坡长、直线及平曲线、超高渐变图、桩号。

a. 地质概况

图中注出了沿线各路段的地质类型，可直接读出对应路段的地质情况。图 3-9 地质概况注明为：低山地貌为主，局部属河谷阶地，地表岩性以第四系中粉质黏土夹卵砾石、碎石、钙质胶结层为主，风化程度以强风化和中风化为主。

b. 填挖高度

设计线在地面线下方时需要挖方，在地面线上方时需要填方，挖或填的高度值可用各里程桩点对应的设计标高与地面标高之差的绝对值算出。

c. 标高

资料表中有设计标高和地面标高两栏，它们是和图样互相对应的，分别表示设计线和地面线上各里程桩的高程。

d. 坡度及坡长

对角线表示坡度方向，左下至右上“/”表示上坡，左上至右下“\”表示下坡，坡度和坡长分别标注在对角线的上、下两侧。如图 3-9 从 K61＋984.429 处起有一标注为“2.000％/605.571”，表示此段路线是上坡，坡度为 2.000％，路段坡长为 605.571m。

e. 平曲线

在资料表中画有该路段的平曲线线形并标注平曲线要素。直线段用水平线表示，道路左转弯用凹折线“⌐⌙”表示，右转弯用凸折线“⌙⌐”表示，缓和曲线段用斜线表示，可对应读取平曲线的位置线形和曲线要素等信息。

f. 里程桩号

沿线各点的里程桩号是按测量的里程数值填入的，单位为 m，里程桩号从左向右排列。在平曲线的起点、中点、终点和桥涵中心点等处设置了里程加桩。

3. 城市道路纵断面

城市道路纵断面图和公路路线纵断面图类似，也是沿道路中心线剖切的断面图，由图样和资料两部分组成，如图 3-10 所示。识图方法及步骤与公路纵断面图识读类似。

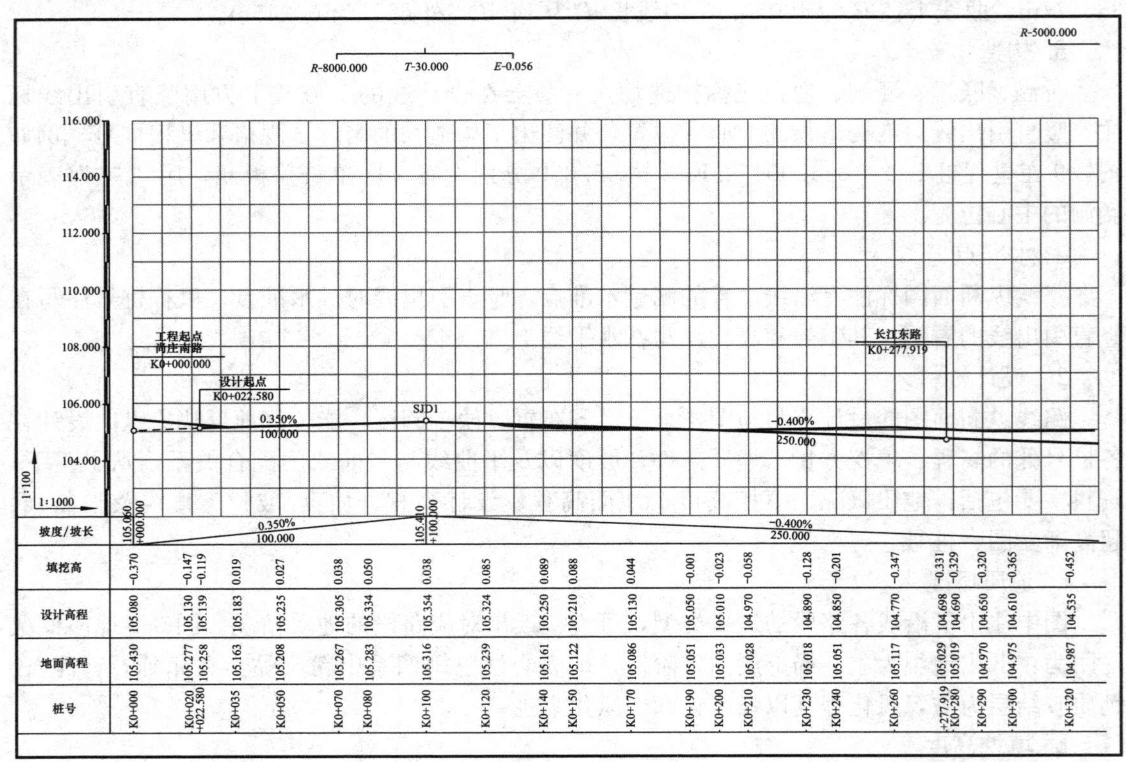

填挖高	-0.370	-0.147	-0.119	0.019	0.027	0.038	0.050	0.038	0.085	0.089	0.088	0.044	-0.001	-0.023	-0.058	-0.128	-0.201	-0.347	-0.331	-0.329	-0.320	-0.365	-0.452
设计高程	105.080	105.130	105.139	105.183	105.235	105.305	105.334	105.354	105.324	105.250	105.210	105.130	105.050	105.010	104.970	104.890	104.850	104.770	104.698	104.690	104.650	104.610	104.535
地面高程	105.430	105.277	105.258	105.163	105.208	105.267	105.283	105.316	105.239	105.161	105.122	105.086	105.051	105.033	105.028	105.018	105.051	105.117	105.029	105.019	104.970	104.975	104.987
桩号	K0+000	K0+020	+022.580	K0+035	K0+050	K0+070	K0+080	K0+100	K0+120	K0+140	K0+150	K0+170	K0+190	K0+200	K0+210	K0+230	K0+240	K0+260	+277.919	K0+280	K0+290	K0+300	K0+320

图 3-10　城市道路纵断面图

（1）图样识读

城市道路纵断面图与公路的图示方法相同。例如，竖直方向绘图比例较水平方向放大10倍表示，图3-10水平方向采用1∶1000，竖直方向采用1∶100。识图内容与方法可参照公路纵断面图识读。

（2）资料识读

城市道路纵断面图的资料表基本上与公路路线纵断面图相同，不仅与图样部分上下对应，而且还标注有关的设计内容。

城市道路除画出道路中心线的纵断面图之外，当纵向排水有困难时，还会画出街沟纵断面图。对于排水系统的设计图信息，可以在纵断面图中读出，或从单独设计图中读出。

3.3 路线常用表格

反映路线平面线形设计成果的主要表格有直线、曲线及转角表、逐桩表、导线点一揽表、路线固定表等。

1. 直线曲线及转角表

各级公路和城市道路不论转角大小均应设置圆曲线（图3-11）。相邻两曲线之间应有一定长度的直线，这个直线是指前一曲线的终点（HZ或YZ）到后一曲线的起点（ZH或ZY）之间的长度。缓和曲线是设置在直线和圆曲线之间或半径相差较大的两个转向相同的圆曲线之间的一种曲率连续变化的曲线。除四级公路外的其他各级公路都应设置缓和曲线。另外，当圆曲线半径大于“不设超高的最小半径”时，可省略缓和曲线。

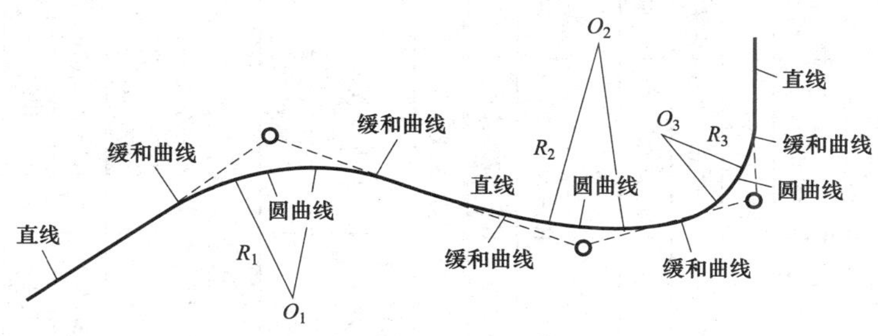

图3-11 平面线形基本组成

直线、曲线及转角表是路线平面设计的重要成果之一，它集中反映了道路平面设计的成果和数据，是施工放线和复测的主要依据。表3-3列出了交点号、交点里程、交点坐标、转角、曲线要素值、曲线主点桩号、直线长、计算方位角、断链等。在路线纵断面、横断面及构造物施工时，都要参考这类表的数据。

表3-3给出了9个交点的22项信息，其中有效信息19项。第一列为交点号，按顺序编排。从第二列起分别为交点坐标、交点桩号、转角值、曲线要素值、曲线位置、直线长度及方向、测量断链。交点坐标 X 的正方向为N（North），Y 的正方向为E（East）。交点（JD）桩号与直圆点（ZY）桩号、切线长（T）有关，JD（桩号）＝ZY（桩号）＋T。

表 3-3　直线、曲线及转角表

交点号	交点坐标		交点桩号	转角值	曲线要素值（m）					
	X	Y			半径	缓和曲线长度	切线长度	曲线长度	外距	校正值
1	2	3	4	5	6	7	8	9	10	11
起点	41 808.204	90 033.595	K0+000.000							
2	41 317.589	90 464.099	K0+652.716	右 35°35′23.8″	800.000	0.000	256.755	496.929	40.198	16.62
3	40 796.308	90 515.912	K1+159.946	左 57°32′51.8″	250.000	50.000	162.511	301.099	35.692	23.922
4	40 441.519	91 219.007	K1+923.562	左 34°32′06.9″	150.000	40.000	66.753	130.413	7.5449	3.093
5	40 520.204	91 796.474	K2+503.273	右 78°53′21.9″	200.000	45.000	187.381	320.376	59.534	54.386
6	40 221.113	91 898.700	K2+764.966	左 51°40′28.6″	224.130	40.000	128.668	242.141	25.224	15.194
7	40 047.399	92.390.466	K3+271.313	左 34°55′48.9″	150.000	40.000	67.322	131.447	7.715	3.198
8	40 190.108	92.905.941	K3+802.980	右 22°25′23.6″	600.000	0.000	118.930	234.816	11.673	3.044
终点	40 120.034	93.480.920	K4+379.175							

交点号	曲线位置					直线长度及方向			测量断链		备注
	第一缓和曲线起点	第一缓和曲线终点或圆曲线起点	曲线中点	第二缓和曲线终点或圆曲线起点	第二缓和曲线起点	直线长度（m）	交点间距（m）	计算方位角或计算方向角	桩号	增减长度（m）	
1	12	13	14	15	16	17	18	19	20	21	22
起点											
2		K0+395.940	K0+644.405	K0+892.870		395.94	652.715	138°44′0 1.5″			
3	K0+997.435	K1+047.435	K1+147.984	K1+248.534	K1+298.534	104.565	523.85	174°19′25.3″			
4	K1+856.809	K1+896.809	K1+922.016	K1+947.222	K1+987.222	558.276	787.539	116°46′33.5″			
5	K2+315.892	K2+360.892	K2+476.079	K2+591.268	K2+636.268	328.669	582.803	82°14′26.6″			
6	K2+636.298	K2+676.298	K2+757+368	K2+838.439	K2+878.439	0.030	316.078	161°07′48.5″			
7	K3+203.995	K3+243.995	K3+269.719	K3+295.442	K3+335.442	325.556	521.546	109°27′19.9″			
8		K3+684.055	K3+801.463	K3+918.871		348.613	534.865	74°31′31″			
终点						460.304	579.233	96°56′54.6″			

选线人员根据道路等级和地形条件定出一系列直线，相邻两直线相交得到各个交点(JD1，JD2，…)，通过测量交点的距离，确定交点之间的关系；或通过测量交点与导线点的坐标关系，确定交点坐标，再根据相邻交点坐标算出交点偏角和距离。

转角或称偏角，是指路线由一个方向偏向另一个方向时，偏转后的方向与原方向的夹角。偏转后的方向位于原方向左侧时，称左偏；位于原方向右侧时，称右偏。

在路线测量中，一般规定测交点右角，由右角计算偏角。右角是指前进方向右侧夹角，一般用全测回法测量。右角大小为：右角=(后视读数)-(前视读数)，当后视读数小于前视读数时，前式变为：右角=(后视读数+360°)-(前视读数)。

路线偏角的计算：已知相邻两边方位角 θ_i 和 θ_{i+1}，计算该交点的偏角 α，$\alpha=\theta_{i+1}-\theta_i$，当 $\alpha>0$ 时，路线为右偏（R)；当 $\alpha<0$ 时，路线为左偏（L)。如图 3-12，JD1 处路线右偏 35°35′23.8″，JD2 处路线左偏 57°32′51.8″，JD3 处路线左偏 34°32′06.9″。

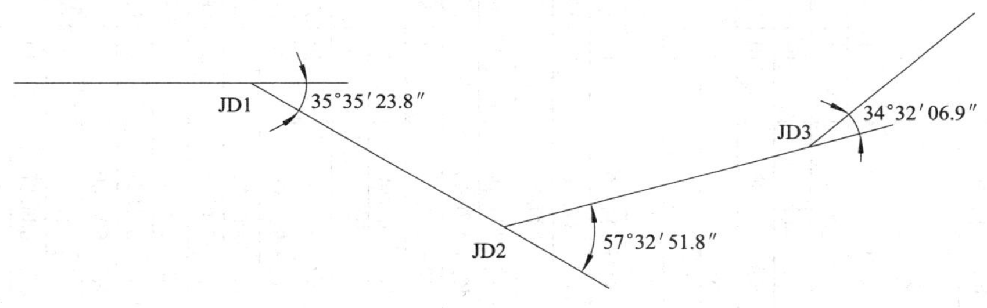

图 3-12　路线转角示意

以直线为主定交点主要用于平原、微丘区，是根据地形、地物条件，选设定作为路线基本轴线的直线，再根据两两直线相交得交点，继而设置圆曲线和缓和曲线，该方法称以直线为主定交点法，也是传统的方法。

以曲线为主定交点常用于互通立交匝道布线、定线或山岭、重丘区高速公路、一级公路选线、定线，是根据地形及环境条件和路线技术要求设置圆曲线（或圆曲线与缓和曲线组合）作为基本轴线，再把曲线的切线画出，延长各切线两两相交定出交点。

2. 逐桩坐标表

逐桩坐标表是等级较高道路平面设计成果之一，是道路中线放样的重要资料。等级较高道路的线形指标高，圆曲线半径较大，缓和曲线较长，在测设和放样时采用坐标法，才能保证其测量精度。

逐桩坐标表即各个中桩的坐标，见表 3-4。计算和测量方法按照“从整体到局部”的原则进行。一般是根据导线点坐标用全站仪或 GPS 测量路线交点坐标或从图上直接量取交点坐标，计算交点转角和方位角、交点间距；然后，根据计算结果、选定圆曲线半径和缓和曲线长度，计算中线上各桩坐标。

表 3-4 **逐桩坐标表**

×××公路某段

桩号	坐标（m）		方向角	桩号	坐标（m）		方向角
	X	Y			X	Y	
K1+500.00	40 632.336	90 840.861	116°46′33.0″	K2+140.00	40 471.158	91 436.529	82°14′27.0″
K1+540.00	40 614.316	90 976.527	116°46′33.0″	K2+160.00	40 473.858	91 456.346	82°14′27.0″
K1+570.00	40 600.801	90 903.355	116°46′33.0″	K2+180.00	40 476.558	91 476.463	82°14′27.0″
K1+600.00	40 587.286	90 930.139	116°46′33.0″	K2+200.00	40 479.258	91 495.980	82°14′27.0″
K1+630.00	40 573.623	90 957.216	116°46′33.0″	K2+220.00	40 481.959	91 515.797	82°14′27.0″
K1+669.00	40 556.202	90 991.561	116°46′33.0″	K2+240.00	40 484.659	91 535.613	82°14′27.0″
K1+680.00	40 551.246	90 991.740	116°46′33.0″	K2+260.00	40 487.359	91 555.430	82°14′27.0″
K1+700.00	40 542.236	91 019.416	116°46′33.0″	K2+280.00	40 490.059	91 575.247	82°14′27.0″
K1+720.00	40 533.226	91 037.272	116°46′33.0″	K2+300.00	40 492.759	91 595.064	82°14′27.0″
K1+750.00	40 519.711	91 064.055	116°46′33.0″	ZH+315.00	40 494.905	91 610.809	82°14′27.0″
K1+780.00	40 506.196	91 090.838	116°46′33.0″	K2+340.00	40 497.902	91 634.730	84°05′26.5″
K1+800.00	40 497.186	91 108.694	116°46′33.0″	HY+360.00	40 499.302	91 655.568	88°41′08.7″
K1+820.00	40 488.176	91 126.549	116°46′33.0″	K2+380.00	40 498.828	91 674.665	94°09′37.3″
K1+840.00	40 479.166	91 144.405	116°46′33.0″	K2+400.00	40 496.383	91 694.506	99°53′23.8″
ZH+856.31	40 471.593	91 159.412	116°46′33.0″	K2+420.00	40 491.969	91 714.005	105°37′10.3″
K1+870.00	40 465.708	91 171.216	115°56′42.1″	K2+440.00	40 485.631	91 732.965	111°20′56.7″
HY+896.81	40 465.191	91 195.860	109°08′09.7″	K2+460.00	40 477.431	91 751.198	117°04′43.2″
K1+900.00	40 454.177	91 198.885	107°55′03.1″	QZ+476.00	40 469.544	91 765.206	121°41′06.9″
QZ+922.01	40 488.963	91 220.253	99°38′19.1″	K2+500.00	40 455.794	91 784.761	128°32′16.2″
K1+940.00	40 447.061	91 238.126	92°38′19.1″	K2+520.00	40 442.573	91 799.757	134°32′16.2″
YH+947.00	40 446.902	91 245.344	89°52′50.9″	K2+540.00	40 427.920	91 813.357	139°59′49.1″
K2+960.00	40 447.413	91 258.112	85°46′43.6″	K2+560.00	40 411.983	91 825.427	145°43′35.6″
K1+980.00	40 449.567	91 277.993	82°29′23.3″	K2+580.00	40 394.921	91 835.845	151°27′22.1″
HZ+987.22	40 450.531	91 285.148	82°14′27.0″	K2+591.27	40 384.857	91 840.947	154°41′05.3″
K2+000.00	40 452.257	91 297.811	82°14′27.0″	K2+600.00	40 376.910	91 844.518	156°56′35.0″
K2+010.00	40 453.607	91 307.719	82°14′27.0″	K2+620.00	40 358.262	91 851.740	160°17′15.4″
K2+030.00	40 456.307	91 327.536	82°14′27.0″	CQ+636.27	40 342.893	91 857.077	161°07′48.0″
K2+050.00	40 459.007	91 347.353	82°14′27.0″	K2+650.00	40 329.916	91 861.563	160°31′48.6″
K2+070.00	40 461.707	91 367.170	82°14′27.0″	K2+670.00	40 311.219	91 866.655	157°30′02.7″
K2+100.00	40 465.757	91 396.895	82°14′27.0″	K2+700.00	40 284.324	91 881.898	149°57′30.4″
K2+120.00	40 468.459	91 416.712	82°14′27.0″				

第4章 路基工程图识读

路基是行车部分的基础，是由土、石按照一定尺寸、结构要求建筑成的带状土工结构物。路基既要有一定的力学强度和稳定性，又要经济、合理。

4.1 路基的类型

通常，根据公路路线设计确定的路基高程与天然地面高程不同，路基设计高程低于天然地面高程时，需进行挖掘；路基设计高程高于天然地面高程时，需进行填筑。由于填挖情况的不同，路基横断面的典型形式可归纳为路堤、路堑和半挖半填路基三种类型。

1. 路堤

图 4-1 为路堤的几种常见横断面形式。

按路堤的填土高度不同，可分为低路堤、高路堤和一般路堤。填土高度小于路基工作深度的路堤，属于低路堤；填土边坡高度大于 20m 的路堤，属于高路堤；其他填土高度在 1.5～18m 范围内的路堤，为一般路堤。随其所处的条件和加固类型的不同，还有浸水路堤、护脚路堤及挖沟填筑路堤等形式。

低路堤［图 4-1（a）］常在平坦地区取土困难时选用。平坦地区地势较低，水文条件较差，易受地表水和地下水的影响，设计时应注意满足最小填土高度的要求，力求不低于规定的临界高度，使路基处于干燥或中湿状态。路基两侧均设置边沟。

一般路堤［图 4-1（b）］位于地面横坡较缓的地段，在路堤边坡低矮和迎水的一侧，应设置边沟和截水沟等排水沟渠，以防止地面水浸湿和冲刷路堤，一般可在路基两侧设置取土坑，使之与排水沟渠结合，同时可作为农田水利引排水加以利用。

浸水路堤［图 4-1（c）］一般位于河流、沟渠一侧，易受地面水和地下水的影响，路基容易处于潮湿状态，设计时应注意满足路基水稳定性，要采取一定的地基处理措施，以保证路基的稳定。路堤堤身与路侧取土坑或水渠之间，还有高路堤或浸水路堤的边坡中部，可视需要设置宽至少 1m（并高出设计水位 0.5m）的平台，称为护坡道，以保证路堤边坡的稳定。

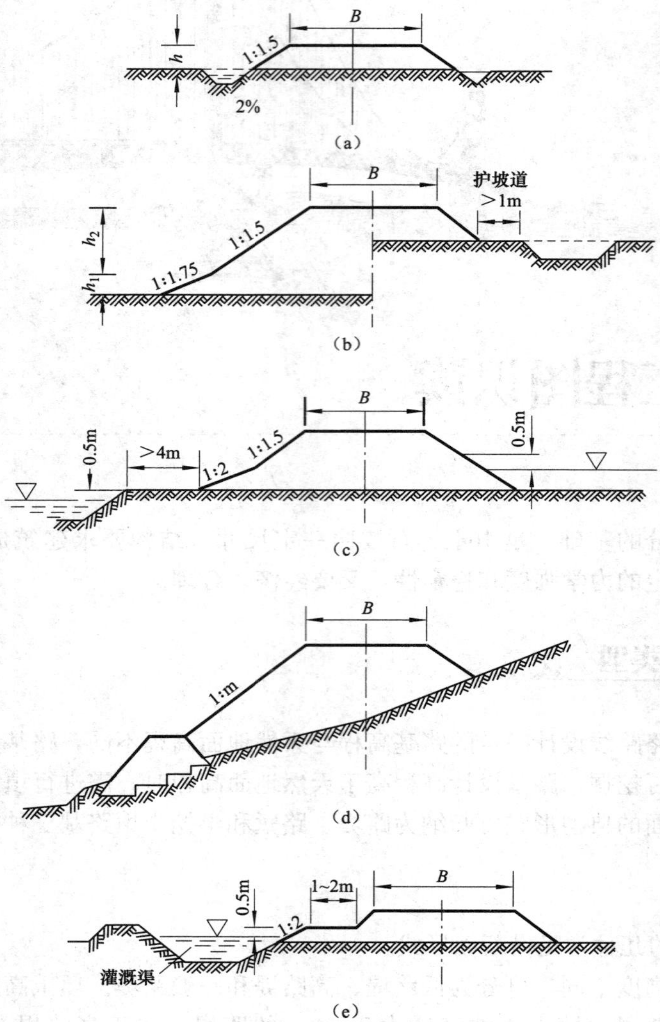

图 4-1　路堤的常见横断面形式

（a）低路堤；（b）一般路堤；（c）浸水路堤；（d）护角路堤；（e）挖沟填筑路堤

高路堤由于路堤填土高度较大，填土石方数量大，边坡稳定性差，占地宽，行车条件差，施工困难，一方面造价较高，另一方面处理不当极易造成沉陷、失稳。为使路基边坡稳定和横断面经济，需做个别设计和稳定性验算，以合理确定边坡形式。高路堤的边坡，常按其受力情况采取上陡下缓的折线形边坡或台阶形边坡。台阶形边坡是在边坡中部每隔 8～10m 设置护坡平台一道，平台宽度为 1～3m，用浆砌片石或水泥混凝土预制块防护。并将平台做成 2%～5%向外倾斜的横坡，以利排水。

2. 路堑

图 4-2 是路堑横断面的几种基本形式：全挖式路基、台口式路基及半山洞路基。挖方边坡可视高度和岩土层情况设置成直线形式或折线形式。挖方边坡的坡脚处设置边坡，以汇集和排除路基范围内的地表径流。路堑上方应设置截水沟，以拦截和排除流向路基的地表径

流。挖方弃土可堆放在路堑的下方，路侧弃土堆的设置，应不妨碍路基排水，不危及边坡的稳定。弃土堆内侧坡脚到堑顶之间的距离应随土质条件和路堑边坡高度而定，一般不小于5m。边坡坡面易风化时，在坡脚处设置0.5～1.0m的碎落台，供零星碎块下落临时堆积，防止边沟堵塞，同时也起护坡道的作用。边坡破碎或不稳定时，则可采用护墙或挡土墙或坡面防护措施。

全挖式路基［图4-2（a）］为典型路堑，坡体较缓且石质或土质较为良好的边坡宜采用此种形式路基，开挖后的路基边坡具有较高的自身稳定性或采取一定的边坡防护措施。陡峻山坡上的半路堑，路中线宜向内侧移动，尽量采用台口式路基［图4-2（b）］，避免路基外侧的少量填方。遇有整体性的坚硬岩层，为节约石方工程，可采用半山洞路基［图4-2（c）］。

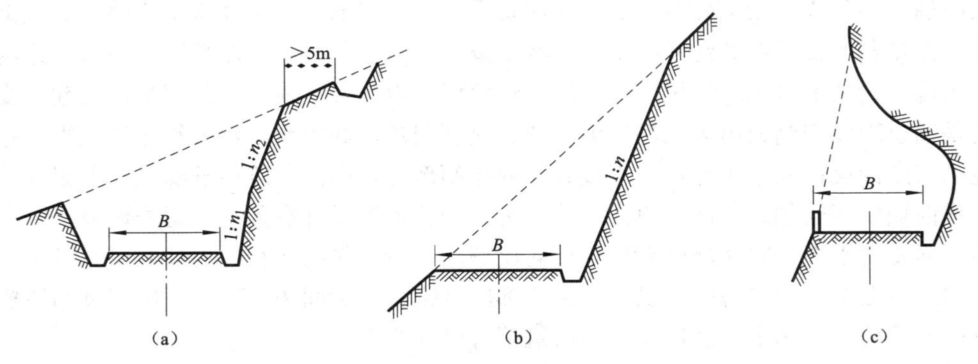

图4-2　路堑的几种横断面形式

（a）全挖式路基；（b）台口式路基；（c）半山洞路基

3. 半填半挖路基

图4-3是半填半挖路基的几种常见横断面形式，它是路堤和路堑的综合形式，兼有路堤和路堑的设置要求。一般设置于地面横坡较陡，路基又较宽，路中线的设计标高与地面标高相差不大的地方。

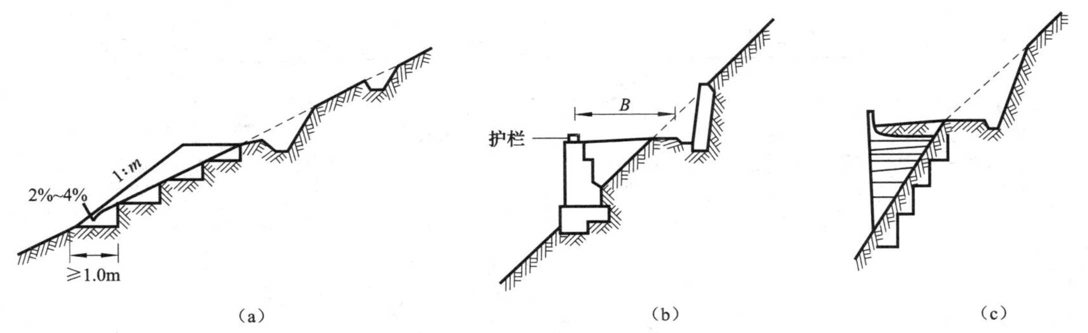

图4-3　半填半挖路基横断面的常见形式

（a）一般情况；（b）设挡土墙情况；（c）半山桥路基情况

半填半挖路基横断面的形式同地面横坡与地层情况有密切关系，其中填方部分，在自重作用下有可能下滑。为增加新、老土的密切结合，要求在填筑前将原倾斜地面或陡坡上的杂草、松动浮土和石块等加以清除，并做好排水设施。同时，为提高路基的稳定性，一般情况下，填方部分的地面应挖成台阶，使新、老土良好结合［图 4-3（a）］。有时视需要，填方和挖方部分可设置挡土墙等支挡结构物［图 4-3（b）］。如果填方部分遇到地面陡峻出现悬空，而纵向又有适宜的基岩时，则可采用桥梁（如石拱桥）跨越，构成半山桥路基［图 4-3（c）］。对于填方高度（或路肩等结构顶面高出地面）大于或等于 6m 以及急弯、陡峻山坡、桥头引道等危险路段，应设置护栏作为指示，诱导交通的安全设施。

4.2 路基横断面

道路横断面是指中线上任意一点的法向切面，用假想的剖切平面垂直于路中心线剖切而得到的，由横断面设计线和地面线组成。其中设计线包括行车道、路肩、分隔带、边沟、边坡、截水沟、护坡道以及取土坑、弃土堆、环境保护设施等；地面线是表征地面起伏变化的线，它是通过现场实测或由大比例尺地形图、航测图片、数字地面模型等途径获得。路线设计研究的横断面设计只限于与行车直接有关的路幅部分，即两侧路肩外缘之间各组成部分的宽度、横向坡度等问题。边坡、边沟、截水沟、护坡道等设计在路基工程中研究。

横断面图的水平方向和高度宜采用相同比例，一般比例为 1∶200、1∶100、1∶50。在道路工程施工图中，对应每一个里程桩位置都应有路线横断面图。通过正确识读路线横断面图，可以保证施工中每个道路横断面的修筑符合设计要求。

1. 路基横断面图

在公路工程施工中，为确保每个施工断面填挖高度、土石方量、边坡坡度正确，准确识读路基横断面图非常重要。横断面图的作用是表达各中心桩处横向地面起伏以及设计路基横断面情况，道路工程的各个里程桩路基横断面图是路基施工放样和土石方量计算的依据。在路基横断面图识读中，重点获取各里程桩处对应路基横断面类型、路基中心设计标高、填挖高度、填挖方面积、路基边坡坡度等信息。

路基横断面图的基本形式有填方路基、挖方路基、半填半挖路基三种（图 4-4）。

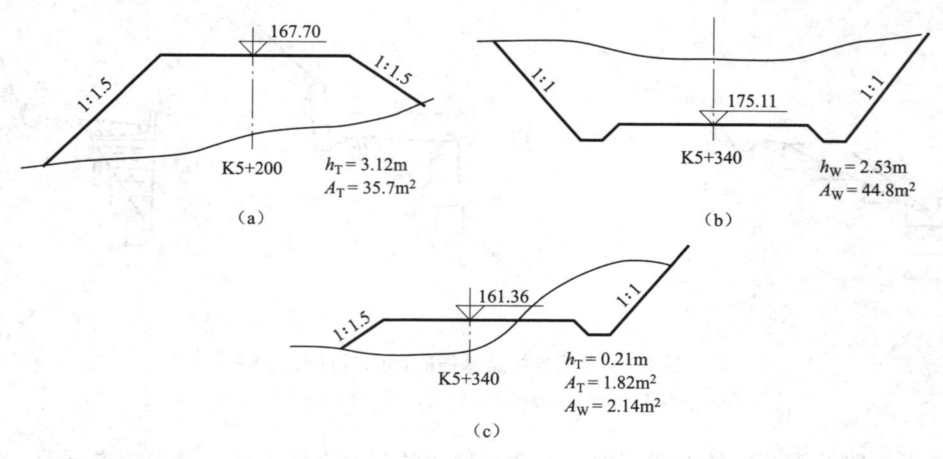

图 4-4 路基横断面图示例

（a）填方路基；（b）挖方路基；（c）半填半挖路基

（1）填方路基横断面图识读

如图4-4（a）所示，整个路基为全填方路基，也称路堤。横断面图里程桩号为K5+200，路基顶面设计标高167.70m，中心线处的填方高度为3.12m，该断面的填方面积为35.7m²，路基边坡为1∶1.5。其中，h_T代表填方高度，A_T代表填方面积。

（2）挖方路基横断面图识读

如图4-4（b）所示，整个路基为全挖方路基，也称路堑。横断面图里程桩号为K5+340，路基顶面设计标高175.11m，中心线处的挖方高度为2.53m，该断面的挖方面积为44.8m²，路基边坡为1∶1。其中，h_W代表挖方高度，A_W代表挖方面积。

（3）半填半挖路基横断面图识读

如图4-4（c）所示，路基断面一部分为填土区，一部分为挖土区，横断面图里程桩号为K5+340，路基顶面设计标高161.36m，中心线处的填方高度为0.21m，填方面积为1.82m²，路基边坡为1∶1.5，路堑边坡为1∶1，该断面的挖方面积为2.14m²。

2. 路基标准横断面图

路基标准横断面是根据设计交通量、交通组成、设计车速、通行能力和满足交通安全的要求，按公路等级、断面的类型、路线所处地形规定的路基横断面各组成部分横向尺寸。路基标准横断面示出路中心线、行车道、拦水缘石、土路肩、路拱横坡、边坡、护坡道、边沟、碎落台、截水沟、用地界碑等各部分组成及其尺寸，路面宽度及概略厚度。高速公路、一级公路按整体式路基、分离式路基分别绘制，还应示出中央分隔带、缘石、左侧路缘带、硬路肩（含右侧路缘带）、护栏、隔离栅、预埋管道等设置位置。

针对横断面图，应重点识别每个桩号处的填挖高度、填挖方面积、边坡坡度等，在施工中使每个施工断面填挖高度、土石方量、边坡正确。

常见的路基标准横断面如图4-5所示。

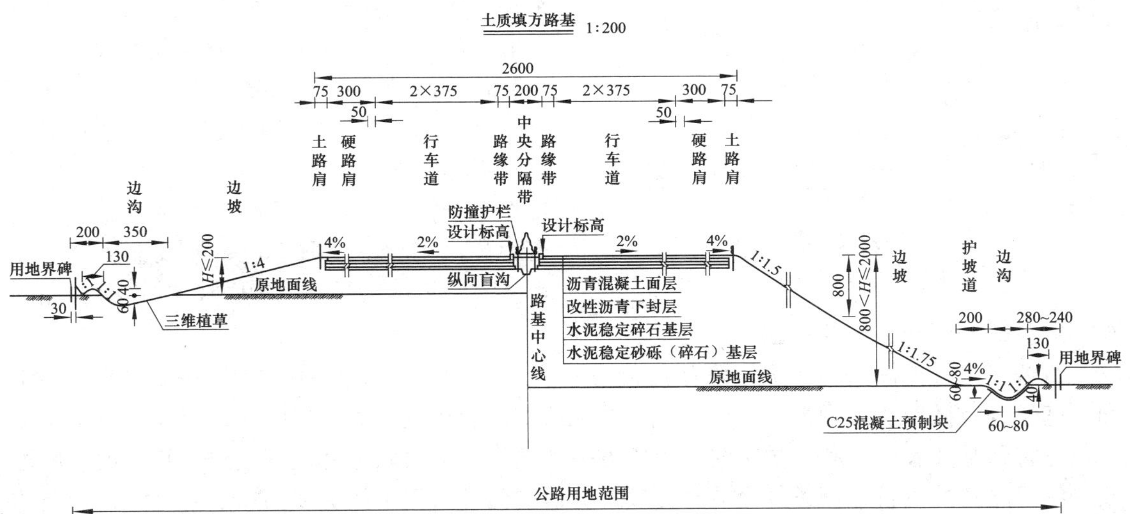

图4-5 路基标准横断面图示例

（1）阅读标准横断面图的标题栏及角标栏，了解图示比例尺、图号、页码、里程桩范围等信息。路基标准横断面图的图框栏中注明了图示比例、图号、页码、里程桩范围。

（2）仔细阅读标准横断面图及图下方注释说明，掌握标准横断面的形式及路基宽度、路面结构等信息。

图 4-5 为填方路基标准横断面，路基宽度为 26m。图中还示出了各组成部分的宽度及路面结构、路拱等，如行车道宽为 7.5m，左侧路缘带宽 0.75m，硬路肩宽 3m，土路肩宽 0.75m，中央分隔带宽为 2m，行车道路拱坡度为 2.0%，行车道路面面层采用沥青混凝土。

（3）阅读标准横断面图，并与对应里程桩号纵断面设计图相对照，掌握各里程桩处横断面形式、路基中心设计标高、填挖高度、填挖方面积、路基边坡坡度等。

填方边坡高度左侧 $H\leqslant2$m，右侧 8m$<H\leqslant$20m，挖填方高度及挖填方面积具体信息应参阅其里程桩号相应的路基横断面详图。

3. 路基的附属设施

为了保证路基稳定和行车安全，根据实际需要设置取土坑、弃土堆、护坡道、碎落台、堆料坪等路基附属设施，这些都应视为路基主体工程不可缺少的部分。

（1）取土坑与弃土堆

公路土石方数量在调配过程中或在公路养护中，不可避免地会在公路沿线附近借土或弃土。在公路沿线挖取土方填筑路基或作为养护材料所留下的整齐土坑，称为取土坑。将开挖路基所废弃的土，按一定的规则形状堆放于公路沿线一定距离内，称为弃土堆。无论借土或取土，首先要选择合理的地点。一般应从土质、数量、占地及运输等方面考虑选点；其次，要结合农田水利，改地造田，少占或不占良田，维护自然生态平衡合理选点，从而做到“借之有利，弃之无害”。

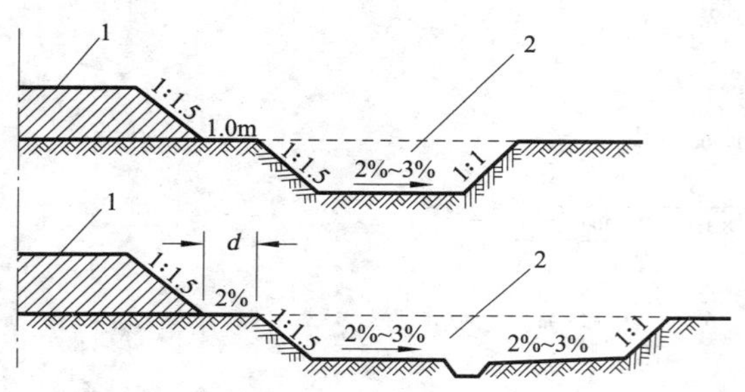

图 4-6　路旁取土坑示意图

1—路堤；2—取土坑

路旁取土坑如图 4-6 所示，深度为 1.0m 或稍大一些，宽度依用土量和用地允许而定。平坦地区如果用土量较少，可以沿路两侧设置取土坑，与路基排水和农田灌溉相结合。为防止坑内积水危害路基，当堤顶与坑底高差不足 2.0m 时，在路基坡脚与坑之间需设宽度不小于 1.0m 的护坡平台，坑底设纵横排水坡及相应设施。河水淹没地段的桥头引道近旁，一般不设取土坑；如设取土坑，要距河流中水位边界 10m 以外，并不得长期积水，危害路基或构造物的稳定。

路旁弃土堆如图 4-7 所示。路基的废方应妥善处理，充分利用；如用于公路、农田水利、基建等，做到变废为宝、弃而不乱，对无法加以利用的弃土，应防止乱弃而造成水土流失，危害路基及农田水利，淤塞河道。废方一般选择在沿线附近低洼荒地或路堑下坡一侧堆放。沿河路基的废石方，条件允许时可以部分占用河道，但不能造成河道上游壅水，危及路基及附近农田。如需在路堑上侧弃土，要求堆弃平整，顶面具有适当横坡，并设置平台三角土埂及排水沟渠。积沙或积雪地段的弃土堆，为有利防沙防雪，一般设在迎风一侧。路堑深度大于 1.5m 时，弃土堆距坡顶至少 20m。浅而开阔的路堑两旁不得设弃土堆。

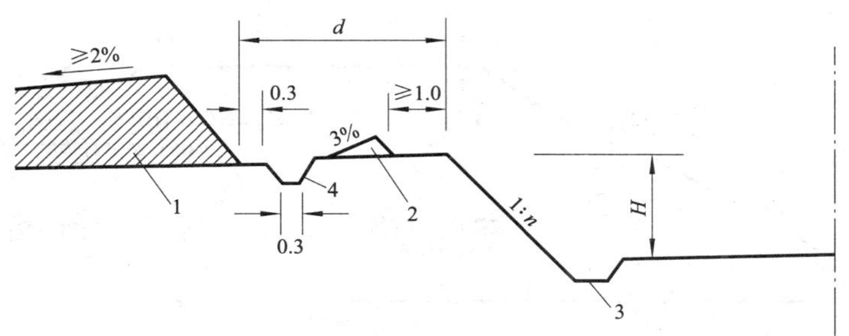

图 4-7 路旁弃土堆示意图

1—弃土堆；2—三角平台；3—边沟；4—截水沟；d—弃土堆内侧坡脚与路堑坡顶的距离；H—路堑高度

(2) 护坡道与碎落台

当路堤较高时，为保证边坡稳定，在取土坑与坡脚之间或边坡坡面上，沿纵向保留或筑成有一定宽度的平台，称为护坡道。其目的是加宽边坡横距，减缓边坡平均坡度。护坡道越宽，越有利于边坡稳定，但工程量随之增加，根据实际情况，宽度至少为 1.0m，并随填土高度增加而增大。一般情况下，h<3.0m 时，d=1.0m；h=3～6m 时，d=2m；h=6～12m，d=2～4m（d 为护坡道宽度）。

碎落台通常设置在路堑边坡坡脚与边沟外侧边缘之间，有时也设在边坡中部，如图 4-8 所示。其作用是防止零星土石碎落物落入边沟，碎落台宽度一般为 1.0～1.5m。若兼顾护坡道作用，可适当放宽。对风化严重的岩石边坡或不良土质边坡，一般为 1.0～1.5m，其顶部宽度大于 0.5m，墙高 1～2m。

(3) 堆料坪

为避免在路肩上堆放路面养护用料，在用地条件许可时，可在路肩外缘或边沟外缘设置堆料坪，一般每隔 50～100m 设置一个，其长度为 5～8m，宽度为 2m 左右，如图 4-9 所示。

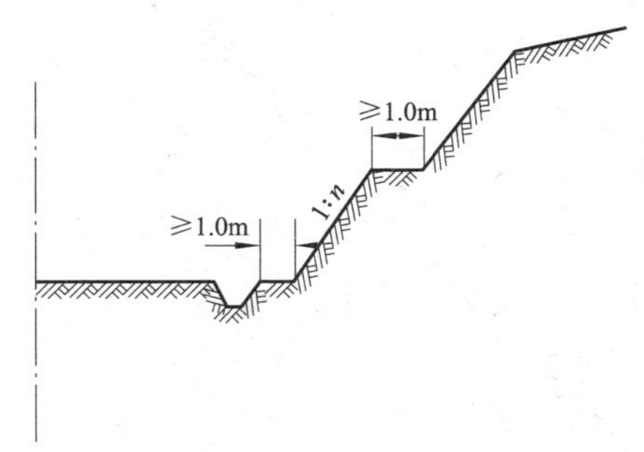

图 4-8 碎落台示意图

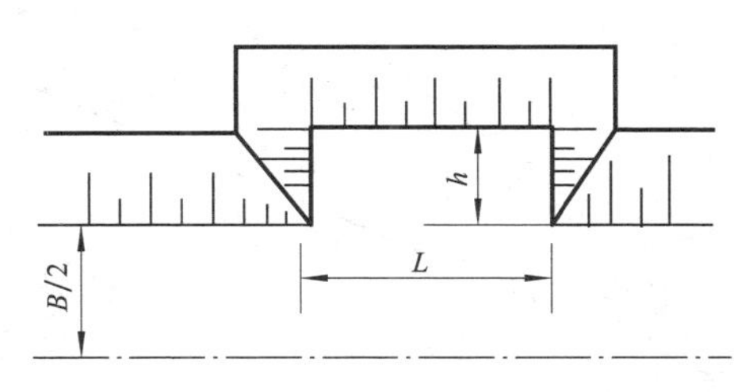

图 4-9 堆料坪示意图

4. 路基一般断面图

通过绘制一般路堤、路堑、半填半挖、陡坡路基等不同形式的代表性路基设计图，表示出路基边沟、碎落台、截水沟、护坡道、排水沟、边坡率、护脚墙、护肩、挡土墙等防护加固结构形式和标注主要尺寸。适用于不同路基形式的路基一般断面图，分别如图 4-10～图 4-13 所示。

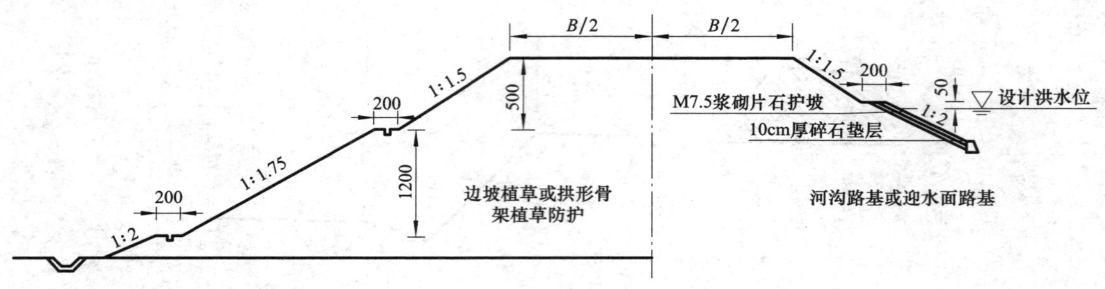

图 4-10　填方段路基一般断面图

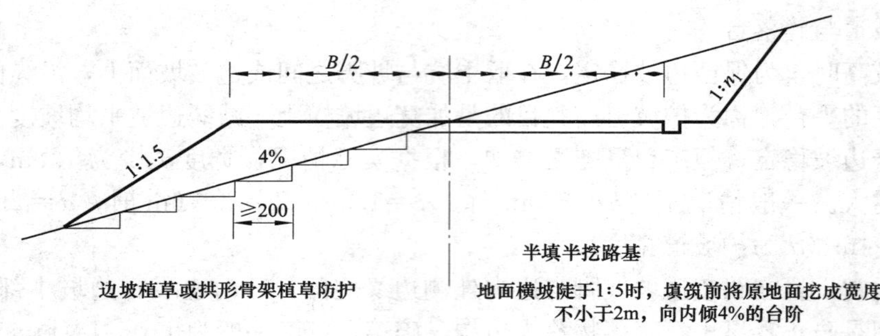

图 4-11　半填半挖路基一般断面图

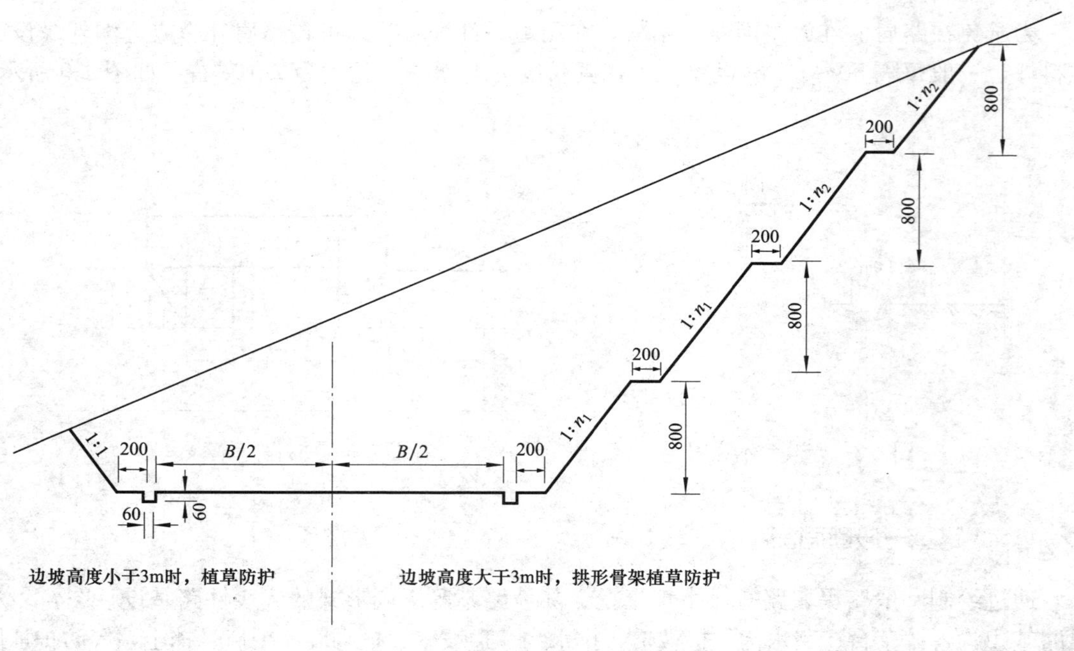

图 4-12　挖方段路基一般断面图

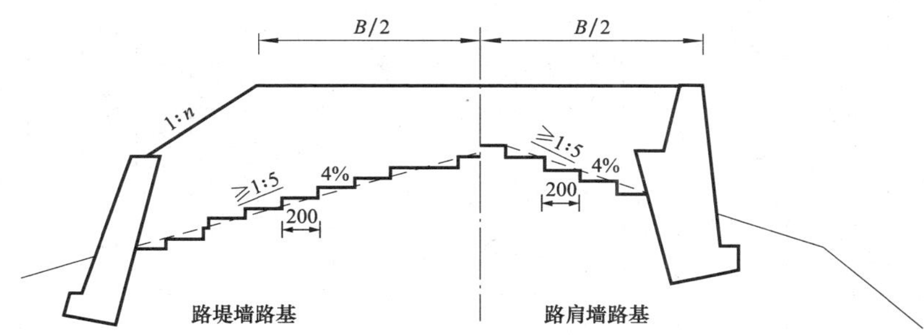

图 4-13　路堤墙路肩墙路基一般断面图

图 4-10 为填方段路基一般断面图，左侧路基边坡采用边坡植草或拱形骨架植草防护，右侧为河沟路基或迎水面路基的一般断面图，边坡采用强度等级为 M7.5 的浆砌片石护坡并设置 10cm 厚碎石垫层。图中给出了路基宽度 B，边坡平台宽 2m；左侧路基边坡分为三段，自路基顶面向下 5m 高处边坡坡度为 1∶1.5，再向下 12m 高度范围边坡坡度为 1∶1.75，最底层边坡坡度为 1∶2；右侧路基边坡坡度分别为 1∶1.5、1∶2；设计洪水位位于边坡平台以下 50cm 处。

图 4-11 表示的为半填半挖路基一般断面图，中心线左侧表示边坡防护形式为边坡植草或拱形骨架植草防护。地面横坡陡于 1∶5 时，填筑前将原地面挖成宽度不小于 2m、向内倾 4%的台阶。

图 4-12 表示的为挖方段路基一般断面图，中心线左侧表示边坡坡度为 1∶1，边坡高度小于 3m 时，边坡植草防护；边坡高度大于 3m 时，防护形式为拱形骨架植草防护。右侧边坡坡度下面三个为 1∶n_1，至原地面 8m 范围的边坡坡度为 1∶n_2。为安全考虑，针对于比较高的边坡设置了 3 个宽 2m 的边坡平台。

图 4-13 为路堤墙路肩墙路基一般断面图，路堤墙设置在高填土路堤或陡坡路堤的下方，可以防止路堤边坡或基底滑动，同时可以收缩路堤坡脚，减少填方数量，减少拆迁和占地面积。路肩墙设置在路肩部位，墙顶是路肩的组成部分，其用途与路肩墙相同。图 4-13 中，中心线左侧表示路堤墙路基，右侧表示路肩墙路基。当地面横坡大于等于 1∶5 时，填筑前将原地面挖成宽度为 2m、向内倾 4%的台阶。

4.3　路基土石方表

路基土石方是公路工程的一项主要工程量，在公路设计和路线方案比较中，路基土石方数量的多少是评价公路测设质量的主要技术经济指标之一。在编制公路施工组织计划和工程概预算时，还需要确定分段和全线路基土石方数量。

土石方调配的目的是为确定填方用土的来源、挖方土的去向，以及计价土石方的数量和运量等。通过调配，合理地解决各路段土石方平衡与利用问题，从路堑挖出的土石方，在经济、合理的调运条件下移挖作填，尽量减少路外借土和弃土，少占用耕地，以求降低公路造价。

下面以表 4-1 为例介绍路基土石方表的识读方法。表中桩号为 K0＋140 处横断面填方面积为 157.9m^2，与前一个桩号 K0＋117.089 距离为 22.91m。挖方部分土Ⅰ、Ⅱ、Ⅲ，石

表 4-1

××高速公路某段路基土石方数量计算表

××高速公路某段路基　　　　第　页　共　页

桩号	横断面面积（m²）		距离（m）	挖方分类及其数量（m³）													填方数量（m³）		
				总数量	土						石								
					Ⅰ		Ⅱ		Ⅲ		Ⅳ		Ⅴ		Ⅵ				
	挖方	填方			%	数量	%	数量	%	数量	%	数量	%	数量	%	数量	总数量	土	石
K0+117.089		161.1																	
K0+140		157.9	22.911				15				85						3653.6	1741.1	1980.5
K0+160		160.4	20				15				85						3182.5		2927.9
K0+180		147.7	20				15				85						3080.5		2834.1
K0+200		147.1	20				15				85						2947.6		2711.7
K0+220		133.1	20				15				85						2801.6		2577.5
K0+240		120.3	20				15				85						2534.1		2331.4
K0+260		88.4	20				15				85						2087.3		1920.3
K0+280		38.8	20				15				85						1722.2		1584.5
K0+300		82.4	20				15				85						1662.5		1529.5
K0+320		70.4	20				15				85						1528.4		1406.2
K0+340		53.1	20				15				85						1234.8		1136.0
K0+360		38.9	20				15				85						919.8		846.2
K0+380		33.3	20				15				85						722.5		664.7
K0+406.524		24.2	26.52				15				85						763.2		702.1
合计																	28 840.7	1741.1	25 152.6
加宽填筑																	1579		

续表

桩号	利用方数量及调配（m^3）							借方数量（m^3）及运距（km）		弃方数量（m^3）及运距（km）		备注
	本桩利用		填缺		挖余		远运利用及纵向调配示意					
	土	石	土	石	土	石		土	石	土	石	
K0+117.089												
K0+140			1741.1	1980.5								
K0+160				2927.9								
K0+180				2834.1								
K0+200				2711.7								
K0+220				2577.5								1. 本表除填方总数量为压实方外，其余均为自然方 2. 横断面面积填方已扣除路面结构层部分的面积，挖方已计入开挖路槽的面积 3. 横断面填方面积中已含清除表土和压实补偿土方面积
K0+240				2331.4								
K0+260				1920.3								
K0+280				1584.5								
K0+300				1529.5			从K54+630-K54+665调入： 土：1741.1m^3 石：25 152.6m^3 运距：3600m					
K0+320				1406.2								
K0+340				1136.0								
K0+360				846.2								
K0+380				664.7								
K0+406.524				702.1								
合计			1741.1	25 152.6			本段调入：土：1741.1m^3；石：25 152.6m^3					
加宽填筑												

Ⅳ、Ⅴ、Ⅵ为根据定额土壤及岩石的分类，Ⅱ类土占15%，Ⅳ类石占85%。填方总数量为3653.6m³，其中土的数量为1741.1m³，石的数量为1980.5m³。“利用方数量及调配”栏中包括本桩利用、填缺、挖余、远运利用及纵向调配示意四项，其中填缺土的数量为1741.1m³，石的数量为1980.5m³，由于没有本桩利用及挖余量，所以需要远运利用。表4-1中示意了K0＋140～K0＋406.524段，远运利用及纵向调配的位置及数量，即从K54＋630～K54＋665段调入土1741.1m³、石25 152.6m³，运距为3600m。在本段合计栏中，注明了本段调入的土石总量分别为1741.1m³、25 152.6m³。

备注为对本表的说明，利于工程概预算，主要包括以下三条：①本表除填方总数量为压实方外，其余均为自然方；②横断面面积填方已扣除路面结构层部分的面积，挖方已计入开挖路槽的面积；③横断面填方面积中已含清除表土和压实补偿土方的面积。

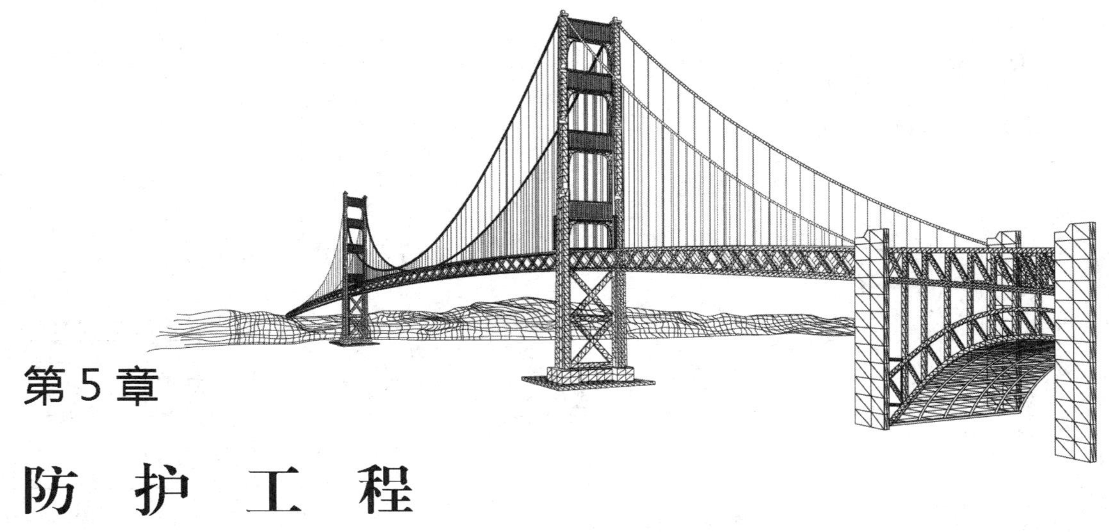

第 5 章 防护工程

路基防护与加固设施，主要包括边坡坡面防护、沿河路堤的冲刷防护与加固、工程防护、湿软地基的加固与处治以及支挡建筑物等。

5.1 坡面防护

坡面防护主要是保护因易受自然因素影响而强度、稳定性降低的路基边坡免遭破坏。坡面防护还可以达到美化路容、协调自然环境的目的。坡面防护设施仅起到将坡面封闭隔离的作用，不承受外力作用，所以，要求被防护的路基边坡本身是稳定的。公路边坡生态防护方式的分类方法很多，按“是否需要借助外力营造植物生长环境”分类如下：

1. 不需借助外力的方式

不需借助外力的方式指直接栽植。直接栽植分两种情况：①坡面覆有较厚土层、有利植物生长的，采用种草（含液压喷播）、铺草皮、栽植香根草等植物、干根网状护坡等方式；②坡面几乎无土覆盖，但坡顶、坡底、平台可以生长植物，比如采用栽植攀援性和垂吊性植物等。

当坡面冲刷比较严重，边坡较陡，径流速度大于 0.6m/s，容许最大速度为 1.8m/s 时，应根据具体条件（坡度与流速等），分别采用平铺（平行于坡面）、水平叠铺、垂直坡面或与坡面成一半坡角的倾斜叠铺草皮，还可采用片石铺砌成方格或拱式边框，方格或框内再铺草皮。图 5-1 为某道路植草护坡设计图示例。

如图 5-1 所示，图中包括边坡植草护坡剖面图、植草护坡平面图、工程数量表和附注说明三部分内容。

(1) 边坡植草护坡剖面图、平面图识读能取得护坡结构形式、尺寸和材料等信息。边坡植草护坡剖面图中土路肩宽 75cm，坡度为 4%，其下设置有 5cm 厚预制混凝土板，边坡坡度为 1∶m，在边坡及护坡道进行植草，护坡道坡度为 3%，长度为 2m，护坡道旁设置有排水沟，尺寸详见图中。

(2) 植草护坡平面图表示出植草护坡的平面结构形式并可读出边坡植草长度为（1+

$m^2)^{1/2}\times(H-0.05)$。

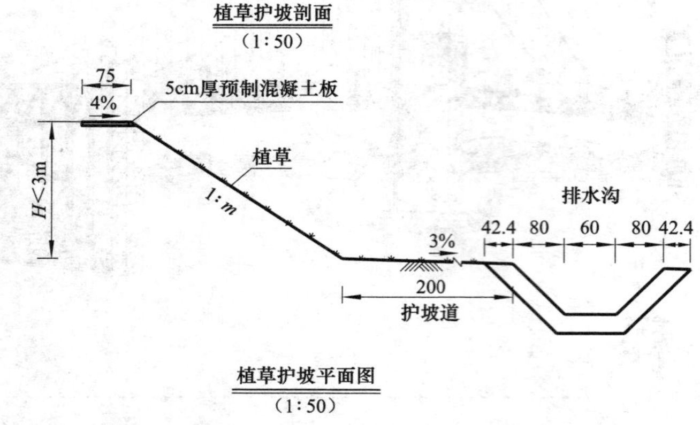

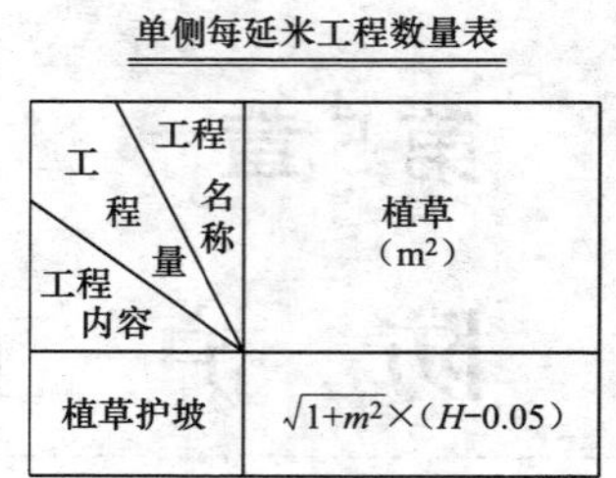
单侧每延米工程数量表

工程内容 \ 工程量 \ 工程名称	植草(m^2)
植草护坡	$\sqrt{1+m^2}\times(H-0.05)$

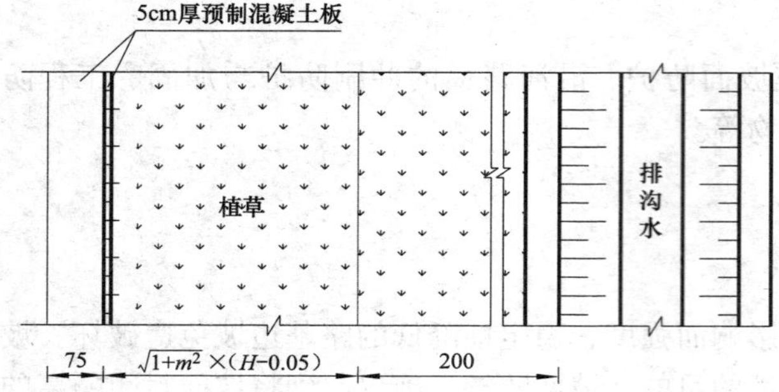

注:
1. 图中尺寸单位除H以米计外,余均以厘米计。
2. H为路肩外边缘标高与护坡道内侧标高之差。
3. 该方案适用于四车道H≤3m路段的路堤边坡防护。
4. 工程数量仅计边坡部分的工程。
5. m为边坡坡率。

图 5-1　某道路植草护坡设计图示例

(3) 工程数量表给出了单侧每延米工程数量。

(4) 附注说明的文字要重点识记,一般会注解说明图中的尺寸标注的单位、使用范围和技术要求等,它是图样与工程数量表识读准确的保证,如图中注"2. H 为路肩外边缘标高与护坡道内侧标高之差"等。

 2. 需要借助外力的方式

(1) 框架护坡。指采用混凝土、浆砌片(块)石、浆砌卵(砾)等做骨架形成正方形、菱形、正六边形、拱形、主肋加斜向横肋或波浪形横肋,以及几种几何图形组合等形式的框格,框格内采用种草或铺草皮。图 5-2 为某道路拱架护坡设计图。

如图 5-2 所示,图中包括拱形骨架护坡法向投影图、各截面剖面图、工程数量表和附注。拱形骨架护坡法向投影图、各截面图识读能取得护坡结构形式、尺寸和材料等信息。

1) 拱形骨架护坡法向投影图中标明了路基边缘线、间距为 3.5m 的 ϕ8cm 泄水孔、流水槽、导流槽、坡脚、坡脚线、基础、直镶边石的位置,同时给出了拱形骨架护坡的相关尺寸。

2) 剖面图Ⅰ—Ⅰ绘出了详细的路面结构图,并标明行车道及路缘带、土路肩位置,其中边坡坡度为 1∶(1.5~1.75),边坡设置有预制 C20 混凝土镶边石,基础下部设置有砂砾垫层。

3) 由拱形骨架防护工程数量表可以读出不同边坡坡率、不同防护高度、不同项目的工

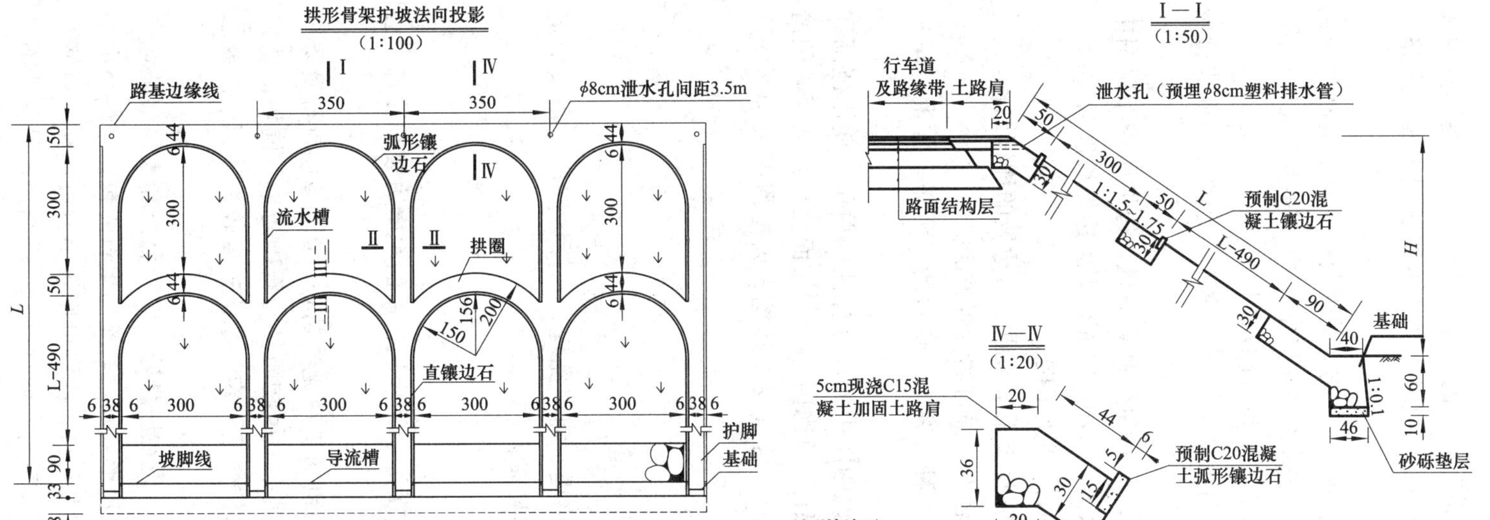

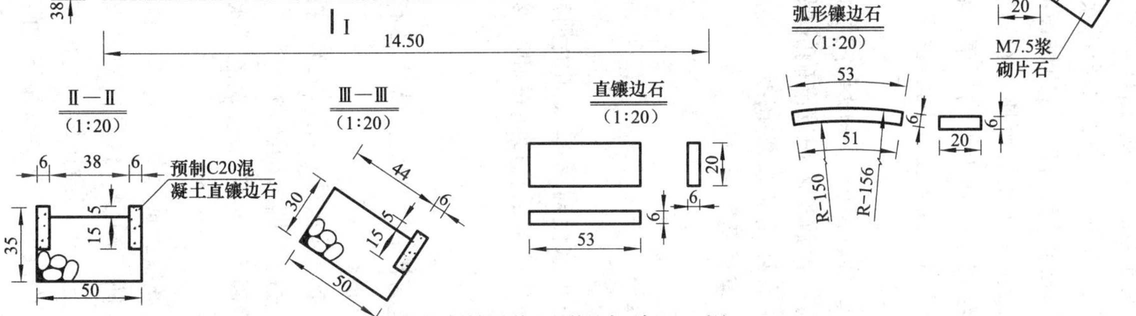

拱形骨架护坡法向投影（1:100）

Ⅰ—Ⅰ（1:50）

Ⅱ—Ⅱ（1:20）

Ⅲ—Ⅲ（1:20）

Ⅳ—Ⅳ（1:20）

直镶边石（1:20）

弧形镶边石（1:20）

拱形骨架防护工程数量表（每14.5m长）

项目名称 \ 坡率	边坡坡率1:1.5（1:1.75）								边坡坡率1:2.0					
防护高度H（m）	3.0	4.0	5.0	6.0	7.0	8.0	10.0	12.0	3.0	4.0	5.0	6.0	7.0	8.0
7.5号浆砌片石（m³）	15.041（15.519）	16.393（17.031）	26.655（27.453）	28.007（28.964）	38.269（39.386）	39.621（49.807）	（61.741）	（73.674）	16.015	30.293	37.189	38.866	49.453	51.130
30混泥水号凝土（m³）	0.567（0.643）	0.783（0.885）	1.051（1.178）	1.267（1.420）	1.535（1.713）	1.751（2.006）	（2.541）	（3.076）	0.723	1.042	1.362	1.630	1.950	2.218
砂垫层（m³）	0.667（0.667）	0.667（0.667）	0.667（0.667）	0.667（0.667）	0.667（0.667）	0.667（0.667）	（0.667）	（0.667）	0.667	0.667	0.667	0.667	0.667	0.667
种草籽（m²）	44.237（51.898）	66.87（76.084）	73.801（86.568）	95.434（110.755）	103.364（121.239）	124.998（131.722）	（166.393）	（201.063）	59.836	72.965	86.095	112.928	126.058	152.891
开挖土方（m³）	18.781（19.260）	20.133（20.772）	30.395（31.193）	31.747（32.705）	42.009（43.126）	43.361（53.548）	（65.481）	（77.414）	19.756	30.343	40.93	42.607	53.194	54.871
回填种植土（m³）	4.424（5.190）	6.587（7.608）	7.380（8.657）	9.543（11.075）	10.336（12.124）	12.50（13.172）	（16.639）	（20.106）	5.984	7.297	8.610	11.293	12.606	15.289

注：

1. 图中尺寸均以厘米计。
2. 本图适用于四车道路基填土高度≥3m 土质路段。
3. 护坡每隔 14.5m 设一道沉降缝，缝内用沥青麻絮或沥青木板条填塞，其深度不小于 10cm。
4. 防护路段剩余长度不足砌筑一个拱圈时，该部分边坡采用浆砌片石防护。
5. 用于浆砌工程的块片石强度不低于 30MPa，砌筑采用 M7.5 水泥砂浆，勾缝与抹面采用 M10 水泥砂浆。
6. 镶边石采用 C20 水泥混凝土预制，并用 M10 水泥砂浆砌筑与勾缝。
7. 边坡修整完毕，再进行护坡放样；基础砌筑前，基底应夯实，其压实度应大于 88%，骨架施工应采用挖槽法进行。
8. 每隔 3.5m 设一道 8cm 硬塑料管泄水孔（每处长 0.44m），泄水孔后应采用大粒径的碎石做反滤层。
9. 余见相关设计图及总说明。
10. 工程数量表中括号数值为 1:1.75 路堤边坡。
11. 回填种植土厚度为 10cm。

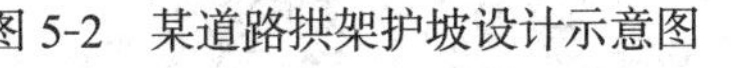

图 5-2　某道路拱架护坡设计示意图

程数量，如边坡坡度为 1∶2.0，防护高度为 4.0m，每 14.5m 长种草籽的工程量为 72.965m²。

4）附注说明的文字要重点识记，一般会注解说明图中的尺寸标注的单位、使用范围和技术要求等，它是图样与工程数量表识读准确的保证，如图中注 2“本图适用于四车道路基填土高度≥3m 土质路段”等。

（2）挂网喷播。通常是先挂网、后喷播，通过加了特殊物质的喷射物在网上的凝固硬化来创造一个既能让植物生长发育而种植基质又不被冲刷的多孔稳定结构，包括三维植被网、植被混凝土、客土喷播等。图 5-3 为某道路客土喷播护坡设计图示例。

如图 5-3 所示，图中包括边坡防护布置图、锚钉大样图、客土喷播示意图、工程数量表和附注。

1）边坡防护布置图识读能取得护坡结构形式、尺寸和材料等信息。边坡防护布置图中标明了截水沟、边坡顶线、高强土工网、平台排水沟、边沟、路面位置，边坡坡度为 1∶m_1，1∶m_2，沿边坡长每间隔 1m 设置锚钉，沿边坡设有高强土工网。

2）锚钉大样图分别绘出了应用于硬质岩石边坡及应用于软质岩石边坡的详细结构。

3）客土喷播示意图绘出了高强土工网、草、客土、锚钉的设置方法。

4）主要工程数量表给出了高强土工网、混合草种、客土、锚钉的工程量，如混合草种每平方米工程量为 0.02kg。

5）附注说明的文字要重点识记，一般会注解说明图中的尺寸标注的单位、使用范围和技术要求等，它是图样与工程数量表识读准确的保证，如图中注 2“坡面处理：坡面必须清除危石，整理平顺，严禁有死角和反坡超挖、欠挖。若有反坡超挖、欠挖深度大于 30cm，必须凿顺或用浆砌片石回填平顺”等。

5.2 冲刷防护

冲刷防护主要用于防止水流对路基（如沿河路堤、河滩路堤、水泽区路堤、桥头引道等）的冲刷与淘刷。冲刷防护包括直接防护和间接防护两种。

1. 直接防护措施

为了防止流水直接危害沿河、滨海路堤以及有关海、河堤坝护岸的堤岸边坡和坡脚，必须采取一定防止冲刷的措施。

堤岸防护直接措施包括植物防护（图 5-4）、石砌防护或抛石防护（图 5-5）与石笼防护（图 5-6），以及必要时设置的支挡结构物驳岸等。其中，植物防护与石砌防护，同坡面防护所述相近，但堤岸的防冲刷主要原因是洪水流，水位变迁不定，水流速度较大，相应的要求更高。

图 5-6 中石笼是用铁丝编织成框架，内填石料，设在坡脚处，以防急流和大风浪破坏堤岸，也可用来加固河床，防止淘刷。铁丝框架可以箱形或圆形，笼内填石的粒径，最小不小于 4.0cm，一般为 5～20cm，外层应用棱角突出的大石料，内层可用较小石块填充。石笼在坡脚排列，用于防止冲刷淘底时，应平铺并与坡脚线垂直，而且堤岸一端固定，另一端不必固定，淘刷后可以向下沉落贴于底面；用于防止堤岸边坡冲刷时，则垒码平铺成梯形。单个

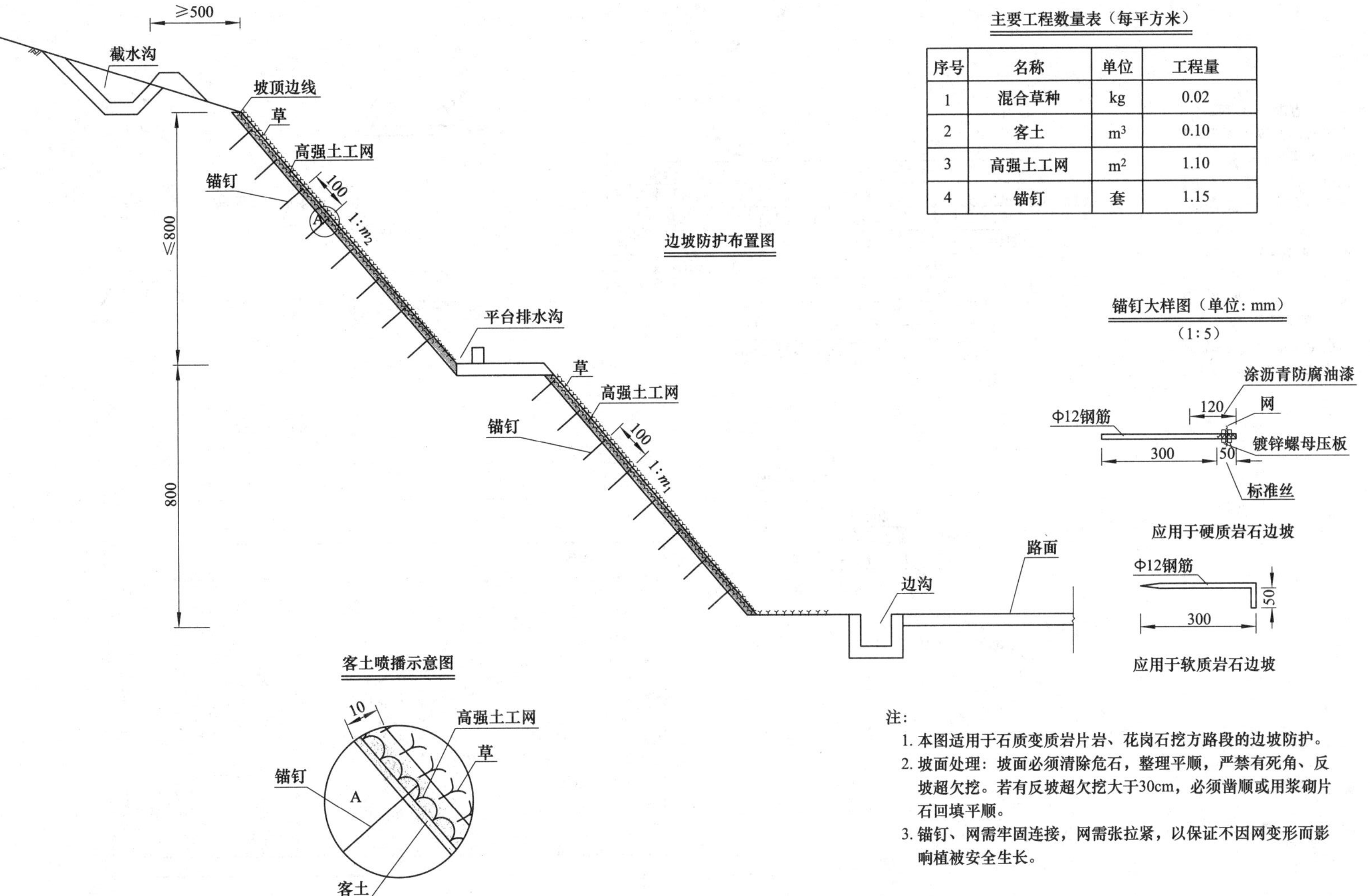

主要工程数量表（每平方米）

序号	名称	单位	工程量
1	混合草种	kg	0.02
2	客土	m^3	0.10
3	高强土工网	m^2	1.10
4	锚钉	套	1.15

注:
1. 本图适用于石质变质岩片岩、花岗石挖方路段的边坡防护。
2. 坡面处理：坡面必须清除危石，整理平顺，严禁有死角、反坡超欠挖。若有反坡超欠挖大于30cm，必须凿顺或用浆砌片石回填平顺。
3. 锚钉、网需牢固连接，网需张拉紧，以保证不因网变形而影响植被安全生长。

图 5-3　某道路客土喷播设计图示例

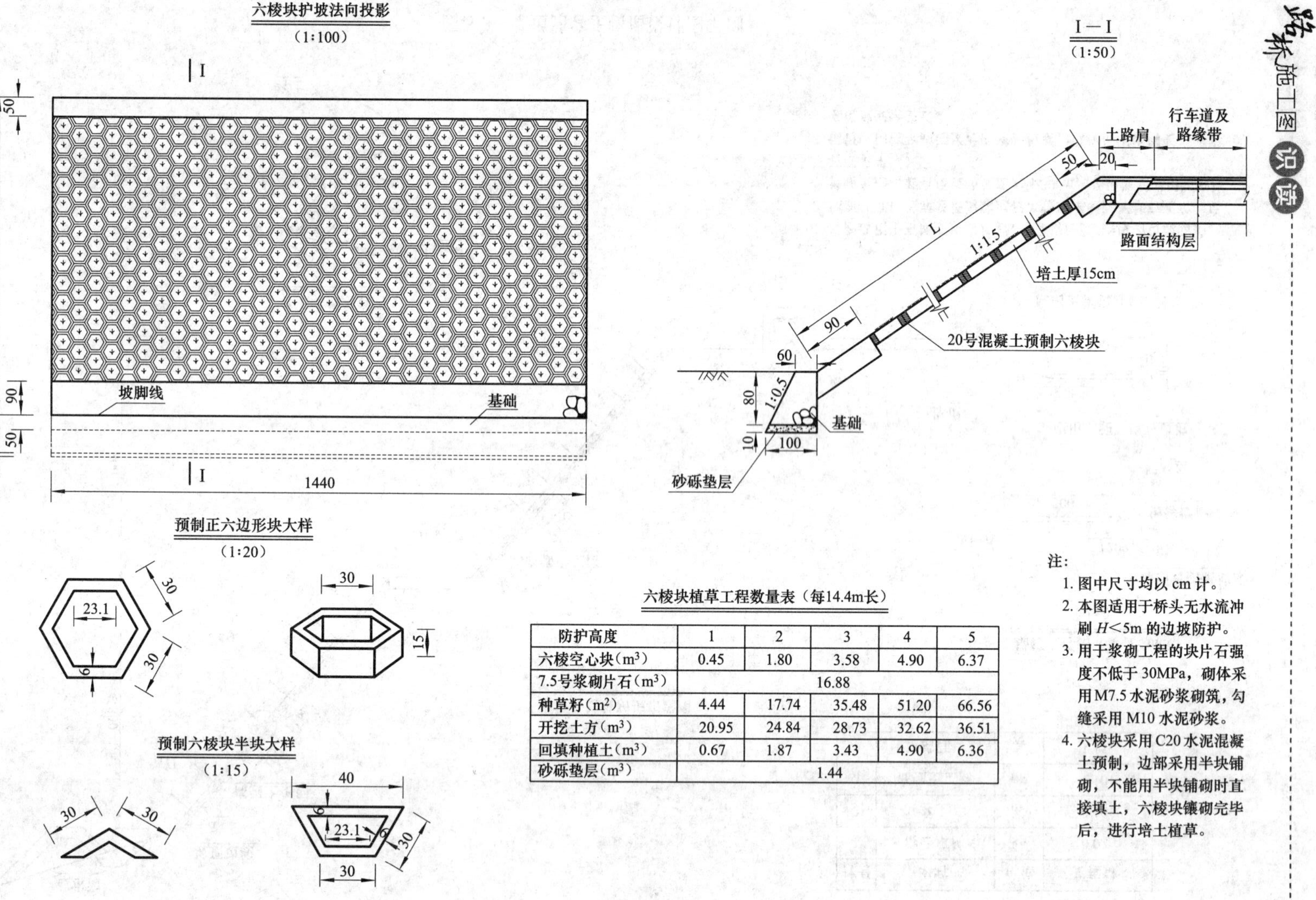

六棱块植草工程数量表（每14.4m长）

防护高度	1	2	3	4	5
六棱空心块(m^3)	0.45	1.80	3.58	4.90	6.37
7.5号浆砌片石(m^3)	16.88				
种草籽(m^2)	4.44	17.74	35.48	51.20	66.56
开挖土方(m^3)	20.95	24.84	28.73	32.62	36.51
回填种植土(m^3)	0.67	1.87	3.43	4.90	6.36
砂砾垫层(m^3)	1.44				

注：
1. 图中尺寸均以 cm 计。
2. 本图适用于桥头无水流冲刷 $H<5$m 的边坡防护。
3. 用于浆砌工程的块片石强度不低于 30MPa，砌体采用M7.5 水泥砂浆砌筑，勾缝采用 M10 水泥砂浆。
4. 六棱块采用 C20 水泥混凝土预制，边部采用半块铺砌，不能用半块铺砌时直接填土，六棱块镶砌完毕后，进行培土植草。

图 5-4　植物防护设计图

图 5-5 抛石防护图

图 5-6 石笼防护图

石笼的大小以不被速度较快的水流冲动为宜，铺设时须用碎（砾）石垫层铺平，底层各角可用铁棒固定于基底。

图 5-7 为某石砌护坡—桥头防护设计图示例。图中包括桥头锥坡平面图、立面图、桥头锥坡横断面图、踏步大样、剖面图、工程数量表和附注。

（1）桥头锥坡平面图识读能取得护坡结构形式、材料为 M7.5 浆砌片石。

（2）立面图中标明了泄水孔、伸缩缝、踏步的位置，并可读出桥头防护及一般填方路基边坡防护的位置。

（3）桥头锥坡横断面图给出了 M7.5 浆砌片石防护及 M7.5 浆砌片石的布置方式。

（4）踏步大样绘出了踏步的详细尺寸及浇注混凝土的标号类别。每延米工程数量表给出了各个项目的工程数量，如浆砌片石护坡每延米的工程数量为 $(0.54H+0.42)\mathrm{m}^3$。

（5）Ⅰ—Ⅰ剖面图绘出了截面Ⅰ—Ⅰ的详细结构形式、尺寸及所采用的护坡材料。

（6）附注说明的文字要重点识记，一般会注解说明图中的尺寸标注的单位、使用范围和技术要求等，它是图样与工程数量表识读准确的保证，如图中注 3“石砌护坡每 10m 设一伸缩缝，伸缩缝用沥青麻絮填塞”等。

如图 5-8 所示，抛石防护，类似于在坡脚处设置护脚，亦称抛石垛，抛石不受气候条件限制。路基沉实以前均可施工，季节性浸水或长期浸水均可用。

2. 间接防护措施

设置导流构筑物可改变水流方向，消除和减缓水流对堤岸的直接破坏。同时，可减轻堤岸近旁淤积，彻底解除水流对局部堤岸的损害，起到安全保护的作用。导流构筑物是桥涵和路基的重要附属工程，由于涉及水流改变方向，影响范围较大，工程费用较高，务必慎重。导流构筑物用于防护堤岸的改河工程，一般限于小型工程，如裁弯取直、挖滩改道、清除孤石，在小河的局部段进行。

导流构筑物主要是设坝，按其与河道的相对位置，一般可分为丁坝、顺坝或格坝。导流构筑物的布置，应综合河道宽窄、水流方向和工程经济等，综合考虑，全面治理，要避免河床过多压缩，或因水位提高和水流改向，从而危害对岸或附近地段的农田水利、地面及堤岸等。导流构筑物综合布置示例见图 5-9。

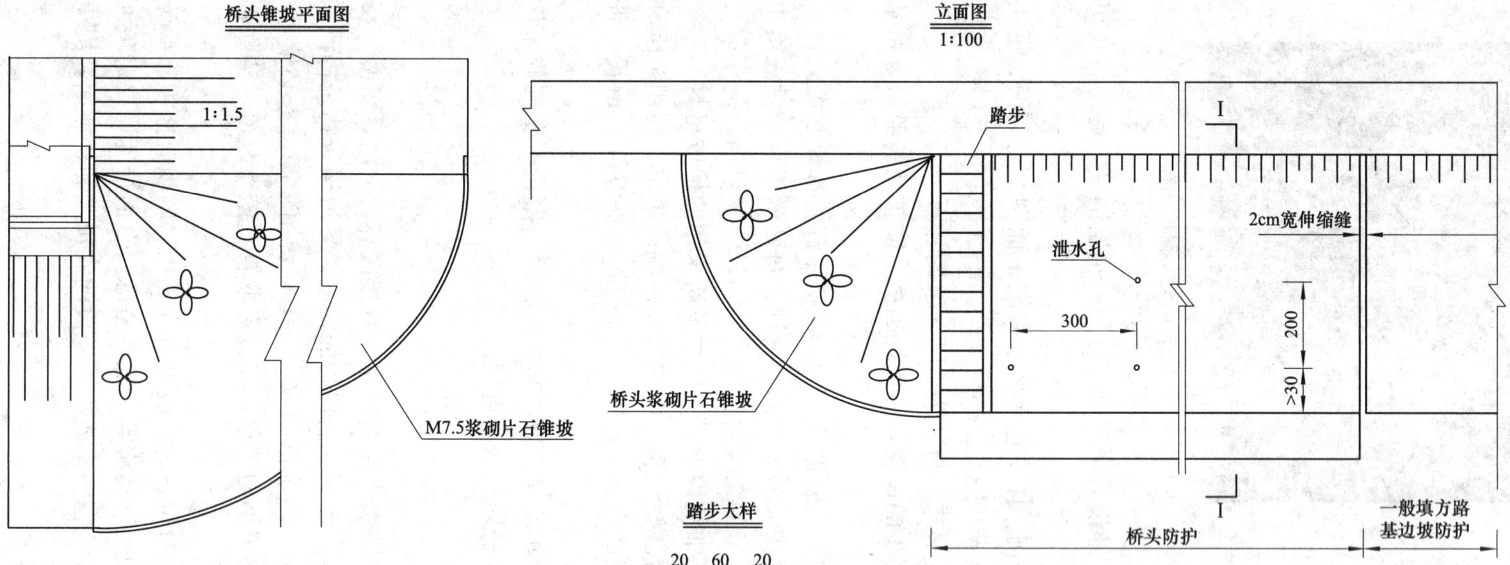

桥头锥坡平面图

1:1.5

M7.5浆砌片石锥坡

立面图

1:100

踏步

桥头浆砌片石锥坡

泄水孔

300

200

>30

2cm宽伸缩缝

100

I

I

桥头防护

一般填方路基边坡防护

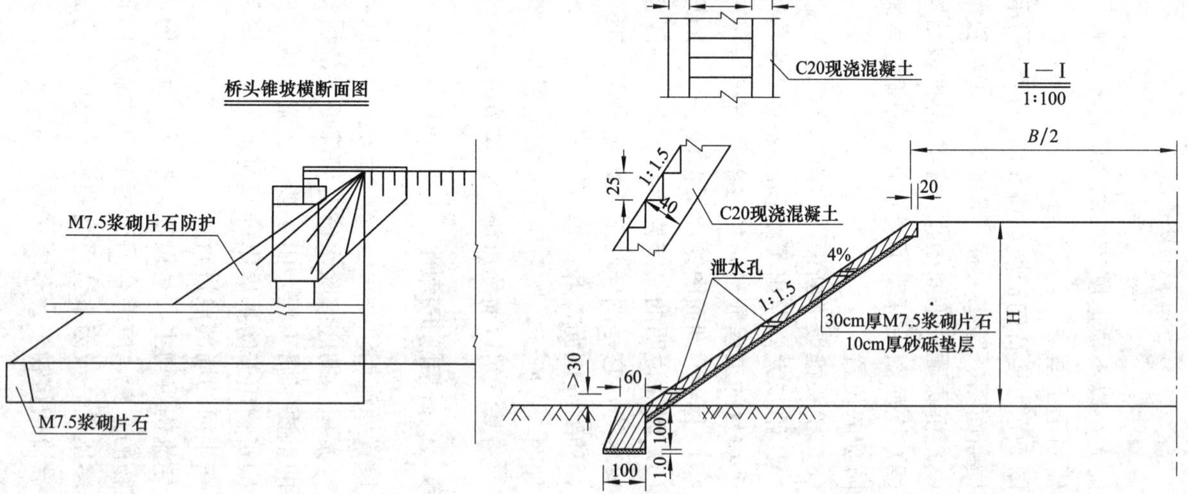

踏步大样

20 60 20

C20现浇混凝土

桥头锥坡横断面图

M7.5浆砌片石防护

M7.5浆砌片石

I—I

1:100

B/2

20

25

1:1.5

40

C20现浇混凝土

泄水孔

4%

1:1.5

30cm厚M7.5浆砌片石

10cm厚砂砾垫层

H

>30

60

100

1.0

100

每延米工程数量表

项目	单位	数量
浆砌片石护坡	m^3	$0.54H+0.42$
浆砌片石基础	m^3	0.8
砂砾垫层	m^3	$0.18H+0.13$
20号现浇混凝土踏步	m^3/处	$0.609H$
开挖土方	m^3	$0.72H+1.6$

附注：

1. 图中尺寸以 cm 计。
2. 本图石砌护坡适用于桥头 10~20m 路段。
3. 石砌护坡每 10m 设一伸缩缝，伸缩缝用沥青麻絮填塞。
4. 锥坡防护计入桥梁工程数量表。

图 5-7 某石砌护坡—桥头防护设计图示例

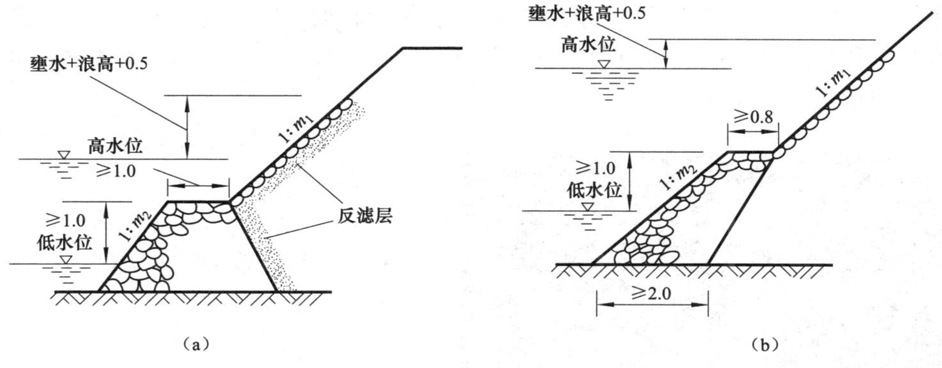

图 5-8　抛石防护示意图（尺寸单位：m）

(a) 新堤石垛；(b) 旧堤石垛

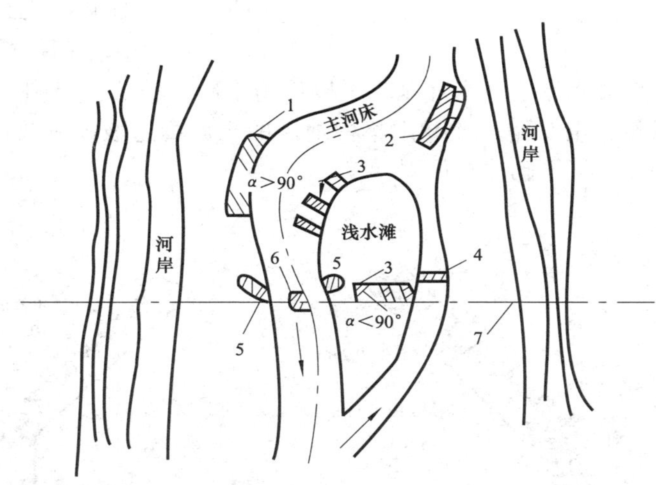

图 5-9　导流构筑物综合布置示例

1—顺水坝；2—格坝；3—挑水坝；4—拦水坝；5—导流坝；6—桥墩；7—路中线

顺坝大致与堤岸平行，主要作用为导流、束水、调整流水曲度、改善流态。格坝在平面上呈网格状，设于顺坝与堤岸之间，防止高水位使水流溢入，冲刷内岸坡和坡脚，并促进格间的淤积。丁坝大致与堤岸垂直或斜交，将水流挑离堤岸，束河归槽，改变流态。顺坝亦称导流坝，丁坝亦称挑水坝。

5.3　工程防护

当不宜使用植物防护时，或者是要考虑就地取材时，采用砂石、水泥、石灰等矿质材料进行坡面防护是常用的防护形式。它主要有砂浆抹面、勾缝或喷涂以及石砌护坡或护面墙等，这些形式各自适合于一定条件。

抹面防护适于石质挖方坡面，岩石表面易风化，但比较完善，尚未剥落，如页岩、泥灰岩、千枚岩的新坡面。对此应及时予以封面，以预防风化成害。常用的抹面材料有石灰浆等，其中石灰为胶结料，要求精选。混合料如加纸筋或竹筋，可提高强度，防止开裂；如掺加适量制盐副产品卤水，可使抹面加速硬化和预防开裂。抹面防护使用年限为8～10年，高速公路路基边坡不宜采用。

图5-10　喷浆支护图

图5-10为喷浆支护图，喷浆施工简便，效果较好，适用于易风化而坡面不平整的岩石挖方边坡，厚度一般为5～10cm。喷浆的水泥用量较大，重点工程可选用。比较经济的砂浆是用水泥、石灰、河砂及水按1∶1∶6∶3配合。喷浆前后的处治与抹面相同。

上述方法可以局部处治，综合使用，并与放缓边坡等方法加以比较，力求适用和经济。如果在坡面防护时着色或修饰，还有助于改善路容。

路基坡面为防止地面水流或河水冲刷，可以使用干砌片石防护。图5-11所示为浸水路堤单层或双层护面示意。重要路段或暴雨集中地区的土质高边坡，以及桥面附近坡面与岩坡、地面排水沟渠等，亦可干砌片石加固。

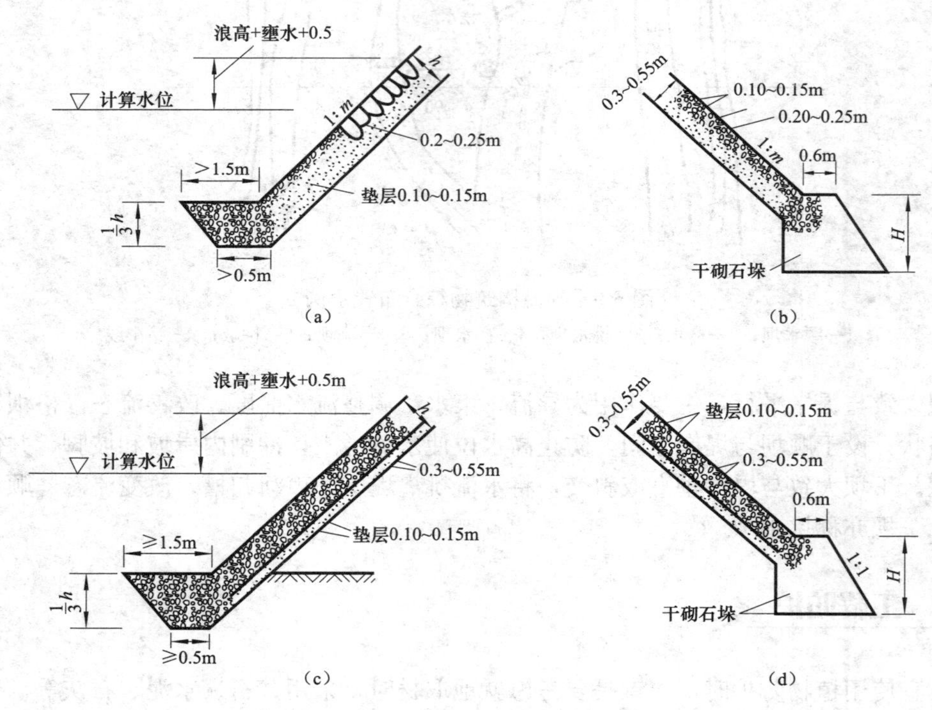

图5-11　干砌片石防护示意图

(a)、(b) 单层；(c)、(d) 双层

H—干砌石垛高度，约20～30cm；h—护面墙厚度，大于20cm

图 5-12 为石砌护坡图，干砌片石护坡适用于易受水流侵蚀的土质边坡、严重剥落的软质岩石边坡、周期性浸水及受水流冲刷较轻（流速小于 2～4m/s）的河岸或水库岸坡的坡面防护。浆砌片（卵）石护坡适用于防护流速较大（3～6m/s），波浪作用较强，有流水、漂浮物等撞击的边坡。对过分潮湿或冻害严重的土质边坡应先采取排水措施，再行铺筑。浆砌预制块防护适用于石料缺乏地区，预制块的混凝土强度不应低于 C15。

图 5-12　石砌护坡图

图 5-13 为某道路边坡护砌设计图，图中包括图样、工程数量表和附注说明三部分内容。

（1）图样部分看出护坡结构形式、尺寸和材料等信息。图中 A 式浆砌片石护坡坡度为 1∶1.5～1∶2，护坡材料采用 30cm 厚 M7.5 浆砌片石和 10cm 砂砾垫层等。C 式浆砌片石护上部及下部边坡防护边坡坡度分别为 1∶1.75、1∶2，护坡材料分别采用人字形骨架植草护坡和 30cm 厚 M7.5 浆砌片石满铺护坡。

（2）工程数量表识读能取得每延米护砌所用各种材料的数量，如 A 式浆砌片石护坡边坡率 $n=1.5$ 时采用的 M7.5 浆砌片石为 $(0.541H+1.372)\mathrm{m^3/m}$、天然砂砾为 $(0.1810H+0.154)\mathrm{m^3/m}$ 等。

（3）附注说明文字要重点识记，一般会注解说明图中的尺寸标注的单位、使用范围和技术要求等，它是图样与工程数量表识读准确的保证，如图中注。

护面墙是浆砌片石的坡面覆盖层，用于封闭各种软质岩层和较破碎的挖方边坡。要求墙面紧贴坡面，表面砌平，厚度可不一。护面墙石料应符合规格。护面墙除自重外，不承受其他荷载，亦不承受墙背土压力，其构造与布置如图 5-14 所示。墙高、厚度及路堑边坡的关系参见表 5-1。

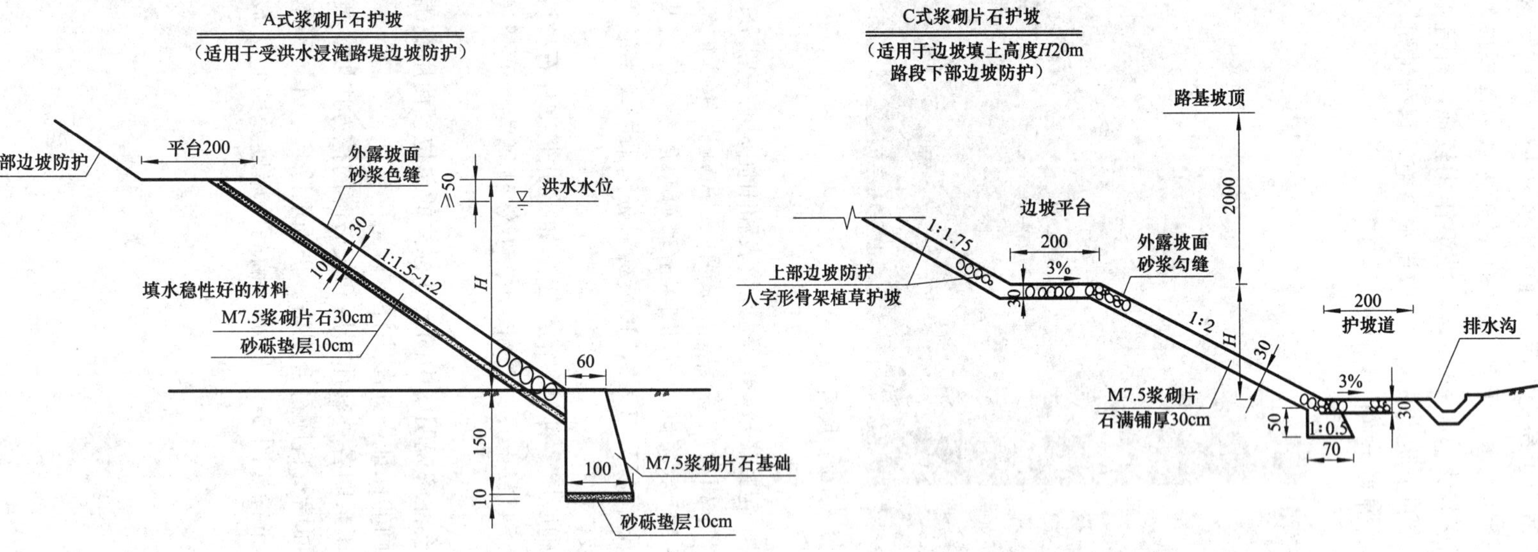

浆砌片石护坡工程数量表

材料名称＼单位	M7.5浆砌片石	天然砂砾	挖基土方	备注（边坡率n）
材料名称	m^3/m	m^3/m	m^3/m	
A式浆砌片石护坡	$0.541H+1.372$	$0.181H+0.154$	$0.671H+1.000$	n=1.5
	$0.608H+1.381$	$0.202H+0.161$	$0.806H+1.602$	n=1.75
	$0.671H+1.390$	$0.224H+0.168$	$0.894H+1.638$	n=2
C式浆砌片石护坡	$0.671H+1.30$	—	$0.671H+1.40$	n=2

注：

1. 本图除高度H以米计外，其余尺寸均以厘米计。
2. 本图为M7.5浆砌片石护坡设计图。
3. 浆砌片石护坡（A、B式）内侧设10cm厚砂垫层作反滤层。
4. 伸缩缝（充填沥青麻筋）设置间距为10~15m。
5. 填水稳性好的材料采用碎石土、卵砾石土、天然砂砾、碎石或填石，要求碎石、卵砾石含量不小于40%，抗压强度不小于25MPa，天然砂砾、碎石丰富地段可优先采用天然砂砾、碎石。

图 5-13　某道路边坡护砌设计图示例

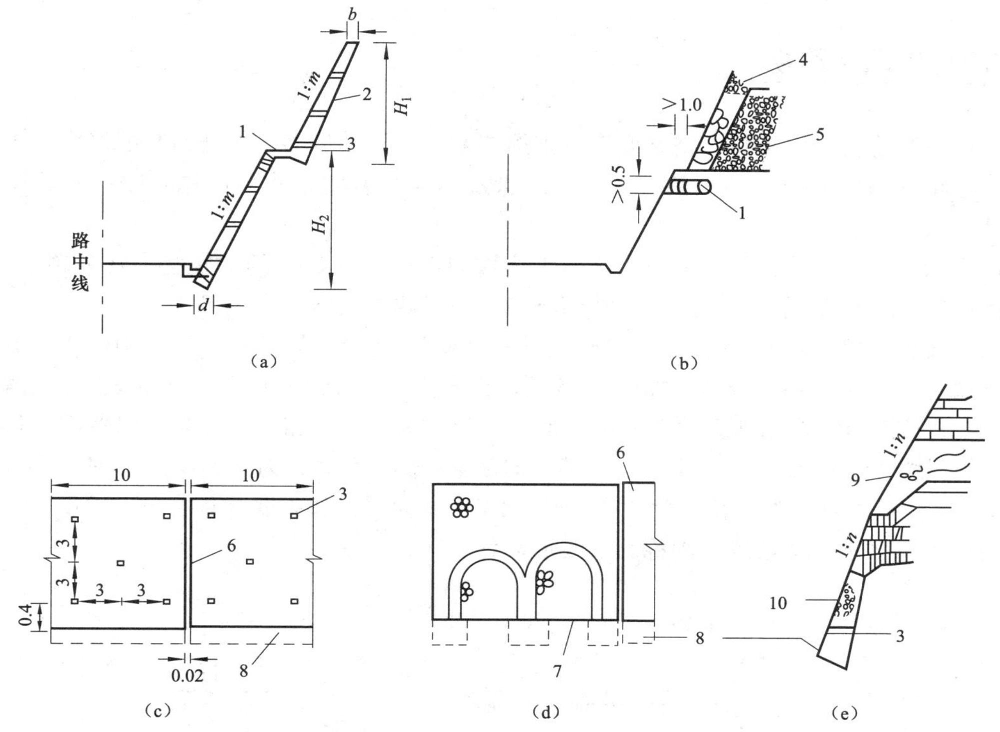

图5-14　护面墙示意图（尺寸单位：m）

1—平台；2—耳墙；3—泄水孔；4—封顶；5—松散夹层；6—伸缩缝；7—软地基；8—基础；9—支补墙；10—护面墙

表5-1　　护面墙高、厚度及路堑边坡的关系

护面墙高度 H(m)	路堑边坡	护面墙厚度（m）	
		顶宽 b	底宽 d
≤2	1∶0.5	0.40	0.40
≤6	陡于1∶0.5	0.40	0.40+0.10H
6<H≤10	1∶0.5～1∶0.75	0.40	0.40+0.05H
10<H≤15	1∶0.75～1∶1	0.60	0.60+0.05H

护面墙高一般不超过10m，若超过10m可以分级砌筑，每一级高度6～10m，中间设平台，墙背可设耳墙，纵向每10m设一条伸缩缝，墙身应预留泄水孔。基础要求稳固，顶部封闭。若墙基软硬不匀，可设拱跨过软弱地基。坡面常有各种不同地质现象，开挖后形成凹陷。应以石砌圬工填塞平整，称为支补墙。

5.4 支挡建筑物

支挡建筑物的作用是防止路基变形或支撑路基、山体的位移，保证路基的稳定。支挡建筑物包括路基边坡支撑（挡土墙、土（石）垛及其他具有支承作用的构筑物）和堤岸支撑（沿河驳岸、浸水挡土墙）。

挡土墙是用来支撑天然边坡或人工填土边坡以保持土体稳定的建筑物。在公路工程中，它广泛应用于支撑路堤或路堑边坡、隧道洞口、桥梁两端及河流岸壁等。

（1）按挡土墙位置不同分类：路肩挡土墙、路堤挡土墙、路堑挡土墙、山坡挡土墙、桥头挡土墙等。挡土墙各部分名称如图 5-15 所示。各类挡土墙示意图与作用见表 5-2。墙背的倾角方向，按照面向外侧站立的人的俯仰情况，分俯斜、仰斜和垂直三种。墙背向外侧倾斜时，为俯斜墙背[图 5-15（c)]，α 为正；墙背向填土一侧倾斜时，为仰斜墙背［图 5-15（a)]，α 为负；墙背铅垂时，为垂直墙背［图 5-15（b)]，α 为零。如果墙背具有单一坡度，称为直线形墙背；若多于一个坡度，则称为折线形墙背。

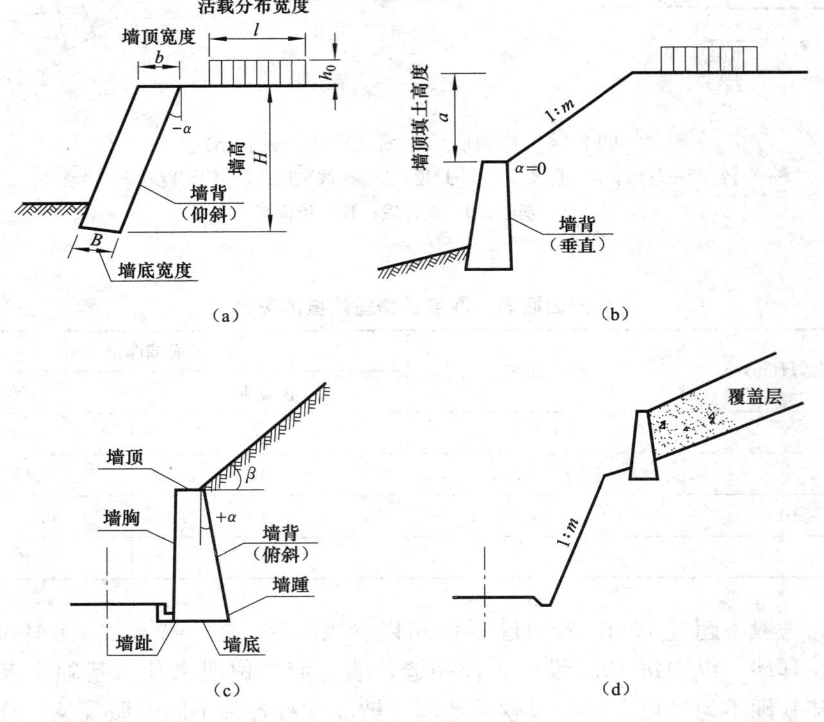

图 5-15　挡土墙的各部分名称

（a）路肩挡土墙；（b）路堤挡土墙；（c）路堑挡土墙；（d）山坡挡土墙

表 5-2　挡土墙示意图与作用

名　称	示意图	作　用
路肩挡土墙	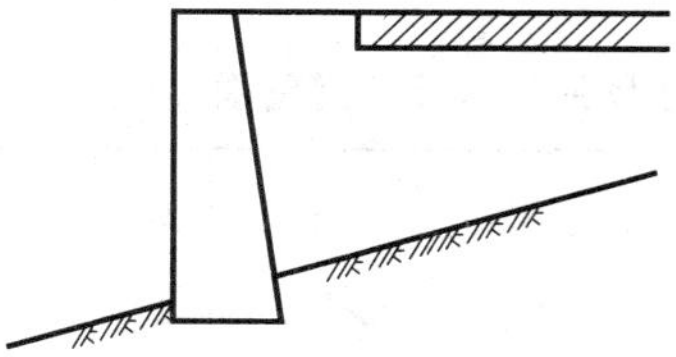	1. 支挡陡坡路堤下滑 2. 抬高公路路基高程 3. 收缩坡脚，减少占地，减少填方量
路堤挡土墙	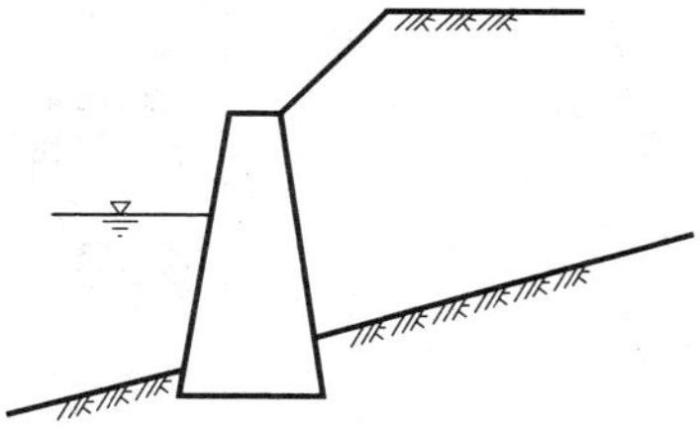	1. 在陡山坡上填筑路堤时，用以支挡路堤下滑 2. 收缩坡脚，避免与其他建筑物相互干扰，减少填方量 3. 保证沿河路堤不受水流冲刷
路堑挡土墙	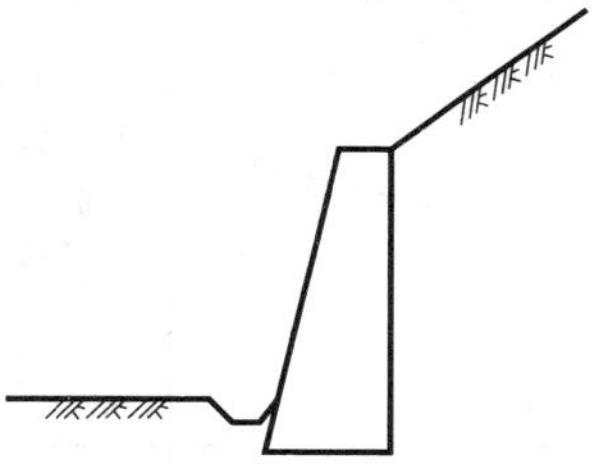	1. 在山坡陡峻处，用以减少挖方数量，降低边坡高度，避免山坡因开挖而失去稳定 2. 在地质不良地段，用以支挡可能滑坍的山坡山体
山坡挡土墙	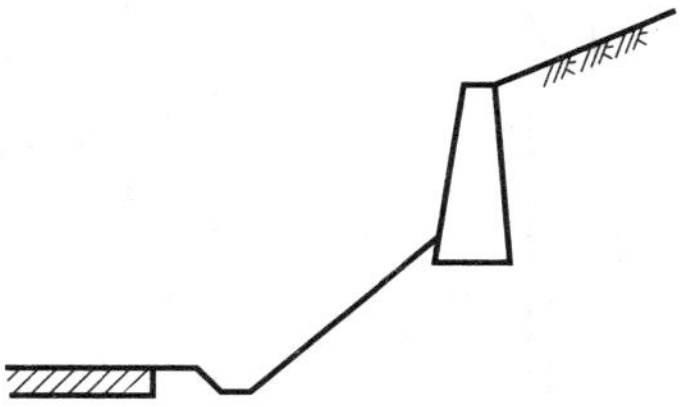	支挡山坡覆盖层或滑坡下滑
桥头挡土墙	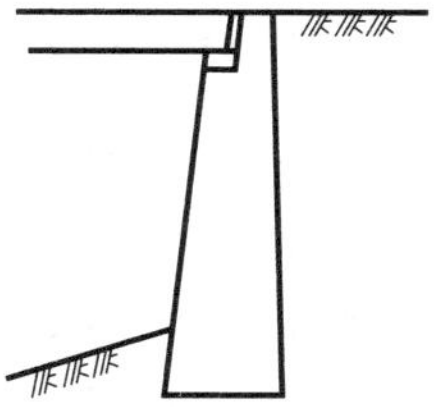	支承桥梁上部建筑及保证桥头填土稳定

（2）挡土墙按墙体材料不同分类分为石砌挡土墙、砖砌挡土墙、混凝土挡土墙、钢筋混凝土挡土墙、木质挡土墙和钢板挡土墙。

（3）挡土墙按结构形式分类分为重力式、衡重式、半重力式、悬臂式、扶壁式、锚杆式、锚定板式、柱板式和加筋土式等。各类挡土墙的特点及适用范围见表 5-3。

挡土墙类型的选择应根据所支挡土体的稳定平衡条件，考虑荷载的大小和方向、地形、地质状况、冲刷深度、基础的承载力设计值和不均匀沉降、可能的地震作用、与其他构筑物的衔接、墙面的外观美感、施工难易、造价高低、环境特点等因素，综合比较后确定。

表 5-3　　挡土墙的特点及适用范围

名　称	示意图	特点及适用范围
重力式	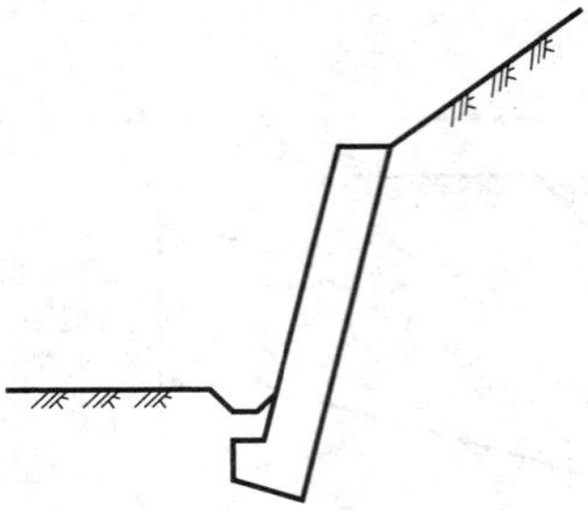	依靠墙自重承受土压力，结构简单、施工方便，由于墙身重，对地基承载力的要求较高 适用于一般地区、浸水地区和地震地区的路堤和路堑等支挡工程。墙高不宜超过12m，干砌挡土墙的高度不宜超过6m。高速公路、一级公路不应采用干砌挡土墙
衡重式	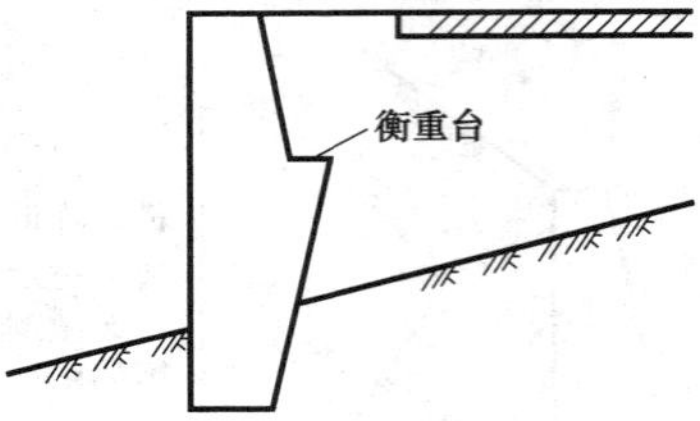 衡重台	设置衡重台使墙身后移，并利用衡重台上的填土，增加墙身稳定 适用于陡山坡的路肩墙、路堤墙和路堑墙（兼有拦挡落石作用）
混凝土半重力式	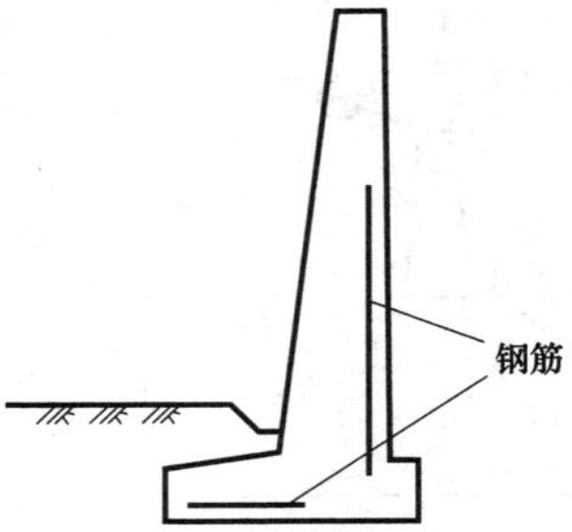 钢筋	在墙背设少量钢筋，并将墙趾展宽（保证基底必要的宽度），以减薄墙身，节省圬工 一般适用于低墙
悬臂式	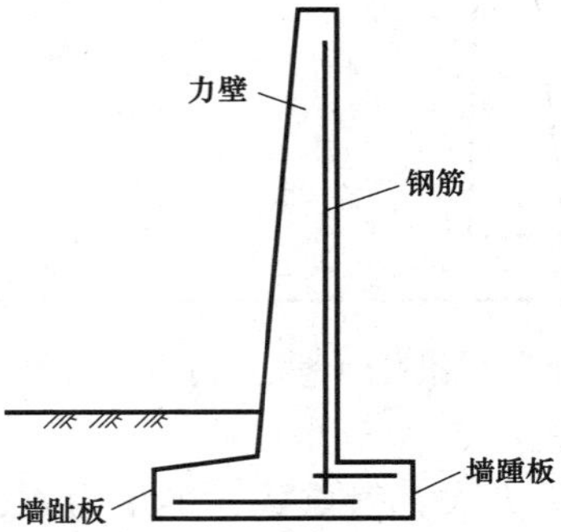 力壁 钢筋 墙踵板 墙趾板	墙身及基础均采用钢筋混凝土浇筑，断面尺寸较小。由力壁、墙趾板、墙踵板三部分组成。墙高时，力壁下部因弯矩较大而消耗钢筋较多，不经济 适用于缺乏石料地区、地基承载力较低的填方路段及挡土墙高度不大于5m的情况

续表

名　称	示意图	特点及适用范围
扶壁式	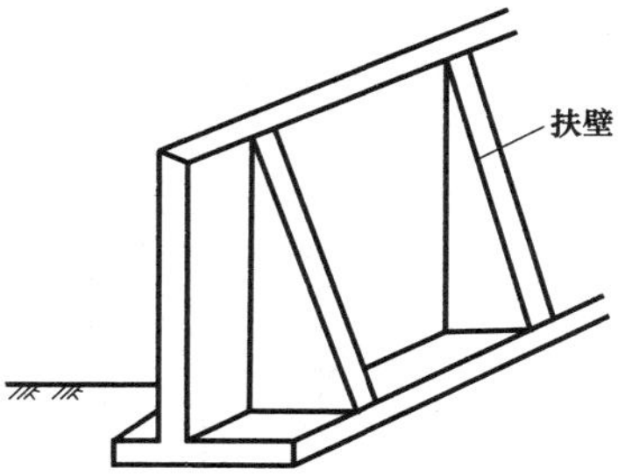 扶壁	相当于沿悬臂式挡土墙的墙长，每隔一定距离设置一道扶壁，使力壁和墙踵板连接起来，更好受力 在高墙时较悬臂式经济
锚杆式	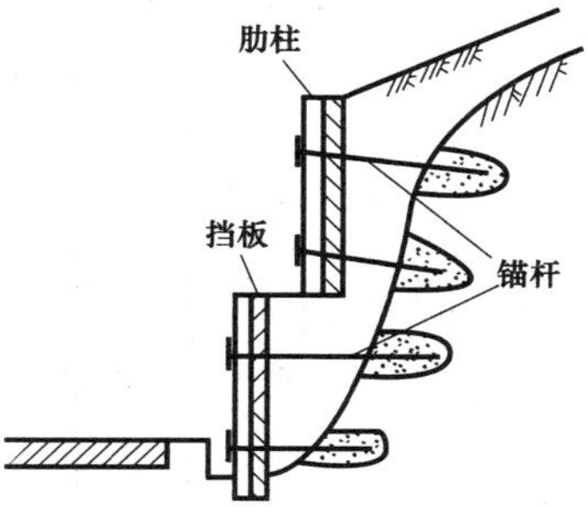 肋柱 挡板 锚杆	由肋柱、挡板和锚杆组成，靠锚杆锚固在山体内拉住肋柱，肋柱、挡板可预制 一般常用于墙身较高的路堑墙或路肩墙
锚定板式	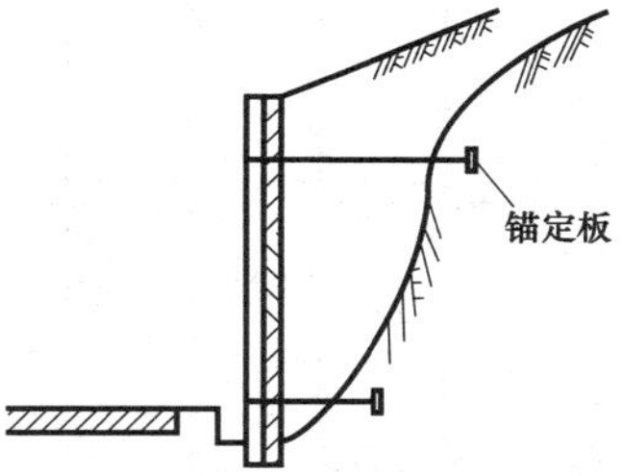 锚定板	由钢筋混凝土墙面（肋柱及挡板）、拉杆和锚定板组成，靠埋置在破裂面后面的锚定板和锚杆拉住墙面，保持墙身稳定 适用于缺乏石料地区的路肩墙或路堤墙
桩板式	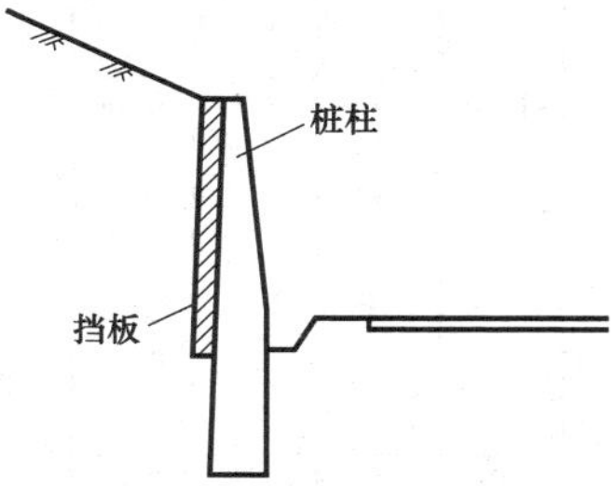 桩柱 挡板	由桩柱和挡板组成。利用深埋的桩柱前土层的被动土压力来平衡墙后主动土压力 适宜于土压力大，要求基础埋深地段
加筋土式	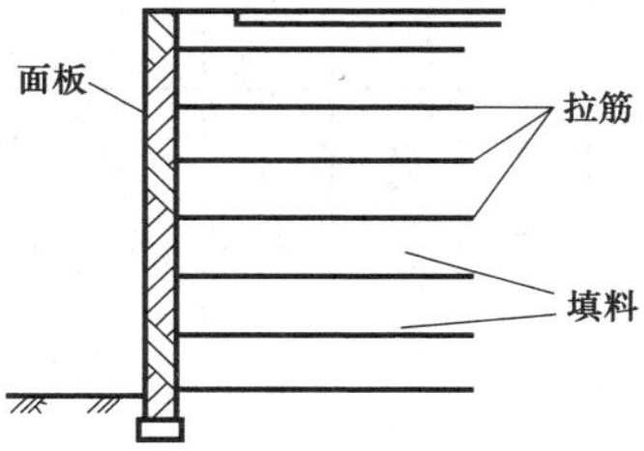 面板 拉筋 填料	由面板、拉筋和填料三部分组成，依靠拉筋与填料之间的摩擦力来抵抗侧向土压力 适合于缺乏石料地区及在较软弱地基上修筑路肩墙与路堤墙

图 5-16、图 5-17 为某道路左侧衡重式路肩墙设计图示例。图 5-16 与图 5-17 应对应起来进行识读。

立面

H: 1:200
V: 1:200

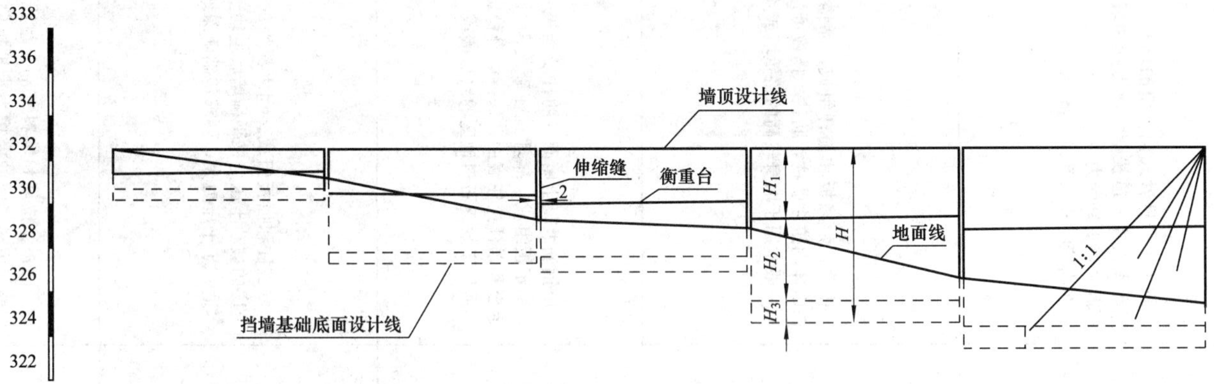

338
336
334
332
330
328
326
324
322

墙顶设计线
伸缩缝
2
衡重台
H_1
H
H_2
H_3
地面线
1:1
挡墙基础底面设计线

起讫桩号	+800	+810	+820	+830	+840	+851.5
墙底标高	330.18	330.18 / 327.28	327.28 / 326.87	326.87 / 324.55	324.55 / 323.37	323.37
地面标高	332.18	331.18	329.26	328.87	326.55	325.39
路肩标高	332.18	332.28	332.39	332.49	332.59	332.69

泄水孔布置示意图

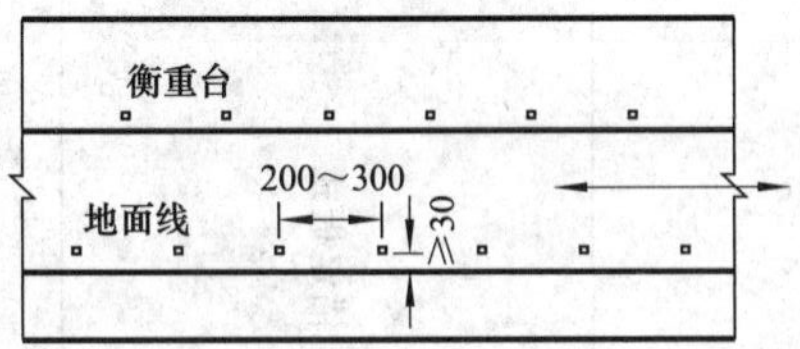

衡重台
地面线
200～300
⩾30

图 5-16　某道路左侧衡重式路肩墙示例（一）

标准横断面

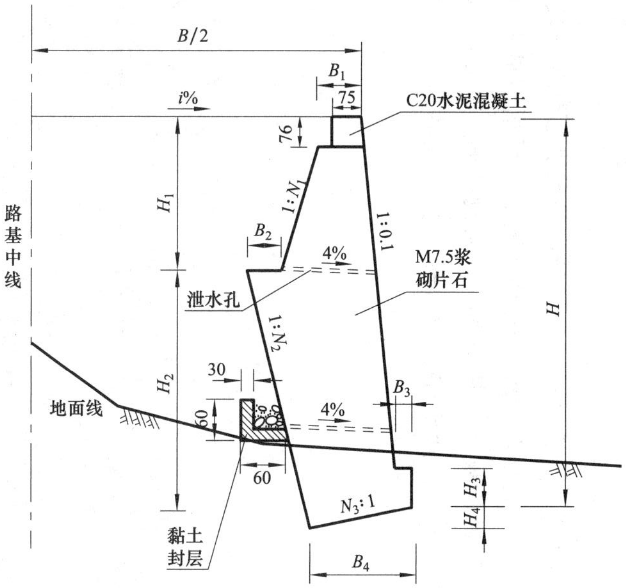

挡墙尺寸及每延米工程数量表

桩号	墙高 H (m)	B_1 (m)	B_2 (m)	B_3 (m)	B_4 (m)	H_1 (m)	H_2 (m)	H_3 (m)	H_4 (m)	N_1	N_2	N_3	浆砌片石 (m^3/m)	地基修正后承载力要求 (kPa)	黏土封层 (m^3/m)
K53+800	2	0.75	0.60	0.30	1.74	0.80	1.20	0.50	0.35	0.35	0.25	0.20	3.14	85	0.27
K53+810	2.1	0.75	0.60	0.30	1.73	0.80	1.30	0.50	0.35	0.35	0.25	0.20	3.28	85	0.27
	5	0.75	0.30	0.30	1.78	2.00	3.00	0.50	0.36	0.30	0.2	0.20	7.86	300	0.27
K53+820	5.11	0.75	0.30	0.30	1.77	2.00	3.11	0.50	0.35	0.30	0.2	0.20	8.03	300	0.27
	5.52	0.75	0.40	0.40	2.06	2.40	3.12	0.70	0.41	0.35	0.25	0.20	10.01	300	0.27
K53+830	5.62	0.75	0.40	0.40	2.04	2.40	3.22	0.70	0.41	0.35	0.25	0.20	10.18	300	0.27
	7.94	0.90	1.10	0.40	2.98	3.20	4.74	0.90	0.60	0.35	0.25	0.20	21.03	300	0.27
K53+840	8.04	0.90	1.10	0.40	2.97	3.20	4.84	0.90	0.59	0.35	0.25	0.20	21.29	300	0.27
	9.22	1.10	1.50	0.50	3.81	3.80	5.42	1.00	0.76	0.35	0.25	0.20	30.51	300	0.27
K53+851.5	9.32	1.10	1.50	0.50	3.79	3.80	5.52	1.00	0.76	0.35	0.25	0.20	30.85	300	0.27

工程数量表

项目	浆砌片石 (m^3)	C20混凝土 (m^3)	挖基土方 (m^3)	回填土方 (m^3)	封层黏土 (m^3)	砂砾层 (m^3)
数量	2278	57	3922	2480	27	9

注：
1. 图中尺寸除标高以m计外，其余均以cm计。
2. 挡墙墙身及基础均采用M7.5浆砌片石砌筑，墙面用M10砂浆勾缝。
3. 伸缩缝内沿内、外、顶三面填塞沥青麻筋，填塞深度不小于15cm。
4. 如地面标高与实际不符时，应根据实际情况调整基底标高及墙高。
5. 距墙顶76cm、外侧边缘75cm范围内现浇C20混凝土。

图 5-17　某道路左侧衡重式路肩墙示例（二）

图 5-16 中给出了比例尺、挡墙基础底面设计线、墙顶设计线、伸缩缝、衡重台、地面线的位置，以及相应的路肩墙的起讫桩号、路肩标高、地面标高、墙底标高等信息，从泄水孔布置图可知每隔 2～3cm 设置一个泄水孔，泄水孔离地面线的距离大于或等于 0.15cm。

图 5-17 为某道路左侧衡重式路肩墙的标准横断面设计图，图中包括图样、工程数量表和附注三部分内容。

(1) 图样部分识读能取得挡土墙结构形式、尺寸和材料等信息，图示为衡重式路肩墙，上部水泥混凝土砌筑，下部浆砌片石砌筑等。

(2) 尺寸与工程数量表识读能取得每段的细部尺寸和材料数量等信息，如挡墙尺寸及每延米工程数量表中说明了图样中字母取值，如 K53＋800 段墙高 H＝2m，B_1＝0.75m，N_1＝0.35 等，同时注明了每延米工程数量，如浆砌片石 3.14m^3/m，黏土封层 0.27m^3/m 等。另外，工程数量表中注明了各项目的工程数量，如浆砌片石 2278m^3 等。

(3) 附注说明的文字要重点识记，一般会注解说明图中的尺寸标注的单位、使用范围和技术要求等，它是图样与工程数量表识读准确的保证，如图中注“1. 图中尺寸除标高以米计外，其余尺寸均以厘米计；4. 如地面标高与实际不符时，应根据实际情况调整基底标高及墙高”等。

5.5 路基防护工程数量表

工程量即工程的实物数量，是以物理计量单位或自然计量单位所表示各个分项或子分项工程和构配件的数量。

路基防护工程数量表（表 5-5）主要内容包括各个起讫桩号的工程名称、位置、工程的主要尺寸及说明、单位、数量、工程项目及数量（包括：M7.5 浆砌片石、C20 水泥混凝土预制块、开挖土方、砂砾垫层、植草、客土、高强土工网、锚钉、客土混合草种、回填种植土、回填土方等）。

表 5-5 中序号 168 的起讫桩号为 K53＋730～K53＋775，采用拱形骨架护坡 B，在路基的左侧，平均防护高度 H＝6m，拱形骨架厚 30cm，拱窗内植草，路堑边坡率 1∶1，第一级边坡防护。同时，示出了工程项目及数量，其中 M7.5 浆砌片石 92.3m^3、C20 水泥混凝土预制块 3.1m^3、开挖土方 93.1m^3、砂砾垫层 2.1m^3、植草 209.4m^2、回填种植土 24.8m^3。

表 5-5 **路基防护工程数量表**

序号	起讫桩号	工程名称	位置	主要尺寸及说明	单位	数量	工程项目及数量											备注
							M7.5 浆砌片石（m^3）	C20 水泥混凝土预制块（m^3）	开挖土方（m^3）	砂砾垫层（m^3）	植草（m^2）	客土（m^2）	高强土工网（m^2）	锚钉（套）	客土混合草种（kg）	回填种植土（m^3）	回填土方（m^3）	
165	K53+680～K53+780	拱形骨架护坡 B	右侧	平均防护高度 $H=7$m，拱形骨架厚 30cm，拱窗内植草。路堑边坡率 1∶1。第三级边坡防护	m	100	273.9	8.3	275.6	4.6	487.8					61.6		六车道
166	K53+710～K53+765	拱形骨架护坡 B	右侧	平均防护高度 $H=6$m，拱形骨架厚 30cm，拱窗内植草。路堑边坡率 1∶1.25。第四级边坡防护	m	55	116.0	4.3	117.0	2.5	306.8					32.5		六车道
167	K53+830～K53+840	植草 A	右侧	平均防护高度 $H=2.1$m，第一级坡面植草防护。边坡率 1∶1.5	m	10					37.0							六车道
168	K53+730～K53+775	拱形骨架护坡 B	左侧	平均防护高度 $H=6$m，拱形骨架厚 30cm，拱窗内植草。路堑边坡率 1∶1。第一级边坡防护	m	45	92.3	3.1	93.1	2.1	209.4					24.8		六车道
169	K53+775～K53+800	植草 A	左侧	平均防护高度 $H=2.7$m，第一级坡面植草防护。边坡率 1∶1.5	m	25					119.4							六车道
170	K53+800～K53+845	衡重式路肩墙	左侧	平均防护高度 $H=2$～9.32m，浆砌片石防护……	m	45.3												

第6章 路面结构

路面是用硬质材料铺筑在路基顶面的层状结构，根据其使用的材料和性能不同，可分为柔性路面和刚性路面两类。柔性路面如沥青混凝土路面、沥青碎石路面、沥青表面处治路面等，刚性路面如水泥混凝土路面。

6.1 公路路面结构图

1. 路面组成

路面横向主要由中央分隔带、行车道、路肩等组成（图 6-1）；路面纵向结构层由面层、基层、垫层、联结层等组成（图 6-2）。

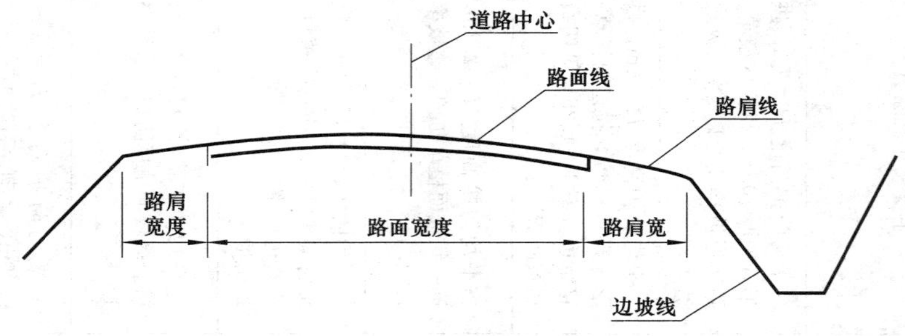

图 6-1　路面横向组成

（1）面层

直接承受车轮荷载反复作用和自然因素影响的结构层叫面层，可由一～三层组成。因此面层应具备较高的力学强度和稳定性，同时还应具备耐磨性和耐水性。

（2）基层

基层是设置在面层之下，并与面层一起将车轮荷载的反复作用传递到底基层、垫层和土基中。因此，对基层材料的要求是应具有足够的抗压强度、密度、耐久性和扩散应力（即应有较好的力学性能）。

(3) 垫层

垫层是底基层和土基之间的层次，它的主要作用是加强土基、改善基层的工作条件。垫层往往是为蓄水、排水、隔热、防冻等目的而设置的，所以通常设在路基潮湿以及有冰冻翻浆现象的路段。

(4) 联结层

联结层是在面层和基层之间设置的一个层次。它的主要作用是加强面层与基层的共同作用或减少基层裂缝对面层的影响，设在基层上的结构层，为面层的组成部分。

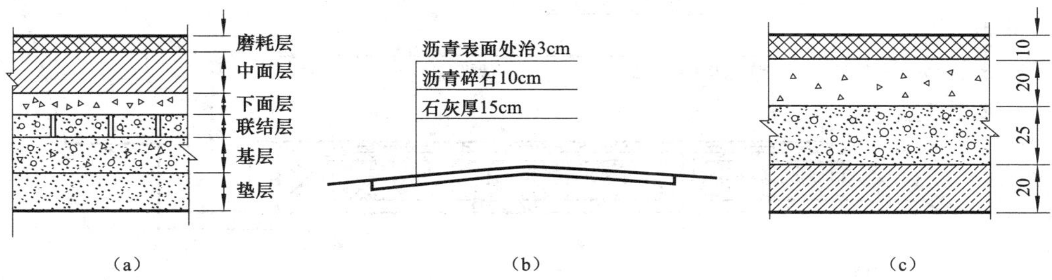

图 6-2　路面纵向结构示意图

(a) 路面结构；(b) 引出标注法；(c) 断面表示法

2. 沥青混凝土路面组成

(1) 路面横断面图

表示行车道、路肩、中央分隔带的尺寸，路拱的坡度等。

(2) 路面结构图

用示意图的方式画出并附图例表示路面结构中的各种材料，根据图例内容，可以从图 6-3 看出，各层从上到下依次为：沥青混凝土抗滑表层、中粒式沥青混凝土、粗粒式沥青混凝土、沥青封层、水泥稳定碎石基层、低剂量水泥稳定碎石底基层。

行车道路面底基层与路肩的分界处，其宽度超出基层 25cm 之后以 1∶1 的坡度向下延伸。底基层与基层分界处，其宽度超过 15cm 之后以 1∶1.5 的坡度向下延伸。中央分隔带路缘石高出路面 15cm。

图中“注”的部分表达了辅助的说明，是对于图中未表达清楚的内容做有益补充。

(3) 缘石大样图

缘石大样见图 6-4。图中标示出缘石与相连部位的关系（多层填料）以及底座的混凝土强度等级 C20、缘石的各部构造做法和尺寸标出，施工时严格遵照图纸描述。

(4) 路拱大样图

路拱大样如图 6-5，路拱的形式有抛物线、双曲线和双曲线中插入曲线等类型，以满足路面横向排水的要求。路拱大样图的任务就是清楚表达路面横向的形状，一般垂直向比例大于水平向比例。X 向为道路横坡水平距离，Y 向为道路横坡在该点的相对标高。每个分段均有坡度表示。

3. 水泥混凝土路面组成

如图 6-6 所示，水泥路面结构图中，从上到下依次为 25cm 厚 C40 水泥混凝土、20cm 厚

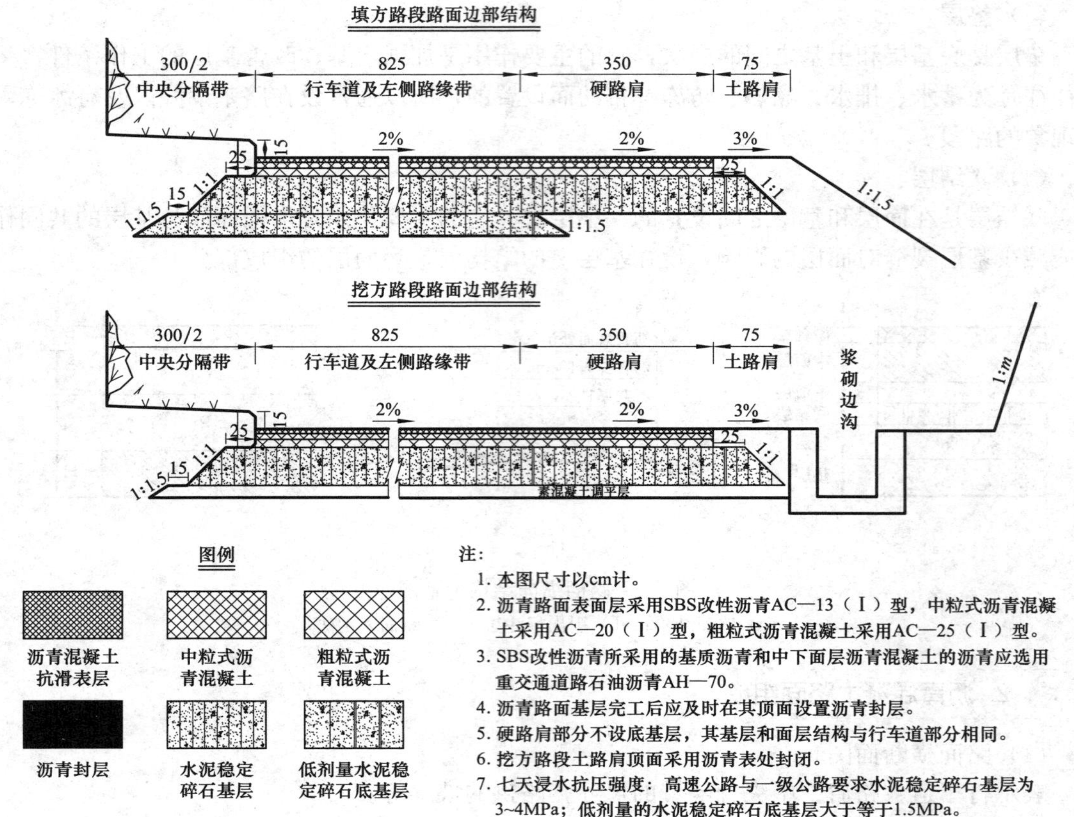

注：

1. 本图尺寸以cm计。
2. 沥青路面表面层采用SBS改性沥青AC—13（Ⅰ）型，中粒式沥青混凝土采用AC—20（Ⅰ）型，粗粒式沥青混凝土采用AC—25（Ⅰ）型。
3. SBS改性沥青所采用的基质沥青和中下面层沥青混凝土的沥青应选用重交通道路石油沥青AH—70。
4. 沥青路面基层完工后应及时在其顶面设置沥青封层。
5. 硬路肩部分不设底基层，其基层和面层结构与行车道部分相同。
6. 挖方路段土路肩顶面采用沥青表处封闭。
7. 七天浸水抗压强度：高速公路与一级公路要求水泥稳定碎石基层为3~4MPa；低剂量的水泥稳定碎石底基层大于等于1.5MPa。

图 6-3　沥青路面结构图

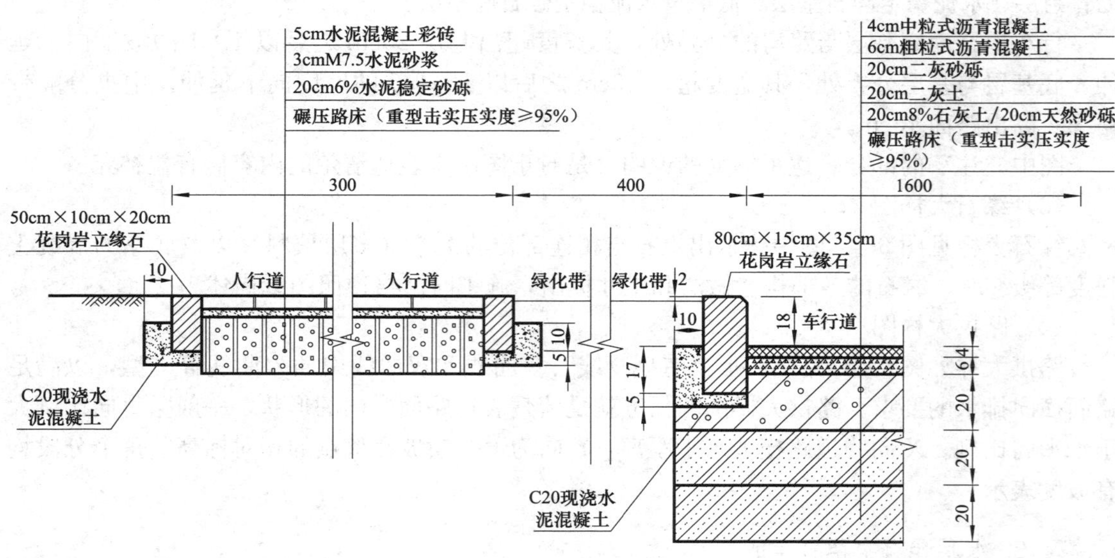

图 6-4　缘石大样图

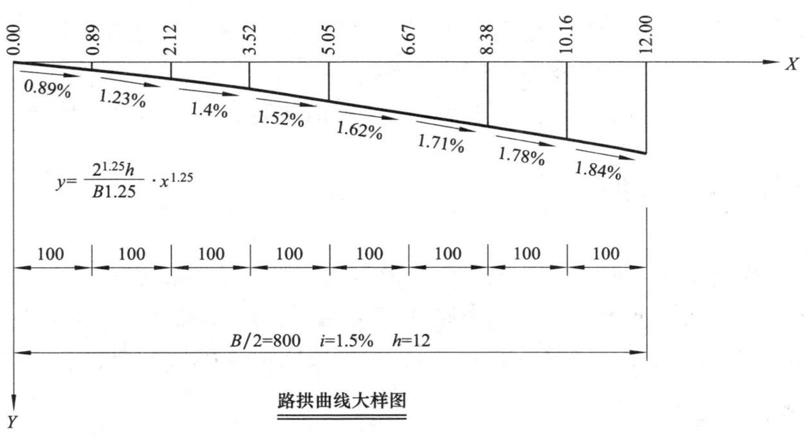

图 6-5　路拱大样图

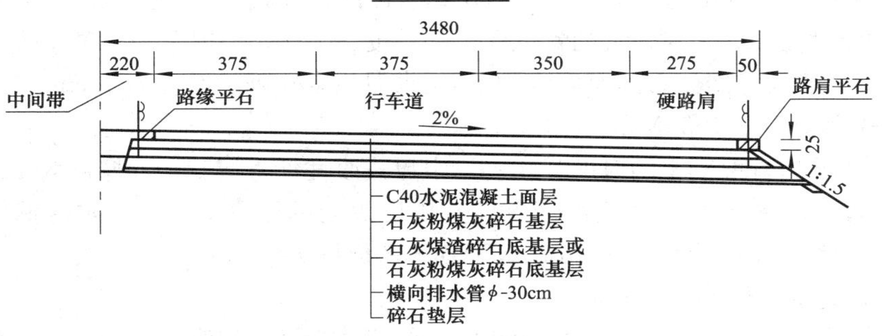

材料结构图示

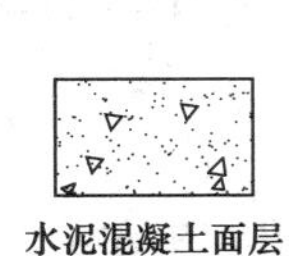

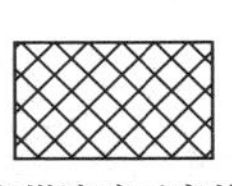

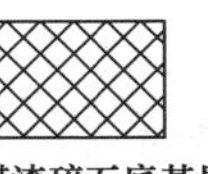

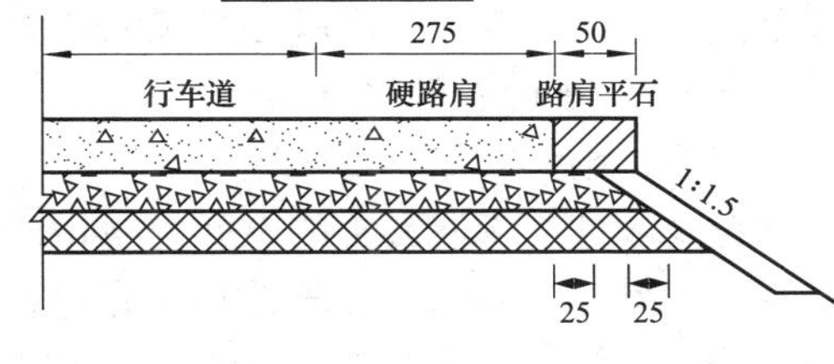

每千平米路面材料用量表

序号	材料名称及厚度	材料用量							
		水泥(t)	生石灰(t)	粉煤灰(t)	煤渣(t)	砂(t)	碎石(t)	水(t)	外加剂(kg)
1	C20水泥混凝土底层厚25cm	95.0		28.5		121.0	345.65	45	1125
2	石灰粉煤灰碎石基层厚20cm		29.6	74.0			265.0		
3	石灰煤渣碎石底基层厚22cm		32.3		89.5		284.9		
4	石灰粉煤灰碎石底基层厚22cm		25.1	75.2			317.7		

中间带及路肩平石大样

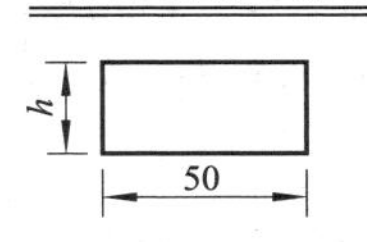

注：
1. 本图尺寸以cm计。
2. 标准轴载采用BZZ-100。
3. 硬路肩和路缘带的路面结构同行车道。
4. 中间带路缘平石和路肩平石均采用现浇C20混凝土。
5. 中间带路缘及路肩平石的高度h与路面面层结构厚度相同。
6. 横向排水管下铺设5cm碎石垫层，并以砂浆封底。
7. 中间带构造详见中间带设计图。

图 6-6　水泥路面结构图

石灰粉煤灰碎石基层、22cm厚石灰煤渣碎石底基层、22cm厚石灰粉煤灰碎石底基层。中间带及路肩平石50cm宽，路基放坡为1∶1.5。

“注”中表达了图上未详尽表达的内容，以文字描述需表达的内容更精准。

6.2 路面结构施工图

路面施工图与路基施工图有很大的不同，路基施工图除有标准横断面图之外，每个桩号处都有一个断面图，而路面施工图，只有路面结构类型图和结构图（路面结构图即路面横断面图）。具体采用哪种类型的路面结构图，则会以表格的形式出现在图纸文件中。

1. 路面结构类型

路面结构类型如图6-7所示。

（1）Z-1类型（$E_0>50$MPa）

从图6-7中可以看出，从上至下，细粒式改性沥青混凝土的厚度为4cm，中粒式改性沥青混凝土的厚度为6cm，粗粒式沥青混凝土的厚度为8cm，SBR改性沥青碎石单层表处的厚度为1cm，5%水泥稳定碎石的厚度为36cm，水泥稳定砂砾的厚度为18cm。

（2）Z-2类型（$E_0>50$MPa）

细粒式改性沥青混凝土的厚度为4cm，中粒式改性沥青混凝土的厚度为6cm，粗粒式沥青混凝土的厚度为8cm，SBR改性沥青碎石单层表处的厚度为1cm，水泥混凝土的厚度为20cm，C15素混凝土的厚度为18cm，级配碎石的厚度为15cm。

（3）Z-3类型（$E_0=200$MPa）

细粒式改性沥青混凝土的厚度为4cm，中粒式改性沥青混凝土的厚度为6cm，粗粒式沥青混凝土的厚度为8cm，SBR改性沥青碎石单层表处的厚度为1cm，5%水泥稳定碎石的厚度为36cm，级配碎石的厚度为10cm。

（4）Z-4类型（$E_0=30$MPa）

细粒式改性沥青混凝土的厚度为4cm，中粒式改性沥青混凝土的厚度为6cm，粗粒式沥青混凝土的厚度为8cm，SBR改性沥青碎石单层表处的厚度为1cm，5%水泥稳定碎石的厚度为36cm，4%水泥稳定碎石的厚度为18cm，级配砂砾的厚度为15cm。

（5）L-1类型（$E_0>50$MPa）

细粒式改性沥青混凝土的厚度为4cm，中粒式改性沥青混凝土的厚度为6cm，SBR改性沥青碎石单层表处的厚度为1cm，5%水泥稳定碎石的厚度为34cm，水泥稳定砂砾的厚度为18cm。

（6）ZD-1类型（$E_0>50$MPa）

细粒式改性沥青混凝土的厚度为4cm，中粒式改性沥青混凝土的厚度为6cm，粗粒式沥青混凝土的厚度为8cm，SBR改性沥青碎石单层表处的厚度为1cm，5%水泥稳定碎石的厚度为36cm，水泥稳定砂砾的厚度为18cm。

（7）SD-1类型

细粒式改性沥青混凝土的厚度为4cm，中粒式改性沥青混凝土的厚度为6cm，SBR改性沥青碎石单层表处的厚度为0.6cm，C40混凝土的厚度为26cm，C20混凝土基层的厚度为15cm。

路面结构设计图

自然区划	II_4（黄渭间山地、盆地轻冻区）													
路面类型	沥青路面										水泥路面			
所处路段	主线（中湿~干燥）	主线（构造物之间小于80m的路基）	主线（石质挖方段）	主线（潮湿）	连接线	互通匝道	隧道V-1（有仰拱）	隧道V-2（无仰拱）	改移道路	桥面铺装	匝道收费广场	汽车通道	机耕通道	人行通道
路基土组	黄土、安山岩、玄武岩、流纹岩										黄土、安山岩、玄武岩、流纹岩			
设计参数	Ld=0.235（mm）										$f_{cm}\geqslant 5.0$MPa			
方案代号	Z-1	Z-2	Z-3	Z-4	L-1	ZD-1	SD-1	SD-2	GY-1	QM-1	SF-1	QC-1	JG-1	RX-1
图式	4 6 8 1 36 18 73 $E_0>50$MPa	4 6 8 1 20 18 15 72 $E_0>50$MPa	4 6 8 1 36 10 65 $E_0=200$MPa	4 6 8 1 36 18 15 88 $E_0=30$MPa	4 6 1 34 18 63 $E_0>50$MPa	4 6 8 1 36 18 73 $E_0>50$MPa	4 6 0.6 C40混凝土 26 C20混凝土基层 15 51.6	4 6 0.6 C40混凝土 26 C20混凝土基层 15 C20混凝土整平层 10 61.6	3 4 34 16 57	4 6 防水层 10	24 2 15 15 56 $E_0\geqslant 40$MPa	20 15 35 $E_0\geqslant 40$MPa	20 15 35 $E_0\geqslant 40$MPa	18 15 33 $E_0\geqslant 40$MPa

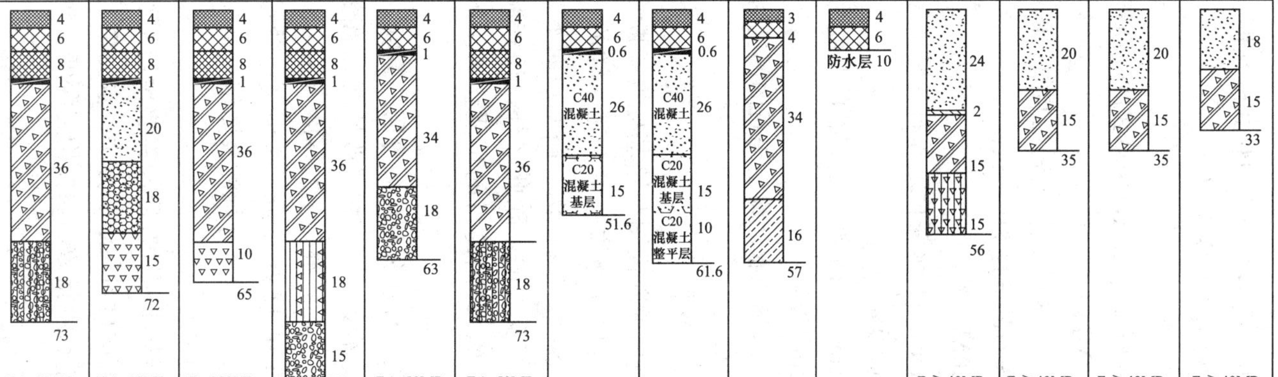

图例

- 细粒式改性沥青混凝土（AC-13C）
- 中粒式改性沥青混凝土（AC-20C）
- 粗粒式沥青混凝土（AC-25C）
- SBR改性沥青碎石单层表处
- 水泥稳定砂砾
- 石灰土
- SBR改性沥青稀浆封层
- 5%水泥稳定碎石
- 4%水泥稳定碎石
- 级配碎石
- 水泥混凝土
- C15素混凝土
- 级配砂砾

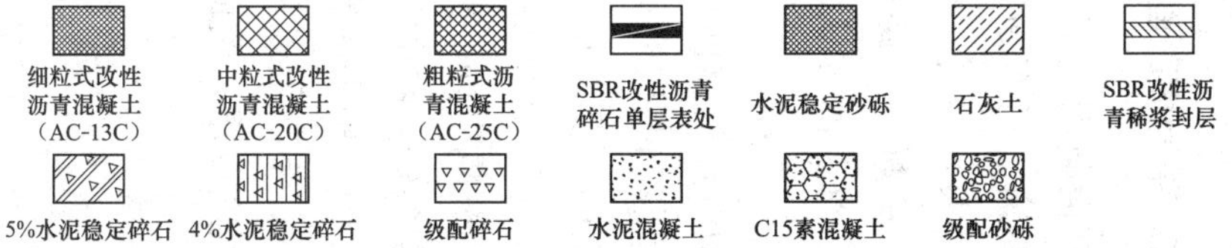

注：

1. 图中尺寸均以cm计。
2. 硬路肩采用与行车道相同的路面结构。
3. 面层碎石采用玄武岩，主线上面层均采用SBS改性剂，在纵坡≥3%以上路段和连续长大纵坡路段中面层也采用SBS改性沥青，隧道上面层沥青混合料需添加阻燃剂。
4. 桥面铺装采用主线路面结构的上、中面层，厚度为10cm，下部设置防水层。
5. 结构物之间路基长度小于80m采用Z-2路面结构。
6. 通道水泥混凝土路面弯拉强度根据交通等级确定。
7. 对于底基层可根据当地的材源采用就地取材的方式采用 18cm 的水泥稳定碎石底基层或水泥稳定砂砾底基层。

图 6-7　路面结构类型

(8) SD-2 类型

细粒式改性沥青混凝土的厚度为 4cm，中粒式改性沥青混凝土的厚度为 6cm，SBR 改性沥青碎石单层表处的厚度为 0.6cm，C40 混凝土的厚度为 26cm，C20 混凝土基层的厚度为 15cm，C20 混凝土整平层的厚度为 10cm。

(9) GY-1 类型

细粒式改性沥青混凝土的厚度为 3cm，中粒式改性沥青混凝土的厚度为 4cm，5%水泥稳定碎石的厚度为 34cm，石灰土的厚度为 16cm。

(10) QM-1 类型

细粒式改性沥青混凝土的厚度为 4cm，中粒式改性沥青混凝土的厚度为 6cm。

(11) SF-1 类型（$E_0 \geqslant 40$MPa）

水泥混凝土的厚度为 24cm，SBR 改性沥青稀浆封层的厚度为 2cm，5%水泥稳定碎石的厚度为 15cm，4%水泥稳定碎石的厚度为 15cm。

(12) QC-1 类型（$E_0 \geqslant 40$MPa）

水泥混凝土的厚度为 20cm，5%水泥稳定碎石的厚度为 15cm。

(13) JG-1 类型（$E_0 \geqslant 40$MPa）

水泥混凝土的厚度为 20cm，5%水泥稳定碎石的厚度为 15cm。

(14) RX-1 类型（$E_0 \geqslant 40$MPa）

水泥混凝土的厚度为 18cm，5%水泥稳定碎石的厚度为 15cm。

2. 路面横断面图

路面横断面见图 6-8。路面横断面图与路基标准横断面图相比，其相同之处在于土路肩、硬路肩、行车道等部分的尺寸标注基本上是一样的，不同之处在于前者比后者所用的比例要大，前者一般采用 1∶100 的比例。路基顶面不是一条水平线，而是将路拱的坡度画出，并标注了路拱的坡度及方向，除此之外，还将路面结构层及中央分隔带较为清楚地用示意图的方式画了出来。此图的目的是要让施工人员对路面结构能有一个轮廓性的了解。

图中分层的路面结构的尺寸标注分别为各分层的厚度，它表示在整个路段的路面施工过程中，面层和基层的厚度保持不变，即细粒式改性沥青混凝土的厚度为 4cm，中粒式改性沥青混凝土的厚度为 6cm，粗粒式沥青混凝土的厚度为 8cm，SBR 改性沥青碎石单层表处的厚度为 1cm，5%水泥稳定碎石的厚度为 36cm，水泥稳定砂砾的厚度为 18cm。

中央分隔带处、路肩、边缘处的尺寸标注及图示，是表明需按照数值标注要求，避免施工中产生差错，控制好施工的精度。

附注说明中表明在沥青层与半刚性基层间需要设透层和封层，面层之间需要设置粘层，透层油的、下封层以及粘层油的材料与施工方法；水泥稳定碎石基层和水泥稳定砂砾底基层的施工强度要求；路面国际平整度指数、表面构造深度、横向力系数等施工标准要求。

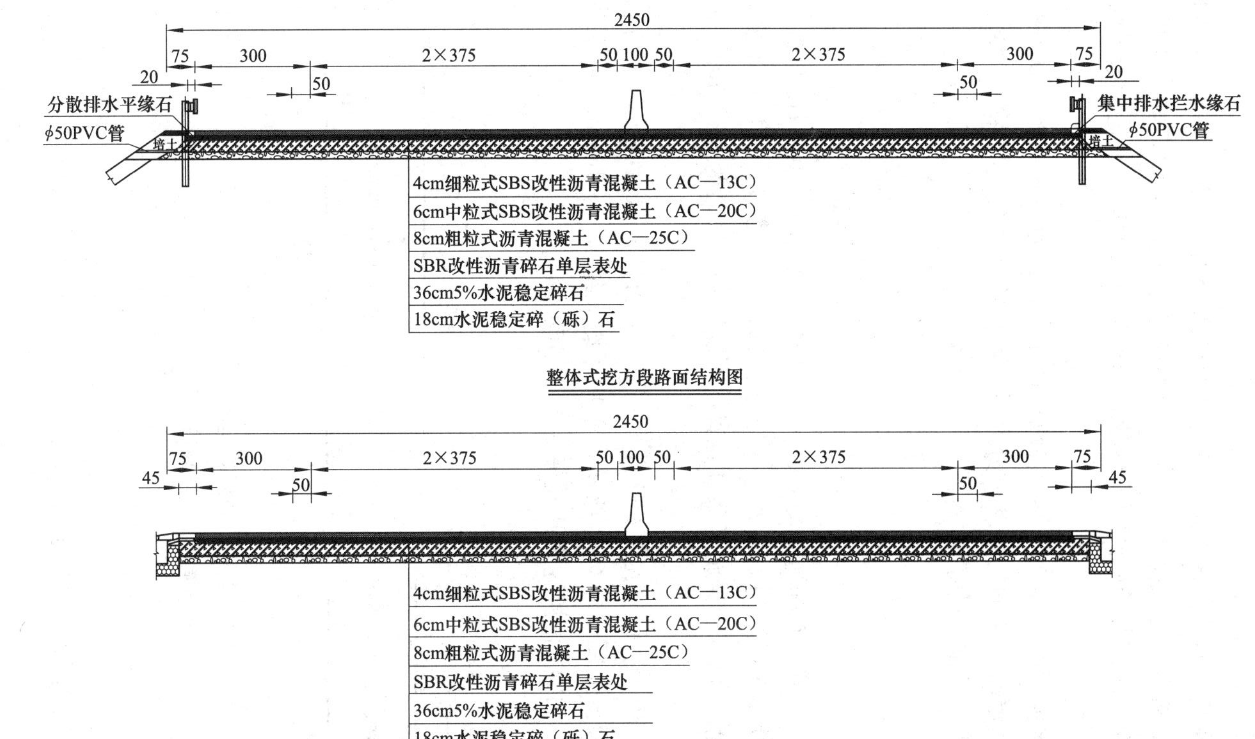

注：

1. 本图尺寸均以 cm 计，比例示意。
2. 本设计中：沥青混凝土上面层采用 SBS 改性 AC—13C 型，上面层石料采用硬质、耐磨石料，磨光值应大于 42，中面层采用 AC—20C 型，在纵坡≥3% 以上路段和连续长大纵坡路段中面层也采用 SBS 改性沥青，下面层采用 AC—25C 型，沥青与面层石料的粘附性不低于 4 级，否则掺加 1%~2% 石灰予以改善；基质沥青及非改性沥青均采用 A 级 70 号道路石油沥青；沥青混合料压实度≥98%（以马歇尔试验密度为标准密度）或最大理论密度的 93%~97%，确保路面实际空隙率不大于 7%，防止沥青路面水损害。
3. 沥青层与半刚性基层间设透层和封层，面层之间须设置粘层。透层油采用煤油回配的 AL（M）—1 型，用量为 0.6~1.5L/m²，透层油宜紧接在基层碾压成型后表面稍变干燥但尚未硬化的情况下喷洒；下封层结合料采用 SBR 改性沥青碎石封层，改性乳化沥青用量 1.0~1.2/kg/m²，采用 S12 石料，用量为 5~8m³/1000m²。粘层油，用量为 0.3~0.5L/m。透层、封层与粘层均采用撒布车施工。
4. 水泥稳定碎石基层 7 天无侧限抗压强度≥3.5MPa，且水泥剂量控制在 5% 以内；水泥稳定砂砾底基层 7 天无侧限抗压强度不低于 2MPa。
5. 路面国际平整度指数 |R| < 2.0m/km、标准偏差（σ）< 1.0mm，表面构造深度 TD≥0.50mm，横向力系数 SFC60≥50。

图 6-8　路面结构横断面图

6.3 水泥混凝土路面接缝

1. 接缝设置的原因

混凝土面层是由一定厚度的混凝土面板组成的，具有热胀冷缩的性质。由于一年四季气温的变化，混凝土板会产生不同程度的膨胀和收缩。这些变形会受到面板与基础之间的摩阻力和粘结力，以及板自重和车轮荷载等的约束。致使板内产生过大的应力，造成板的断裂或拱胀破坏。

为了避免这些缺陷，水泥混凝土路面不得不在纵横两个方向设置许多接缝，以把整个路面分割成为许多板块。水泥混凝土路面的接缝可分为纵缝和横缝两大类。与路线中线平行的接缝称为纵缝，与路线垂直的接缝称为横缝。

2. 纵缝及其构造

（1）纵向缩缝

纵向缩缝采用假缝加拉杆型，其构造如图 6-9（a）所示。设置拉杆，可以防止板块横向位移使缝隙扩大，拉杆应设置在板厚的 1/2 处；在缩缝上部设置的槽口。槽口深度要适中，一般为板厚的 1/4～1/5，槽口宽度根据施工条件，宜尽可能窄些，通常为 3～8mm。

（2）纵向施工缝

由于施工条件等原因，当一次铺筑宽度小于路面宽度，需分两次以上浇筑时，则应设置纵向施工缝。纵向施工缝构造如图 6-9（b）所示，采用平缝，缝宽 5～10mm，缝深为 3～4cm。在板厚中央设置拉杆，以防止接缝张开及板的上下错动。

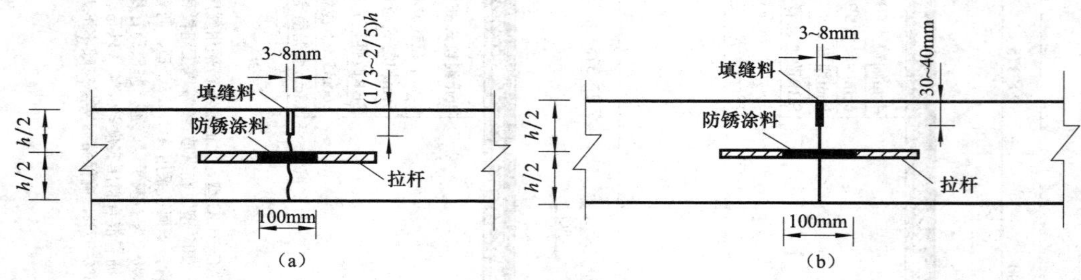

图 6-9　纵缝构造图

（a）纵向缩缝；（b）纵向施工构造图

3. 横缝及其构造

横缝一般分为横向缩缝、胀缝和横向施工缝。

（1）胀缝的构造

在胀缝处混凝土面板完全断开，因而也称之为真缝。胀缝的构造如图 6-10 所示。胀缝必须贯穿到底，缝壁垂直，缝宽为 2.0～2.5cm，在板厚的中央设置传力杆。传力杆的一半以上应涂沥青或加塑料套，并加长 10cm 的小套子，套底和传力杆头之间留 3cm 的空隙（用纱头填）。其下部设接缝板（木板涂以沥青），上部 3～4m 范围内灌填缝料进行封层。同结构物相接处或与其他公路交叉处的胀缝，无法设置传力杆时，可采用边缘钢筋型或厚边型，其构造如图 6-10（b）、图 6-10（c）所示。

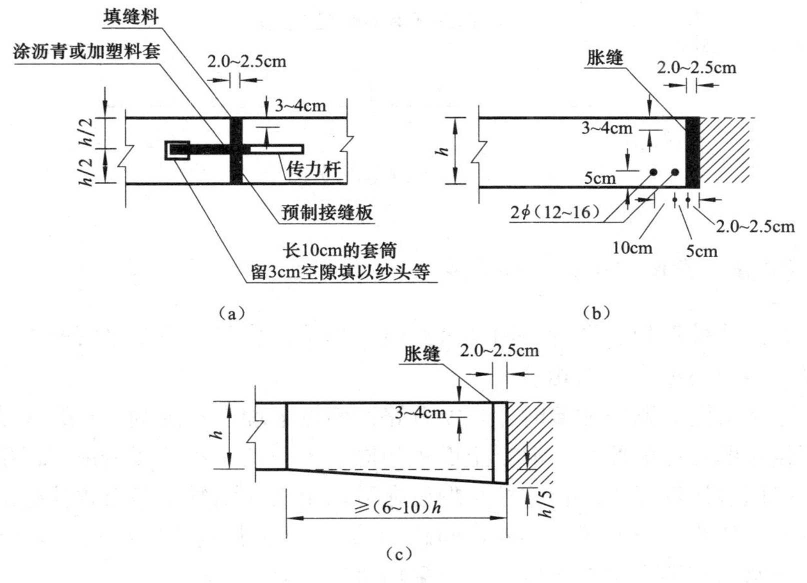

图 6-10　胀缝构造图

（a）传力杆型；（b）边缘钢筋型；（c）厚边型

（2）缩缝的构造

一般采用假缝形式［图 6-11（a）］，即只在板的上部设缝隙。缝隙宽约 5～10mm，深度约为板厚的 1/3～1/4，一般为 4～6cm，假缝内需浇灌填缝料。

交通繁忙或地基水文不良路段，在板厚中央设置传力杆［图 6-11（b）］。

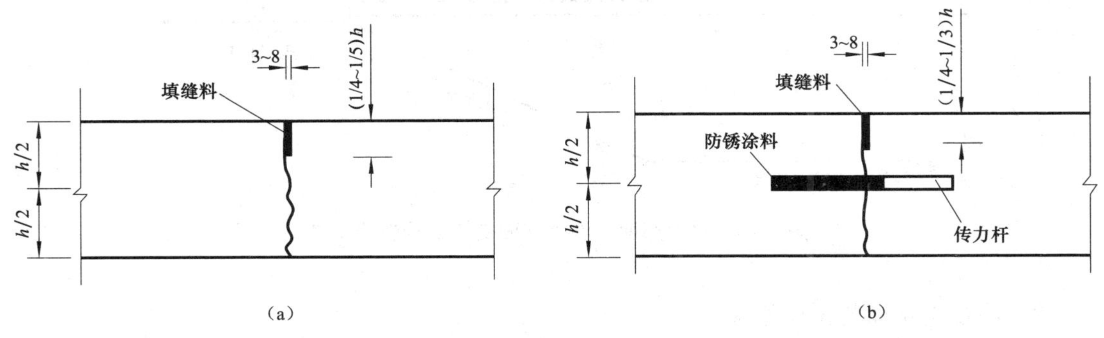

图 6-11　缩缝构造图（尺寸单位：mm）

（a）不设传力杆的假缝；（b）设置传力杆的假缝

（3）施工缝的构造

如图 6-12 施工缝上部深为板厚 1/3～1/4 或 4～6cm，宽为 8～12mm，内浇灌填缝料。中央设传力杆或专门的拉毛模板，将混凝土接头处做成凹凸不平的表面。

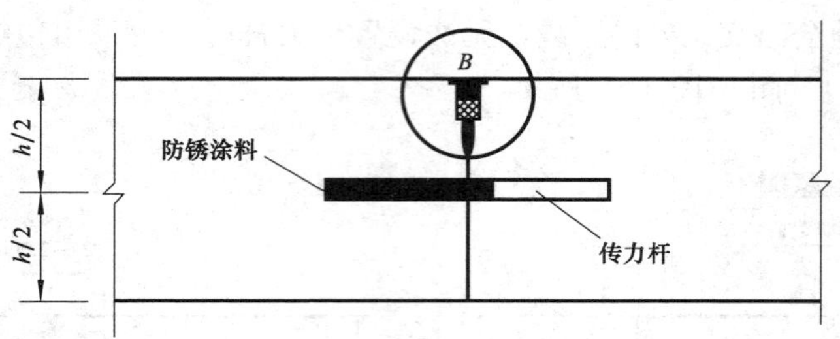

图 6-12　施工缝构造图

4. 水泥混凝土路面与构筑物的衔接

与混凝土路面连接部位有沥青路面和桥梁时，相接部位与一般路段有所不同。

（1）混凝土路面与沥青路面相接

在混凝土路面与沥青路面相接时，在沥青路面面层下埋设长度为 3m 的混凝土板，此板在混凝土路面相接的一端的厚度与混凝土面板相同，另一端不小于 15cm。如图 6-13 所示为某高等级公路采用水泥混凝土埋板连接。埋设在混凝土板与混凝土路面相接处的拉杆，应采用螺纹钢，直径一般为 25cm，长 70cm，间距 40cm。对于其他各等级公路，由于交通量不大，水泥混凝土路面与沥青路面相接，可只采用水泥混凝土埋板连接。

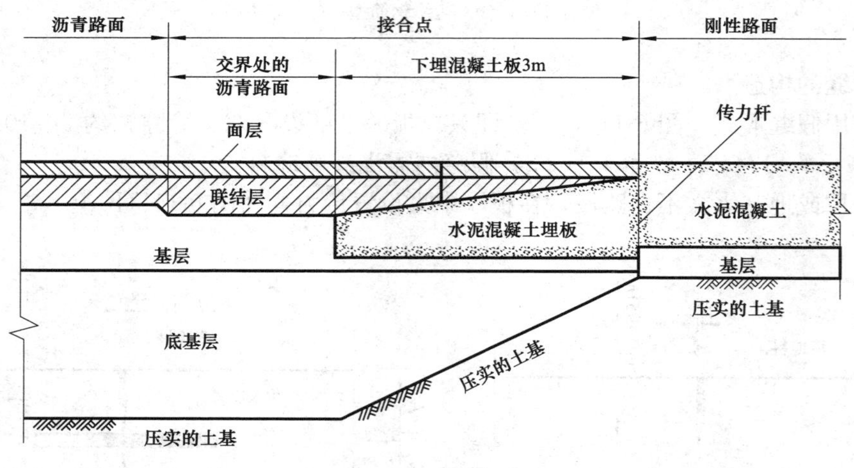

图 6-13　水泥路面与沥青路面交接处构造施工图

（2）混凝土路面与桥梁相接

在混凝土路面与桥梁相接处，设置桥头搭板。搭板与混凝土路面之间采用钢筋混凝土面板过渡，其长度不小于 5m。搭板与钢筋混凝土面板之间的接缝设置传力杆。钢筋混凝土面板与混凝土面板之间设置胀缝，如图 6-15 所示。当与桥梁为斜交时，钢筋混凝土面板的锐角部分采用钢筋网补强，如图 6-16 所示。

（3）补强钢筋构造图

混凝土面板纵横自由边边缘下的基础，当有可能产生较大的变形时，在板边缘加设补强钢筋，角隅加设发针形钢筋或钢筋网。

混凝土面板边缘部分的补强，选用 2 根直径为 12～16mm 的螺纹钢筋，布置在板的下部，距板底为板厚的 1/4，且大于 5cm，间距为 10cm，钢筋两端应向上弯起，如图 6-14 所示。钢筋保护层的最小厚度不应小于 5cm。

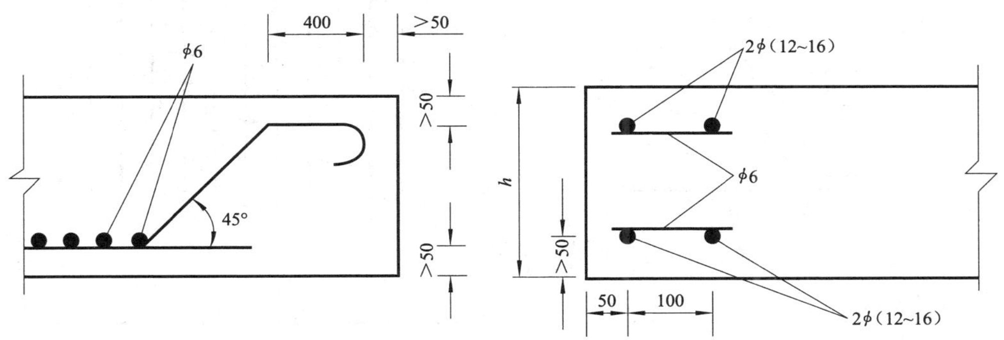

图 6-14　板边补强钢筋构造图

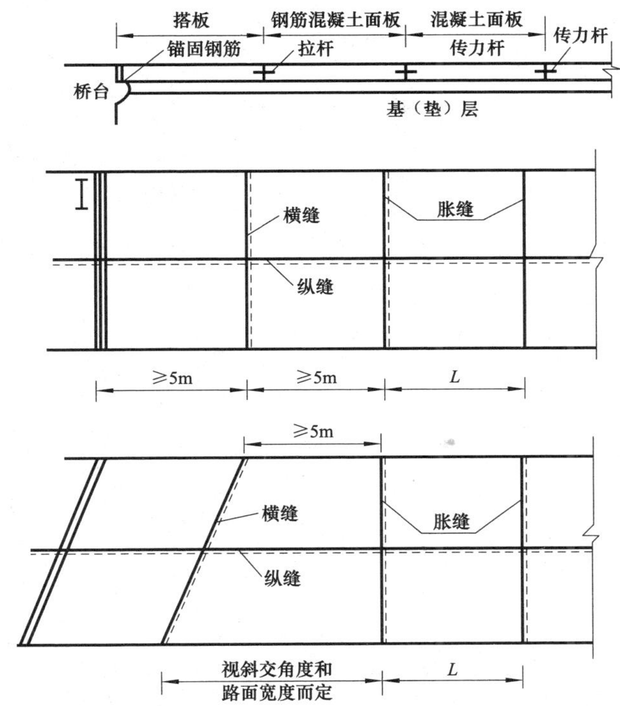

图 6-15　混凝土路面与桥梁相接布置图

角隅补强部分选用 2 根直径为 14mm 的螺纹钢，布置在板的上部，距板顶不应小于 5cm，距板边为 10cm，如图 6-16 所示。钢筋保护层的最小厚度不应小于 5cm。

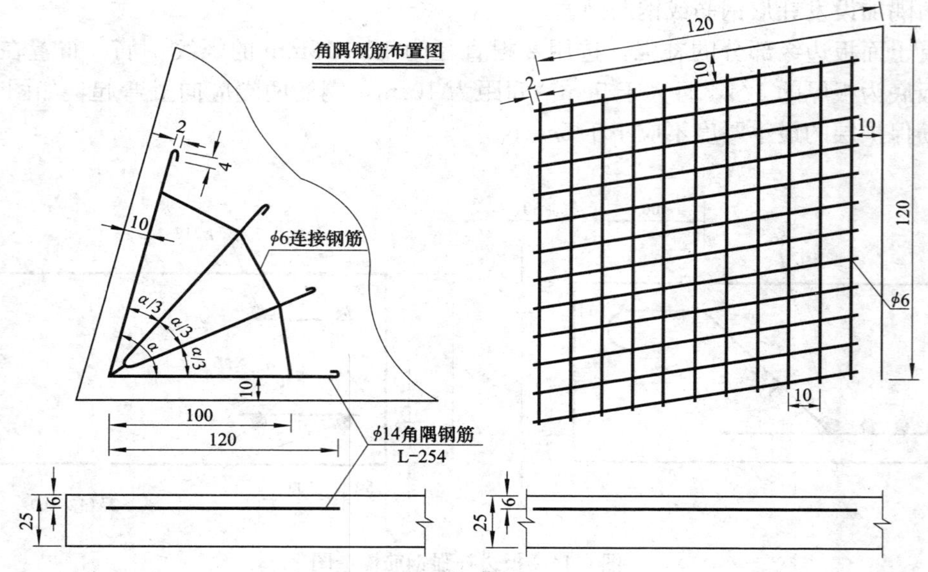

图 6-16　角隅钢筋布置图

第 7 章

路基路面排水工程

道路排水系统作用：①在施工期可以提高施工效率，保障施工人员及设备的安全；②在运营期，是保证道路发挥其功能的必要设施，可以减少道路的返修率，降低维护费用，提高汽车运行的平稳性和安全性。

危害和影响公路结构的水，按水源不同可分为地表水和地下水两大类。道路排水系统包括路基地面排水系统、路基地下排水系统和路面排水系统。

道路排水系统图主要包括全线排水系统布置图和单个排水设施构造图。全线排水系统布置图表明全线排水系统的布置情况主要通过平、纵、横图样来实现；单个排水设施构造图表达单个排水设施具体构造和技术要求，属细部构造详图。识读道路排水系统图时，应重点识读其结构类型、截面尺寸和组成部分所使用的材料等信息。

7.1 路基地面排水

路基地面排水的任务是及时排出地表径流，将路基范围内的土基湿度降低到一定的范围内，保持路基常年处于干燥和中湿状态，确保路基路面具有足够的强度与稳定性。

常用的路基地表排水设施有边沟、截水沟、排水沟、跌水、急流槽、渡水槽等，必要时还有倒虹吸、蒸发池、油水分离池等，它们分别设置在路基的不同部位，共同形成完整的路基地面排水系统。

1. 边沟

边沟位置在路基边缘，即挖方路基的路肩外侧或低路堤的坡脚外侧，多与路中线平行，用于汇集和排除降落在路基范围内以及流向路基的少量地表水。

边沟的断面形状有梯形、矩形、三角形和流线形，如图 7-1 所示。其中 b 表示边沟底宽，H 表示边沟深度。流线型边沟又称碟形边沟。

一般情况下土质边沟宜用梯形，石质边沟宜用矩形，矮路堤或机械化施工时用三角形，积雪、积砂路段用流线形。梯形土质边沟的边坡，靠路基一侧一般为 1：1～1：1.5，另一侧则可与挖方边坡相同；三角形土质边沟的边坡，约为 1：2～1：3；矩形边沟的边坡用于

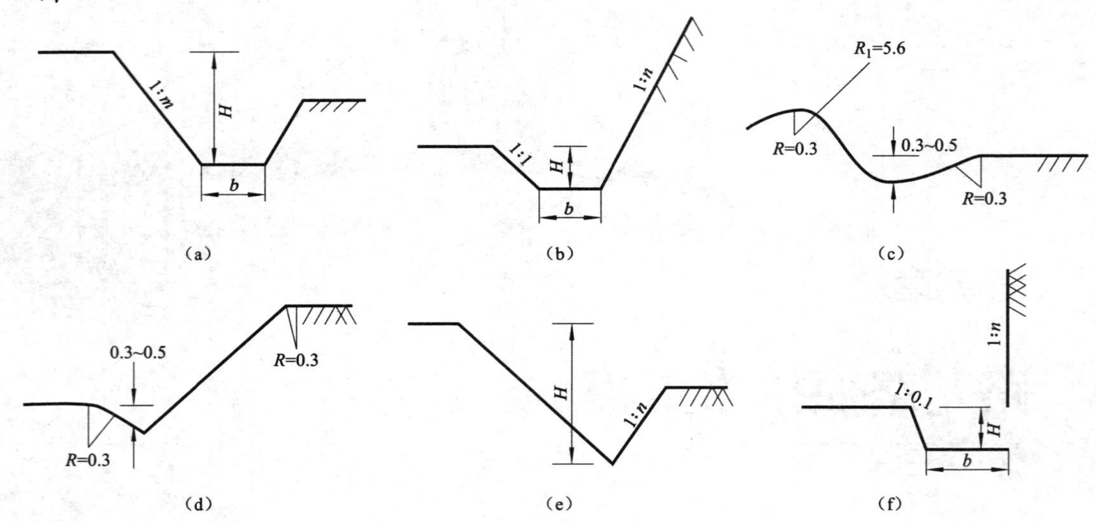

图 7-1 边沟断面形状示意图

(a)、(b) 梯形；(c)、(d) 流线形；(e) 三角形；(f) 矩形

石方地段或石块铺砌时，可以直立，有时可稍有倾斜。

各种边沟的深度，约为 0.4～0.6m，干旱地区或水流较少地段，可降低至 0.3m，但不得小于 0.3m，多雨地区或水流汇集地区，可适当放宽。梯形和矩形边沟的底宽，一般均应等于或大于 0.4m。沟底会设大于 0.5%的纵坡以防淤泥。边沟不宜过长，尽量使沟内水流就近排至路旁自然水沟或低洼地带。为了防止边沟满溢或冲刷，在平原区或山岭重丘区，梯形边沟长度不宜超过 300m，三角形边沟不宜超过 200m。

(1) 图 7-2 为某道路路堑边沟设计图，主要包括图样、工程数量表和附注说明等。从图中可以看出 A、B、C 三种排水沟的截面形式、尺寸和衬砌类型等。A 型边沟和 B 型边沟均为加钢筋混凝土盖板形式。

1) A 型边沟：适用于挖方长度<300m 的石质路段，矩形截面。

根据截面尺寸（底宽×高）不同，A 型边沟分为两种：A1 和 A2，A1 为 60cm×75cm，A2 为 60cm×95cm。

衬砌为 M7.5 浆砌片石，沟底和沟内侧部分用 M10 水泥砂浆勾缝。

排水沟底部为 10cm 的砂砾垫层，顶面为 30cm 的 M7.5 的浆砌片石。

2) B 型边沟：矩形截面，边沟底宽为 60cm，高 138cm，衬砌为现浇 C20 混凝土，25cm 厚度。

3) C 型边沟：将边沟与碎落台合二为一设计成浅碟形，与路基和边坡顺应自然。

路基侧、流线底端和边坡侧曲率半径分别为 50cm、200cm、125cm。

回填 25cm 耕植土，表面预制六菱形空心砖植草。

由 C 型边沟出水口设置间距表可知 C 型边沟出水口间距与路线纵坡大小有关，例如路线纵坡≥2%时，设置间距为 80m。

(2) 图 7-2 中工程数量表识读可取得每延米边沟所用各种材料的数量：

1) A1 式边沟采用的 M7.5 浆砌片石为 0.63m³/m、砂砾垫层为 0.12m³/m、C25 混凝土现浇 0.14m³/m，挖土石方为 0.93m³/m。

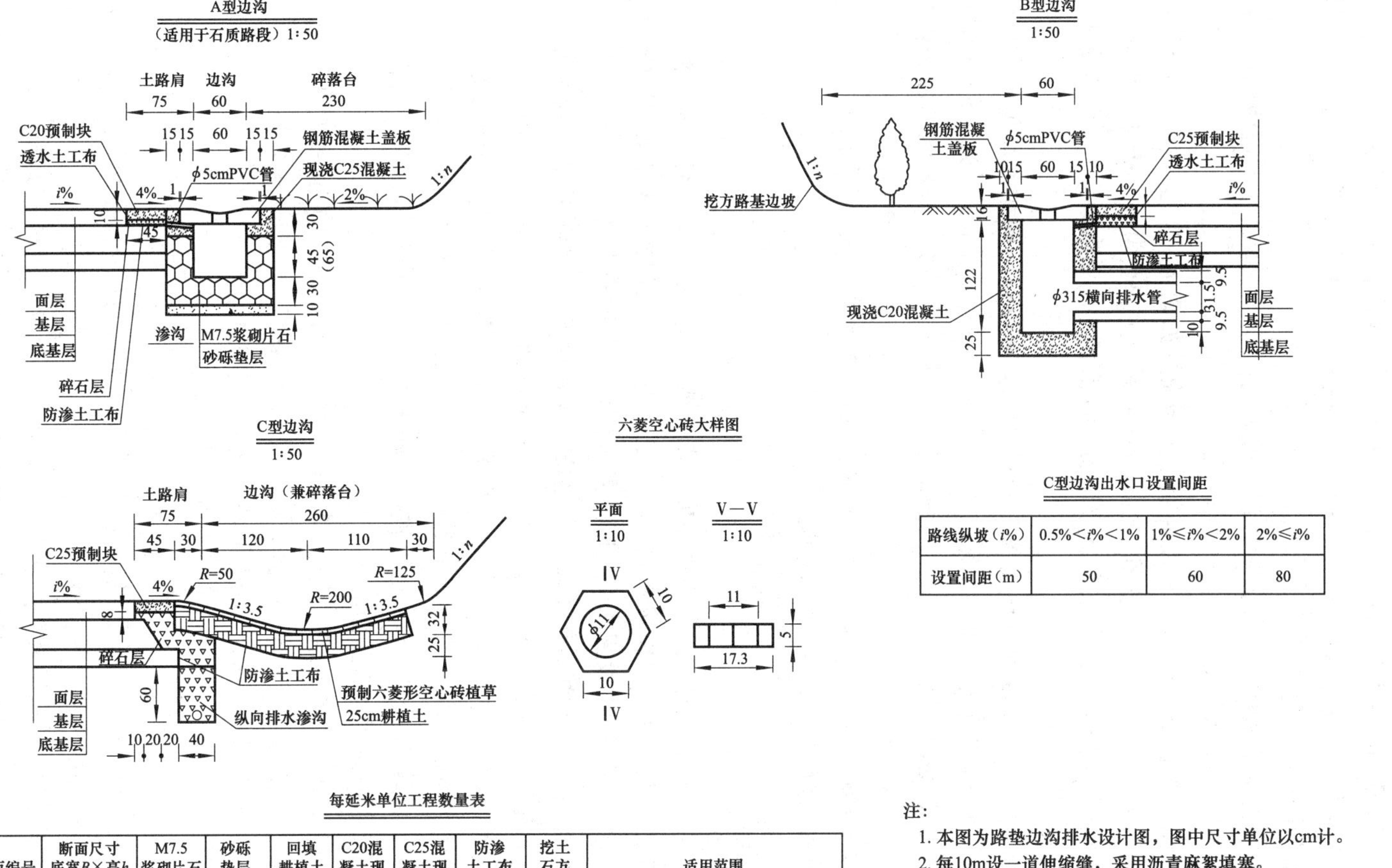

C型边沟出水口设置间距

路线纵坡（$i\%$）	$0.5\%<i\%<1\%$	$1\%\leqslant i\%<2\%$	$2\%\leqslant i\%$
设置间距（m）	50	60	80

每延米单位工程数量表

断面编号		断面尺寸底宽B×高h（cm×cm）	M7.5浆砌片石（m^3）	砂砾垫层（m^3）	回填耕植土（m^3）	C20混凝土现浇（m^3）	C25混凝土现浇（m^3）	防渗土工布（m^2）	挖土石方（m^3）	适用范围
A型边沟		A1式60×75	0.63	0.12			0.14		0.93	一般挖方长度<300m的路段
		A2式60×95	0.75	0.12			0.14		1.05	一般挖方长度≥300m的路段
B型边沟		60×138				0.914			0.965	长度≥40m挖方超高路段内侧
C型边沟		60×70			0.67			3.33	0.79	土质或边沟出口间距较短的挖方路段

注：
1. 本图为路垫边沟排水设计图，图中尺寸单位以cm计。
2. 每10m设一道伸缩缝，采用沥青麻絮填塞。
3. M7.5浆砌片石砌筑的沟底和沟内侧部分用M10水泥砂浆勾缝。
4. 钢筋混凝土盖板尺寸与工程数量见左表。
5. 其他未尽事宜，请参考本项目相关设计图或规范执行。

图 7-2　某道路边沟设计图示例

2）A2 式边沟采用的 M7.5 浆砌片石为 0.75m³/m、砂砾垫层为 0.12m³/m、C25 混凝土现浇 0.14m³/m，挖土石方为 1.05m³/m。

此外，从工程数量表可得各边沟的适用范围。例如：A 型边沟适用于挖方长度小于 300m 的石质路段；B 型边沟适用于长度大于或等于 40m 挖方超高路段内侧；C 型边沟，适用于土质或边沟出口间距较短的挖方路段。

（3）设计图中附注文字是图样与工程数量表识读准确的保证，一般会注解说明图中的尺寸标注的单位、使用范围及技术要求等，需重点识记。

（4）图 7-2 中 A 型边沟及 B 型边沟的钢筋混凝土盖板设计如图 7-3 所示。长挖超高路段加深边沟钢筋构造如图 7-4 所示。图 7-3 及图 7-4 均包括图样、工程数量表和附注三部分。

1）图样部分可识读取得边沟盖板底层和顶层钢筋布置信息，例如由图 7-3，盖板设计断面尺寸为 88cm×74cm，厚 15cm。

2）图 7-3 中工程数量表识读得到每块盖板工程材料种类和数量，例如每块盖板需Φ 12 单根长 90cm 的钢筋 6 根，Φ 8 单根长 88.2cm、80.6cm、83.0cm、84.0cm、64.0cm 的钢筋各 2 根，设计强度为 C25 的混凝土 0.10m³。由图 7-4 工程数量表识读可得每延米加深边沟钢筋型号和数量。

3）图 7-3 中附注表明图中尺寸除钢筋直径以 mm 计外，其余均为 cm 计。由图 7-4 附注可识读每个横向排水管出口钢筋重量减少 0.60kg。

2. 截水沟（天沟）

截水沟，又称天沟，一般设置在挖方路基边坡顶以外或填方路基上侧适当距离，拦截并排除路基上方流向路基的地表径流，以减轻边沟的水流负担，保护挖方边坡和填方坡脚不受水流冲刷和损害。降水量少的可不设截水沟，降水量大的可设多道截水沟。

截水沟尽量与绝大多数地表水流方向垂直，以提高拦截能力和缩短沟的长度，截水沟的长度以 200～300m 为宜，超过 500m 时，可考虑配以急流槽或涵洞等泄水构造物将水流引入指定地点。横断面多为梯形，底宽不小于 0.5m，纵坡不小于 0.5%，距路堑坡顶的距离视土质而定。

如图 7-5 所示，截水沟采用梯形断面，距离路堑坡顶距离 d，一般为 5m，土质不良地段可取 10.0m 或更大。截水沟下方一侧，可堆置挖沟的土方，要求做成顶部向沟倾斜 2%的土台。图 7-6 所示为截水沟的两种横断面图例：土沟和石沟。

图 7-7 所示，可识读出截水沟的结构形式、截面尺寸和组成部分所使用的材料等。截水沟过水面设计为梯形，内空底宽 50cm，沟深 50cm，截水沟采用 M7.5 浆砌片石砌筑，沟底、沟壁均厚 25cm，内坡比为 1∶0.5。该山坡截水沟适用于石质路段。

3. 排水沟

排水沟指的是将路基范围内各种水源的水流（如边沟、截水沟和路基附近低洼处积水），引排至桥涵或路基范围以外的水沟，其位置灵活性较大。

图 7-8 为某道路排水沟与其他渠道衔接示意图。排水沟水流注入其他沟渠或水道时，应使原水道不产生冲刷或淤积。通常应使排水沟与原水道两者成锐角相交，交角不大于 45°，有条件可用半径 $R=10b$（b 为沟顶宽）的圆曲线朝下游与其他水道相接。此外，排水沟应具有合适的纵坡，以保证水流畅通，不致流速太大而产生冲刷，亦不可流速太小而形成淤积，

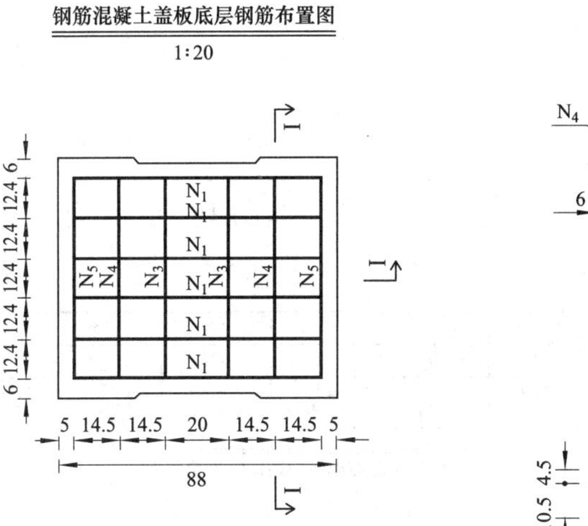

I—I
1:20

N4
N2
N1
15
净4.5
6
5×12.4
74

Ⅱ—Ⅱ
1:20

14
60
R226
N2
N1
4.5
10.5
15
5
14.5
20

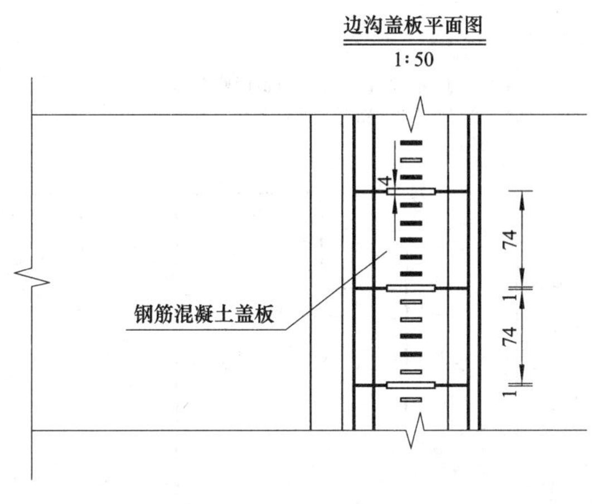

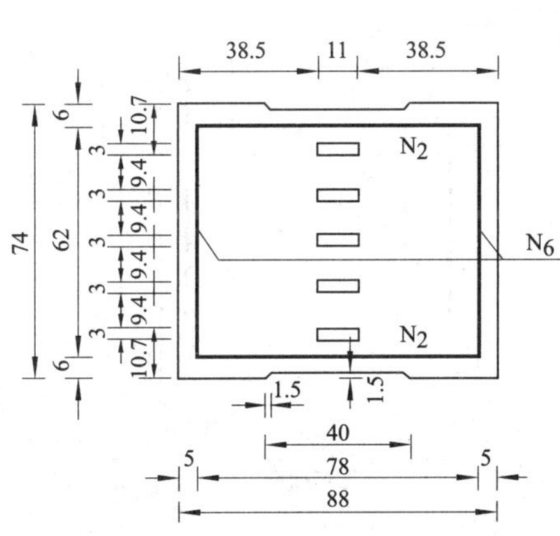

78
Φ12 90.0 N1
78.2
Φ8 88.2 N2
9.3
62
Φ8 80.6 N3
10.5
Φ8 83.0 N4
11.0
Φ8 84.0 N5
64
Φ8 64.0 N6

每块盖板工程材料数量表

钢筋编号	直径（mm）	每根长（cm）	根数	共重（kg）	总重（kg）	C25混凝土（m³）
N_1	Φ12	90.0	6	4.80	4.80	0.10
N_2	Φ8	88.2	2	0.70	3.18	
N_3	Φ8	80.6	2	0.64		
N_4	Φ8	83.0	2	0.66		
N_5	Φ8	84.0	2	0.67		
N_6	Φ8	64.0	2	0.51		

注：

1. 本图为路垫边沟钢筋混凝土盖板设计图。
2. 图中尺寸除钢筋直径以mm记外其余均为cm。

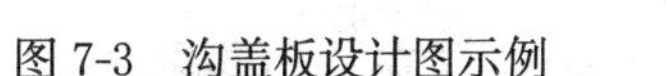

图 7-3　沟盖板设计图示例

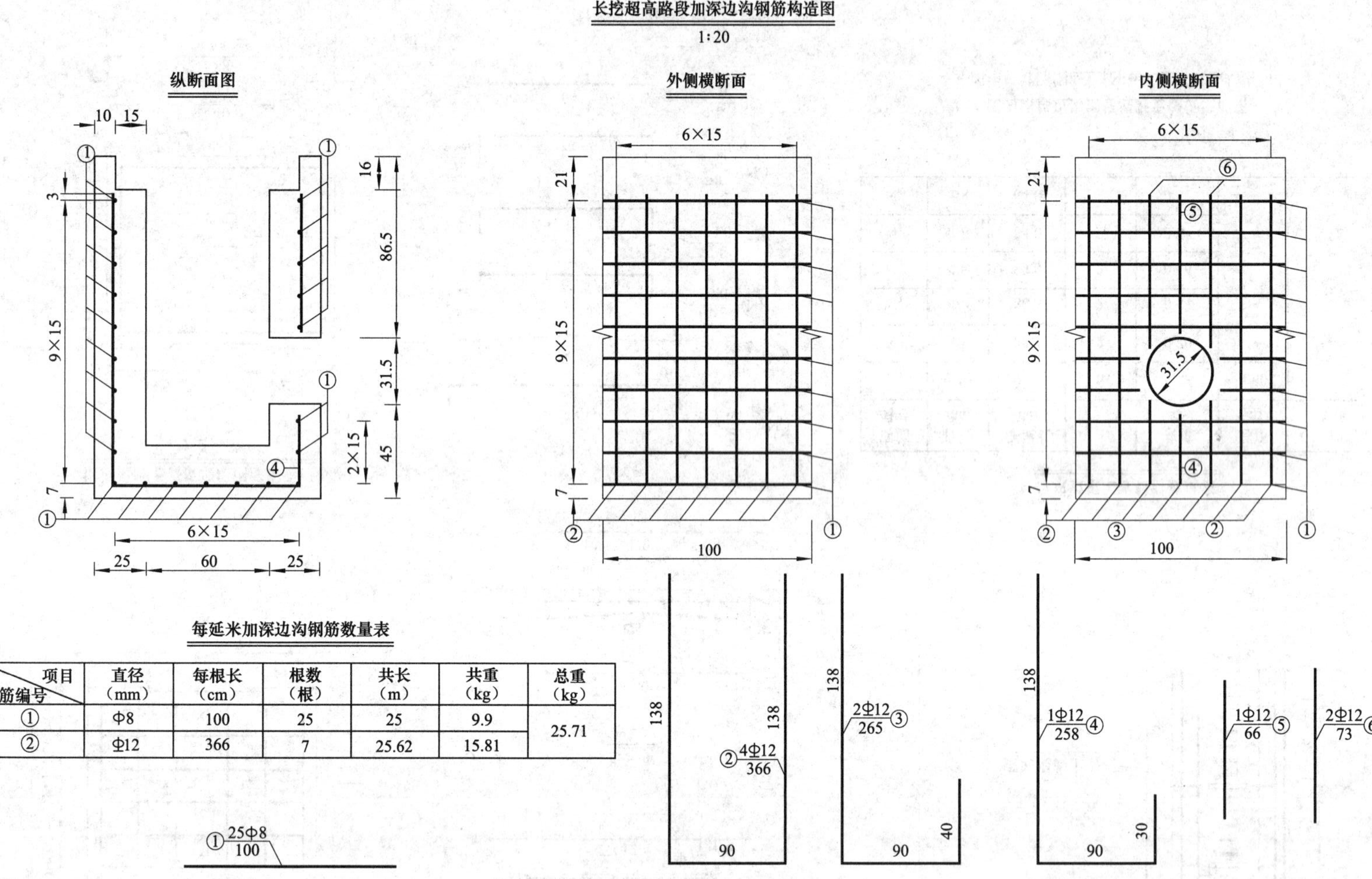

每延米加深边沟钢筋数量表

钢筋编号＼项目	直径（mm）	每根长（cm）	根数（根）	共长（m）	共重（kg）	总重（kg）
①	Φ8	100	25	25	9.9	25.71
②	Φ12	366	7	25.62	15.81	

注：
1. 图中尺寸除钢筋直径以mm计外，其余均以cm计。
2. 每个横向排水管出口钢筋重量减少0.60kg。

图 7-4　长挖超高路段加深边沟钢筋构造图

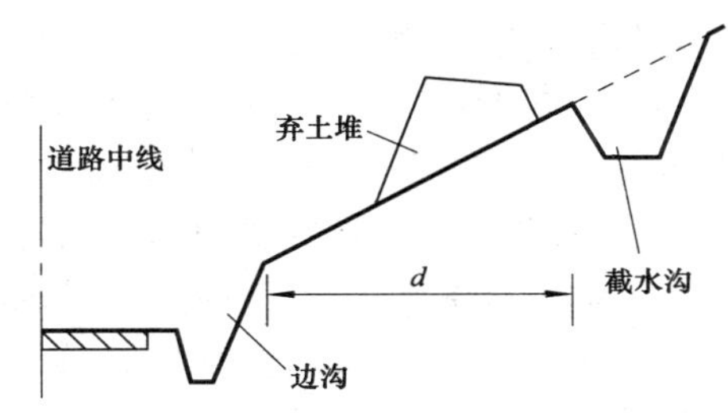

图 7-5　截水沟位置图示例

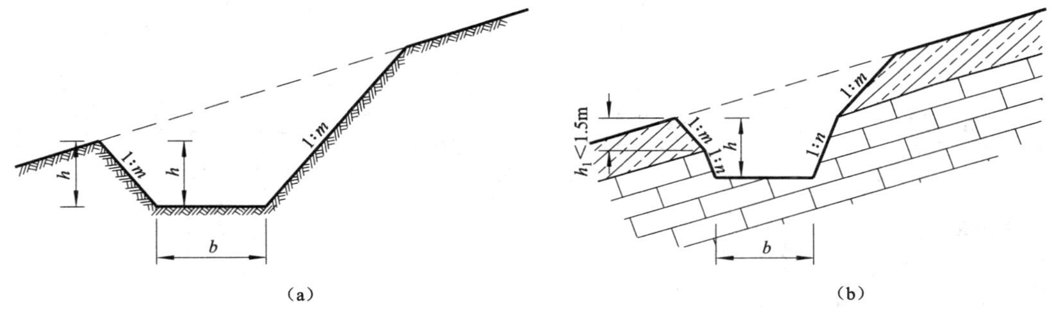

图 7-6　截水沟的横断面图例

(a) 土沟；(b) 石沟

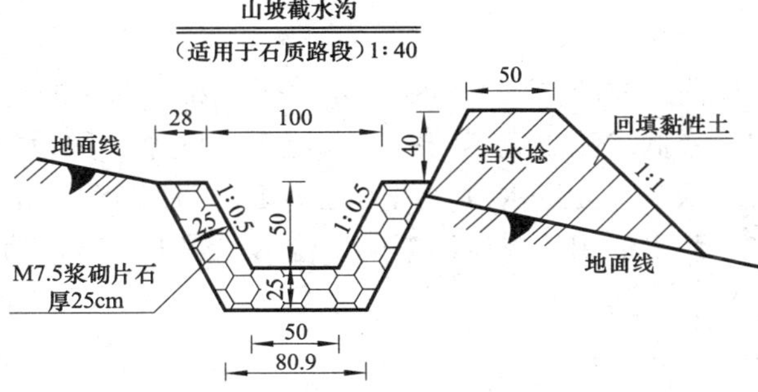

图 7-7　截水沟的横断面结构示例（尺寸单位：cm）

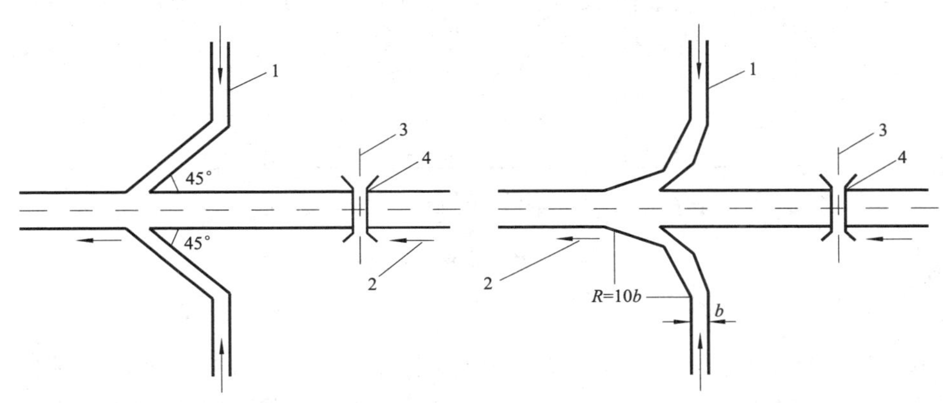

图 7-8　排水沟与水道衔接示例

1—排水沟；2—其他渠道；3—路基中心线；4—桥涵

为此宜通过水文水力计算而择优选定。一般情况下，可取 0.5～1.0%，不小于 0.3%，亦不宜大于 3%。排水沟的横断面，一般采用梯形，尺寸大小应经过水力水文计算选定。

排水沟的横断面一般采用梯形，尺寸大小应经过水力水文计算选定。如图 7-9 所示，可识读出排水沟的结构形式、截面尺寸和组成部分所使用的材料等。例如，A 式排水沟为梯形，过水断面底宽采用 60cm 或 80cm，高为 60cm，排水沟边坡坡度为 1∶1，采用 M7.5 浆砌片石砌筑，沟底、沟壁均厚 25cm。平台排水沟过水断面设计为矩形，底宽 40cm，高 50cm，M7.5 浆砌片石砌筑的沟底和沟壁，厚度均为 25cm。

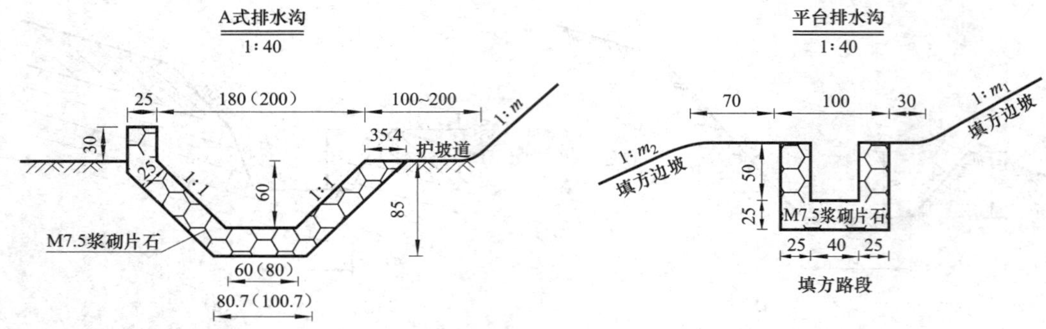

图 7-9　某道路排水沟图示（尺寸单位：cm）

4. 跌水

在陡峭或特殊陡坎地段设置的沟底为阶梯，水流呈瀑布式跌落的沟槽称作跌水。跌水的作用是在较短的距离内，降低水流流速，消减水流能量。跌水一般设置在涵洞进出水口处、截水沟与边沟的连接处，跌水分为进水口、消力池和出水口三个组成部分（图 7-10），跌水由单级和多级之分，多级跌水适用于连接沟渠的水位落差较大，需要消能或改善水流方向的沟渠连接处。

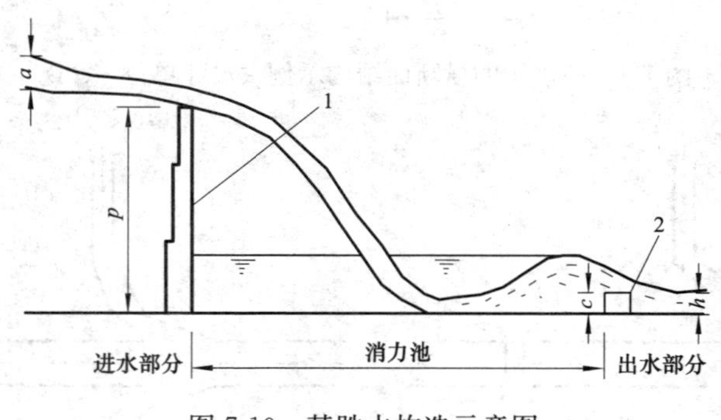

图 7-10　某跌水构造示意图

1—护墙；2—消力坎

边沟水流流向桥涵进水口时，为避免边沟流水产生冲刷，应作适当处治。图 7-11 所示为某涵洞进口设置跌水井作为单级跌水，连接某边沟和涵洞。图 7-12 为某多级跌水纵剖面图，每级跌水长度为 2.5m，各级跌高为 0.05m，跌水底坡为 2%，沟渠纵坡为 8%。

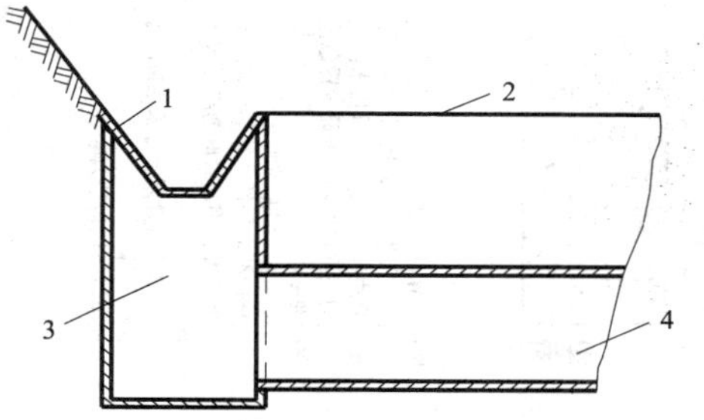

图 7-11　某边沟与涵洞单级跌水连接图

1—边沟；2—路基；3—跌水井；4—涵洞

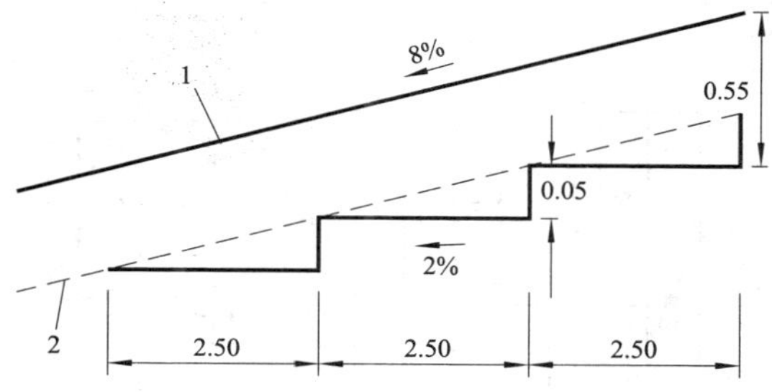

图 7-12　某多级跌水纵剖面图（尺寸单位：m）

1—沟顶线；2—沟底线

5. 急流槽

急流槽结构由三部分构成：进口、槽身和出水口。急流槽与跌水一样，可解决陡坡地段的排水，主要用于边沟与排水沟、排水沟与排水沟、截水沟与排水沟、超高路段横向排水管与排水沟的衔接。但急流槽的纵坡，比跌水的平均纵坡更陡，可达 60°。

图 7-13～图 7-15 为某道路急流槽设计图，包括图样、工程数量表和附注说明三部分。

各类型急流槽图样均由纵剖面图、平面图、侧面图三个图样构成。首先，由图样上可看到急流槽与排水沟、截水沟等的相对位置。急流槽与设计的排水沟、截水沟等顺接，利于保证排水顺畅。其次，图样分别反映该道路排水系统所用 A、B、C 三种急流槽的结构形式、截面尺寸、衬砌类型及勾缝处理方式等。

从工程数量表中可得到急流槽所用材料和数量。附注说明文字一般会注解说明图中尺寸标注的单位、技术使用范围和技术要求等，是图样识读准确的保证。

以 A 式急流槽为例，如图 7-13 所示，由平面图，急流槽由进口、槽身和出口三部分组成，由槽身处断面图识读可得槽身采用矩形截面，槽宽 60cm，墙厚 30cm，墙高有 110cm、90cm 不等，墙身采用 M7.5 浆砌片石，消力及出水部分同样采用矩形截面，槽宽 60cm，墙厚 30cm，墙高有 110cm、90cm 不等，墙身采用 M7.5 浆砌片石。

工程数量表表明 A 式急流槽采用的 M7.5 浆砌片石用于两个工程项目：防滑平台、进水口＋槽身＋消力池，坡度为 1∶1.5 时，数量分别为 0.225m^3/个、(1.298H＋2.586)m^3/处；坡度为 1∶2 时，数量分别为 0.169m^3/个、(1.610H＋2.506)m^3/处。防滑平台和进水口＋槽身＋消力池两个工程项目，坡度为 1∶1.5 时，开挖土方数量分别为 0.225m^3/处、(1.974H＋3.812)m^3/处；坡度为 1∶2 时，数量分别为 0.169m^3/处、(2.415H＋3.692)m^3/处。A 式急流槽所用 C25 混凝土预制为 0.013m^3/处。

注 1“图中尺寸以 cm 计”阐述了图中所标注尺寸的单位；注 2“本图为 A 式急流槽设计图，适用于路基填挖交界边沟出口处、路基排水沟往自然沟渠排水出口处需要设置急流槽的地方”说明了该设计应用范围。注 3～注 6 强调了技术要求和注意事项，主要包括：H 为边沟顶与路基坡脚之高差；急流槽应分段砌筑，每隔 5～10m 设一道伸缩缝，用沥青麻筋进行防水处理；M7.5 浆砌片石外露部分采用 M7.5 水泥砂浆勾缝；互通匝道采用括号内数据。

图 7-14 为该路段 B 式急流槽设计图，图样包括平面图、立面图和断面图。可看出该急

I—I

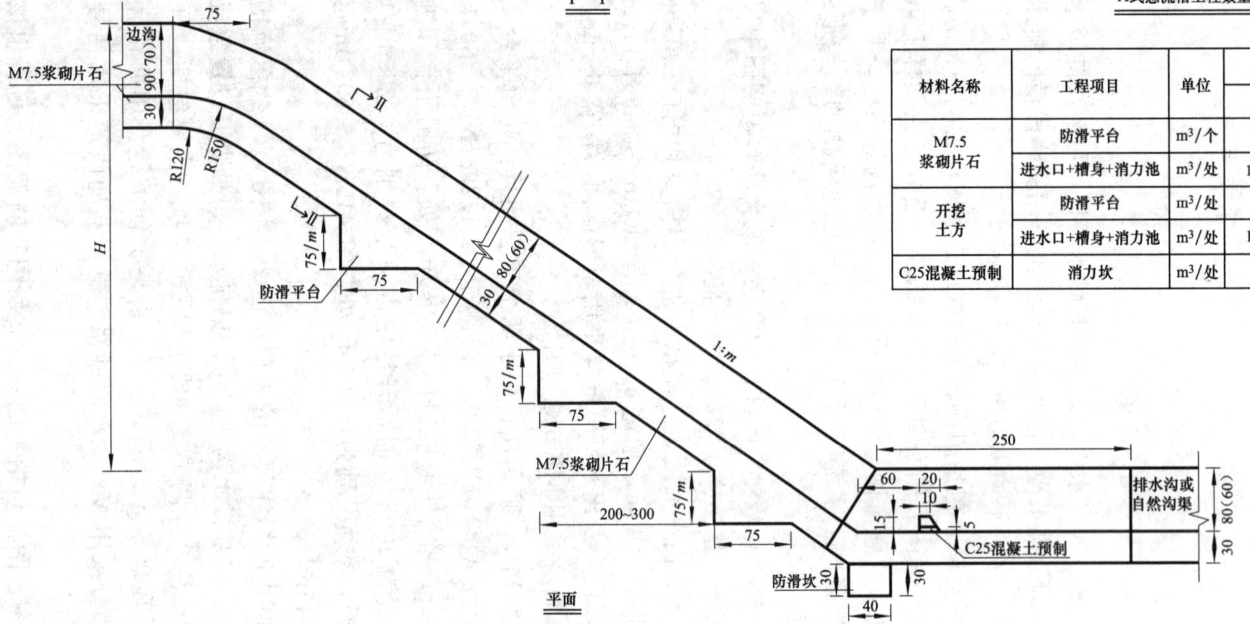

A式急流槽工程数量表

材料名称	工程项目	单位	数量	
			m=1.5	m=2
M7.5浆砌片石	防滑平台	m^3/个	0.225	0.169
	进水口+槽身+消力池	m^3/处	1.298H+2.586	1.610H+2.506
开挖土方	防滑平台	m^3/处	0.225	0.169
	进水口+槽身+消力池	m^3/处	1.947H+3.812	2.415H+3.692
C25混凝土预制	消力坎	m^3/处	0.013	0.013

Ⅱ—Ⅱ

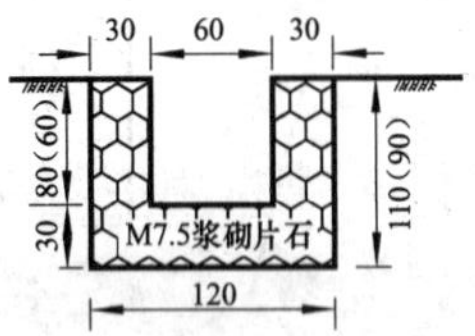

Ⅲ—Ⅲ

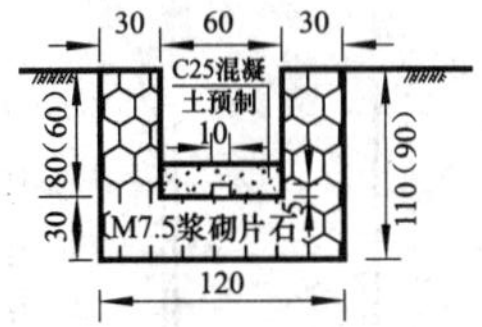

平面

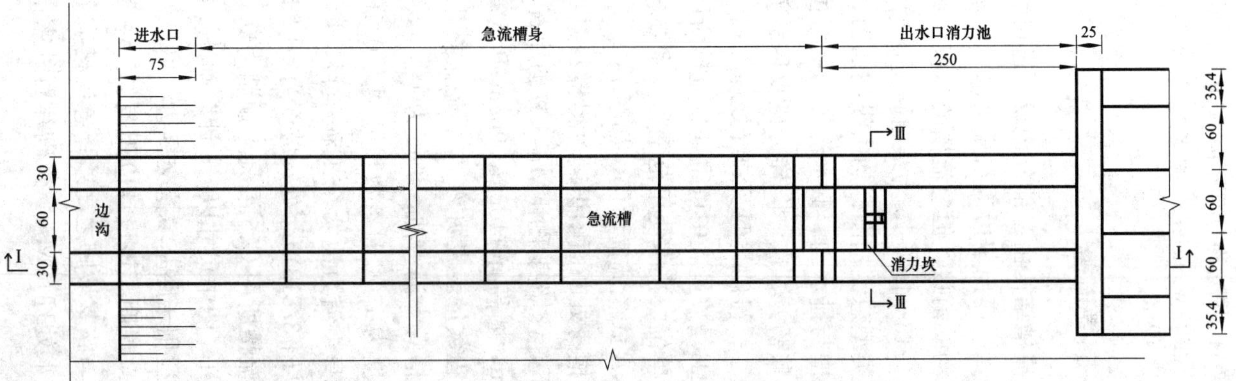

注：
1. 图中尺寸以cm计。
2. 本图为A式急流槽，适用于路基填挖交界边沟出口处、路基排水沟往自然沟渠排水出口处需要设置急流槽的地方。
3. H为边沟顶与路基坡脚之高差。
4. 急流槽应分段砌筑，每隔5~10cm设一道伸缩缝，用沥青麻筋进行防水处理。
5. M7.5浆砌片石外露部分采用M7.5水泥砂浆勾缝。
6. 互通匝道采用括号内数值。

图 7-13　某路段A式急流槽

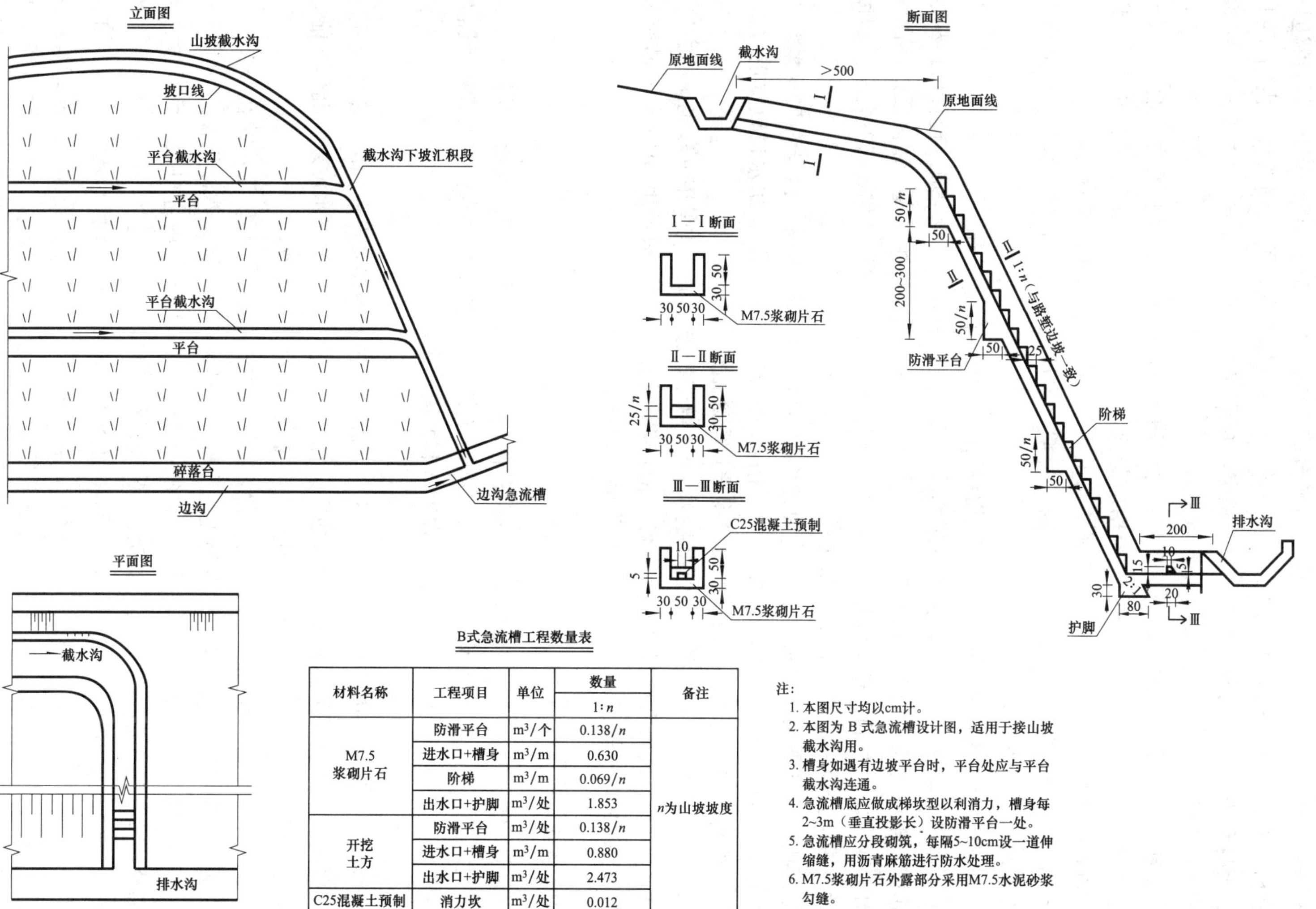

B式急流槽工程数量表

材料名称	工程项目	单位	数量 1:n	备注
M7.5浆砌片石	防滑平台	m^3/个	0.138/*n*	*n*为山坡坡度
	进水口+槽身	m^3/m	0.630	
	阶梯	m^3/m	0.069/*n*	
	出水口+护脚	m^3/处	1.853	
开挖土方	防滑平台	m^3/处	0.138/*n*	
	进水口+槽身	m^3/m	0.880	
	出水口+护脚	m^3/处	2.473	
C25混凝土预制	消力坎	m^3/处	0.012	

注：

1. 本图尺寸均以cm计。
2. 本图为 B 式急流槽设计图，适用于接山坡截水沟用。
3. 槽身如遇有边坡平台时，平台处应与平台截水沟连通。
4. 急流槽底应做成梯坎型以利消力，槽身每2~3m（垂直投影长）设防滑平台一处。
5. 急流槽应分段砌筑，每隔5~10cm设一道伸缩缝，用沥青麻筋进行防水处理。
6. M7.5浆砌片石外露部分采用M7.5水泥砂浆勾缝。

图 7-14　某路段B式急流槽

流槽设计位置在高路堑边坡处，适用于接山坡截水沟。边坡平台上设置平台截水沟，尺寸为50cm×50cm，槽身遇边坡平台时，平台处与平台截水沟连通。急流槽断面图识读可得边坡设置一道梯坎型急流槽，边坡比与路堑边坡一致。出口与梯形断面排水沟顺接；由断面图，进水槽、槽身和出水槽均用 M7.5 浆砌片石铺砌，矩形截面，槽宽 50cm，槽身 50cm，壁厚30cm。出水口设置消力槛，C25 混凝土预制。

附注说明中技术要求应重点识记，例如：急流槽底应做成梯坎型以利消力，槽身每 2～3m（垂直投影长）设防滑平台一处；急流槽应分段砌筑，每隔 5～10m 设一道伸缩缝，用沥青麻筋进行防水处理；M7.5 浆砌片石外露部分采用 M7.5 水泥砂浆勾缝。

图 7-15 为该路段 C 式急流槽设计图，附注说明可得该急流槽适用于将不易引出的山坡截水沟内汇水从防护边坡引入边沟。

图 7-15 中包括急流槽平面图、急流槽断面图和消力池盖板配筋图。

由急流槽平面图看出，急流槽由渐变进水段、槽身段、消力池三段组成，衔接坡顶梯形截水沟和坡底矩形边沟，沟壁线性美观，截水沟及急流槽直线段线性顺直，过渡段采用曲线线性圆滑渐变过度，有利于排水畅通，无冲刷和阻水现象。消力池顶部均设置有盖板，识读工程数量表可得盖板采用 C25 钢筋混凝土预制。

由急流槽断面图看出，急流槽底设计为梯坎型以利消力，进水槽、槽身和出水槽均用M7.5 浆砌片石铺砌，矩形截面，槽宽 50cm，槽身 50cm，壁厚 30cm。出水口设置消力槛，C25 混凝土预制。识读消力池盖板配筋图可得盖板配筋信息。

由 A、B、C 三种急流槽设计图附注说明，可知急流槽施工中，均采用分段砌筑的方法，每段长度 5～10m，接头处设置沥青麻筋伸缩缝，进行防水处理，槽身用 M15 水泥砂浆抹面。M7.5 浆砌片石外露部分采用 M7.5 水泥砂浆勾缝。

6. 倒虹吸与渡水槽

当水流需要横跨路基，同时受到设计标高的限制时，可以采用管道或沟槽，从路基底部或上部架空跨越。前者称倒虹吸，后者为渡水槽，分别相当于涵洞和渡水桥，两者属于路基地面排水的特殊结构物，并且多半是配合农田水利所需而采用。

（1）倒虹吸

倒虹吸的设置往往是因路基横跨原有沟渠，且沟渠水位高于路基设计标高，不能按正常条件下设置涵洞，此时采用倒虹吸是可行的方案之一。借助上下游沟渠水位差，利用势能迫使水流降落，经路基下部管道流向路基另一侧，再复升流入下游水渠。

图 7-16 为倒虹吸管上游进口构造图。可得水流入倒虹吸前设置沉砂池，并在竖井进口处设置拦泥栅，主要防止污泥及其他杂物进入倒虹吸，填塞吸管而造成水流不畅。

图 7-17 包括倒虹吸平面布置图和纵剖视图。该倒虹吸工程主要由进口段、管身段、出口段等部分组成。该工程为竖井式倒虹吸，倒虹吸进、出口均采用竖井，竖井截面尺寸为2m×2m，进水口倒虹吸竖井地面下高 7.37m，出水口倒虹吸竖井地面下高 10.63m。虹吸管全长为 56.47m，内径为 150cm，管壁 28cm，管座采用 C25 混凝土基础，下铺 10%灰土垫层。进、出口连接渠采用明渠开挖。其中靠近倒虹吸进口设 20m 长的水平段，底宽由25m 渐变至 15cm，上游进口渠底标高为 253.907m。靠近倒虹吸出口设 20m 长的水平段，底宽由 15m 渐变至 25cm，下游出口渠底标高为 257.166m。

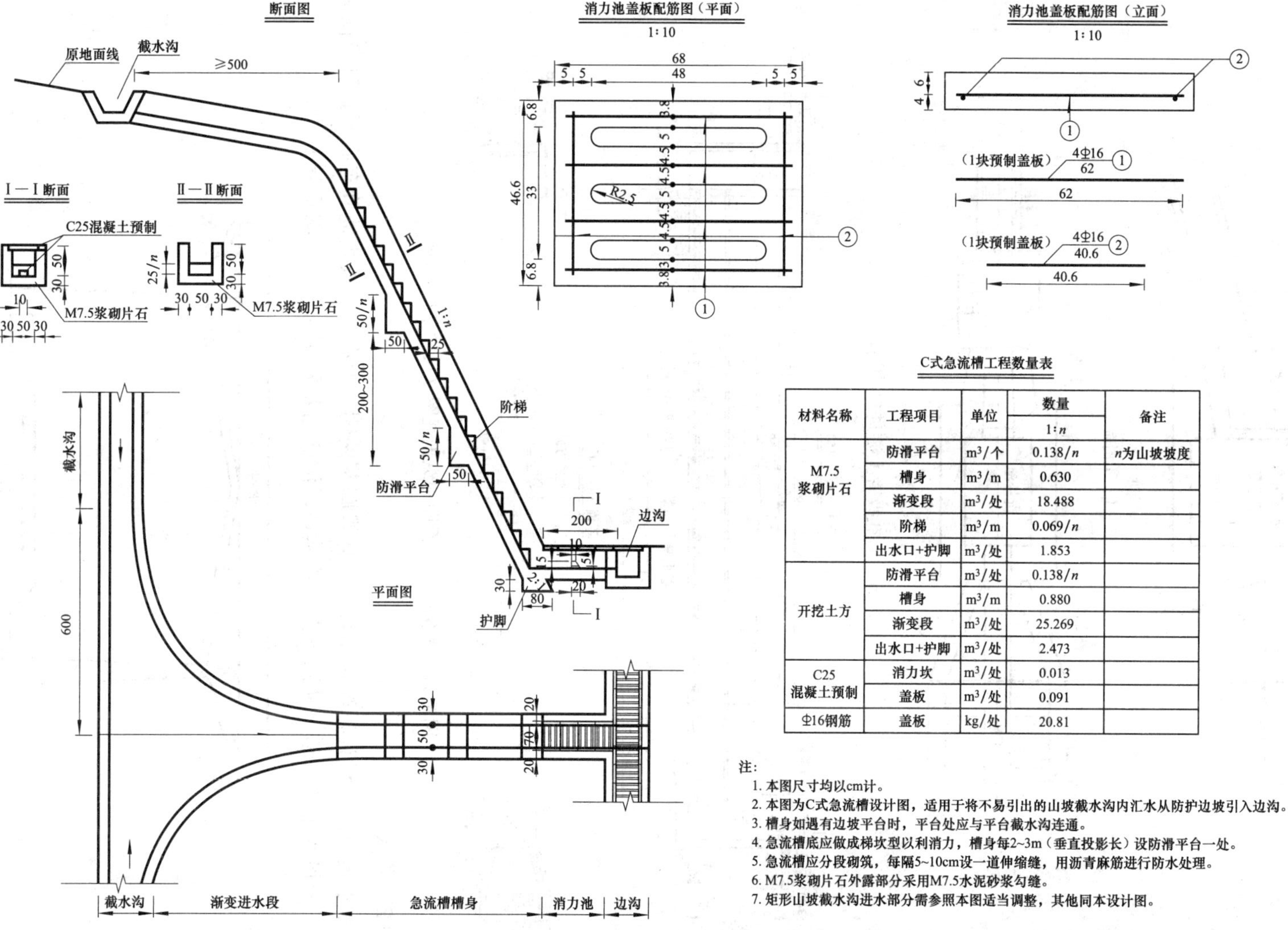

C式急流槽工程数量表

材料名称	工程项目	单位	数量 1:n	备注
M7.5浆砌片石	防滑平台	m^3/个	0.138/n	n为山坡坡度
	槽身	m^3/m	0.630	
	渐变段	m^3/处	18.488	
	阶梯	m^3/m	0.069/n	
	出水口+护脚	m^3/处	1.853	
开挖土方	防滑平台	m^3/处	0.138/n	
	槽身	m^3/m	0.880	
	渐变段	m^3/处	25.269	
	出水口+护脚	m^3/处	2.473	
C25混凝土预制	消力坎	m^3/处	0.013	
	盖板	m^3/处	0.091	
Φ16钢筋	盖板	kg/处	20.81	

注：

1. 本图尺寸均以cm计。
2. 本图为C式急流槽设计图，适用于将不易引出的山坡截水沟内汇水从防护边坡引入边沟。
3. 槽身如遇有边坡平台时，平台处应与平台截水沟连通。
4. 急流槽底应做成梯坎型以利消力，槽身每2~3m（垂直投影长）设防滑平台一处。
5. 急流槽应分段砌筑，每隔5~10cm设一道伸缩缝，用沥青麻筋进行防水处理。
6. M7.5浆砌片石外露部分采用M7.5水泥砂浆勾缝。
7. 矩形山坡截水沟进水部分需参照本图适当调整，其他同本设计图。

图 7-15　某路段C式急流槽

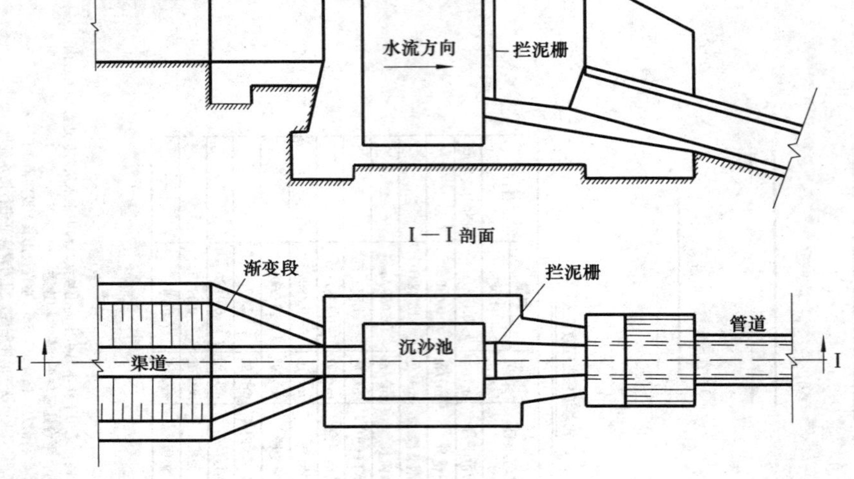

图 7-16　倒虹吸管上游进口构造图

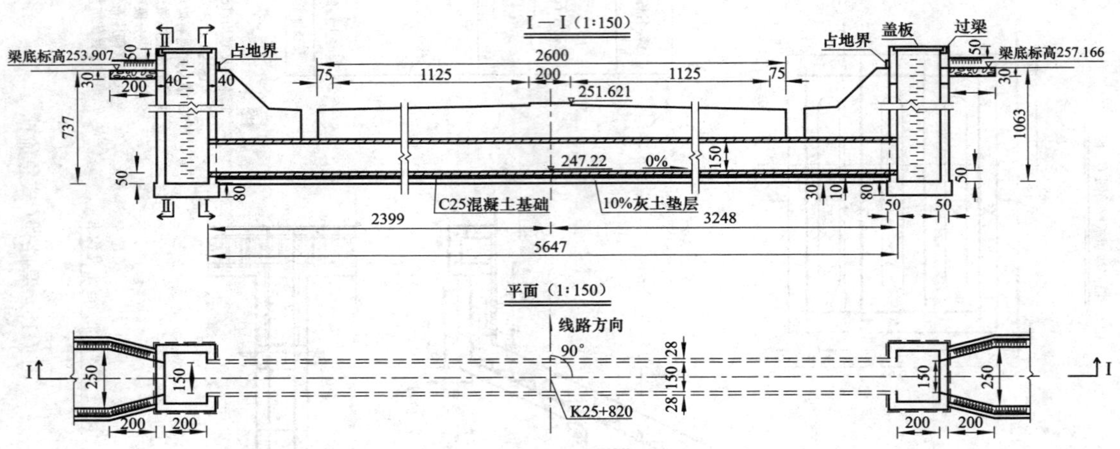

图 7-17　某倒虹吸平面图和纵剖视图（尺寸单位：cm）

（2）渡水槽

原水道与路基设计标高相差较大，如果路基两侧地形有利，或当地确有必要，可设简易桥梁，架设水槽或管道，从路基上部跨越，以沟通路基两侧的水流（图 7-18）。

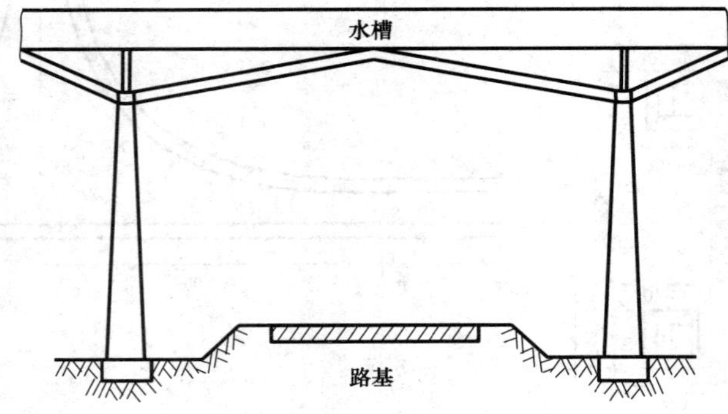

图 7-18　渡水槽示意

某道路渡水槽见图7-19，包括渡槽平面图和纵剖面图。由剖面图看出渡水槽由进出水口、槽身和下部支承部分组成；平面图可得渡槽平面由进口渐变段、槽身段、出口渐变段三部分组成。渡槽底坡 $i=1/500$，槽墩基础处理采用灰土垫层，灰土垫层采用2∶8灰土（体积比）。

7. 蒸发池

气候干旱地区，路线穿越平坦地形，排水出路困难的路段，可在距离路基适当的地方设置蒸发池，依靠自然蒸发将水排除。蒸发池边缘距路基边沟应不小于5m，池的容积按汇水量确定，面积较大的蒸发池不得小于20m^2，深度可达1.5～2m。

图7-20为某蒸发池设计图，可看蒸发池的设置位置、结构形式、截面形状尺寸和组成部分所使用的材料等。例如，蒸发池设置在道路边沟外20m处，路基水通过排水沟送入蒸发池，排水沟的横坡坡度为0.5%。蒸发池为方斗形，边坡坡度为1∶1放坡，池底尺寸为5m×5m，池顶尺寸为12m×12m，池壁厚21cm，采用现浇C20混凝土。排水沟和边沟成90°相交，相交处设曲率半径 $R=1$m的圆曲线使两者平顺连接。

8. 油水分离池

一般情况下，路基地表排水沟应尽可能地将水引排至桥涵或自然排水沟渠中，不得已排入对水质特别敏感的水体中（如饮用水源），且所排污水水质不能满足相关标准的规定时，可设置油水分离池。

油水分离池宜采用沉淀法处理。污水进入油水分离池前，应先通过格栅和沉淀池。油水分离池的大小应根据所在路段排水沟汇入的水量确定，并保证流入分离池的油水能有足够的时间分离或过滤净化。

图7-21为某道路油水分离池设计图示例，从图中看出该池底及池壁由M7.5浆砌片石砌筑，池底厚40cm。分离池进口段呈梯坎状，台阶宽度40cm，台阶高度30cm。格栅采用Φ6钢筋焊制网片箅子，用M10水泥砂浆填塞固定。分离池距离出水端池壁30cm处设隔油板，隔油板高度110cm。

7.2 路基地下排水

路基地下排水的目的是为了提高路基和坡体的稳定，提高路堤基底的承载力，使路面免遭地下水的影响。

拦截、汇集和排出地下水，或降低地下水位，使路基免遭破坏的结构物，称为地下排水结构物。公路上常用的地下排水结构物（或地下排水设施）有暗沟、渗沟和渗井等，其特点是排水量不大，主要以渗流方式汇集水流，并就近排出路基范围以外。对于流量较大的地下水，应设置专用地下管道、巷道予以排除。

1. 暗沟（管）

暗沟是相对于地面排水的明沟而言，暗沟又称盲沟，是指设在地面以下引导水流的沟渠，本身无渗水和汇水作用。暗沟分为洞式和管式两大类，用于将路基范围内的泉水和地下

I—I

0+000
0+001.81
0+009.83
0+017.85
渠顶
120×30×10（4块）
渐变段
伸缩立水缝
501.02
500.28
500.276
500.26
500.244
498.68
地面线（实测）
M5砂浆块石
M10砂浆勾缝
2:8灰土
493.78
493.68
492.16
492.144
1:1.1
180
800
800
680
175
175
190
130

渡槽

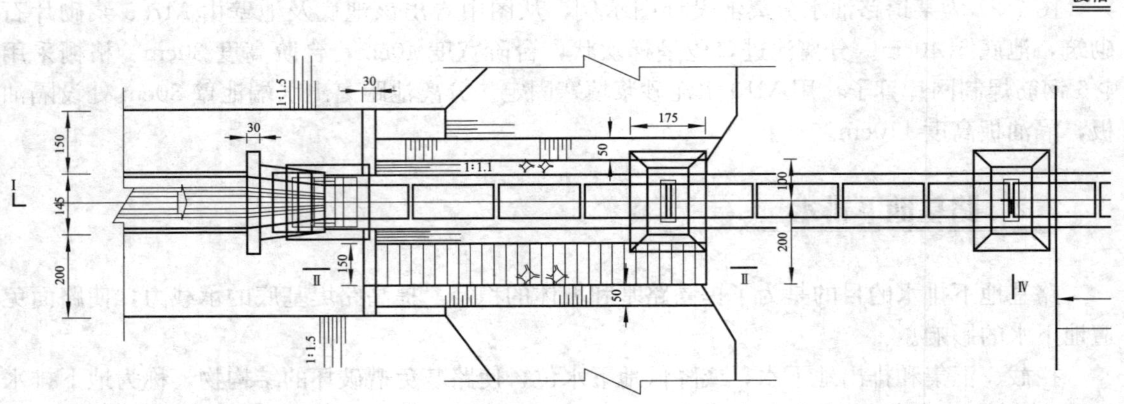

图 7-19　某道路渡

剖面图

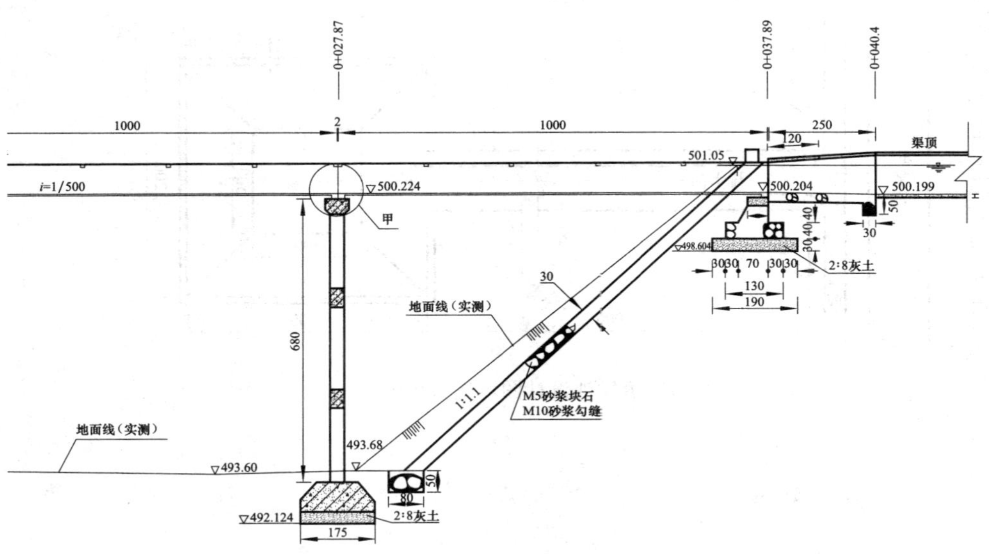

平面图

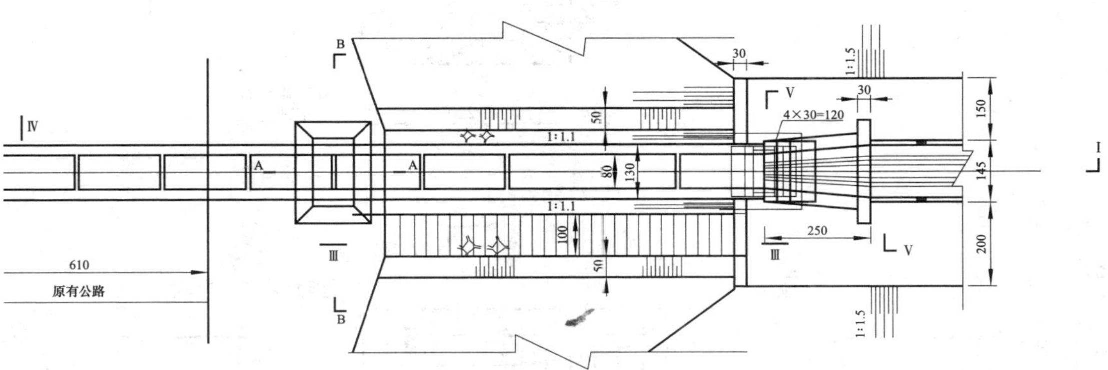

水槽（单位：cm）

立面布置
1∶200
300
300
0.5%
排水沟出口
1∶1
1∶1
池底
平面布置
1∶200
现浇C20混凝土
21
R=100
护坡道
排水沟
500
1200
500
边沟
2000
1200

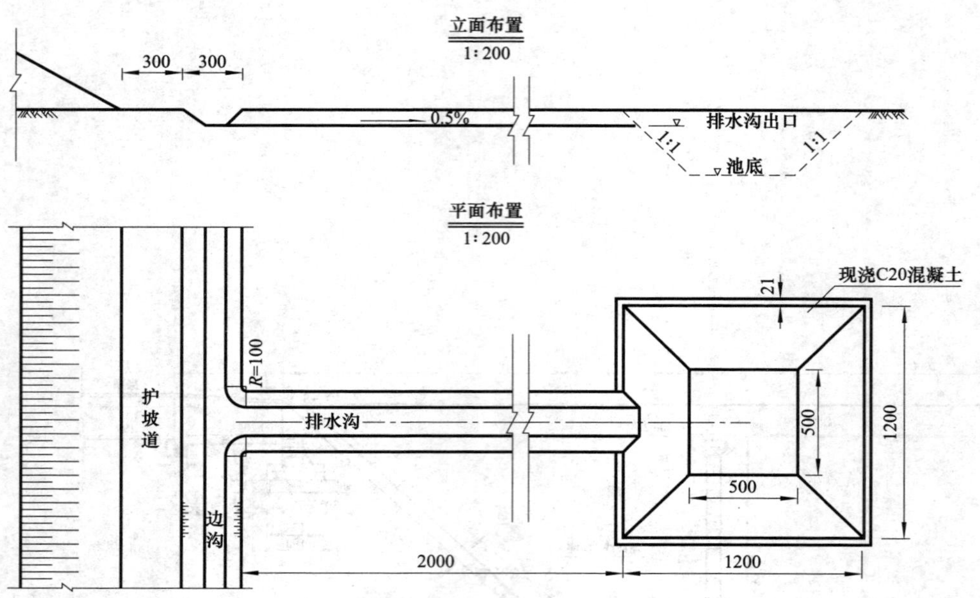

图 7-20　某道路蒸发池设计图示例（单位：cm）

1—1
Φ6钢筋网片箅子
500
40
30
隔油板
40
110
250
30
130
40
M7.5砌片石
沉砂池
7×40
220
50
平面
2
M7.5砌片石
200
过渡段
隔油板
1
1
6
40
50
7
50~80
10
40
150
250
50
40
7
Φ6钢筋网片箅子
M10填塞固定格栅
200
过渡段
2

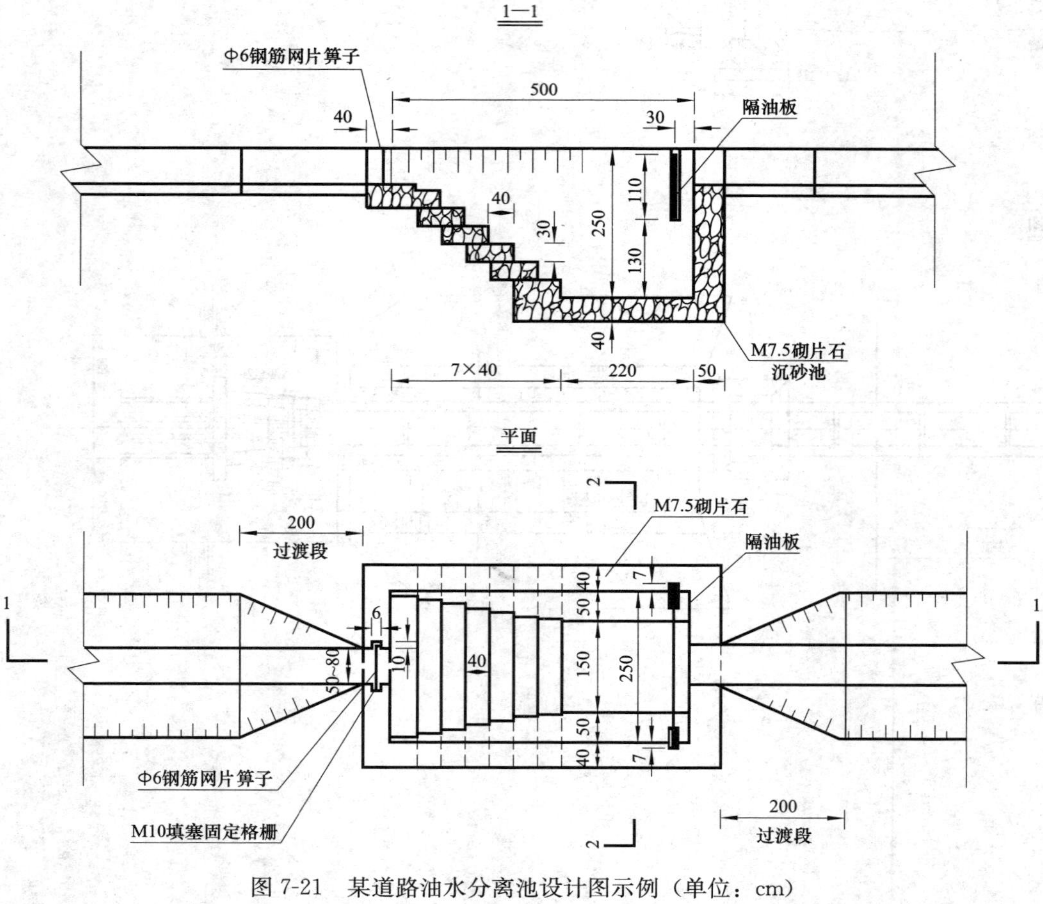

图 7-21　某道路油水分离池设计图示例（单位：cm）

集中水流排除出路基范围以外。

当路基范围内遇有个别泉眼，泉水外涌，路线不能绕避时，为将泉水引至填方坡脚以外或挖方边沟，加以排除，可在泉眼与出口之间开挖沟槽，修建暗沟。

暗沟造价一般高于明沟，同时，一旦淤塞，疏通费事，甚至需开挖重建。因此，设计时必须与修建明沟方案进行经济比较，择优选用。

图 7-22 为盲沟位置示意图，可看出盲沟的设置位置，一侧边沟下面所设的盲沟，用以拦截流向路基的层间水，防止路基边坡滑坍和毛细水上升危害路基。路基两侧边沟下面均设置盲沟，可用以降低地下水位，防止毛细水上升至路基工作区范围内，形成水分积聚而造成冻胀和翻浆，或土基过湿而降低强度。

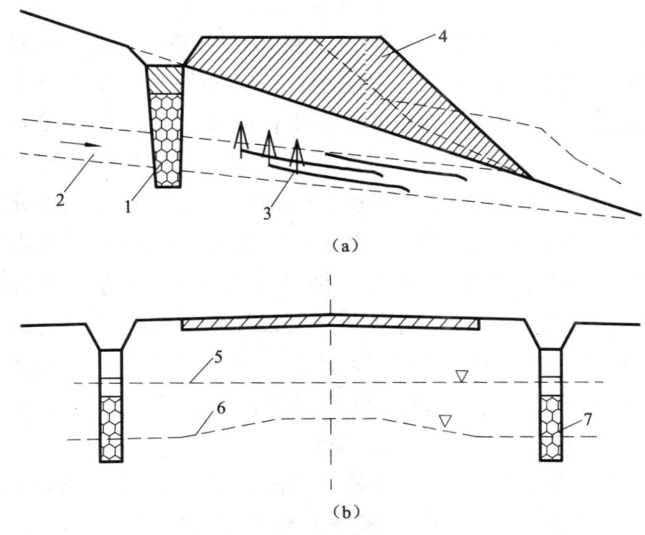

图 7-22　盲沟位置示意图

(a) 一侧边沟下设盲沟；(b) 两侧边沟下设盲沟

1，7—盲沟；2—层间水；3—毛细水；4—可能滑坡线；5—原地下水位；6—降低后地下水位

2. 渗沟

采用渗透方式将地下水汇集于沟内，并通过沟底通道将水排至指定地点，此种地下排水设施统称为渗沟，它的作用是降低地下水位或拦截地下水。

渗沟根据排水层的形式可分为三种：一是盲沟，即设在路基边沟下边的暗沟；二是管式渗沟，是用排水管作为排水层排泄地下水，管式渗沟排水顺畅，适用于地下水分布范围广、藏水量大、渗沟较长的路段；三是洞式渗沟，当地下水流量较大且范围较广，而当地石料丰富时，可采用石砌方洞。

渗沟由碎石（砾石）或管（洞）排水层、反滤层和封闭层所组成。封闭层是为了防止土粒落进填充石料的孔隙，以免造成渗沟堵塞而设置的，同时也能起到防止地面水渗入沟内的作用。反滤层是为了汇集水流，并用以防止含水层中土粒堵塞排水层而设置的。反滤层应尽可能选用颗粒大小均匀的砂石材料，分层填埋，相邻两层颗粒直径之比不小于 1∶4，设计时填料的颗粒应为含水层土的最大粒径的 8～10 倍。

根据地下水位分布情况，渗沟一般会设置在边沟、路肩、路基中线以下或路基上侧山坡适当位置。渗沟尽可能与地下水流向相互垂直，使之能拦截更多的地下水。填石渗沟的底坡应大于1%，带有沟管的可以放宽到0.5%。

图7-23可看出渗沟的结构形式、截面尺寸和组成部分所用的材料。图样中路基横断面图可知渗沟设置在路基两侧边沟下；由渗沟断面图可知渗沟断面设计为梯形，下底60cm，上底100cm，高80cm，渗沟的底部采用C15混凝土浇筑，做防渗基础，沟底厚度10cm，顶面及两侧采用渗水土工布包裹，底面铺设 D=10cmHDPE双壁打孔波纹板。渗沟内填筑2～4cm砾碎石，沟底用C15混凝土浇筑。

工程数量表可取得每延米渗沟所需的工程材料和数量信息，例如2～4cm碎砾石 $0.65m^3$、打孔波纹板1m、C15混凝土 $0.099m^3$、土工布 $2.45m^2$、挖基 $0.65m^3$。

注2“本设计适用于：a. 土层含水量较大、排水困难的土质路床地段；b. 有地下水初露的挖方路堑地下排水”阐述了该设计适用范围；注3和注4列举了施工关键技术要求，例如：对于路床土体不能满足设计要求的，可根据土体强度高低来决定换填处理厚度，并结合换填深度决定是否设置渗沟及渗沟沟底标高；渗沟应与透水层衔接紧密，在渗沟底部埋设一根直径为100mm的HDPE打孔波纹管，沟底做内倾约10%的坡度以利水排入波纹管中；渗沟沟底纵坡大于0.5%，出口应开挖至地面线以外，在地形有利时再集中排出路基；渗沟的出口采用M7.5砂浆砌片石封端并留泄水孔，防止渗沟中颗粒随水带出；渗沟的底部采用C15混凝土做防渗基础，顶面及两侧采用渗水土工布包裹，渗沟材料选用天然碎砾石，粒径2～4cm，饱水抗压强度大于30MPa，材料应满足有关规范要求；在排水困难的低洼路段，采用线外开沟并埋置直径30cm钢筋混凝土圆管将渗沟积水排出，交接处设置集水井，排水管如需横穿过路基，采用直径为20cmUPVC管连接，管外包C15号混凝土。

图7-24为某黄土路段填挖交界处路基横向渗沟设计图，可看出横向渗沟的设置位置、渗沟的结构形式、截面形状尺寸和组成部分所使用的材料等。例如该渗沟截面尺寸为40cm×40cm，在渗沟底部埋设一根直径15mm带孔硬塑料排水管排水。顶面、底部及两侧采用渗水土工布包裹，渗沟内填筑级配碎石。有地下水时，横向渗沟设置在黄土路段纵向填挖交接处。

为避免孔隙水或基岩裂隙水渗入填方区软化路基，纵向填挖交界处和半填半挖交界处也应酌情设置顺路线纵向的排水渗沟，并于适当位置引出。如图7-25所示，可看出某岩质路段填挖交界处横向渗沟的设计位置、结构形式、截面尺寸和组成部分所使用的材料等。渗沟为梯形断面，盲沟，填充碎砾石。

3. 渗井

当路基附近的地面水或浅层地下水无法排除，影响路基稳定时，可设置渗井，将地面水或地下水经渗井通过下透水层中的钻孔流人下层透水层中排除。

图7-26为某道路渗井设计图，图中渗井的设置位置、结构形式、截面形状尺寸和组成部分所使用的材料等。例如渗井断面为圆形，内径40cm，壁厚3.5cm，深度至透水土层下，钢筋混凝土盖板，板厚16cm，铺设有钢筋混凝土箅子。渗井上层填筑米石，采用渗水土工布（$150g/m^2$）包裹，渗井下层填筑碎石。

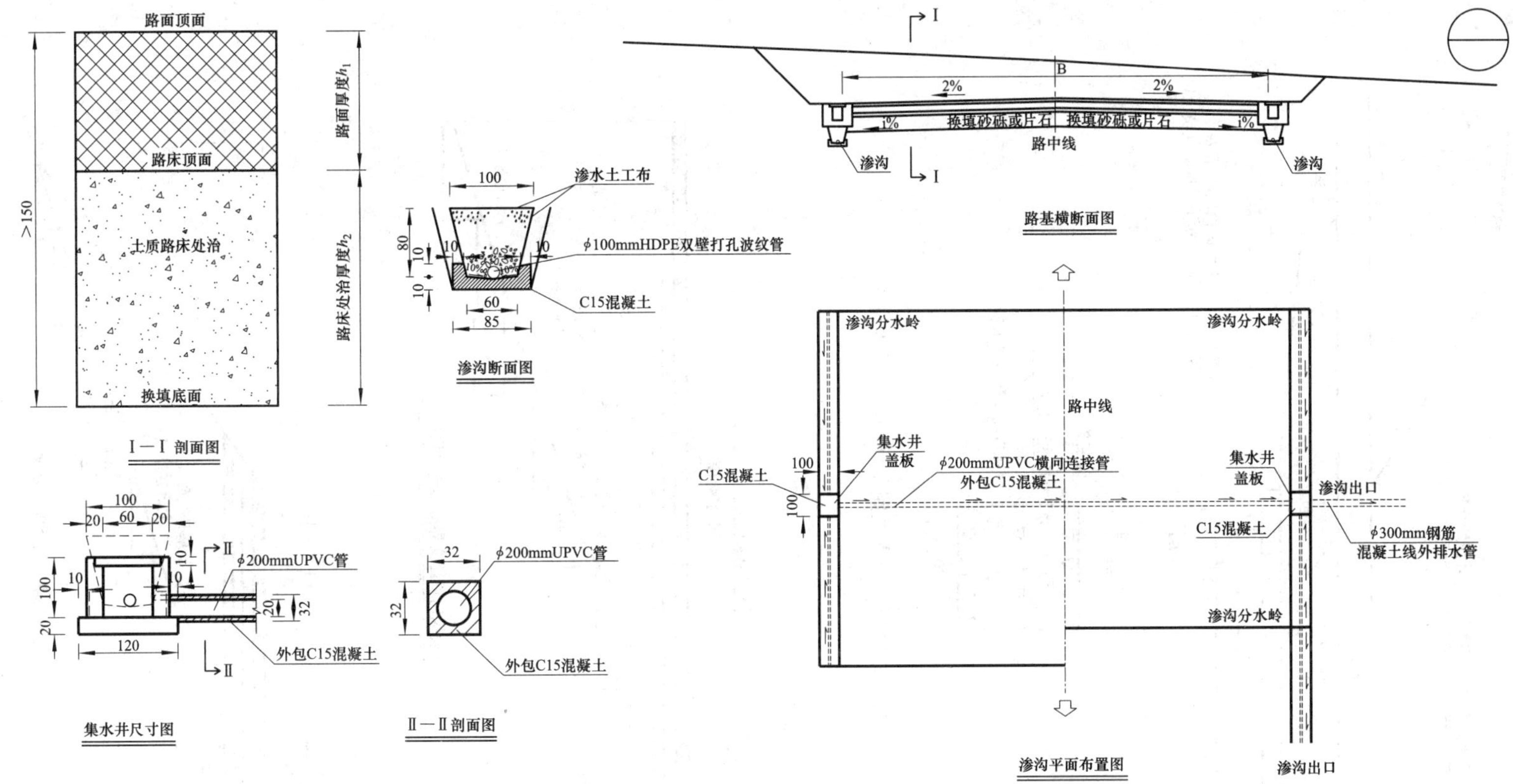

I—I 剖面图

路基横断面图

渗沟断面图

集水井尺寸图

II—II 剖面图

渗沟平面布置图

注：

1. 本图尺寸均以厘米为单位。
2. 本设计适用于：a. 土层含水量较大、排水困难的土质路床地段；b. 有地下水出露的挖方路堑地下排水。
3. 对于路床土体强度不能满足设计要求的，可根据土体强度高低来决定换填处理厚度，并结合换填深度决定是否设置渗沟及渗沟沟底标高。渗沟一般设置在路基两侧边沟（暗沟）下并有利于疏干或拦截地下水的位置。
4. 渗沟应与透水层衔接紧密，在渗沟底部埋设一根直径为100cm的HDPE打孔波纹管。沟底做成内倾约10%的坡度以利水排入波纹管中。渗沟沟底纵坡大于0.5%，出口应开挖至地面线以外；在地形有利时再集中排出路基。渗沟的出口采用M7.5砂浆砌片石封端并留泄水孔，防止渗沟中颗粒随水带出。渗沟的底部采用 C15混凝土做防渗基础，顶面及两侧采用渗水土工布包裹，渗沟材料选用天然碎砾石，粒径 3~4cm，饱水抗压强度大于30MPa，材料应满足有关规范要求。在排水困难的底洼路段，采用线外开沟并埋置直径30cm钢筋混凝土圆管将渗沟积水排出，交接处设置集水井，排水管如需横穿过路基，采用直径为20cmUPVC管连接，管外包C15混凝土。集水井采用C15混凝土浇筑，盖板采用钢筋混凝土，尺寸：长90cm×宽90cm×厚10cm，配筋参照《桥涵标准图》中涵洞人行道板钢筋设置。
5. 集水井用C15混凝土数量：0.928m³/个；盖板用C20钢筋混凝土：0.081m³/块。每延米横向连接管数量：C15外包混凝土0.071m³/米。

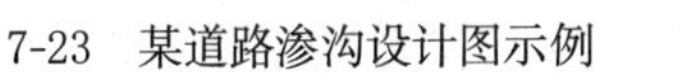

每延米渗沟工程数量

类型	工程数量				
	2~4cm碎砾石（m^3）	打孔波纹管（m）	C15混凝土（m^3）	土工布（m^2）	挖基（m^3）
渗沟	0.65	1.00	0.099	2.45	0.65

图 7-23　某道路渗沟设计图示例

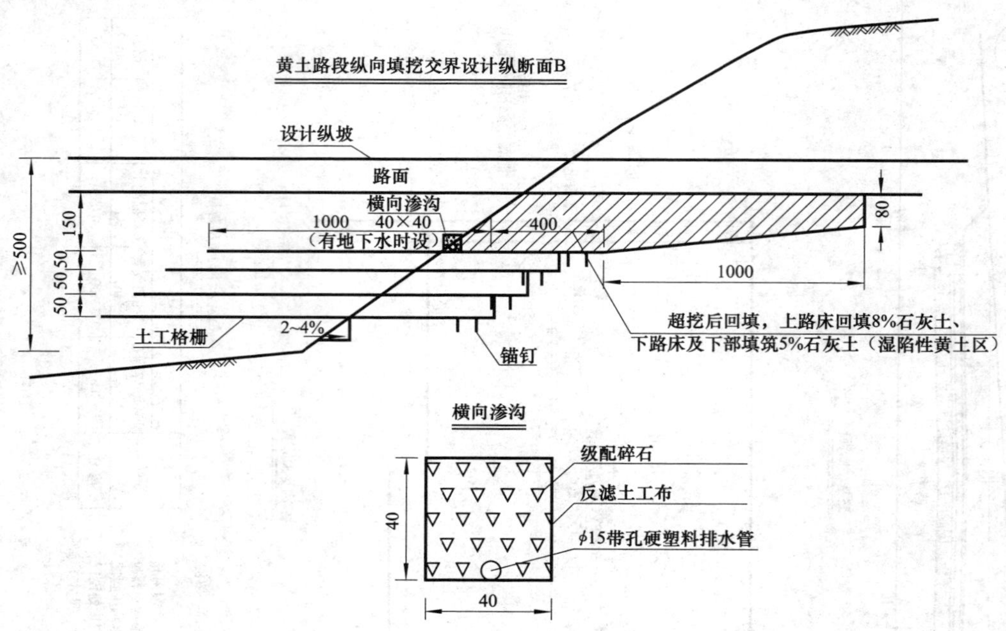

图 7-24　黄土路段填挖交界处路基横向渗沟及大样图

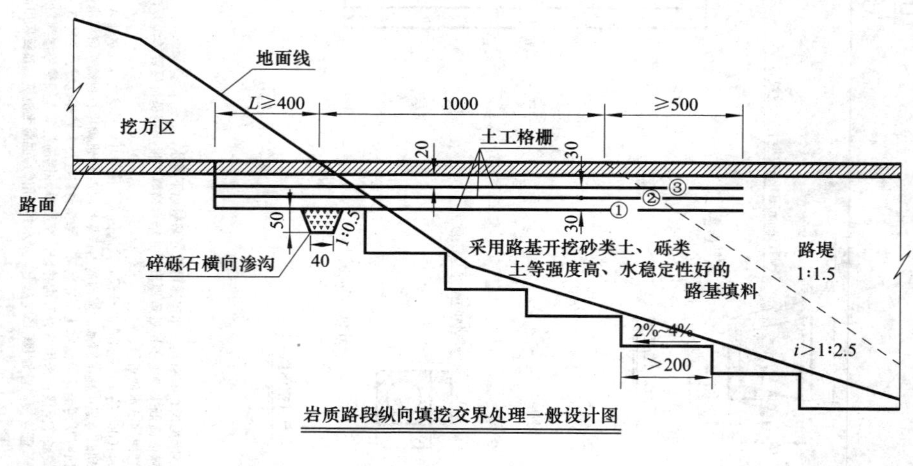

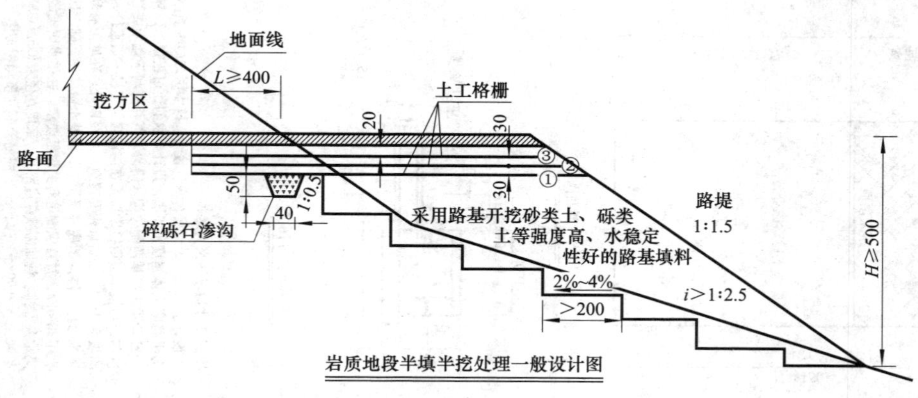

图 7-25　岩质路段填挖交界处横向渗沟

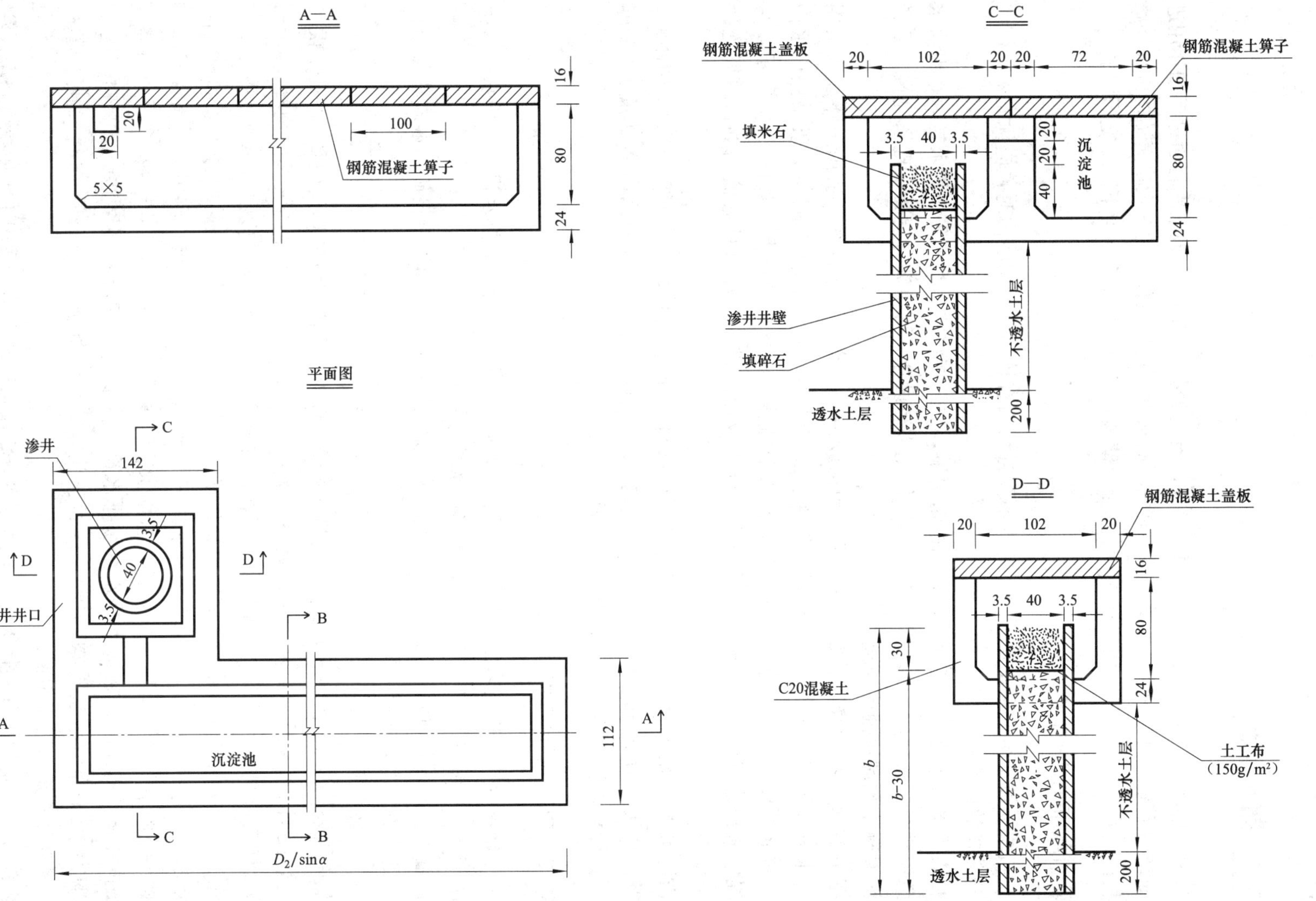

图7-26 某道路渗井设计图示例（尺寸单位：cm）

7.3 路面排水

表面水的渗入是路面水的主要来源，另外，当地下水位较高时，地下水将通过毛细作用进入路面结构下部，中央分隔带及道路两侧有临时滞水时，水分也有可能进入路面结构内部。路面结构内的水分会浸湿各结构层材料和路基土，使整个路面结构体系强度下降，变形增加。

1. 路面表面排水

在路线纵坡平缓，汇水量不大，路堤不高且坡面有较强耐冲刷能力时，应优先采用横向漫流分散排放的排水方式。

在表面水有可能冲刷路堤边坡坡面的情况下，应采用将路表水汇集于拦水带内，由泄水口和急流槽集中排放的方式。拦水带沿路肩外侧边缘设置，可由沥青混凝土现场浇筑，或者由水泥混凝土预制块铺砌而成。

图 7-27 所示拦水缘石、急流槽、排水沟构成一完整路面排水系统，适用于路面水采用集中排水方式的填方路段，识读图样可得拦水缘石设置位置。为避免高路堤边坡被路面水冲刷，拦水缘石设置在路肩边部，在适当地点设急流槽，将水引离路基。如图 7-27 所示，与高路堤急流槽连接处设有喇叭口，且路缘石开口及流水进入路堤边坡急流槽的过渡段连接圆顺。

由图可得拦水缘石断面形状、尺寸和组成材料的种类。拦水缘石，C25 混凝土预制块，长、宽、高尺寸为 20cm×20cm×30cm，边缘 6cm×6cm 抹角，路缘石露出路面部分 12cm。施工中，设拦水缘石路段的路肩应适当加固。

2. 中央分隔带排水

中央分隔带排水是高速公路及一级公路地表排水的主要内容。其排水设施由排水沟（明沟、暗沟）、渗沟、雨水井、集水井、横向排水管等组成。

设置中央分隔带排水设施时，应根据分隔带宽度、绿化和交通安全设施的形式和分隔带表面的处理方式等，选择不同的排水方式。

（1）一般路段

如图 7-28 所示，中央分隔带盆形底部设置碎石盲沟，盲沟内纵向埋设内径 100mm 软式透水管，路面水由纵向碎石盲沟渗入纵向排水管中，通过每隔一定距离设置的内径 100mm 的 PVC 横向排水管，引路堤边坡排出。盲沟用碎石充填并用土工布包裹形成反滤层。

施工中，横向排水沟可左右交错设置或单侧设置。图 7-29 为某道路填方路段和挖方路段排水示例，包括图样、工程数量表和附注三部分。由图样看出，该道路中央分隔带下排水系统排水设施主要由纵向排水盲沟、纵向排水盲沟集水槽、土工布、$\phi 5$ 纵向软式排水管、$\phi 10$ 横向排水管等组成。边沟下排水系统排水设施主要由级配碎石垫层、反滤织物（土工布）、防渗土工布（包裹渗沟四周）、碎石渗沟、C15 混凝土座、$\phi 15$ 纵向软式排水管和 M7.5 浆砌片石矩形边沟组成。

由注 2 可知，中央分隔带下排水适用于填方路段，边沟下排水适用于土质挖方路段。注 1“图中尺寸以 cm 计”注解说明了图中的尺寸标注的单位。注 3、注 4 和注 5 强调了施工中

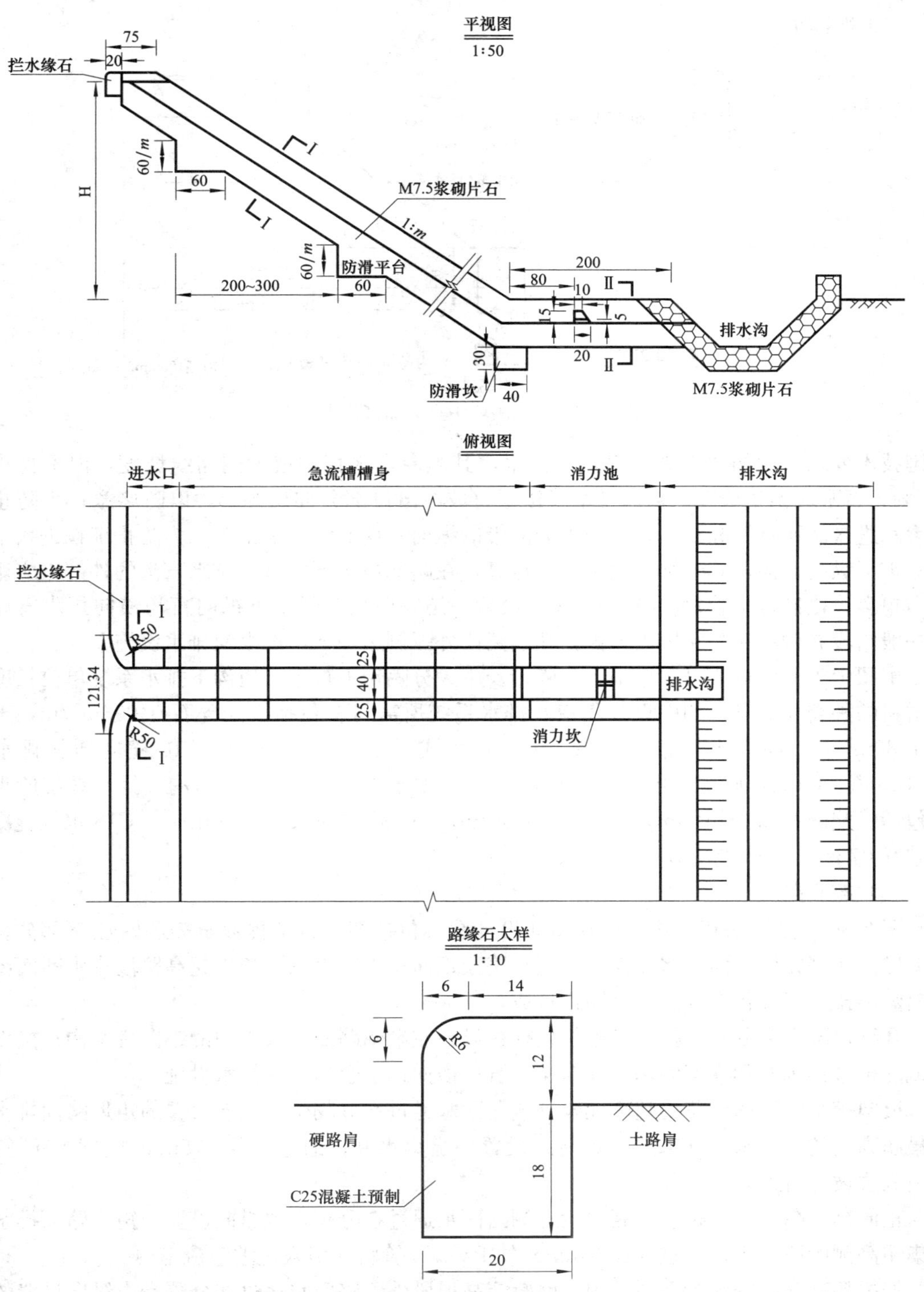

图 7-27　填方路面集中排水系统图（单位：cm）

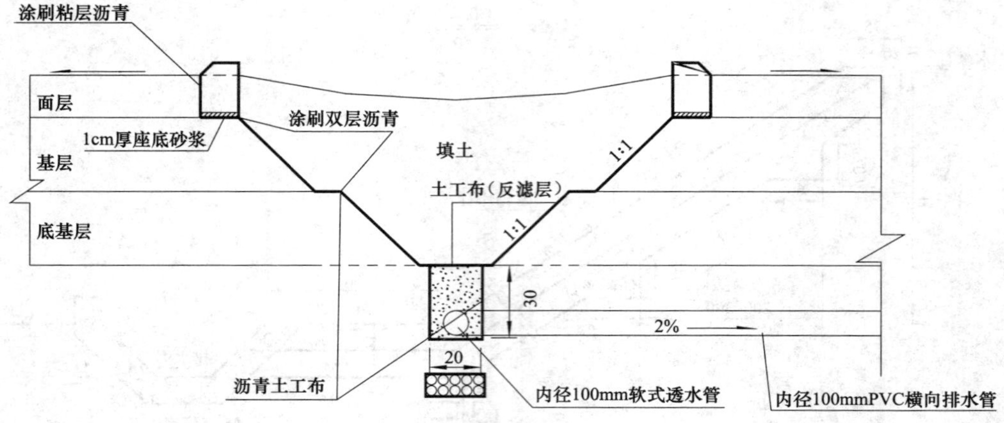

图 7-28　一般路段中央分隔带排水示例

关键技术要求，例如“中央分隔带下排水，其纵向排水盲沟坡度同路线坡度，但不得小于0.5%，否则应调整坡度。横向排水管接至边坡，出口部分伸出 5cm，以防堵塞；为防止路面渗水进入路面基层和路基，沿中央分隔带的纵向开挖面铺设土工布，为防止细粒进入中央分隔带下纵向盲沟，其外都应用土工布包裹，在路基边沟下的纵向排水盲沟的外部也应用土工布包裹；横向排水管每间隔 40～50m 设置一道，中央分隔带下纵向盲沟横向排水管设置在一般路段右侧和超高路段内弧侧，超高路段外弧侧边沟下不设纵向排水设施”。

由图中工程数量表可看出中央分隔带及中央分隔带下排水、边沟下排水系统单位长度所需材料的种类和数量。如中央分隔带及排水系统所需材料包括级配碎石 $0.093m^3/m$，土工布 $1.30m^2/m$、沥青土工布 $2.10m^2/m$、$\phi 5$ 软式透水管 1.00m/m、$\phi 10$ 横向塑料排水管 14.1m/道、C15 水泥混凝土基础 $0.03m^3/m$、开挖土方 $0.18m^3/m$。边沟下排水系统所需材料包括级配碎石 $0.35m^3/m$，土工布 $2.2m^2/m$，$\phi 15$ 软式透水管 1.00m/m，C15 水泥混凝土基础 $0.07m^3/m$，开挖土方 $0.70m^3/m$。

（2）超高路段

图 7-30 为某道路超高路段排水断面设计图，包括图样、工程数量表和附注三部分。其中图样由超高路段反向排水断面图、超高路段正向排水断面图、长挖超高路段排水断面图和横向塑料排水管外包大样图四个图样构成。

几种情况中央分隔带排水设施均包括：设在左右幅路面基层之间的纵向排水沟；按设计图纸的桩号集水井和横穿路基的横向排水管；横向排水管出口的排水设施。

反向排水断面图：路堤超高地段外侧路面水通过在分隔带内纵向设置的矩形路面排水沟汇集超高侧的路表水，并每隔一定间距设置一道集水井，通过外径 315mm 的 PVC-U 管将水引入边坡急流槽内。

正向排水断面图：路堑超高地段外侧路面水通过在分隔带内纵向设置的矩形路面排水沟汇集超高侧的路表水，通过外径 315mm 的 PVC-U 管将水引入边坡急流槽内。

长挖超高路段排水断面图可识读路堑超高地段外侧路面水通过在分隔带内纵向设置的矩形路面排水沟汇集超高侧的路表水，通过外径 315mm 的 PVC-U 管将水引入边沟内。

横向塑料排水管外包大样图为横向塑料排水管断面图，可识读横向排水管混凝土基础采用现浇 C25 混凝土，宽 50cm，高 50cm。排水管居中放置，距混凝土基础四壁均为 9.25cm。

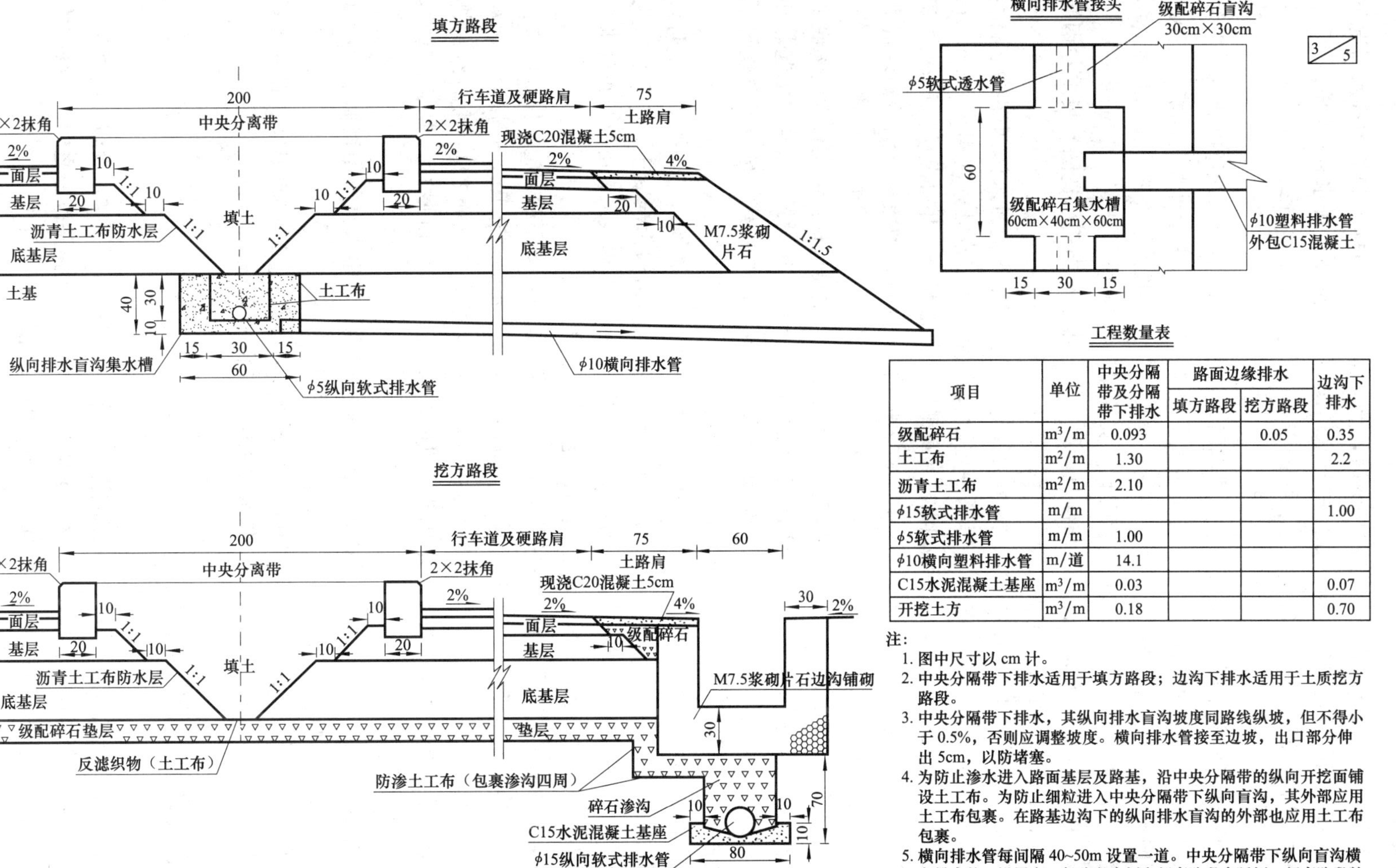

工程数量表

项目	单位	中央分隔带及分隔带下排水	路面边缘排水		边沟下排水
			填方路段	挖方路段	
级配碎石	m^3/m	0.093		0.05	0.35
土工布	m^2/m	1.30			2.2
沥青土工布	m^2/m	2.10			
ϕ15软式排水管	m/m				1.00
ϕ5软式排水管	m/m	1.00			
ϕ10横向塑料排水管	m/道	14.1			
C15水泥混凝土基座	m^3/m	0.03			0.07
开挖土方	m^3/m	0.18			0.70

注：
1. 图中尺寸以 cm 计。
2. 中央分隔带下排水适用于填方路段；边沟下排水适用于土质挖方路段。
3. 中央分隔带下排水，其纵向排水盲沟坡度同路线纵坡，但不得小于 0.5%，否则应调整坡度。横向排水管接至边坡，出口部分伸出 5cm，以防堵塞。
4. 为防止渗水进入路面基层及路基，沿中央分隔带的纵向开挖面铺设土工布。为防止细粒进入中央分隔带下纵向盲沟，其外部应用土工布包裹。在路基边沟下的纵向排水盲沟的外部也应用土工布包裹。
5. 横向排水管每间隔 40~50m 设置一道。中央分隔带下纵向盲沟横向排水管，设置在一般路段右侧和超高路段内弧侧。超高路段外弧侧边沟下不设纵向排水设施。
6. 边沟下纵向盲沟出口见相应设计图。中央分隔带填土计入路面工程数量表中。

图 7-29　中央分隔带下排水系统和边沟下排水系统示例

图中工程数量表识读能取得路基宽 24.5m 时，反向排水、正向排水和长挖排水情况下一道横向排水管所用各种材料的数量，如反向排水情况下，一道横向排水管采用的 C25 水泥混凝土为 2.48m³、回填碎石为 2.79m³、ϕ315U-PVC 横向排水管 14.42m，开挖土石方为 6.40m³。

设计图中附注说明文字要重点识记。注 1“本图为超高排水断面图，管径以 mm 计”注解说明了图中的尺寸标注的单位。注 2“超高路段反向排水断面适用于外侧为路堤的情况；超高路段正向排水断面适用于外侧为路堑，内侧位路堤的情况；长挖超高路段排水断面适用于挖方长度大于集水井间距临界长度的超高路段”说明了图样的适用范围。

图 7-31～图 7-33 分别为纵向排水沟结构设计图、纵向排水沟钢筋构造图及集水井钢筋构造图。纵向排水沟和集水井是中央分隔带排水系统中重要的设施。

识读图 7-31 能取得纵向排水沟坡度、细节大样等信息。图中纵向排水沟两端挡土混凝土块采用 C25 混凝土浇筑，沿线路方向每隔一定距离设置一个集水井，内净尺寸：30cm（宽）×70cm（长）×148cm（高），壁厚 0.1m，井身采用 C25 混凝土，井口设置长 69cm，宽 37cm 铸铁箅子。工程数量表可识读得到一处集水井所需的工程材料和数量，包括 C25 混凝土井身 0.345m³、铸铁箅子为 41.0kg、开挖土基 0.73m³，C25 混凝土挡块 0.05m³。

附注说明列举的施工技术要求施工技术人员应重点识读，主要包括：纵向排水沟沟底坡度同路线坡度；纵向排水沟集中预制；纵向排水沟两端混凝土挡土块设置于超高段的起点和终点沟端处；路面盲沟出口用 9cm×10cm×5cm 金属管引入集水井，其数量技术铸铁箅子中；根据线路纵坡坡率，集水井设置间距为 20～50m。

图 7-32 能看出纵向排水沟横断面结构形状、尺寸和排水沟配筋等信息，例如，纵向排水沟横断面为开口圆形，内径 300mm，开口宽度 4cm，排水沟结构为混凝土，C25 浇筑沟身，断面尺寸 50cm×50cm，沟底铺筑 5cm 厚 C15 混凝土基础。工程数量表可取得每延米纵向排水沟所用工程材料和数量，材料包括钢筋、混凝土及开挖土方。

附注说明列举的应用范围和施工注意事项应重点识读，是设计图正确实施的保证。主要包括：本图为主线超高路段纵向排水沟设计图；纵向排水沟每节长度为 1m，管接处采用双面沥青浸制布并灌注水泥浆；纵向排水沟中钢筋①连续设置，①、②钢筋之间绑扎；纵向排水沟在基层顶面处每延米预留一处 ϕ20 泄水孔；纵向排水沟底铺筑 5cm 厚 C15 混凝土基础，并用水泥砂浆灌注接缝。

图 7-33 能看出集水井配筋信息，工程数量表识读可取得一处集水集所需钢筋型号，以及各型号钢筋长度、根数、重量等信息。

附注说明列举了图中标注尺寸的单位和施工注意事项，包括：注 1“图中尺寸除钢筋直径以 mm 计外，其余均以 cm 计”；注 2“集水井采用 C25 混凝土现浇”。

7.4 路基路面综合排水系统

路基路面的各个组成部分，为完成各自的排水任务，需采用不同的排水设施，而要完成整个的排水任务，将全部地面水有效地拦截、汇集、引导和宣泄到路基范围之外，就必须将各种排水设备组成一个完整的综合排水系统，使各处的水均能顺畅地排出。

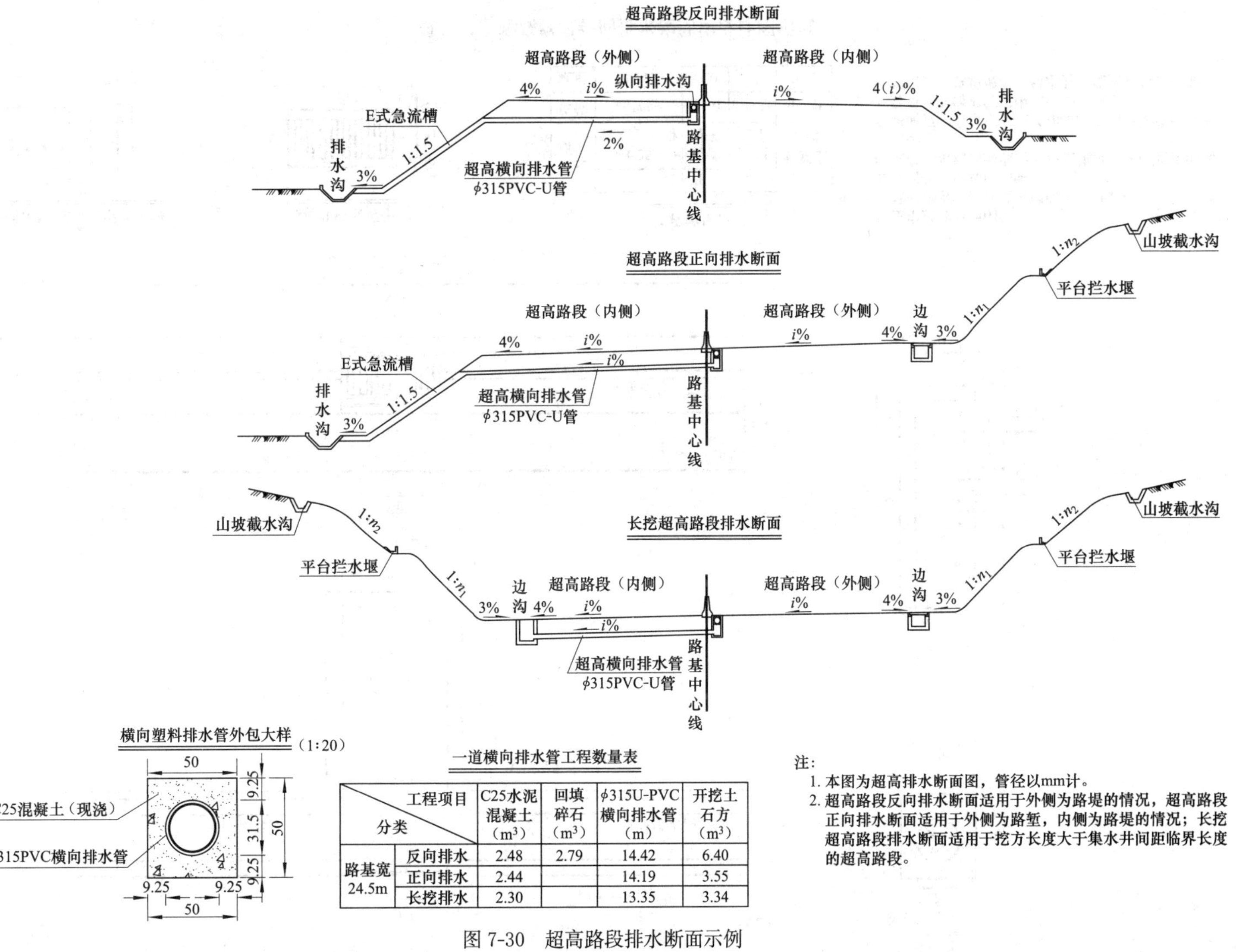

一道横向排水管工程数量表

分类 \ 工程项目		C25水泥混凝土（m^3）	回填碎石（m^3）	ϕ315U-PVC横向排水管（m）	开挖土石方（m^3）
路基宽24.5m	反向排水	2.48	2.79	14.42	6.40
	正向排水	2.44		14.19	3.55
	长挖排水	2.30		13.35	3.34

注：
1. 本图为超高排水断面图，管径以mm计。
2. 超高路段反向排水断面适用于外侧为路堤的情况，超高路段正向排水断面适用于外侧为路堑，内侧为路堤的情况；长挖超高路段排水断面适用于挖方长度大于集水井间距临界长度的超高路段。

图 7-30　超高路段排水断面示例

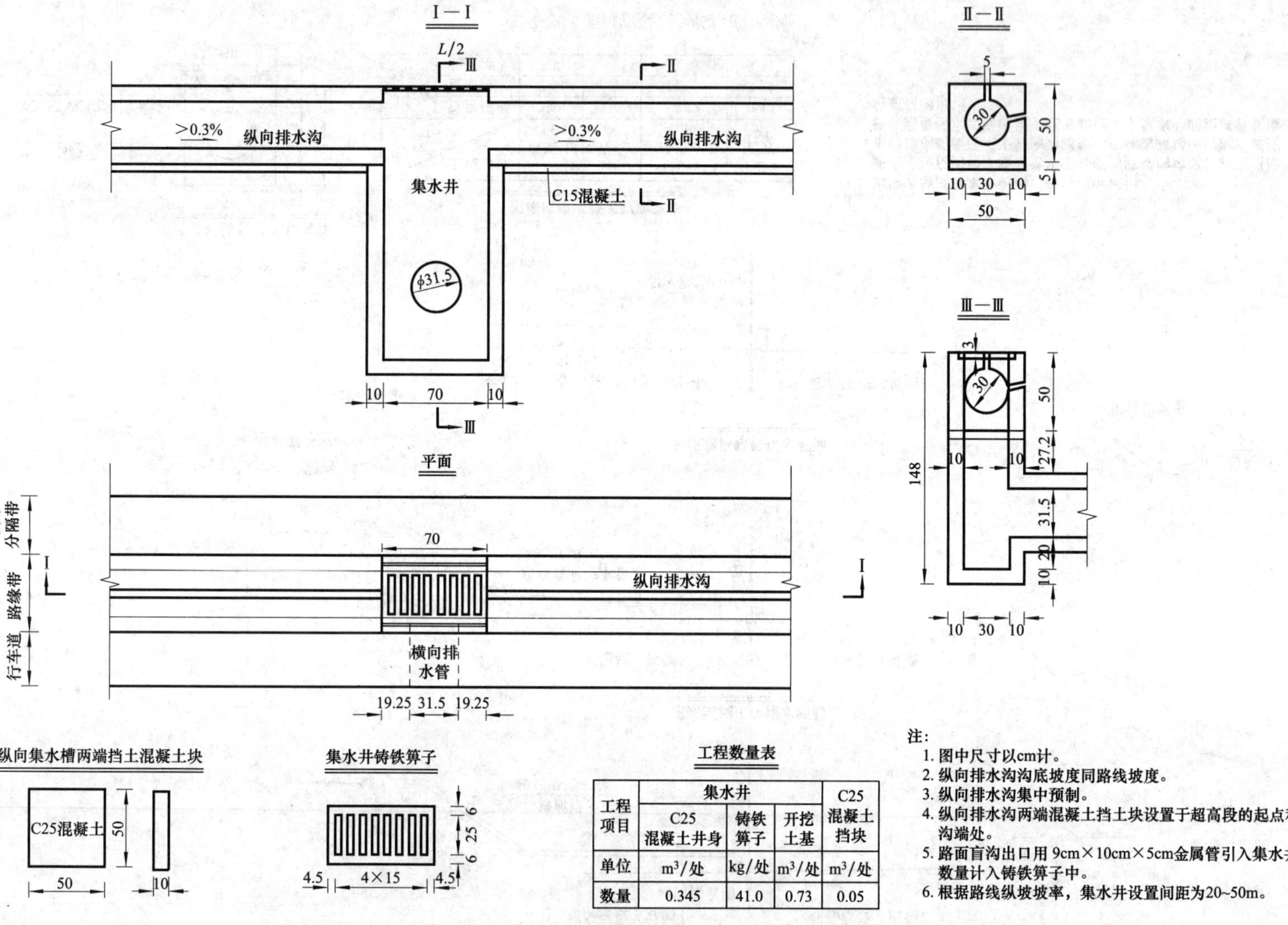

工程数量表

工程项目	集水井			C25混凝土挡块
	C25混凝土井身	铸铁箅子	开挖土基	
单位	m^3/处	kg/处	m^3/处	m^3/处
数量	0.345	41.0	0.73	0.05

注：
1. 图中尺寸以cm计。
2. 纵向排水沟沟底坡度同路线坡度。
3. 纵向排水沟集中预制。
4. 纵向排水沟两端混凝土挡土块设置于超高段的起点和终点沟端处。
5. 路面盲沟出口用9cm×10cm×5cm金属管引入集水井，其数量计入铸铁箅子中。
6. 根据路线纵坡坡率，集水井设置间距为20~50m。

图 7-31　超高路段纵向排水沟结构设计图示例

纵向排水沟横断面

1∶10

纵向排水沟钢筋大样

1∶10

每延米纵向排水沟工程数量表

工程项目		工程数量
钢筋①	直径（mm）	ϕ10
	每根长度（m）	2.93
	根数（根）	6
	重量（kg）	10.85
钢筋②	直径（mm）	ϕ10
	每根长度（m）	1.00
	根数（根）	15
	重量（kg）	9.26
预制C25混凝土（m³）		0.169
现浇C15混凝土（m³）		0.025
开挖土方（m³）		0.275

纵向排水沟横断面钢筋构造

1∶10

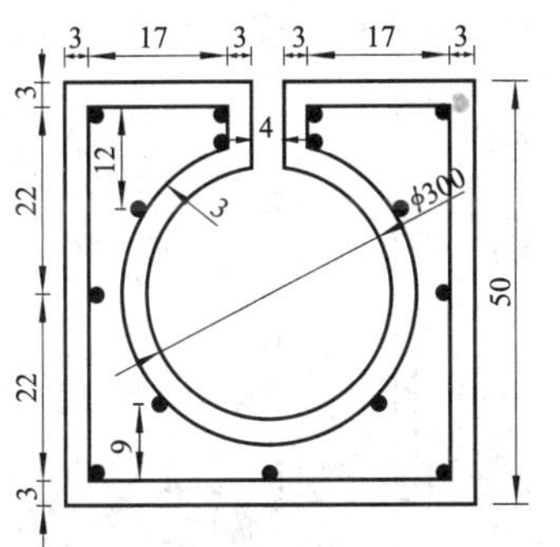

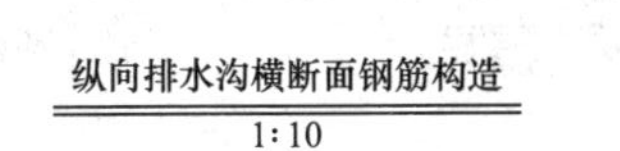

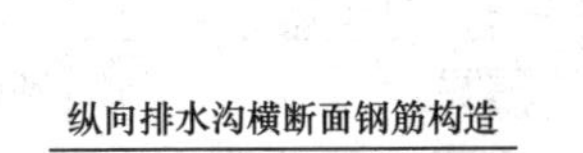

每节纵向排水沟纵向断面钢筋构造图

1∶10

注：
1. 本图尺寸除管径、钢筋直径以mm计外，余均以cm计。
2. 本图为主线超高路段纵向排水沟设计图。
3. 纵向排水沟每节长度为1m；管接处采用双面沥青浸制布并灌注水泥浆。
4. 纵向排水沟中钢筋①连续设置，①、②钢筋之间绑扎。
5. 纵向排水沟在基层顶面处每延米预留一处ϕ20泄水孔。
6. 纵向排水沟底铺筑5cm厚C15混凝土基础，并用水泥砂浆灌注接缝。

图7-32　超高路段纵向排水沟钢筋构造图示例

集水井钢筋构造图

1:20

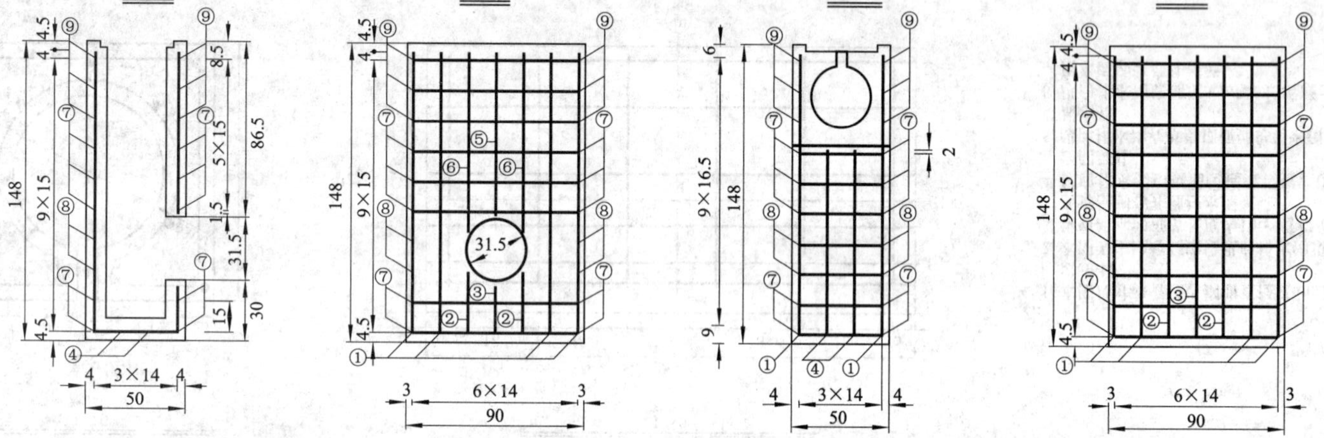

Ⅰ—Ⅰ　Ⅱ—Ⅱ　Ⅲ—Ⅲ　Ⅳ—Ⅳ

一处集水井钢筋数量表

钢筋编号＼项目	直径（mm）	每根长（cm）	根数（根）	共长（m）	共重（kg）	总重（kg）
①	Φ12	320	4	12.8	11.37	23.92
②		204	2	4.08	3.62	
③		211	1	2.11	1.87	
④		268	2	5.36	4.76	
⑤		81	1	0.81	0.72	
⑥		89	2	1.78	1.58	
⑦	Φ8	262	5	13.1	5.19	8.85
⑧		180	2	3.6	1.43	
⑨		94	6	5.64	2.23	

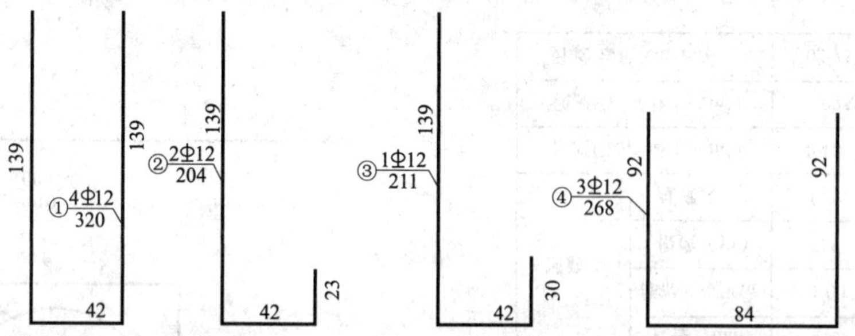

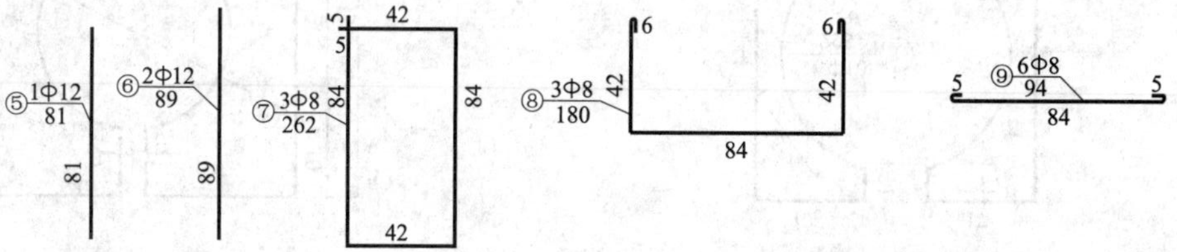

注：
1. 图中尺寸除钢筋直径以mm计外，其余均以cm计。
2. 集水井采用C25混凝土现浇。

图 7-33　超高路段集水井钢筋构造图示例

图 7-34 为某工程某标段路基标准横断面图，根据该设计公路等级相应的路基横断面标准形式，表示该道路中线上各点垂直于路线前进方向的竖向剖面，包括填方路基标准横断面图、挖方路基标准横断面图及半填半挖路基标准横断面图。由图可识读该路段综合排水设计，包括路基边沟、截水沟、排灌渠等的位置和断面形式。由该图附注可知采用 1∶100 的比例，图中尺寸均以 cm 计。图 7-34（a）为整体式填方路基标准横断面设计图；图 7-34（b）、图 7-34（c）为整体式挖方路基标准横断面设计图，其中图 7-34（b）适用于黄土挖方路段，图 7-34（c）适用于石质挖方路段；图 7-34（d）为整体式半填半挖路基标准横断面图。

由图 7-34（a），H 为路基填高，h 为边沟深度，该黄土路堤高度≤5m 时路面采用集中排水方式，填高>5m 时路面水经衬砌拱导流槽排出；填石路堤路面采用分散排水方式。土路肩采用 C25 混凝土进行硬化处理。此外，由附注可知，施工要求填土高度小于等于 5m 的路段，设 1m 宽护坡道；填土高度大于 5m 的路段，设 2m 宽护坡道。当填方边坡高度 $H \leqslant$ 8m 时，边坡坡率为 1∶1.5；当填方边坡高度 8m$<H\leqslant$12m 时，边坡上部 8m 为 1∶1.5，8m 以下为 1∶1.75，采用折线坡，不设平台；当填方边坡高度 12m$<H$ 时，边坡上部 8m 为 1∶1.5，8～20m 为 1∶1.75，20m 以下为 1∶2.0，用台阶式边坡，各变坡处设 2m 宽平台，平台外倾横坡为 3%。边沟详见《路基排水工程设计图》及路基排水边沟工程数量表。

图 7-34（b）适用于黄土挖方路段，图 7-34（c）适用于石质挖方路段，H 为路基填高，h 为边沟深度，挖方平台上，设置平台挡水堰将其封闭。边沟净深 h 详见《路基排水工程设计图》及路基排水边沟工程数量表。

图 7-34（d）为该标段整体式半填半挖路基，路基边坡坡率：黄土路堑 n_1＝0.3～0.5，n_2＝0.5～0.75；微风化石质 n_1：n_2＝0.3～0.5；强风化石质 n_1∶n_2＝1∶0.75～1∶1。

图 7-35 为主线黄土地段路基路面排水系统布置示意图。如图 7-35 注中路面排水：①正常路段是一般填方由挡水缘石经 D 式坡面急流槽或骨架导流槽引入排水沟排出，挖方路段由路拱自然漫流至边沟排出；②超高路段是在中央分隔带旁路缘带范围设置纵向排水沟，经集水井、横向排水管流经急流槽或边沟排出。路基排水由边沟、截水沟、平台沟及排水沟组成。填挖交界处由 A 式急流槽引导边沟水流进入排水沟或河沟等排水区。

图 7-36 所示为主线石质路基路面排水系统布置示意图。路面排水：①正常路段是一般填方由路拱自然漫流经或骨架导流槽引入排水沟排出；挖方路段由路拱自然漫流至边沟排出。②超高路段：在中央分隔带旁路缘带范围设置纵向排水沟，外侧路面水由路拱自然漫流至纵向排水沟内，经集水井、横向排水管流经急流槽或边沟排出。

土路肩排水系统：一般填方路段设置纵向碎石盲沟，挖方路段设置纵向碎石盲沟及横向 ϕ5 泄水孔。路基排水：由边沟、截水沟、平台沟及排水沟组成。填挖交界处由 A 式急流槽引导边沟水流进入排水沟或河沟等排水区。

图 7-37 为衬砌拱＋六棱块植草防护设计及护坡排水设计图，图中尺寸路基边坡填土高度以 m 计外，其余均以 cm 计。浆砌片石周边不足以安放半块六棱块时，则以浆砌片石镶铺。坡面六棱块内及护道除排水槽外，均采用铺草皮防护。表中所列工程数量不含排水沟铺砌数量，括号内数值适用于 1∶1.75 边坡率。

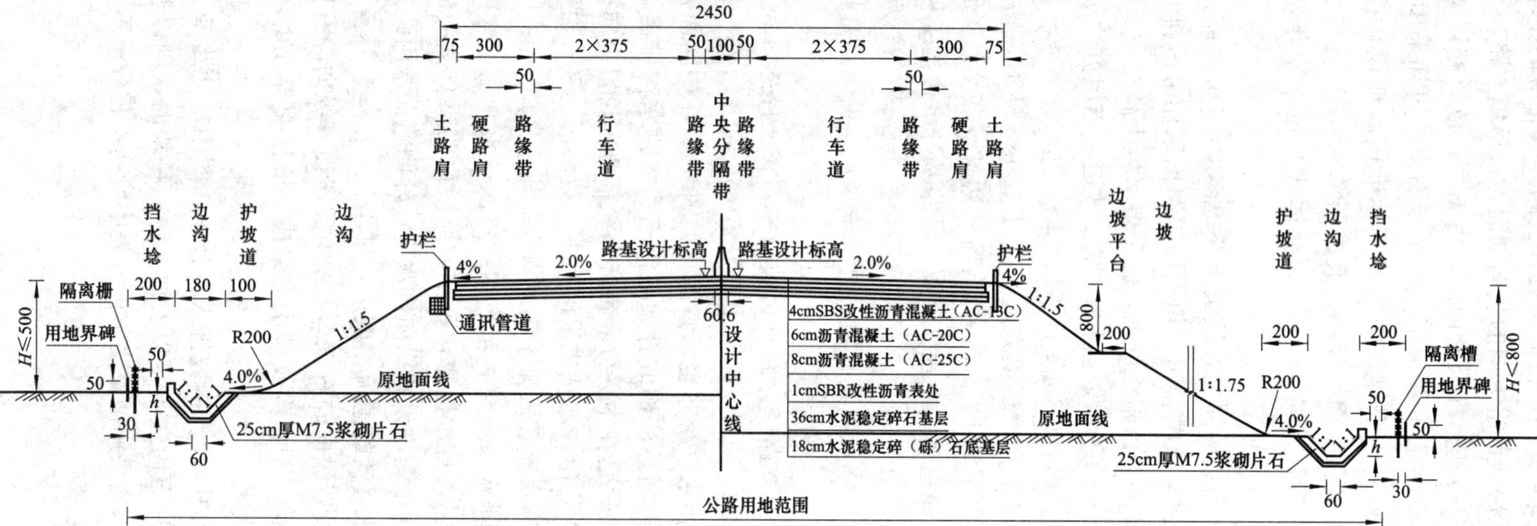

注：

1. 本图为填方路基标准横断面设计图，图中尺寸均以cm计，H为路基填高，h为边沟深度。
2. 黄土路堤填高≤5m 时路面采用集中排水方式，填高＞5m 时路面水经衬砌拱导流槽排出；填石路堤路面采用分散排水方式。土路肩采用C25混凝土进行硬化处理。
3. 填土高度小于等于5m的路段，设1m宽护坡道；填土高度大于5m的路段，设2m宽护坡道。
4. 当填方边坡高度H≤8m时，边坡率为1:1.5；当填方边坡高度 8m＜H≤12m 时，边坡上部8m 为1:1.5，8m 以下为1:1.75，采用折线坡，不设平台；当填方边坡高度12m＜H时，边坡上部为1:5，8~20m 为1:1.75，20m 以下为1:2.0，用台阶式边坡，各变坡处设2m 宽平台，平台外倾横坡3%。
5. 当地面横坡大于1:5时，原地面应挖成宽度不小于2m的台阶，并设4%内倾横坡。
6. 路基设计标高为左侧路缘带与中央分隔带相接处的路面标高。
7. 路基压实采用高速公路重型压实标准，按照《公路路基设计规范》（JTG D30-2004）执行。
8. 具体防护详见路基防护工程设计图。
9. 边沟详见《路基排水工程设计图》及路基排水边沟工程数量表。

图 7-34（a） 路基标准横断面示例（一）

整体式挖方路基（一）

（适用于黄土挖方路段，设计车速v=80km/h，路基宽度B=24.5m）

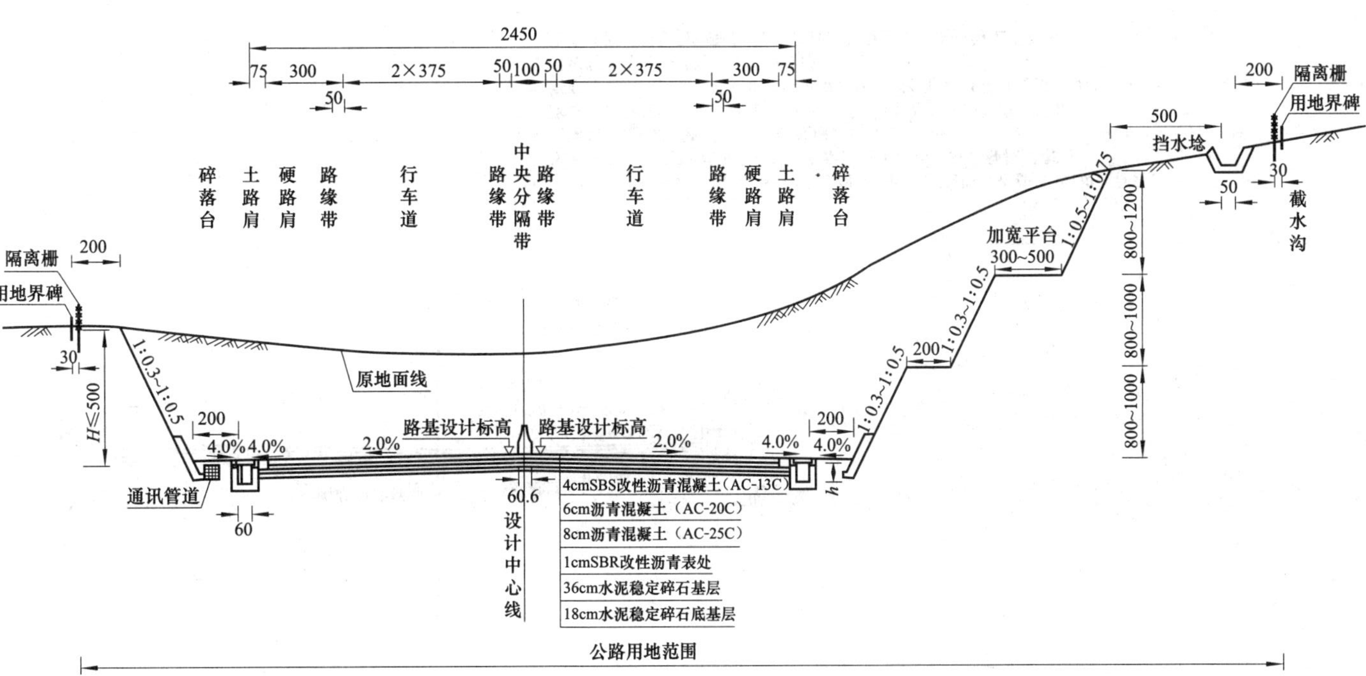

注：
1. 本图适用于黄土挖方路段。图中尺寸均以cm计，H为路基挖深，h为边沟深度。
2. 挖方平台上，设置平台挡水堰将其封闭。
3. 土路肩采用C25混凝土进行硬化处理。
4. 路基设计标高为左侧路缘带与中央分隔带相接处的路面标高。
5. 路基压实采用高速公路重型压实标准，按照《公路路基设计规范》（JTG D30-2004）执行。
6. 具体防护详见路基防护工程设计图。
7. 边沟净深h详见《路基排水工程设计图》及路基排水边沟工程数量表。

图 7-34（b） 路基标准横断面示例（二）

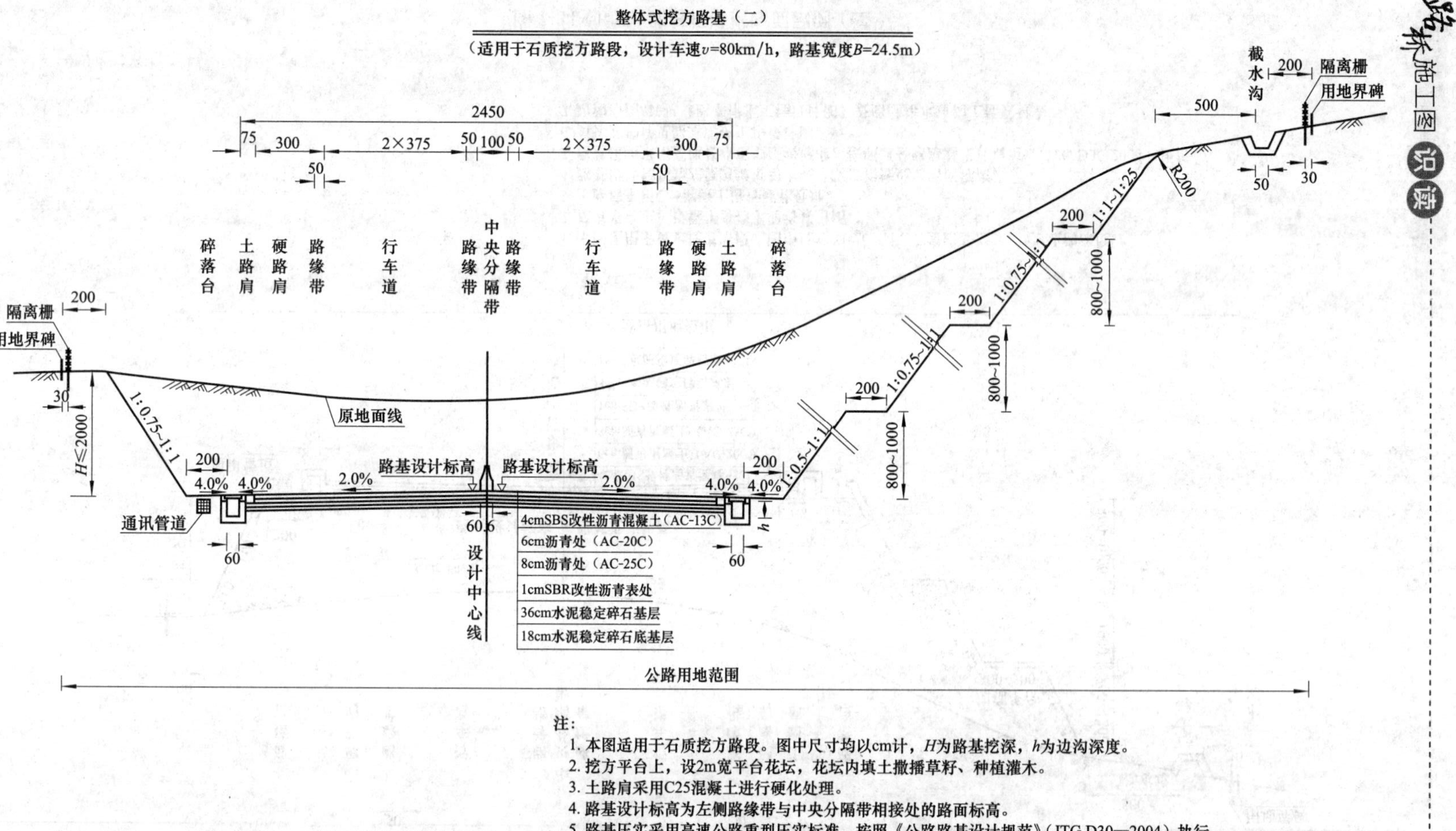

注：

1. 本图适用于石质挖方路段。图中尺寸均以cm计，H为路基挖深，h为边沟深度。
2. 挖方平台上，设2m宽平台花坛，花坛内填土撒播草籽、种植灌木。
3. 土路肩采用C25混凝土进行硬化处理。
4. 路基设计标高为左侧路缘带与中央分隔带相接处的路面标高。
5. 路基压实采用高速公路重型压实标准，按照《公路路基设计规范》（JTG D30—2004）执行。
6. 具体防护详见路基防护工程设计图。
7. 边沟净深h详见《路基排水工程设计图》及路基排水边沟工程数量表。

图 7-34（c） 路基标准横断面示例（三）

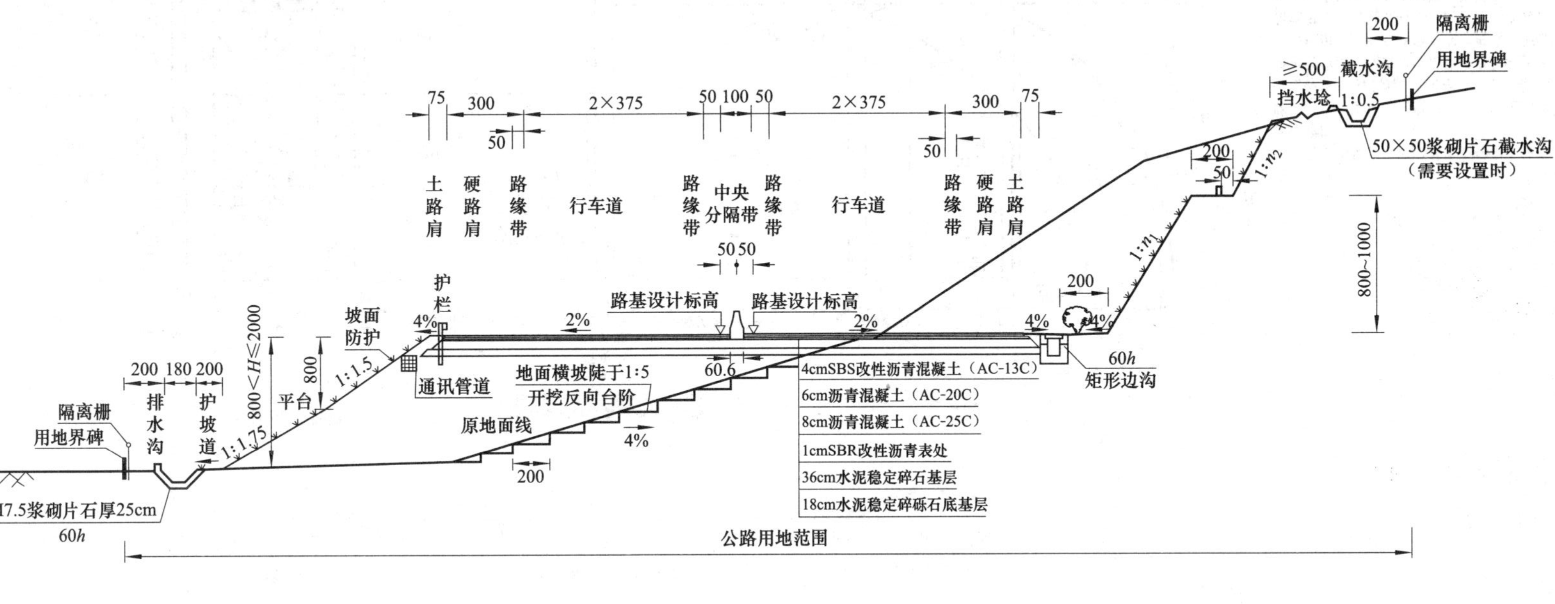

注：
1. 图中尺寸均以cm计。
2. 路基边坡坡率：黄土路堑n_1=0.3~0.5，n_2=0.5~0.75；微风化石质n_1，n_2=0.3~0.5；强风化石质n_1，n_2=1∶0.75~1∶1。
3. 路基压实度严格按照《公路路基设计规范》处理。

图 7-34（d） 路基标准横断面示例（四）

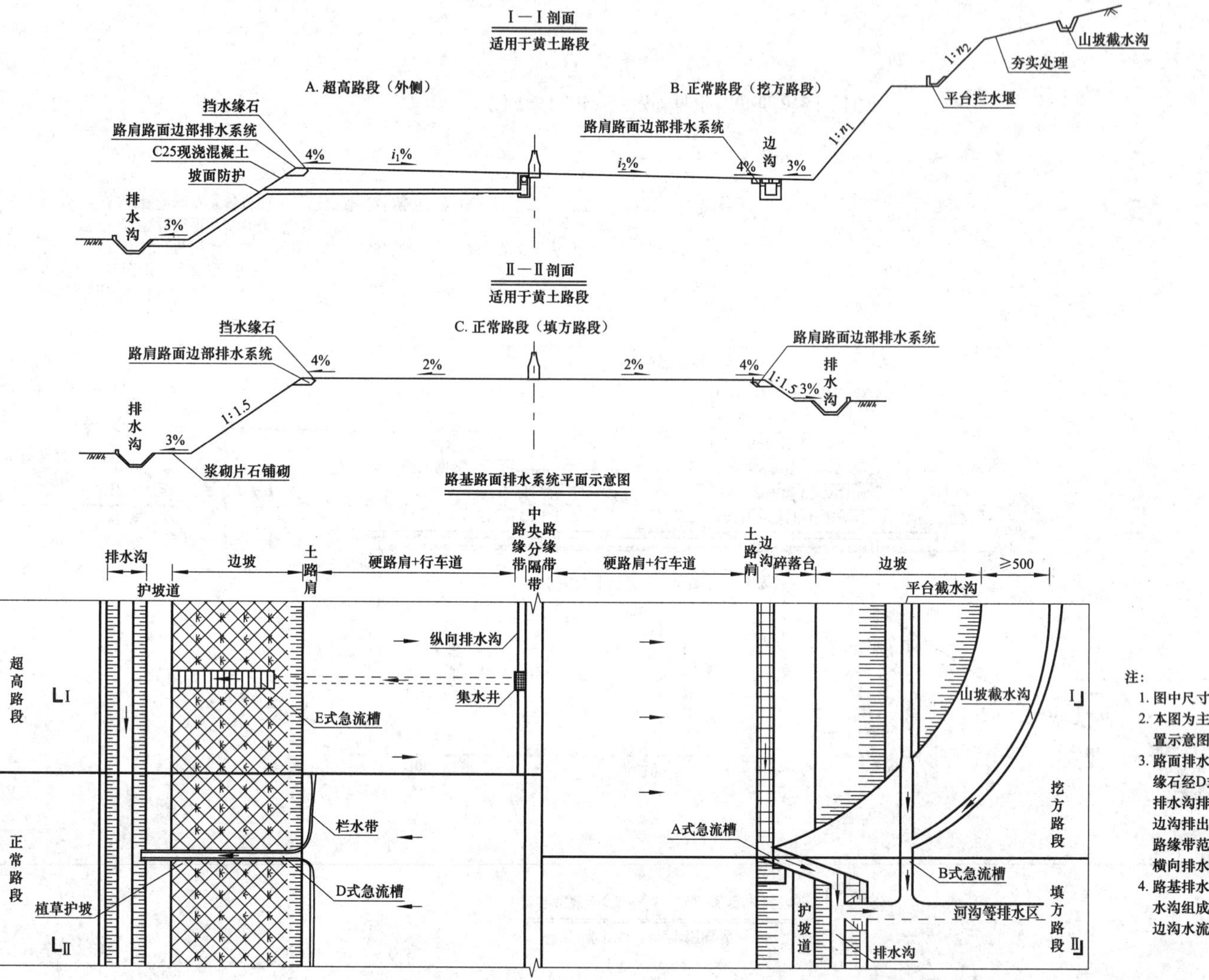

图 7-35 路基、路面排水系统布置图（主线黄土地段）

注：

1. 图中尺寸以cm计。
2. 本图为主线黄土地段路基路面排水系统布置示意图。
3. 路面排水：①正常路段：一般填方由挡水缘石经D式坡面急流槽或骨架导流槽引入排水沟排出；挖方路段由路拱自然漫流至边沟排出。②超高路段：在中央分隔带旁路缘带范围设置纵向排水沟，经集水井、横向排水管流经急流槽或边沟排出。
4. 路基排水：由边沟、截水沟、平台沟及排水沟组成。填挖交界处由A式急流槽引导边沟水流进入排水沟或河沟等排水区。

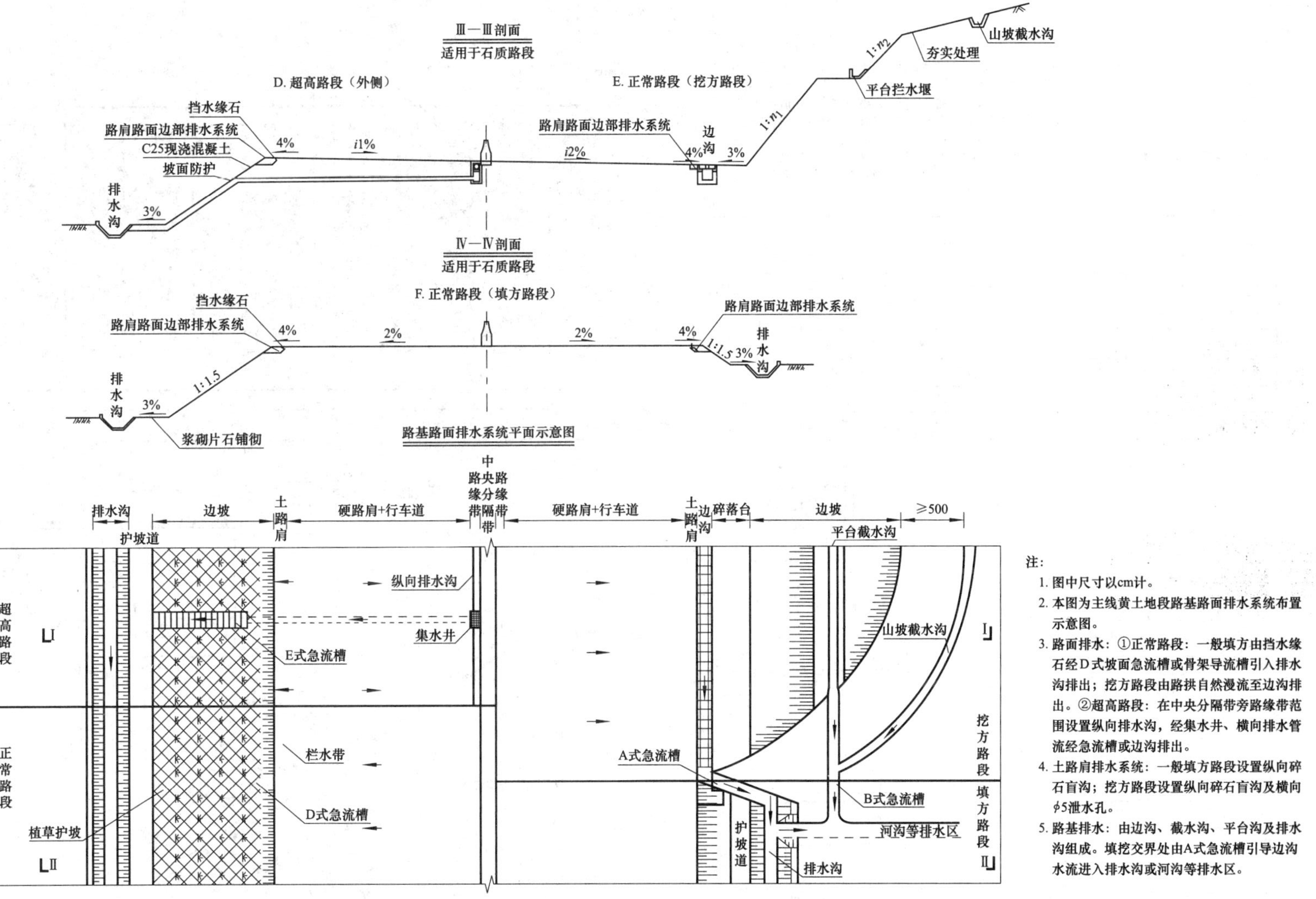

图 7-36　路基、路面排水系统布置图（主线石质路基）

注：

1. 图中尺寸以cm计。
2. 本图为主线黄土地段路基路面排水系统布置示意图。
3. 路面排水：①正常路段：一般填方由挡水缘石经D式坡面急流槽或骨架导流槽引入排水沟排出；挖方路段由路拱自然漫流至边沟排出。②超高路段：在中央分隔带旁路缘带范围设置纵向排水沟，经集水井、横向排水管流经急流槽或边沟排出。
4. 土路肩排水系统：一般填方路段设置纵向碎石盲沟；挖方路段设置纵向碎石盲沟及横向 $\phi 5$ 泄水孔。
5. 路基排水：由边沟、截水沟、平台沟及排水沟组成。填挖交界处由A式急流槽引导边沟水流进入排水沟或河沟等排水区。

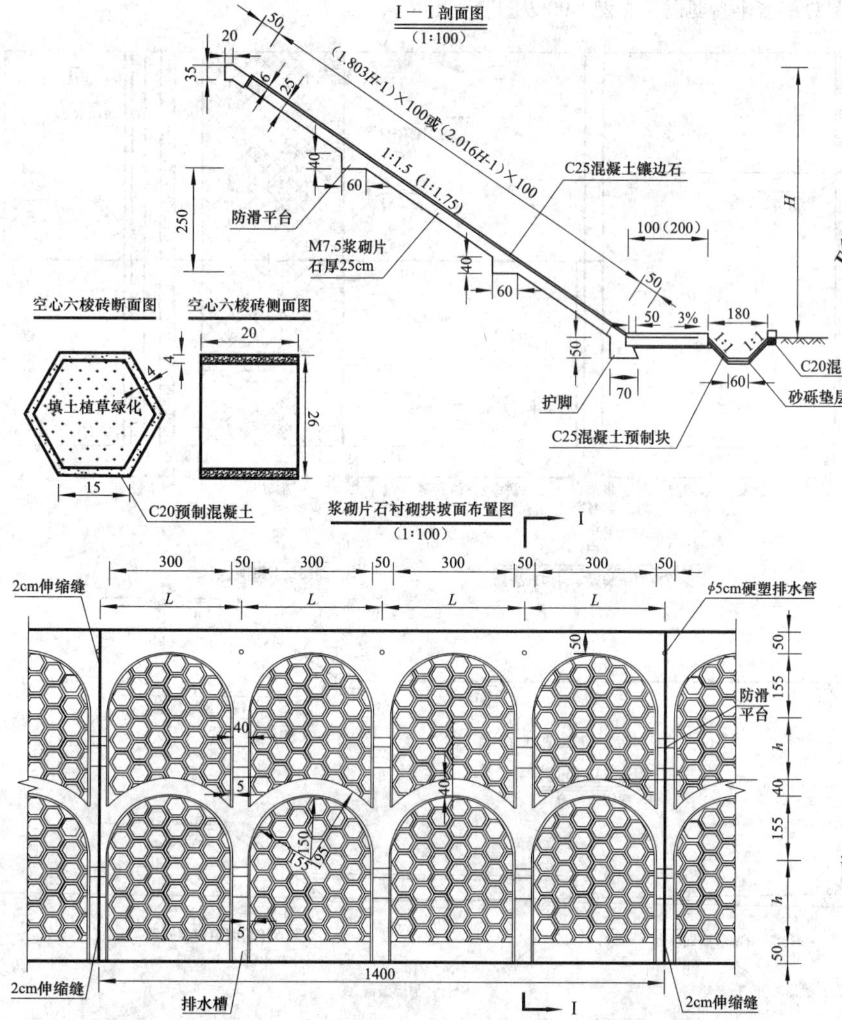

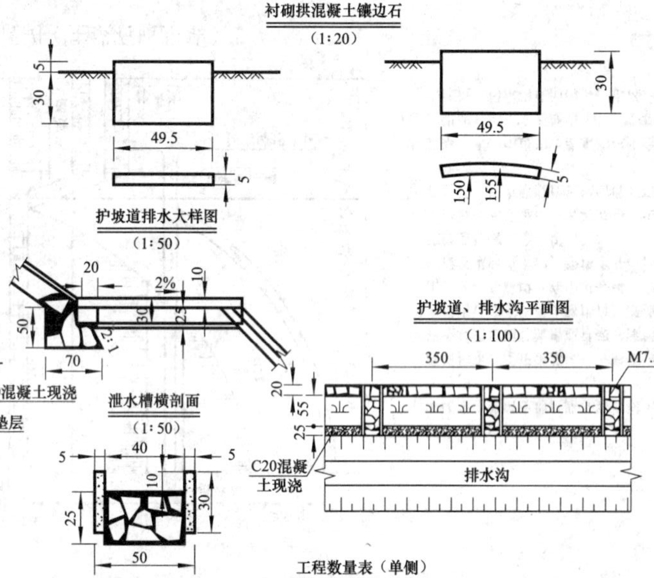

I—I 剖面图
(1:100)

(1.803H-1)×100或(2.016H-1)×100
1:1.5(1:1.75)
C25混凝土镶边石
防滑平台
M7.5浆砌片石厚25cm
护脚
C25混凝土预制块
C20混凝土现浇
砂砾垫层
100(200)
3%
H

空心六棱砖断面图
填土植草绿化
C20预制混凝土

空心六棱砖侧面图

衬砌拱混凝土镶边石
(1:20)

护坡道排水大样图
(1:50)

泄水槽横剖面
(1:50)

护坡道、排水沟平面图
(1:100)
M7.5浆砌片石
C20混凝土现浇
排水沟

浆砌片石衬砌拱坡面布置图
(1:100)
2cm伸缩缝
ϕ5cm硬塑排水管
防滑平台
排水槽

工程数量表(单侧)

工程名称		M7.5浆砌片石	C25混凝土预制镶边石	C25混凝土预制六棱块	铺草皮	挖基土方	回填素土
单位		m³/m	m³/m	m³/m	m²/m	m³/m	m³/m
1:1.5	单排衬砌拱护坡	0.052H+0.777	0.016H+0.068	0.122H−0.095	0.878H−0.634	0.366H+0.623	0.176H−0.127
	双排衬砌拱护坡	0.052H+0.113	0.016H+0.015	0.123H−0.343	0.882H−0.019	0.367H−0.419	0.176H−0.208
1:1.5	单排衬砌拱	0.058H+0.266	0.017H+0.040	0.147H−0.097	1.056H−0.694	0.505H+0.940	0.211H−0.139
	双排衬砌拱	0.058H+0.449	0.017H+0.015	0.180H−0.158	0.829H−0.73	0.438H+0.160	0.166H−0.146
	三排衬砌拱	0.058H+0.587	0.017H+0.027	0.180H−0.201	0.829H−0.928	0.438H+0.227	0.166H−0.186
护坡道		0.039(0.111)	0.009(0.118)		0.471(1.329)	0.14(0.39)	0.12(0.33)

注:

1. 本图尺寸除路基边坡填土高度以m计外,其余均以cm计。
2. 本图为衬砌拱+六棱块植草防护设计图,适用于:①路基填土为老黄土或粉土质砂且填方高度为5m≤H≤6m采用双排衬砌拱;②填方高度大于6m时变坡点以下边坡防护。
3. 沿路基纵向每隔四个拱圈设一道伸缩缝,宽2cm,缝内用沥青麻絮填塞。
4. 坡面六棱块内及护坡道除排水槽外,均采用铺草皮防护。
5. 浆砌片石周边不足以安放半块六棱块时,则以浆砌片石镶铺。
6. 表中所列工程数量不含排水沟铺砌数量,括号内数值适用于1:1.75边坡率。
7. 未尽事宜见六棱块+植草防护设计图。

图 7-37 浆砌片石护坡排水图

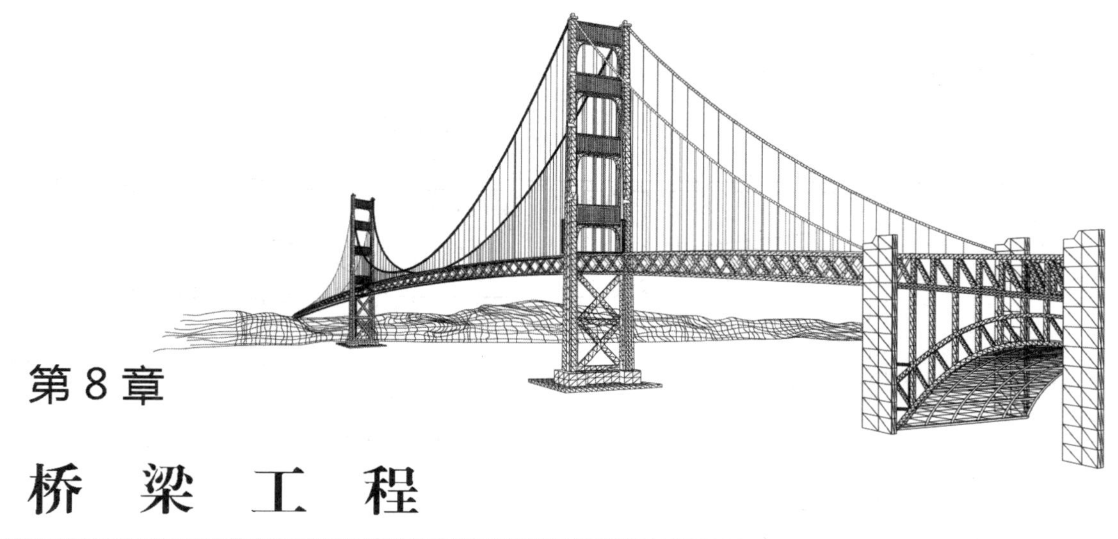

第 8 章 桥 梁 工 程

桥梁按结构体系分为梁式桥、拱桥、刚架桥、悬索桥。桥梁组成见表 8-1。

表 8-1 桥 梁 组 成

桥梁组成	
上部结构	主梁或主拱圈和桥面系
下部结构	桥墩、桥台和基础
附属结构	防护工程、栏杆和照明设施等

桥梁结构比较复杂，读图时将桥梁图由大化小、由繁化简，利用形体分析法首先想象桥梁各部分的形状和大小，再根据各部分的相对位置及尺寸，将各部分结合起来，综合想象即得桥梁整体形状和布置情况。基本步骤为：

（1）先看图纸右下角或图纸下方的标题和附注，了解项目的情况、施工说明、主要技术指标等。

（2）阅读总体布置图，弄清各投影图之间的关系。应先看立面图（包括纵剖面图），通过立面图了解桥梁的结构形式、孔数、跨径大小、墩台形式和数目、总长、河床断面，对照平面图、侧面图、横剖面图等投影图，了解桥梁的宽度、主梁的断面形式等。

（3）在阅读总体布置图的基础上，通过阅读各构件结构图和大样图，了解桥梁各部位的具体形状和大小，注意阅读构件图时也需要将相关投影图结合起来才能读懂。读图时既要看图，也要看表和文字说明等，将图、表、文字说明三方面接起来。

（4）看懂图后，再看尺寸，主要对照总体布置图和构件结构图与大样图的尺寸，通过对照复核，检查阅读过程是否有错误或者遗漏。

本章以梁式桥和拱桥的实际工程图为例介绍具体的识读方法。

8.1 梁式桥施工图

梁式桥分为简支梁桥、悬臂梁桥、连续梁桥。简支梁式桥组成见图 8-1。

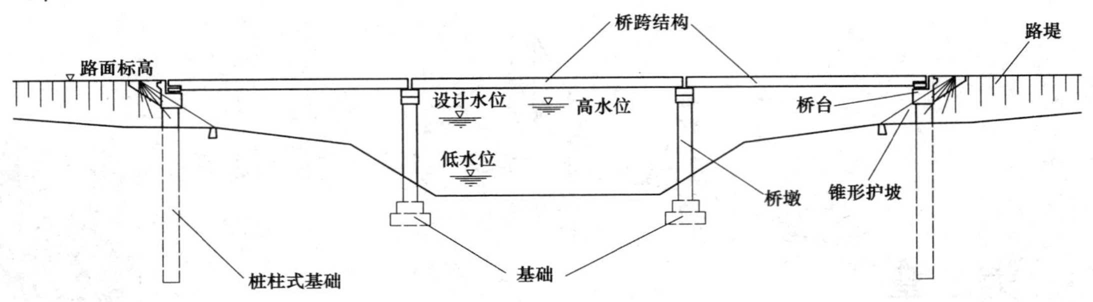

图 8-1　简支梁式桥组成示意图

1. 梁式桥上部结构

(1) 空心板桥上部结构

图 8-2 为某跨径 10m 的预应力混凝土空心板桥的横断面图。图中尺寸标注单位为 mm，由该横断面图可获知，桥梁总宽度为 24.5m，行车路面宽度为 10.75m×2，两侧护栏宽 0.5m，桥面横坡 2%。桥梁每跨横向有 9×2 片空心板组成，板厚 600mm，边、中主梁的具体详细尺寸见图 8-3、图 8-4。

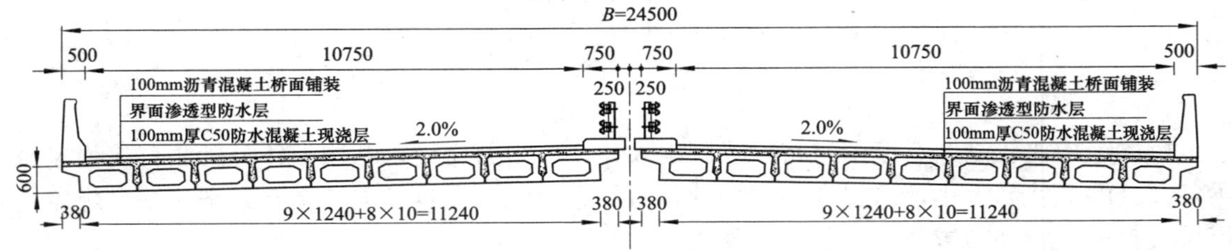

图 8-2　跨径 10m 预应力混凝土空心板桥横断面图

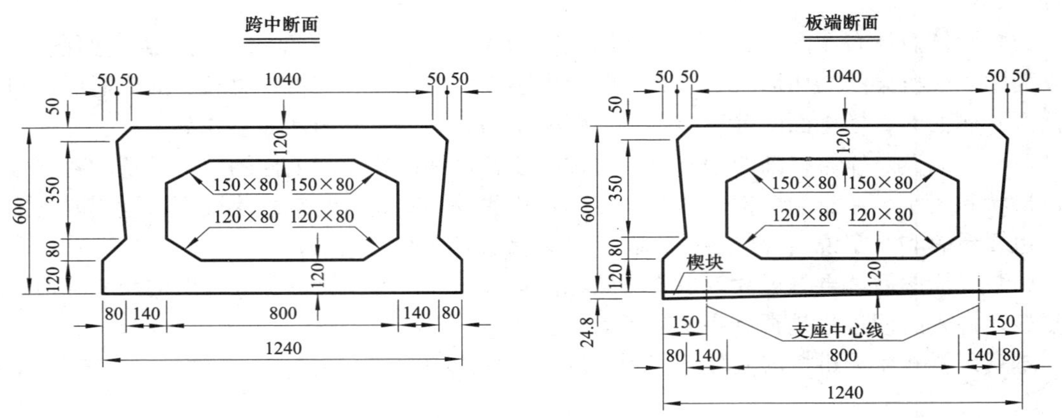

图 8-3　中板空心板横断面图

图 8-3、图 8-4 分别为中板、边板跨中及端部的横断面图。通过该图可以获知空心板的具体细部尺寸。如空心板的上下底板厚均为 120mm。为了避免应力集中，空心板挖空部分并非矩形，图中为八边形。八边形斜边标注 150×80 表示该斜边水平和竖直投影分别为

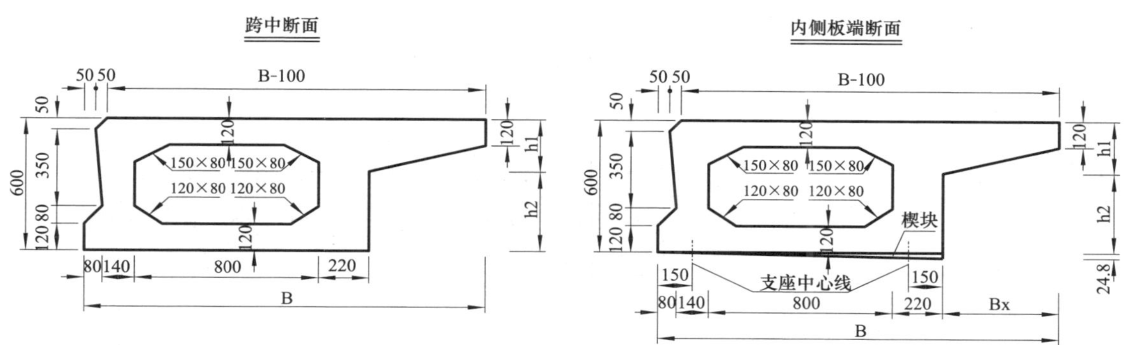

图 8-4　边板空心板横断面图

150mm、80mm。图 8-3、图 8-4 中的空心板端部断面表示每块板下横向布置两个支座，支座中心距离板边 150mm。两个图中的端部断面显示空心板下部均放置了楔形垫块，表示桥面横坡是由该垫块产生的（图 8-2 显示桥面铺装是等厚的）。从两个图中可以看出中板和边板的主要区别在于前者上部无悬臂端，后者则单侧悬臂，悬臂端厚度 120mm。

图 8-5 中显示空心板桥的计算跨径（两个支座中心之间的距离）为 9600mm，支座中心距离板端距离 180mm，空心板实际长度为 9960mm。该空心板桥标准跨径为 10m，与实际尺寸相差 40mm，这是为了方便施工安装。图中 α 角为板轴线的垂线与板端的夹角。为了便于吊装，空心板预制时两侧均预留了纵向长 80mm、横向深 25mm 的槽口。槽口纵向中点距离板端 800mm。平面图中的 6 条纵向虚线代表空心板内轮廓线纵向水平投影，图中上下部各 3 条虚线，分别表示空心板内左右两侧的纵向轮廓线，各条线之间的间距要结合图 8-3 中的中板横断面图进行判断。立面图中显示楔形垫块纵向长度为 550mm，高度为 24.8mm。

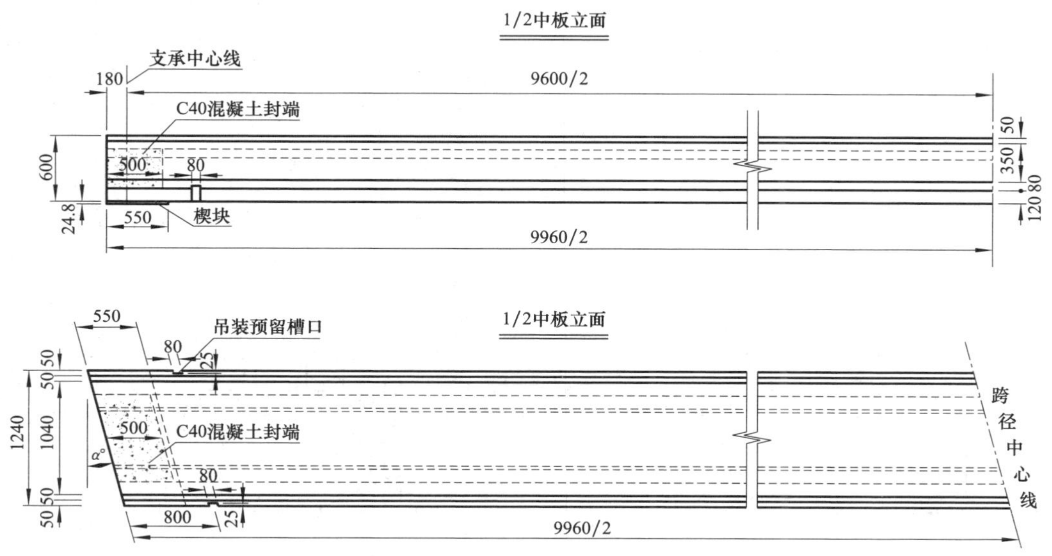

图 8-5　跨径 10m 预应力混凝土空心板平、立面图

通过板的纵横断面、立面及平面图可获知板各个部位的尺寸，之外还需知道板的内部钢筋布置情况才能指导施工。图 8-6 为 10m 预应力混凝土空心板配筋图，包括空心板顶板、底板、横纵断面等钢筋布置图。识读梁、板钢筋图时，要把平面图、纵横断面图相互结合，

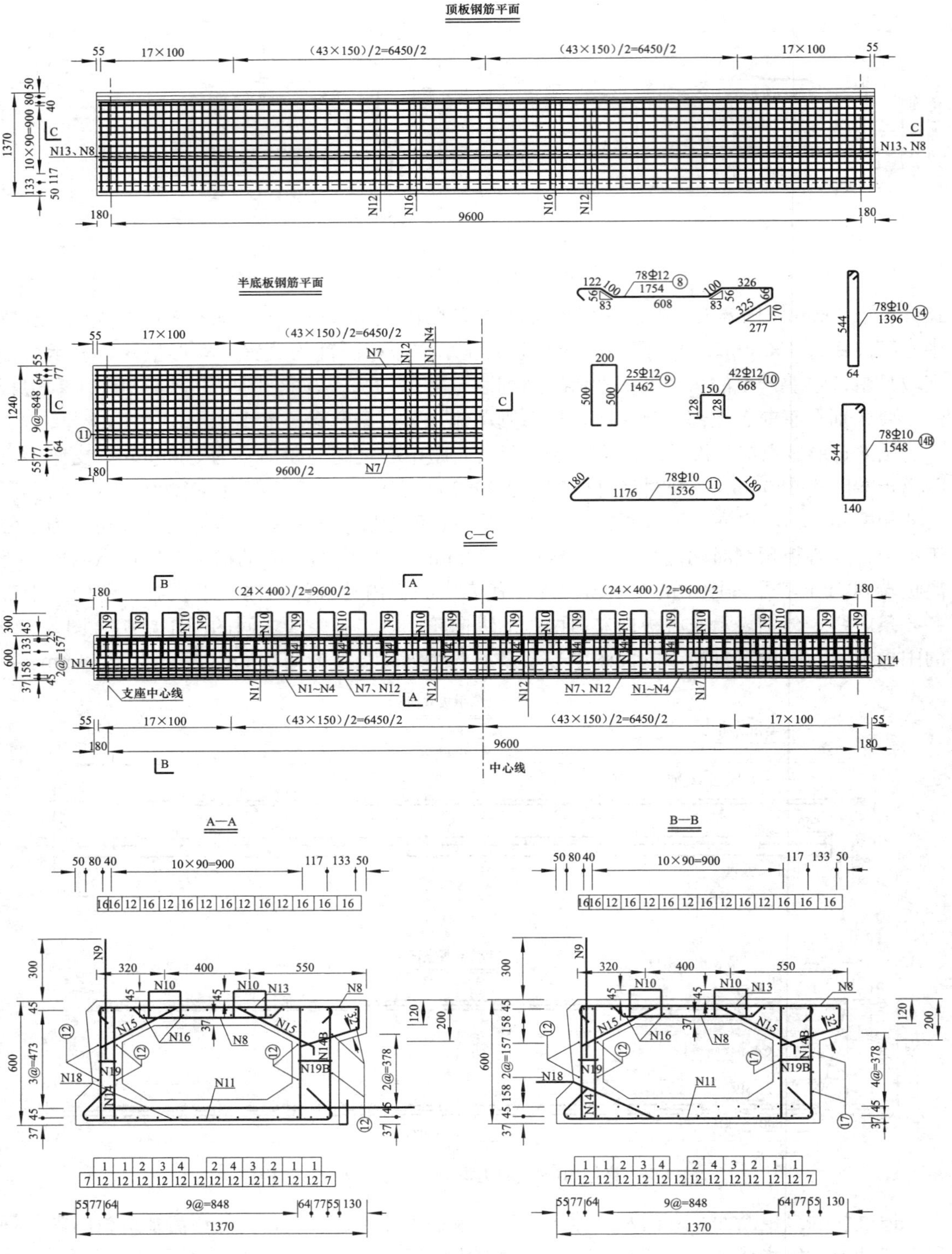

顶板钢筋平面

半底板钢筋平面

C—C

A—A

B—B

图 8-6 预应力混凝土空心板配筋图（一）

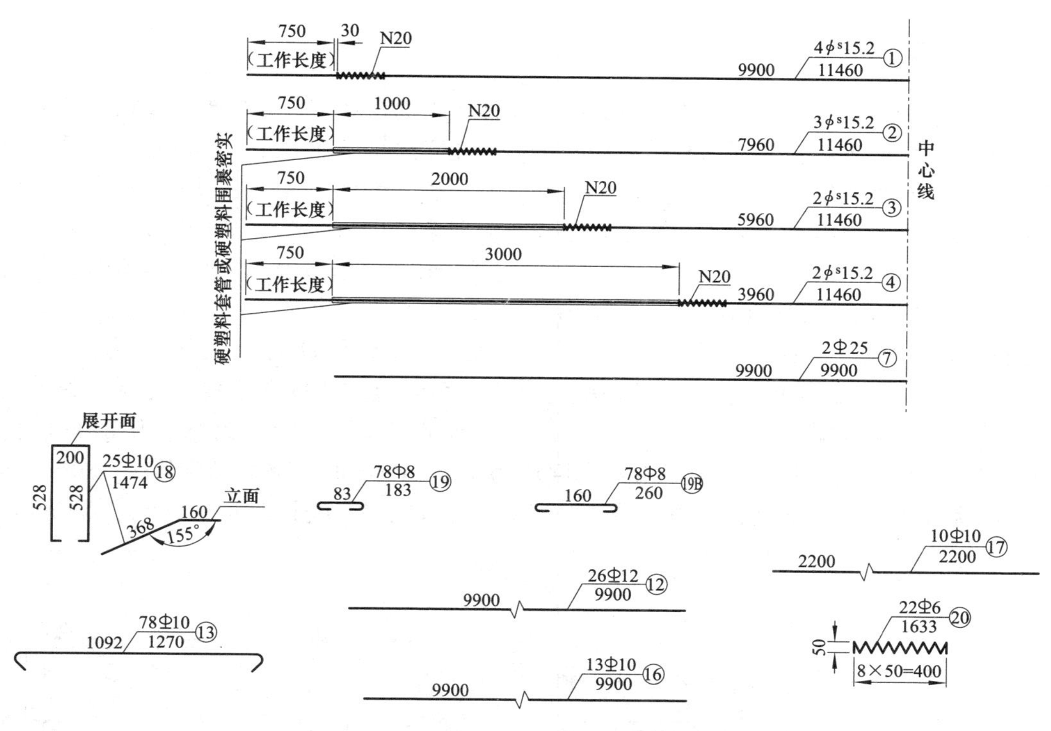

图 8-6　预应力混凝土空心板配筋图（二）

不但要确定钢筋的数量、间距，还要确定每根钢筋在梁板内的具体位置。每类钢筋都有相应的编号，编号相同的钢筋其弯起情况、钢筋直径、下料长度（钢筋下料长度＝直线段长度＋斜弯长度－弯起调整值＋钢筋弯钩增加长度）及类别一般相同，图中均有相应的钢筋详细尺寸图。下面以预应力空心板为实例进行具体识读说明。

顶板钢筋平面图中可知，N12、N16 钢筋均沿纵向布置，且二者交错布置，两种钢筋的具体情况可查看该图下部的⑫、⑯号钢筋的详细尺寸，即⑫号钢筋下料长度 9900mm，直径 12mm，共 26 根，⑯号钢筋下料长度 9900mm，直径 10mm，共 13 根。结合 A—A、B—B 横断面图可以清楚这两类钢筋在竖向布置详情。如 A—A 图中的⑫即为 12 号钢筋，图中显示空心板底部布置 12 根、顶部布置 5 根，左侧布置 4 根，右侧 5 根，共计 26 根。标注 9@＝848 表示⑫号钢筋在该区域间距为 848/9mm。图 A—A 中空心板顶部⑫、⑯号钢筋交错布置，标注 10×90 表示两种钢筋横向间距 90mm，共 10 个间距。

由顶板钢筋平面图可知 N13、N8 均是横向布置，结合 A—A、B—B 横断面图及钢筋尺寸标注知二者板内布置情况，即 N8 钢筋下料长度 1754mm，直径 12mm，共布置 78 根，N13 钢筋下料长度 1270mm，其中直线段 1092mm，直径 10mm，共 78 根。

C—C 为空心板纵向剖面图，其中 N9 钢筋突出空心板顶 300mm，结合 A—A、B—B 图可知，N9 钢筋布置在空心板外侧，共布置 25 根，中心间距为 400mm，下料长度 1462mm。

标号 1、2、3、4 的钢筋为该预应力混凝土空心板的预应力钢筋，布置在空心板底板处，钢束中心距板底距离为（45＋37）mm，下料长度为 11460mm，预应力钢筋采用 ϕ^s15.2 钢绞线，共 11 束。

2. 箱梁

箱梁是内部为空心状，上部两侧有翼缘，类似箱子而得名，分为单箱和多箱。箱梁除了梁肋和上部翼缘板外，在底部尚有扩展的底板，因此它提供了能承受正、负弯矩的足够的混凝土受压区。箱型梁桥适用于较大跨径的悬臂梁桥和连续梁桥，由于箱型梁桥具有扩展的底板，因此对普通钢筋混凝土简支梁桥不宜采用。箱型梁桥目前在连续梁桥中被大量采用。

图 8-7、图 8-8 分别为某 30m 箱梁跨中、支点的横断面图。两图均为半横断面图，图中显示桥宽 26000mm，桥面宽度为 11750mm×2，护栏底部宽度为 500mm，桥面横坡 2%，主梁间距 3150mm。桥面铺装层从上至下依次为 100mm 厚沥青混凝土铺装、防水层、100mm 厚 C50 混凝土桥面现浇层。该桥横向有 8 片箱梁组成，各片箱梁在支点与跨中均横隔梁梁连接，且横隔梁间预留宽 750mm、厚 180mm 的横向湿接缝。此外，为了减轻自重，跨中横隔梁进行了挖空处理。各片箱梁高度均为 1600mm，顶板跨中厚度均为 180mm，但箱梁梁肋和底板厚度在支点和跨中不同，即跨中、支点底板厚度分别为 180mm、250mm。

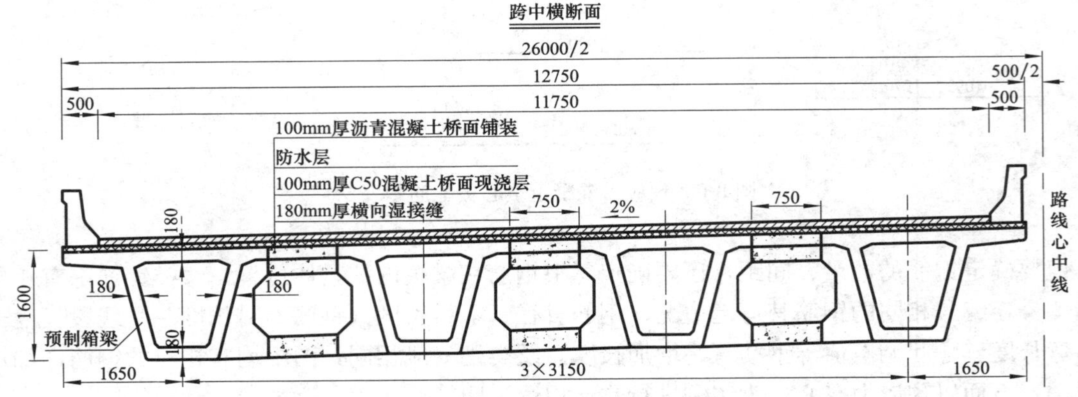

图 8-7　某 30m 箱梁跨中横断面图

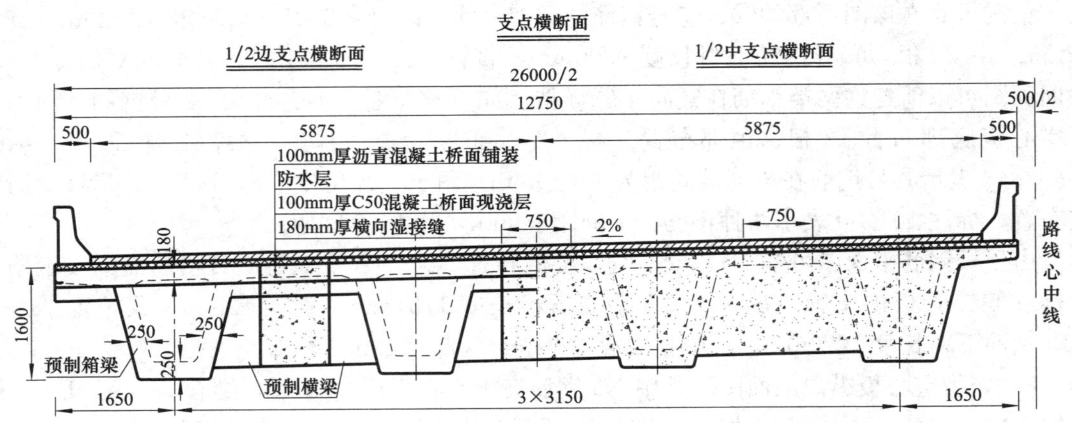

图 8-8　某 30m 箱梁跨支点断面图

图 8-9、图 8-10 分别是某 30m 箱梁中跨中梁的平面、纵剖面及相应的横断面图。由图 8-10 可知，中梁左右对称，两侧上顶板宽度均为 1200mm，顶板表面非水平，坡度为

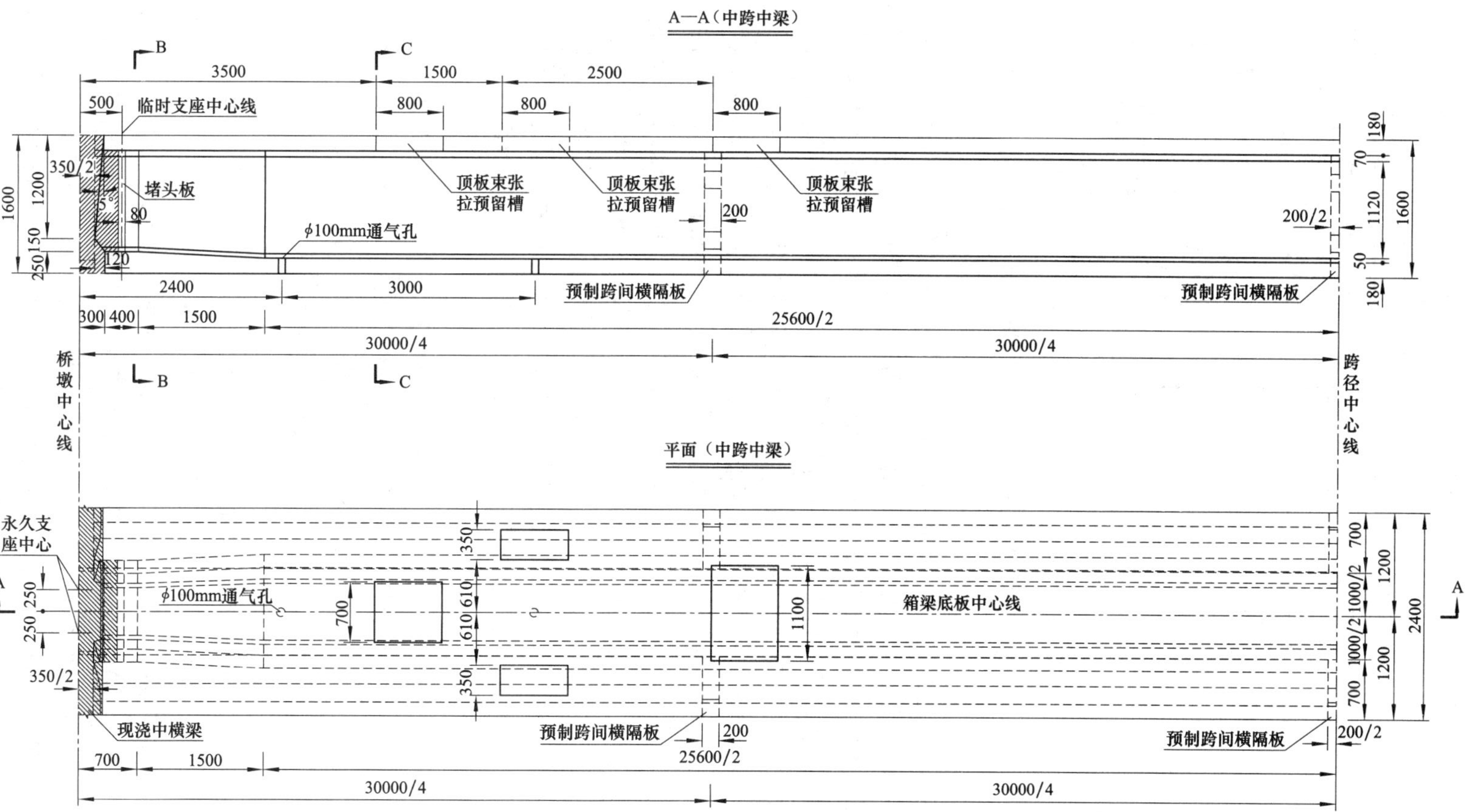

图 8-9　某30m箱梁中跨中梁平面及A-A剖面图

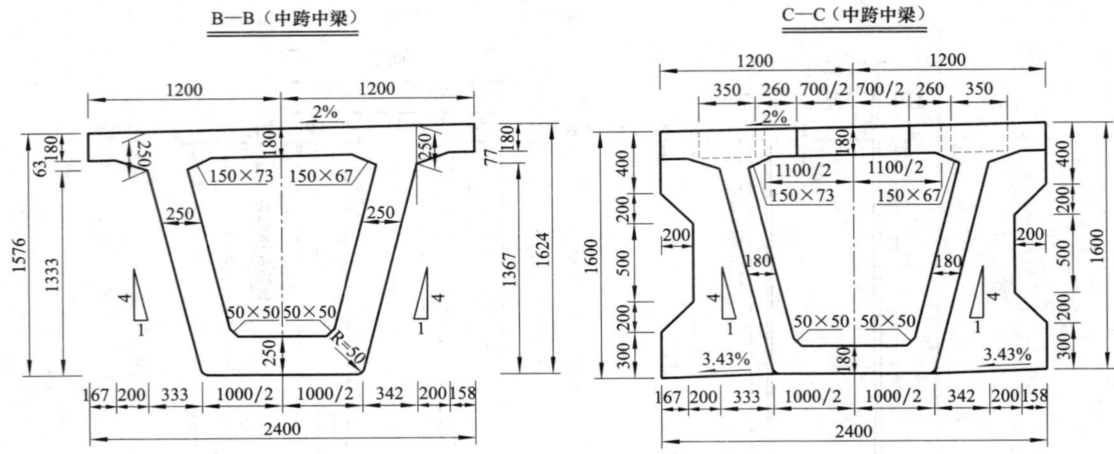

图 8-10　某 30m 箱梁中跨中梁横断面图

2%。箱梁顶板悬臂端长度为（200＋158）mm。悬臂与梁肋连接处厚度为 250mm，悬臂自由端处厚度为 180mm。箱梁内部为了避免应力集中，在边角设置钝角过渡，短斜线标注 150×73，表示该斜线在水平和竖直投影长度分别为 150mm、73mm。由于箱梁顶板有 2%的坡度，因此左右两侧梁高不同。以 B—B 断面为例，左侧、右侧梁高分别为 1576mm、1624mm。图中每片箱梁有两个梁肋，梁肋倾斜布置。梁肋在竖直和水平投影比值为 4∶1。箱梁底板宽度为 1000mm。B—B 与 C—C 断面有所不同。例如，C—C 断面处有预制的横隔梁，且横梁有挖空，横隔梁底部非水平，倾斜度为 3.43%。图中宽度 350mm 为顶板钢束张拉预留槽宽度。结合图 8-9 可知，预留槽纵向长度为 800mm，竖向深度 180mm，每片箱梁共布置 6 个，预留槽端部距离桥墩中心线最近距离为 3500mm。图中阴影处表示为现浇部分。梁中布置 4 个通气孔，通气孔距墩中线最近距离 2400mm，每侧两个通气孔中心间距 3000mm。A—A 剖面中的竖向标注 180mm 为顶板悬臂自由端厚度，其悬臂根部厚度 250mm，二者之差为 70mm，即图中 70 的含义。竖向标注 50 表示箱梁内部底板与斜肋过渡处的短斜边水平、竖直投影均为 50mm。

图 8-11、图 8-12 为中跨边梁的平面、纵剖面及相应的横断面图。边梁和中梁尺寸、构造上有一定区别。如：中梁顶板中心线距离两侧端部距离均为 1200mm，边梁左右两侧则不一样，分别为 1650mm、1200mm；边梁在外侧悬臂处设有滴水槽，中梁则无。C—C 断面处中梁有两片横隔梁而边梁只有 1 片等。中梁和边梁图形识读的方法是一致的，关键是要区分二者的尺寸及构造的不同。

图 8-13 为中跨预应力钢束（半跨）布置图。立面图结合 A—A、B—B 横断面图可知共布置 8 束预应力钢束，编号为①、②、③、④的钢束各 2 束，其中①、②预应力筋为 5ϕ^s15.2，③、④预应力筋为 4ϕ^s15.2。A—A、B—B 横断面图中左右两侧中给出了 N1、N2、N3、N4 的上下左右布置图。两个横断面图中可以看出，预应力钢束沿箱梁中线对称布置。跨中处即 B—B 断面，每条梁肋各布置 2 束，底板布置 4 束。桥墩处即 A—A 断面处，每条梁肋各布置 3 束，底板布置 2 束。为了方便预应力钢束的弯起，桥墩处的梁肋厚度显然比跨中处梁肋厚度大。从 A—A、B—B 横断面图各个钢束的位置可以看出，预应力钢束

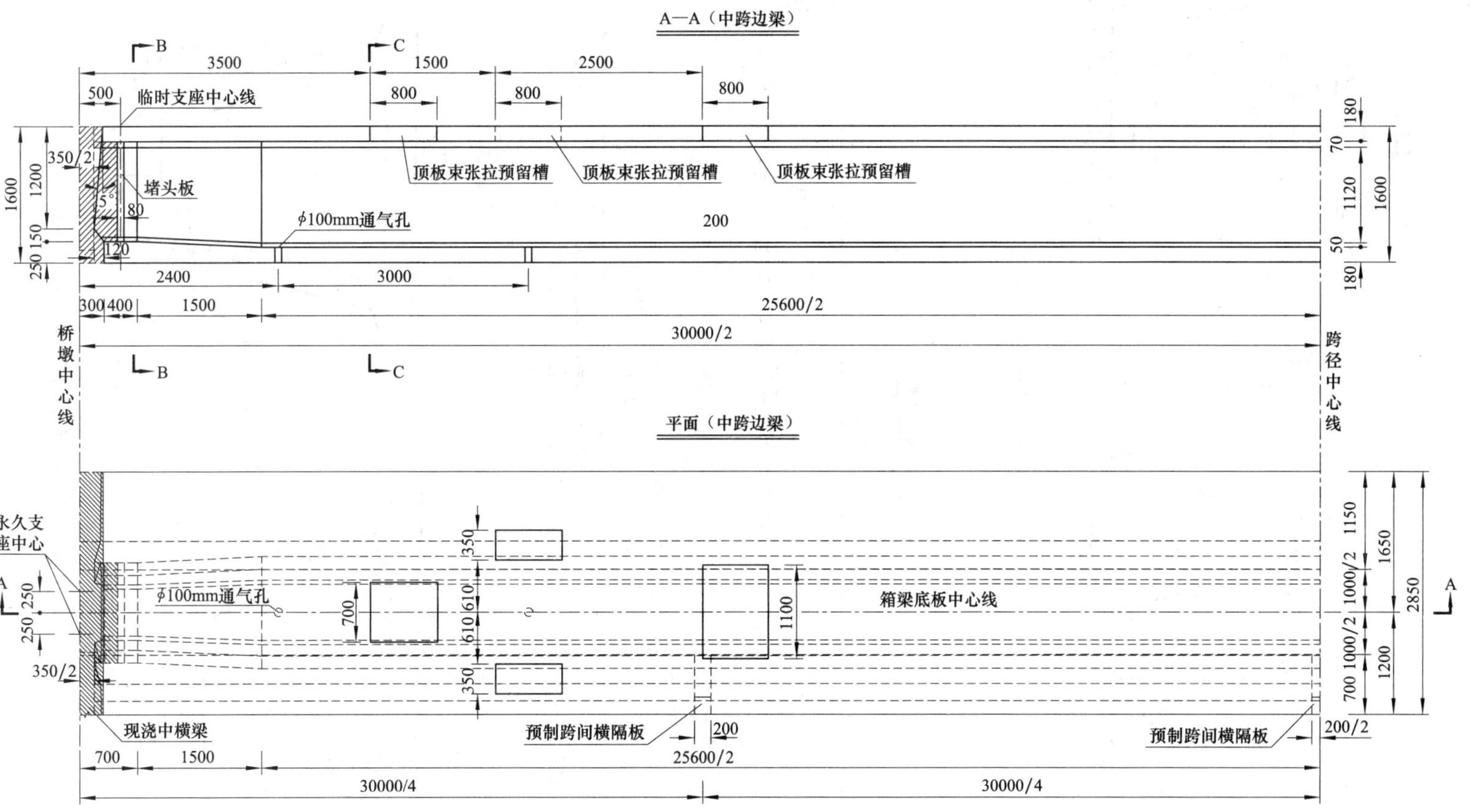

图 8-11　某30m箱梁中跨边梁平面及A—A剖面图

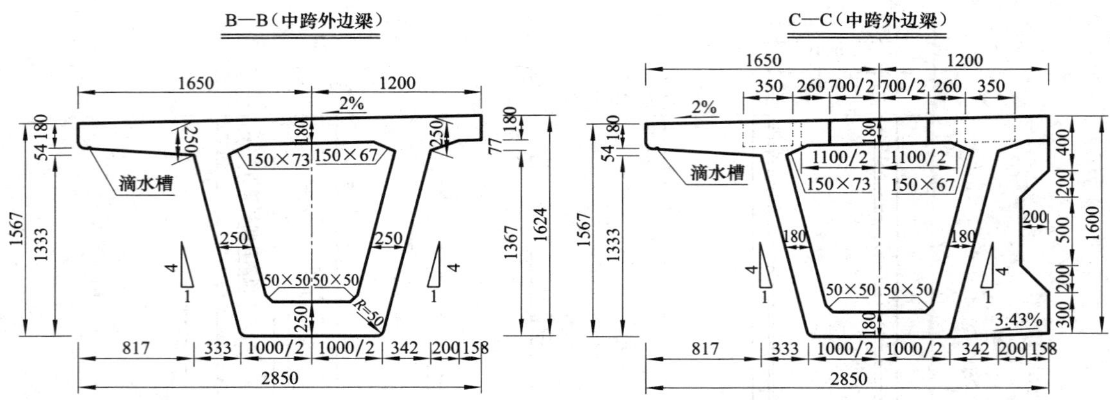

图 8-12　某 30m 箱梁中跨边梁横断面图

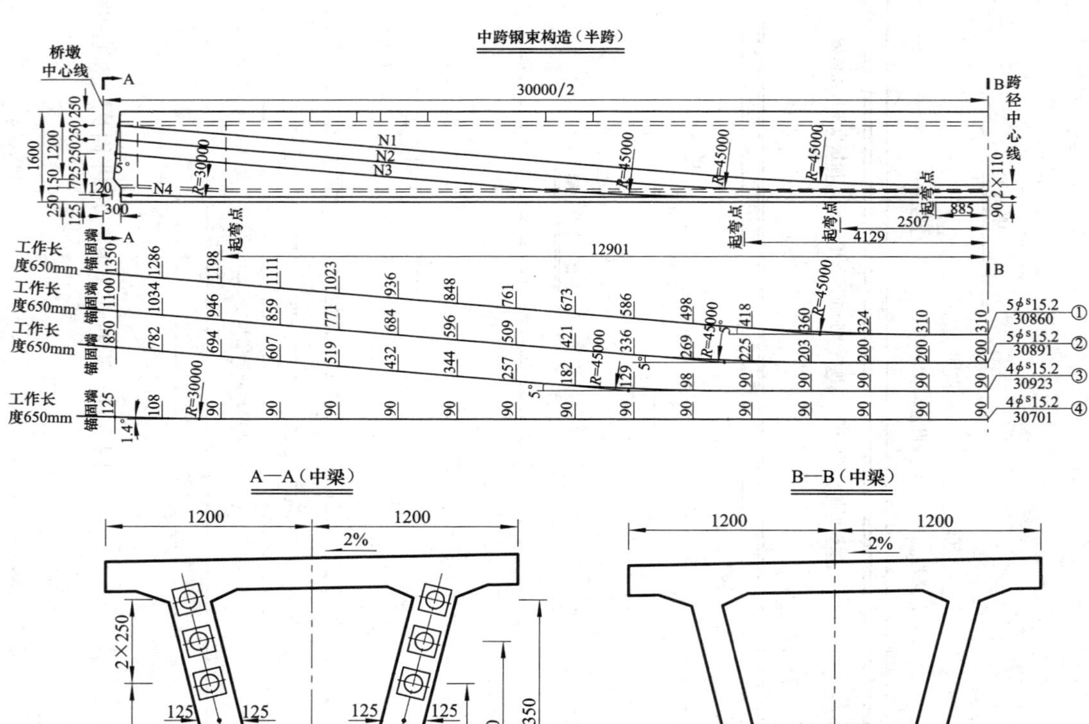

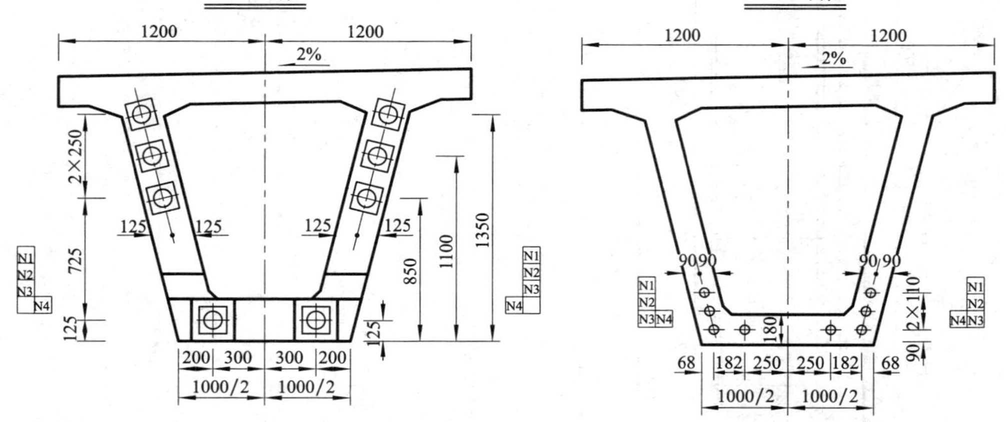

图 8-13　中跨预应力钢束（半跨）构造图（一）

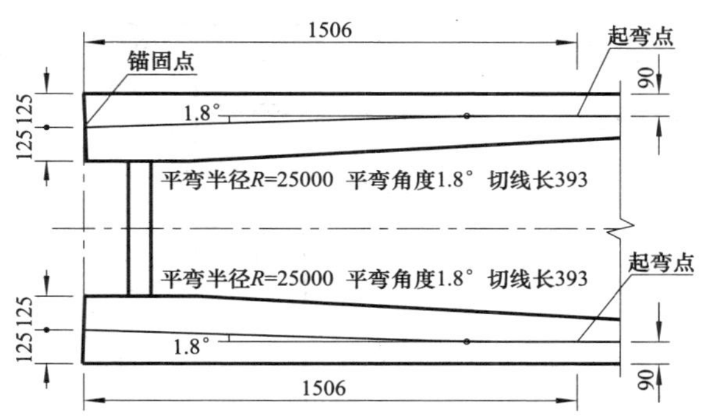

图 8-13　中跨预应力钢束（半跨）构造图（二）

N1、N2、N3 从跨中到桥墩处，不但进行了竖向弯起，也进行了平面弯起。A—A 横断面图为预应力钢束锚固图，图中的方形板为钢垫板，是为了减少局部应力集中。

图中的纵向钢束构造图中给出了编号为①、②、③、④的钢束的详细布置图，给出了每根钢束的弯起点位置（以箱梁跨径中心为原点），①、②、③、④号的起弯点距跨中距离依次为 885mm、2507mm、4129mm、12 901mm。同时图中也给出了每号钢束的下料长度以及工作长度，如①号钢筋的下料长度为 30 860mm、工作长度 650mm。图中 $R=45\ 000$ 表示弯起半径为 45 000mm。图中钢束纵向每隔一定距离标注的数据为钢束中心距离梁底面的距离，再结合纵向坐标即可确定钢束在梁中的位置，如①号钢筋上标注的 310 是指该处钢束中心距离梁底 310mm。

A—A、B—B 横断面图看出 N1、N2、N3 钢束还进行了平弯。平弯大样图中给出了这 3 组钢束平弯半径、平弯起弯点、平弯角度，如，1506 表示平弯点距离锚固点 1506mm、$R=25\ 000$ 表示平弯半径为 25 000mm。

3. 梁式桥下部结构

桥梁下部结构包括桥墩、桥台。桥墩、台是支承桥跨结构并将恒载和车辆等活载传至地基的建筑物。设置在桥两端的为桥台。下面以柱（桩）式桥墩、U 形台一般构造图为例介绍具体识读方法。

（1）桥墩一般构造

图 8-14 为柱（桩）式桥墩一般构造图。图中 α 为角度，平面图中给出了角度的含义，即支承线垂线与桥轴线的夹角。图中 B_1 为桥墩上部盖梁的横向宽度，图中 65、75 表示盖梁竖直段及斜面过渡段高度分别为 65cm、75cm，盖梁纵向宽度为（130＋15＋15）cm。由立面图和平面图可知，两根墩柱截面为圆形，地面以上部分直径为 130cm，地面以下部分直径变粗，为 150cm。墩中心距为 B_2。盖梁上放置支承垫石 4×2 个，相邻支承垫石中心距为 $340/\cos\alpha$，两侧支承垫石中心距离盖梁端部距离 $90/\cos\alpha$。墩柱下部设置了加强横向联系的系梁，系梁竖向高度为 120cm，宽度 100cm。盖梁两侧设置了防震挡块，挡块高度 50cm，与盖梁同宽。

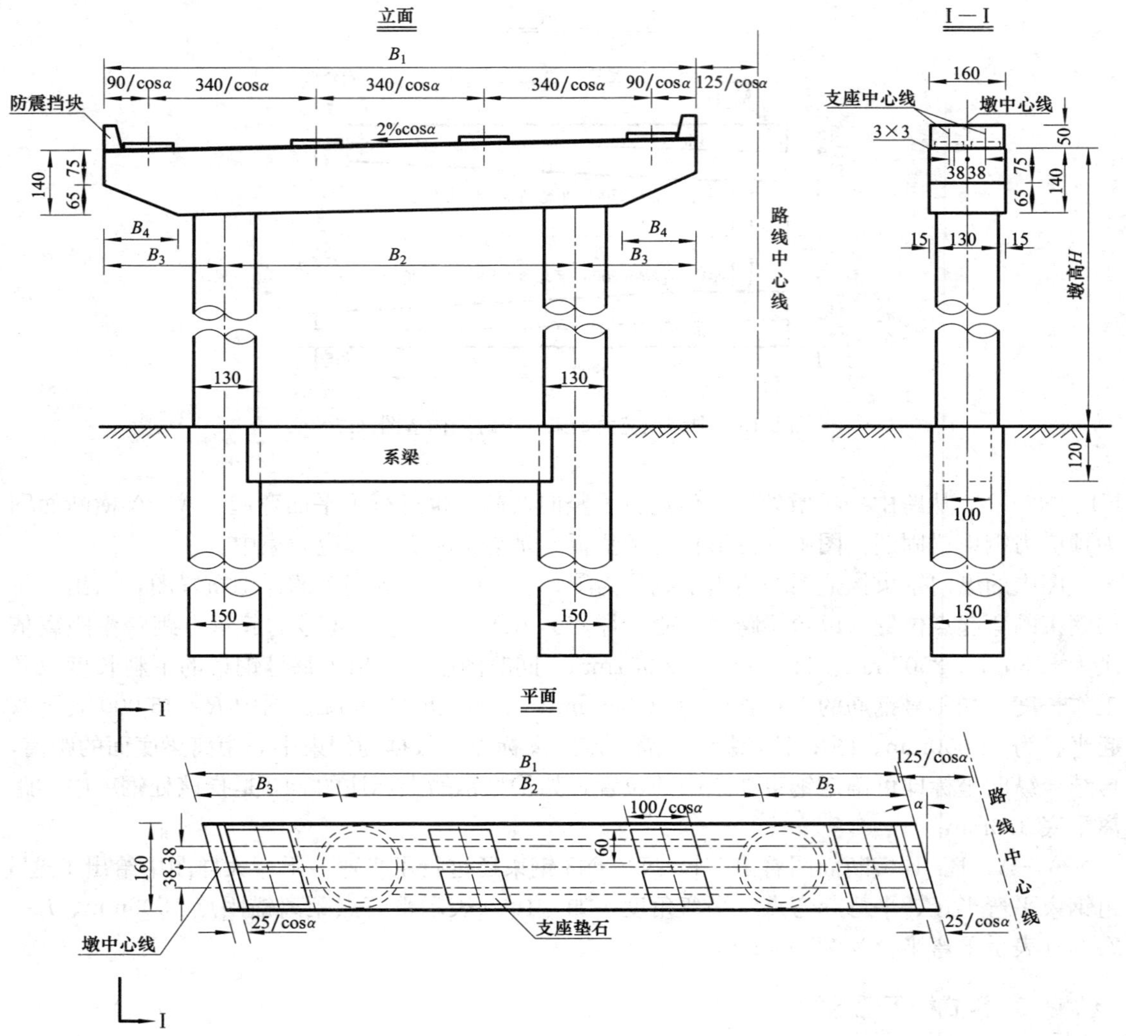

图 8-14　柱（桩）式桥墩一般构造图（单位：cm）

（2）桥台一般构造

实体（重力）式桥台是梁式桥台的一种，主要是靠自重来平衡台后的土压力。而 U 形桥台是最常用的重力式桥台，故本部分以 U 形桥台为例介绍桥台识图方法。

图 8-15 为某 U 形桥台一般构造图，包括立面、平面及侧面图。台帽上支承支座，从侧面图知台帽沿纵向宽度为（1700＋100＋100－500－300）mm 即 1100mm，台帽高 400mm，台帽横向两侧设置台帽挡块，由 A—A 可知挡块高度为 500mm，由立面图可知挡块内侧为斜坡面，外侧为竖直面。台背高 1980mm，台帽挑出台身即檐口 100mm。支座中心线距离台帽边缘（1100－600）mm。桥台台身前后均为斜坡，前后坡度分别为 10∶1、3∶1。台身基础深度 1000mm，基础挑出台身 500mm，台身高度为图中 h。U 形桥台两侧的侧墙内侧为斜坡面，立面图中的 3∶1 为其坡度。A—A 剖面比 B—B 剖面沿纵向多出宽度为 cjc 的基础。

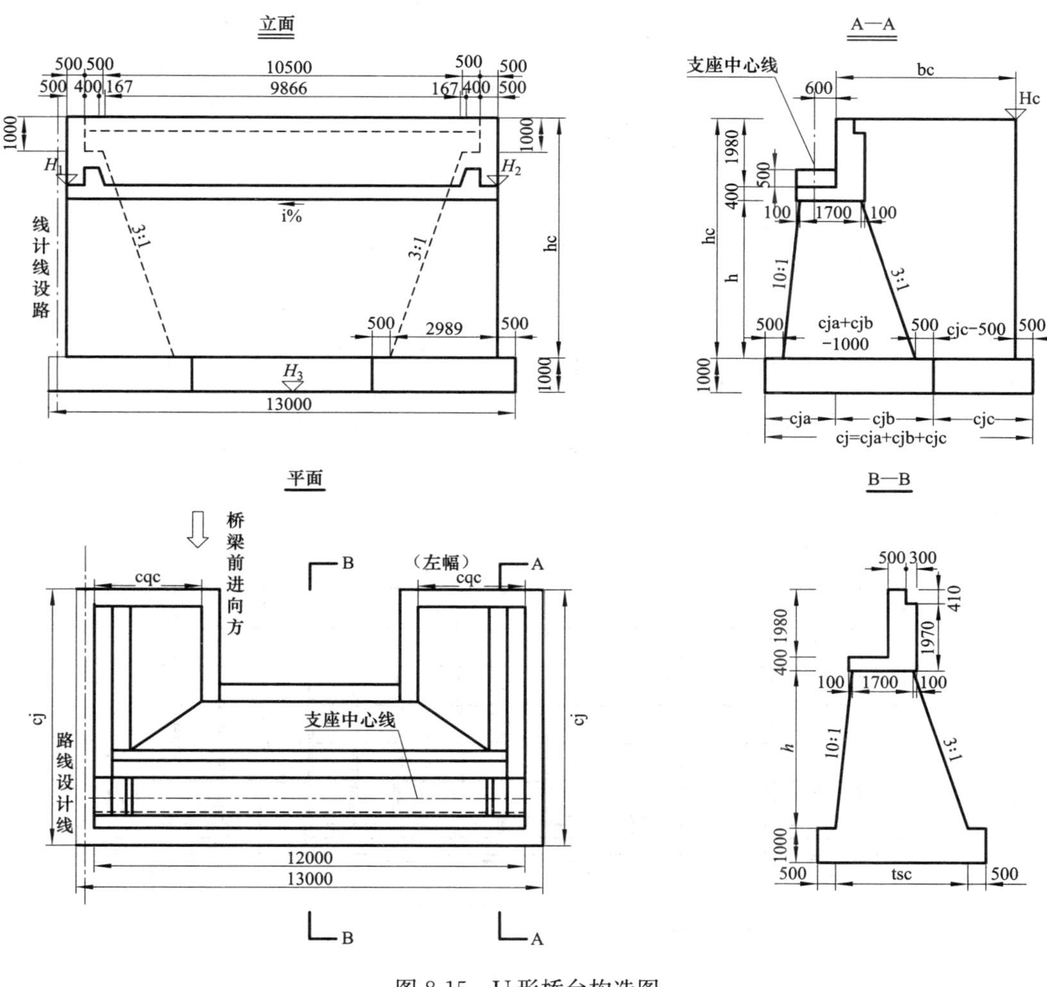

图 8-15 U 形桥台构造图

4. 附属设施施工图

桥梁附属设施包括桥面铺装、防水排水设备、伸缩缝、栏杆、支承垫石及挡块等。

(1) 护栏

图 8-16 为护栏构造图，包括一般构造图、横断面图以及相关的钢筋构造图。护栏顶部宽 20cm，底部宽 50cm，高出铺装层 110cm。护栏中①、②号钢筋为横向布置钢筋、③号钢筋为纵向布置钢筋。②号钢筋内箍有板或梁顶部钢筋，如护栏断面图中所示。A—A 图中标出①、②、③号钢筋的位置、间距等。如③号钢筋为纵向布置钢筋，图中标注5×18 中 18 即为③号钢筋间距 18cm。

(2) 伸缩缝

伸缩缝又称变形缝，通常设置在桥梁的两梁端之间或者梁端与桥台台背之间，目的是保证桥跨结构在气温变化、活载作用、混凝土收缩与徐变等影响下按静力图式自由变形。伸缩缝的类型较多，以下介绍橡胶和钢板组合的模数式伸缩缝。

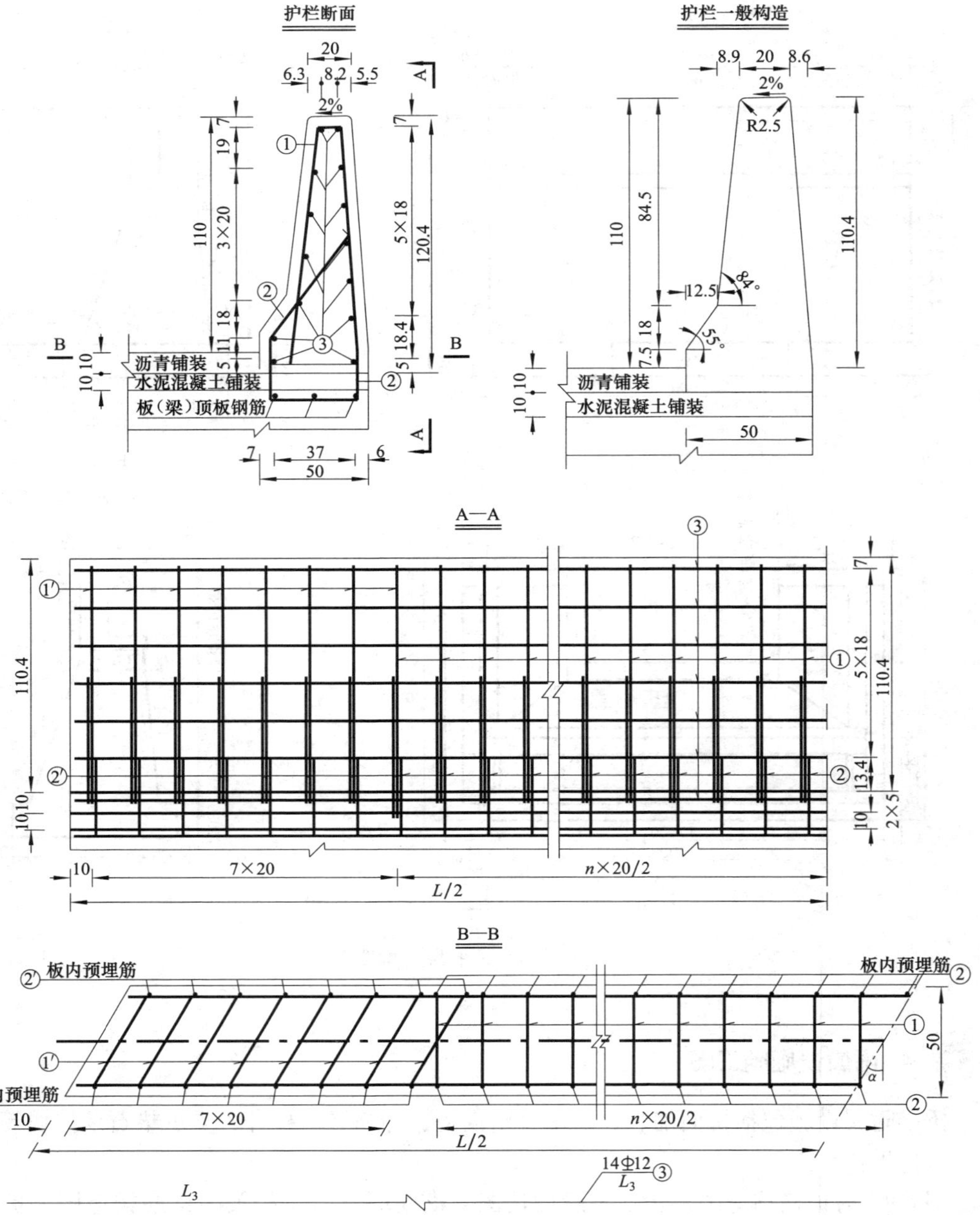

图 8-16　护栏构造图（单位：cm）

图 8-17 为 D80 型伸缩缝，80 代表该伸缩缝的容许变形量，单位为 mm。图中包括伸缩缝的横断面图（沿桥梁的纵向），A—A、B—B、C—C 剖面图以及钢筋详细尺寸图。横断面图中显示该伸缩缝是由固定的型钢和鸟型橡胶条组成。型钢固定在桥面铺装层内，伸缩缝处铺装层填筑 C50 钢纤维混凝土。铺装层内沿桥梁横向布置有②号钢筋，箱梁内预埋①号钢筋深入铺装层内。A-A 图显示型钢沿桥横向布置，B-B 图给出了铺装层内的钢筋网的布置情况，布置了③、④、⑤号钢筋，④、⑤号沿桥纵向布置，③钢筋沿桥横向布置。各类钢筋的

间距、直径以及下料长度在图下部均给出（θ 为桥梁支承线垂线与桥轴线的夹角）。C—C 图给出了①、②号钢筋及伸缩缝锚固环筋的布置情况，②号钢筋沿伸缩缝延伸方向布置，并位于①钢筋围成的环内。

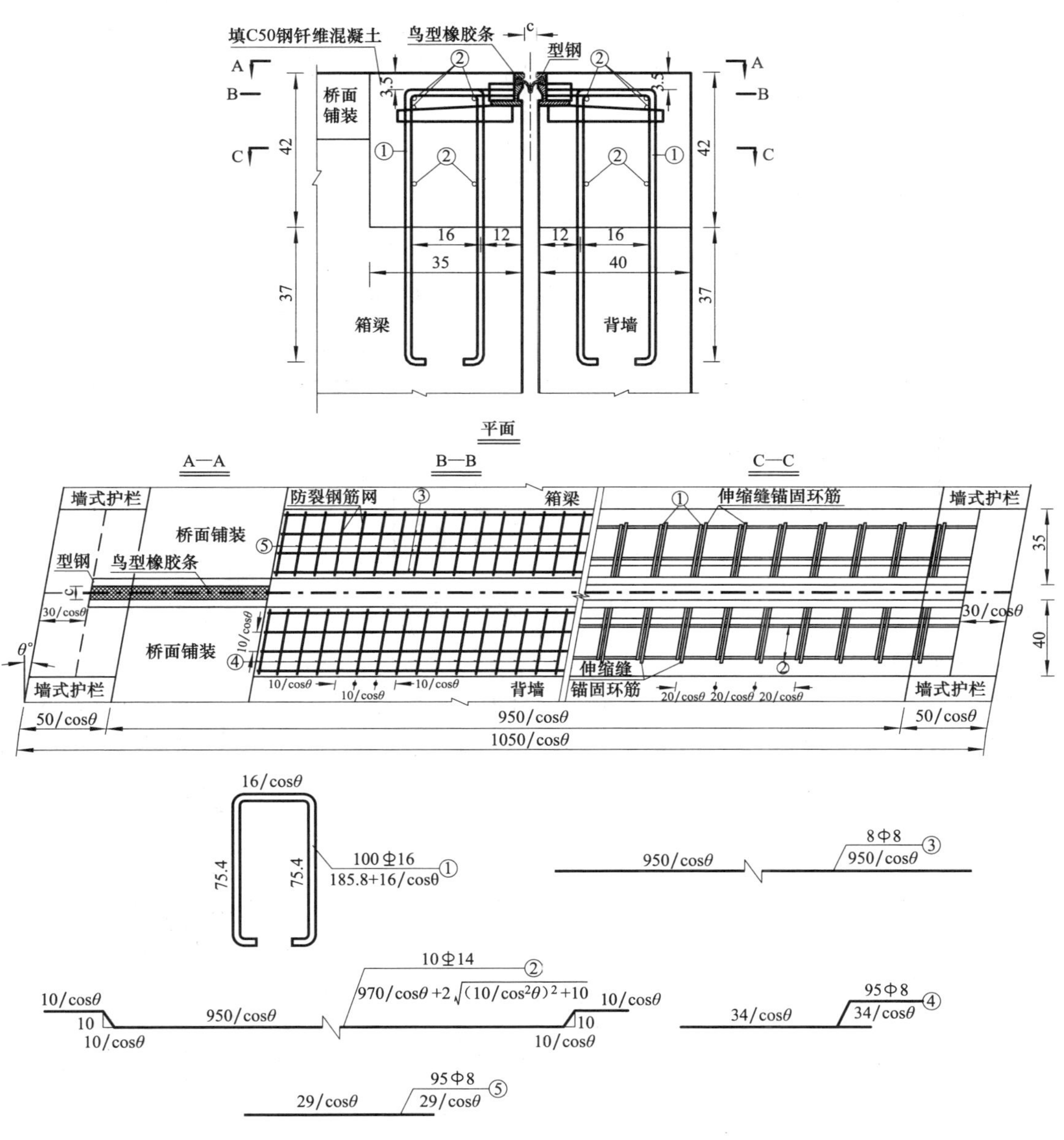

图 8-17　D80 型伸缩缝装置布置图（单位：cm）

（3）泄水管

1）横向泄水管

图 8-18 为横向泄水管道构造图。图中显示横向泄水管道布置在护栏中，材质为 Q235B 钢材。纵向每隔 5000mm 布置一个，泄水管外径标注 110×7×91.5 表示外径 110mm、壁厚 7mm，总长 915mm（即 500mm＋165mm＋250mm）。

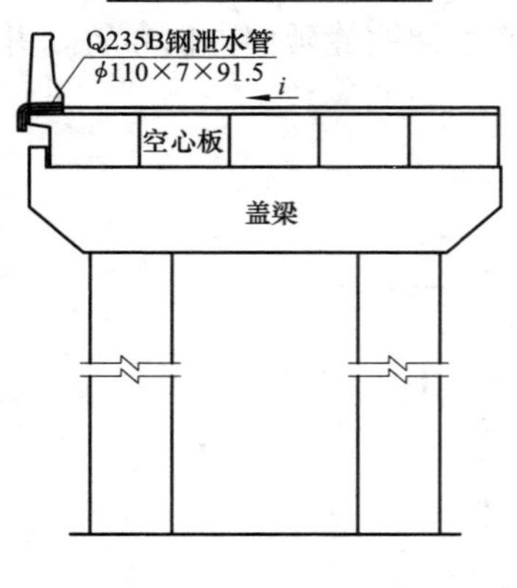

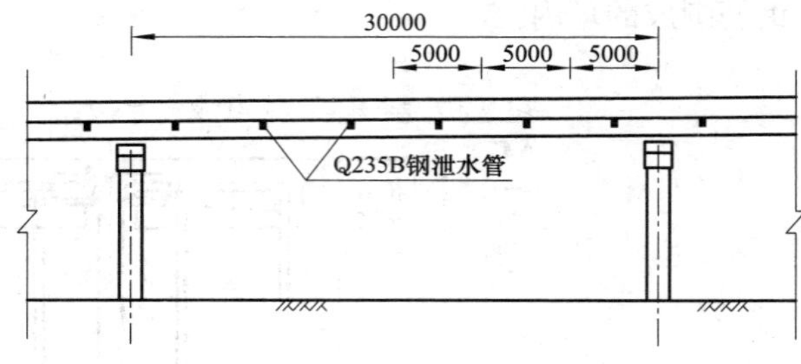

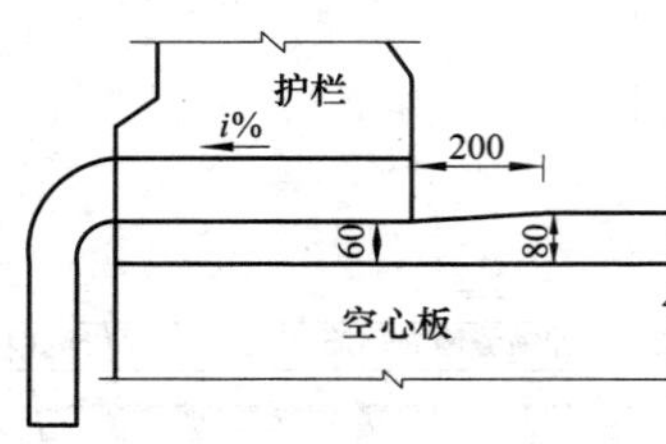

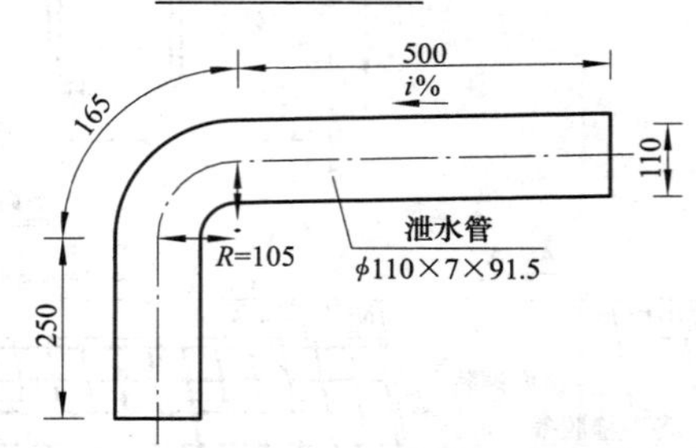

图 8-18　横向泄水管道构造图

2）桥面泄水管

图 8-19 为桥面泄水管构造图。泄水管管材为 UPVC、内径 100mm、壁厚 9mm、管长 440mm；管口处外径 160mm、内径 140mm。进行施工安放泄水管时，其与防水层的结合处

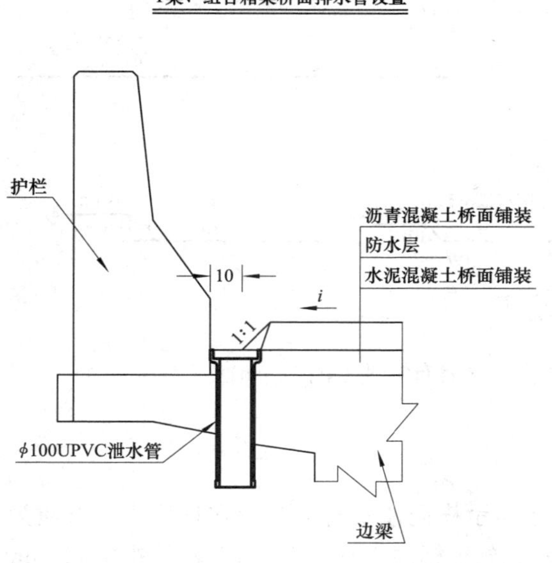

桥面UPVC泄水管

图 8-19　桥面泄水管构造图

一定要做的特别仔细，防水层的边缘要紧夹在管子的顶缘与泄水漏斗之间，以便防水层上的渗水能通过漏斗上的过水孔流入管内。

（4）桥台搭板、挡块、桥面铺装、支承垫石

1）桥台搭板

桥台搭板设置在路堤与桥台的衔接处，目的是防止桥头路基沉降不均匀引起行车颠簸。图 8-20 为某桥台搭板的构造图。图中显示该搭板长 600cm。钢筋平面图显示纵向布置了①号

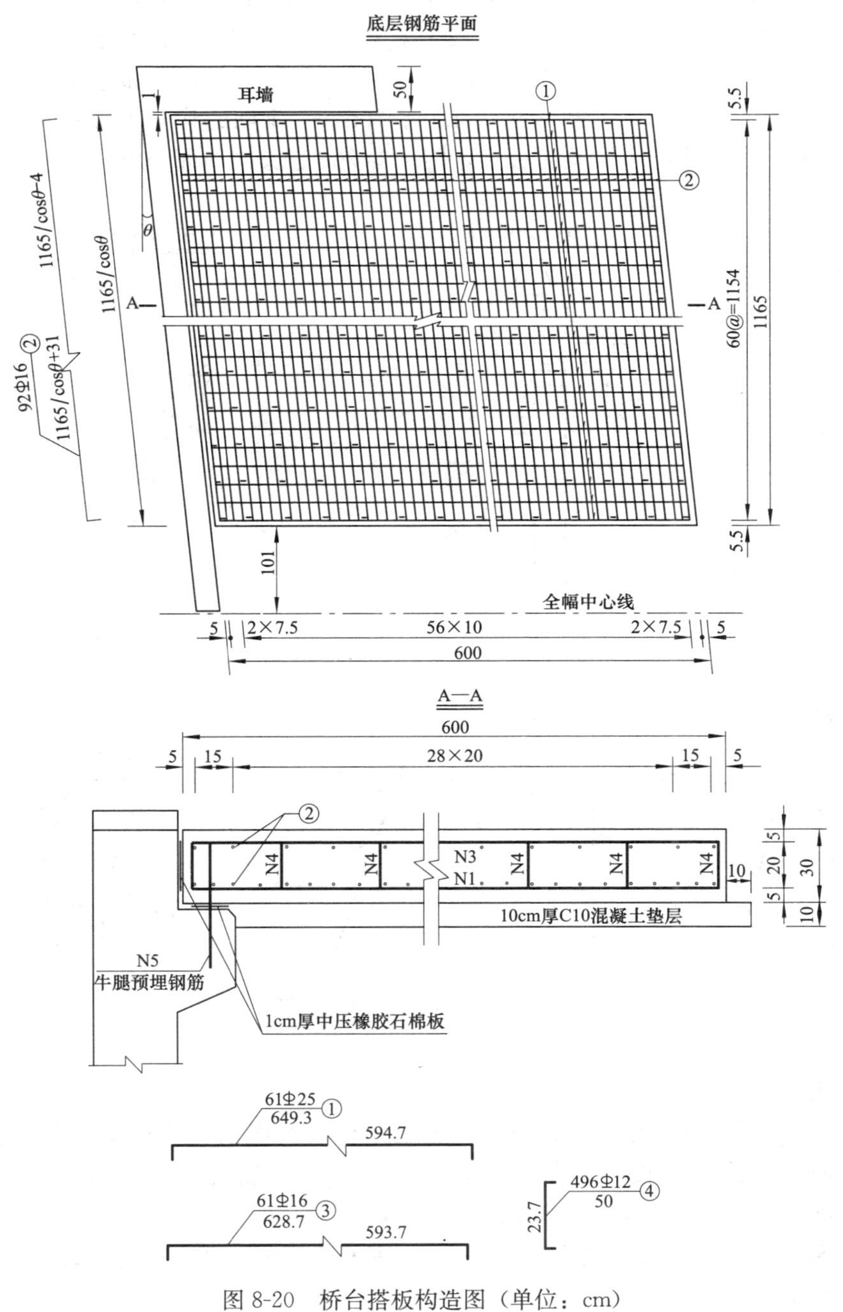

图 8-20　桥台搭板构造图（单位：cm）

钢筋，共布置 61 根，直径 25mm，钢筋下料长度 649.3cm；横向布置②号钢筋。搭板搭在桥台设置的牛腿上，牛腿中预埋 N5 钢筋，搭板与桥台间隙中充填 1cm 厚的中压橡胶石棉板。

2）桥台挡块

图 8-21 为桥台挡块示意图，桥台挡块设置在桥台台帽左右两侧，并在梁与挡块之间设置橡胶缓冲块。

图 8-22 某桥台挡块构造图。立面图和平面图显示挡块中布置①、②、③、④号钢筋，钢筋直径分别为 22mm、22mm、10mm、10mm，钢筋的其他详细参数图中各编号中均有标准，图中参数 θ 意义同前面一致。

图 8-21　桥台挡块示意图

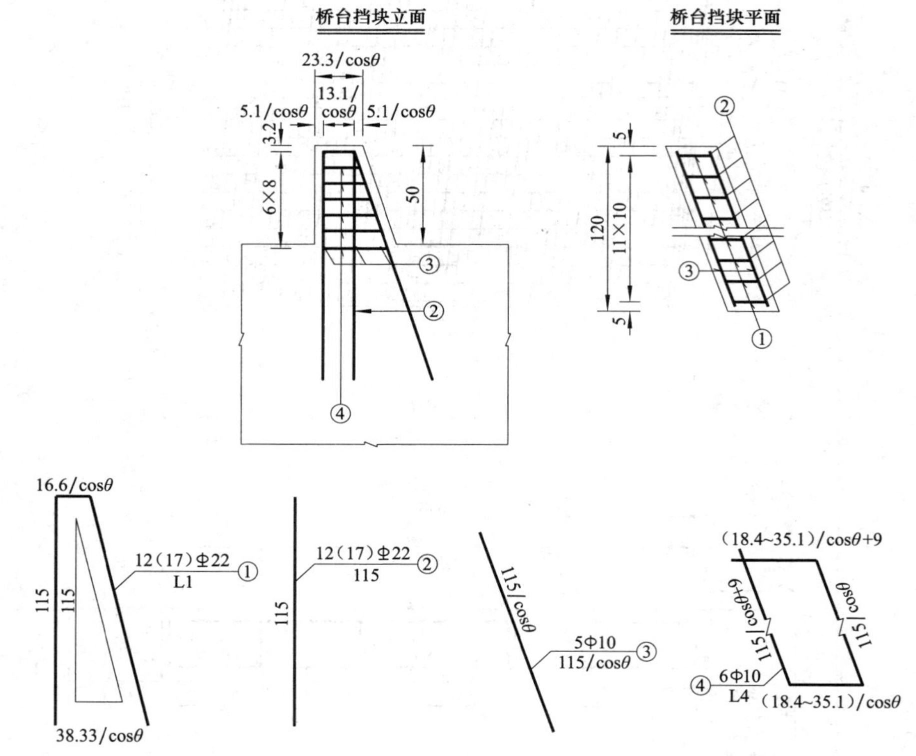

图 8-22　桥台挡块构造图

3）桥面铺装

图 8-23、图 8-24 分别为某空心板桥、箱型梁桥的桥面铺装构造图。图中显示，铺装层布置了纵向分布的①号钢筋、横向分布的②号钢筋，钢筋直径均为 12mm。其中空心板桥中①号钢筋 122 根，下料长度 1600cm，②号钢筋 160 根，下料长度 1271/cosθ；箱型梁桥中①号钢筋 122 根，下料长度 2000cm，②号钢筋 200 根，下料长度 1221/cosθ，图中参数 θ 意义同前面一致。

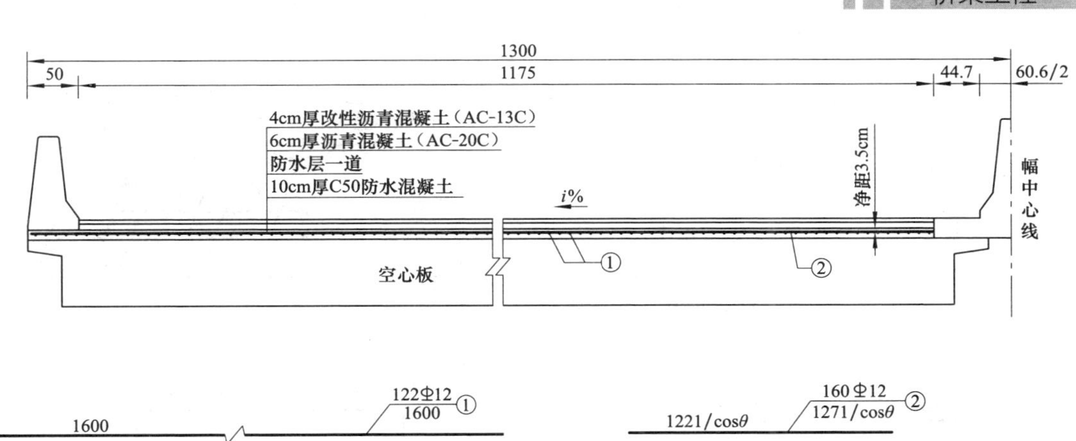

图 8-23　某空心板桥桥面铺装构造图（单位：cm）

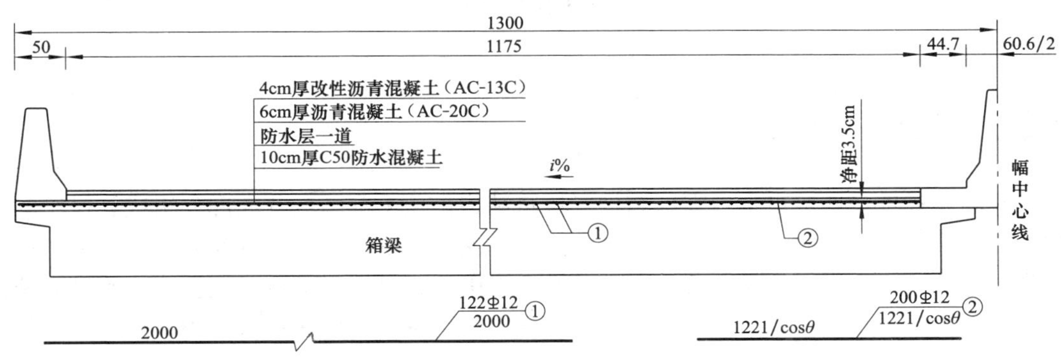

图 8-24　某箱型梁桥桥面铺装构造图（单位：cm）

4）支承垫石

图 8-25 为支承垫石布置的示意图，分别给出了支承垫石在桥台、桥墩纵向的布置图。图 8-26 为某支承垫石的构造图，图中给出了立面图、平面图以及钢筋尺寸图。从图中可以确定钢筋位置、间距、下料长度等，如①号钢筋直径为 10mm、下料长度 120/cosθcm。

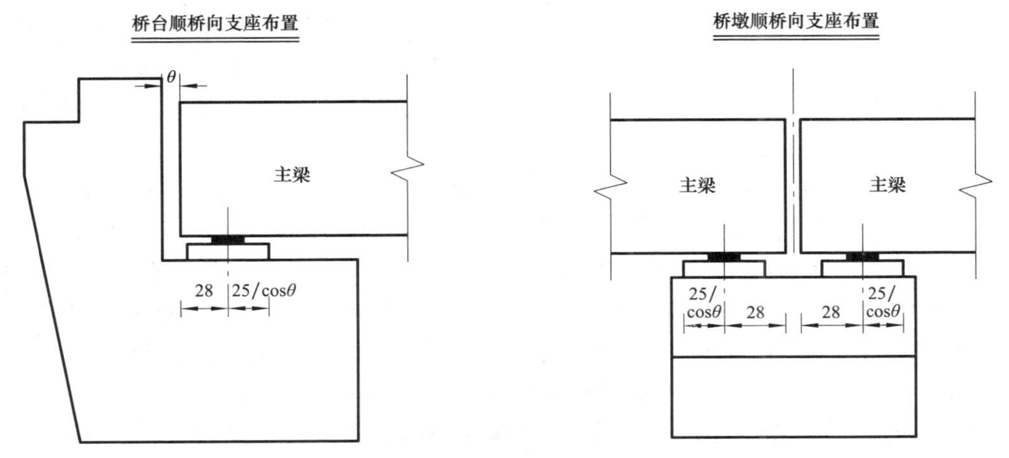

图 8-25　支承垫石布置示意图

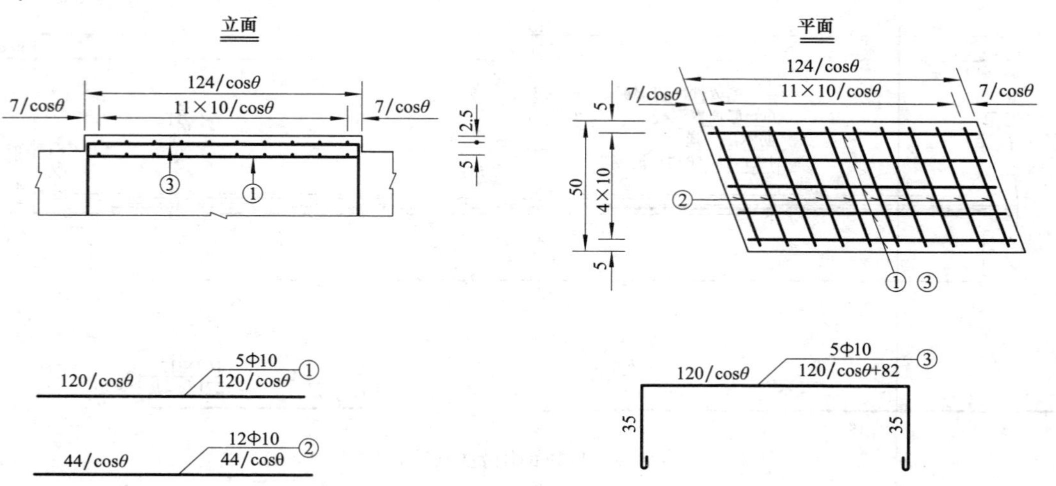

图 8-26　某支承垫石构造图（单位：cm）

8.2　拱桥施工图

拱桥同梁式桥一样，也是由上部结构（桥跨结构）及下部结构两大部分组成。拱桥的桥跨结构主要承重构件是曲线形的拱圈，也称为主拱圈或主拱。拱桥的分类方式有多种，按照桥面系在上部结构立面中的位置分为上承式拱桥、中承式拱桥、下承式拱桥；按照拱圈截面形式可分为板拱、肋拱、双曲拱和箱形拱。此外，还可按照结构体系、建桥材料、拱圈曲线形式等划分。

1. 拱桥上部结构

图 8-27 为某拱桥的一般构造图。图中给出了半跨立面、平面及几个剖面图。根据平面、立面、剖面图可知该拱桥为桥面系在主拱圈之上，由 A—A、C—C、D—D 剖面可知，该拱桥的主拱圈为箱形。

由 A—A 剖面图可知，该拱桥主拱圈横向宽 850cm，下部宽度 500cm，箱型每侧悬臂端宽 175cm，跨中部分拱圈厚度为 100cm；内部挖空部分高度 50cm，宽度 300cm。C—C 剖面部分主拱圈厚度较 A—A 部分大。D—D 剖面处拱圈横断面为矩形形状，长、宽分别为 500cm、100cm，内部挖空尺寸同 A—A、C—C 剖面。

此外，由立面图可知该拱桥为空腹式拱桥，拱上建筑为梁式腹孔，腹孔墩为形式可由 E—E 剖面判断为横墙式，横墙的横向长度为 500cm、纵向宽度为 50cm，桥跨共布置 6 道横墙。腹孔墩上放置的纵梁横断面见图 B—B 断面图，全高 45cm，其中端部高 15cm。纵梁为连续梁，一联为 4 跨，靠近桥台边跨标准跨径 750cm、其余为 710cm。纵梁下放置的支座为 GJZ350mm×250mm×37mm，该支座为矩形板式橡胶支座，长度、宽度、厚度依次为 350mm、250mm、37mm。纵梁与主拱圈连接处设置伸缩缝，缝内充填 1cm 厚的高压石棉板。

图 8-28 为拱桥的主拱圈钢筋构造图，包括立面图、各编号钢筋尺寸图、拱圈横断面图 A—A、B—B。

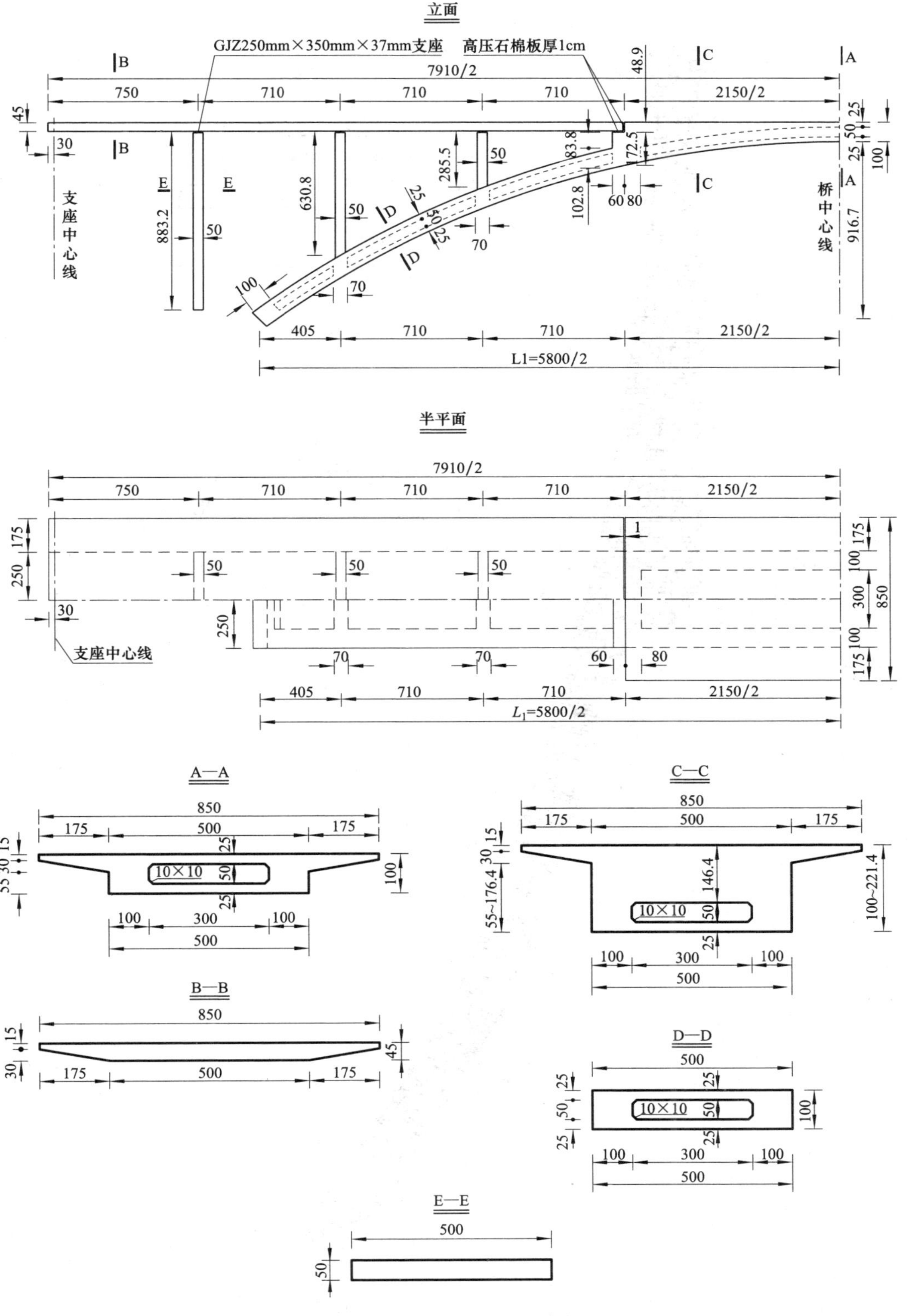

图 8-27　某拱桥一般构造图（单位：cm）

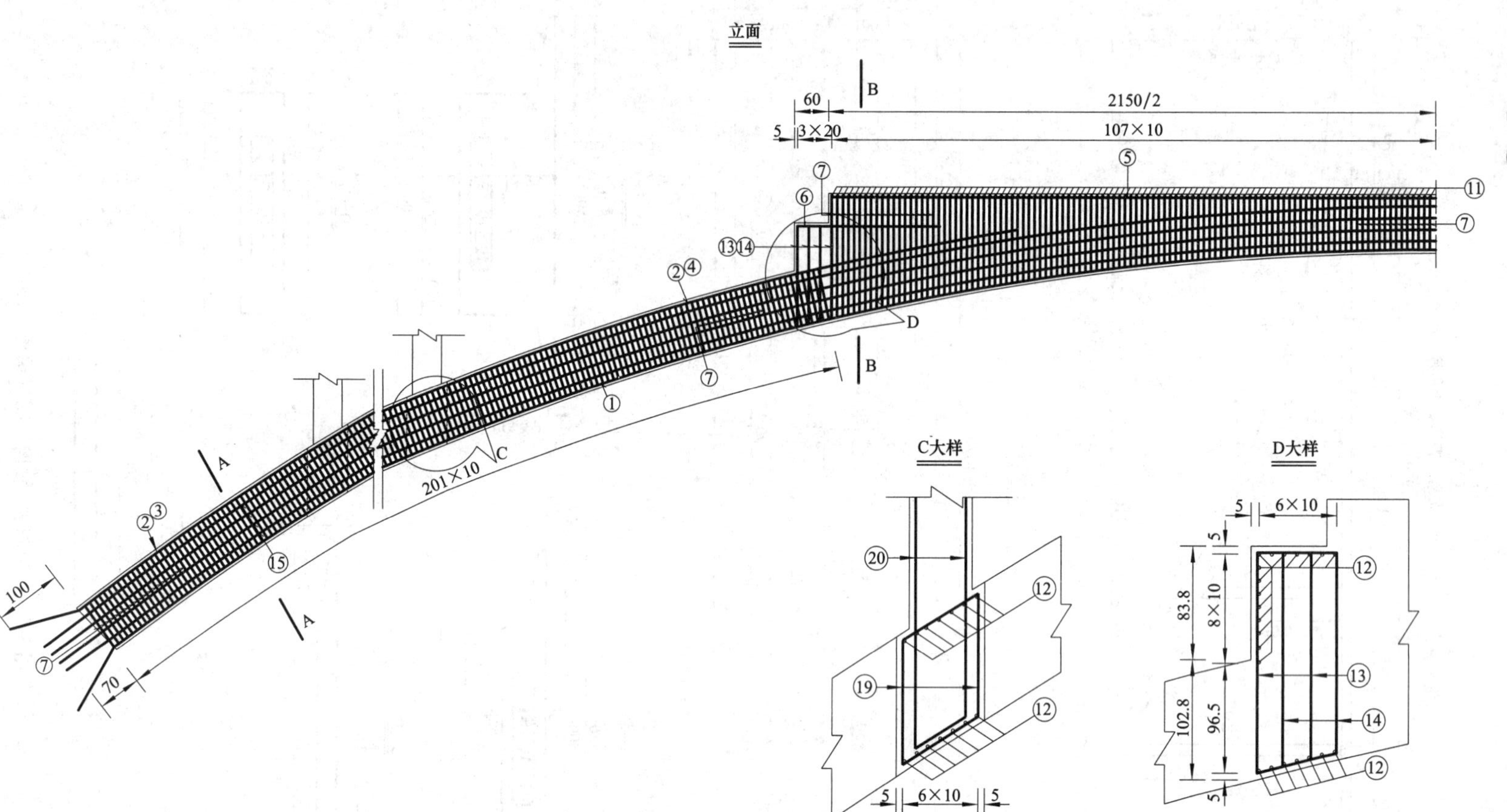

图 8-28　主拱圈钢筋构造图（一）

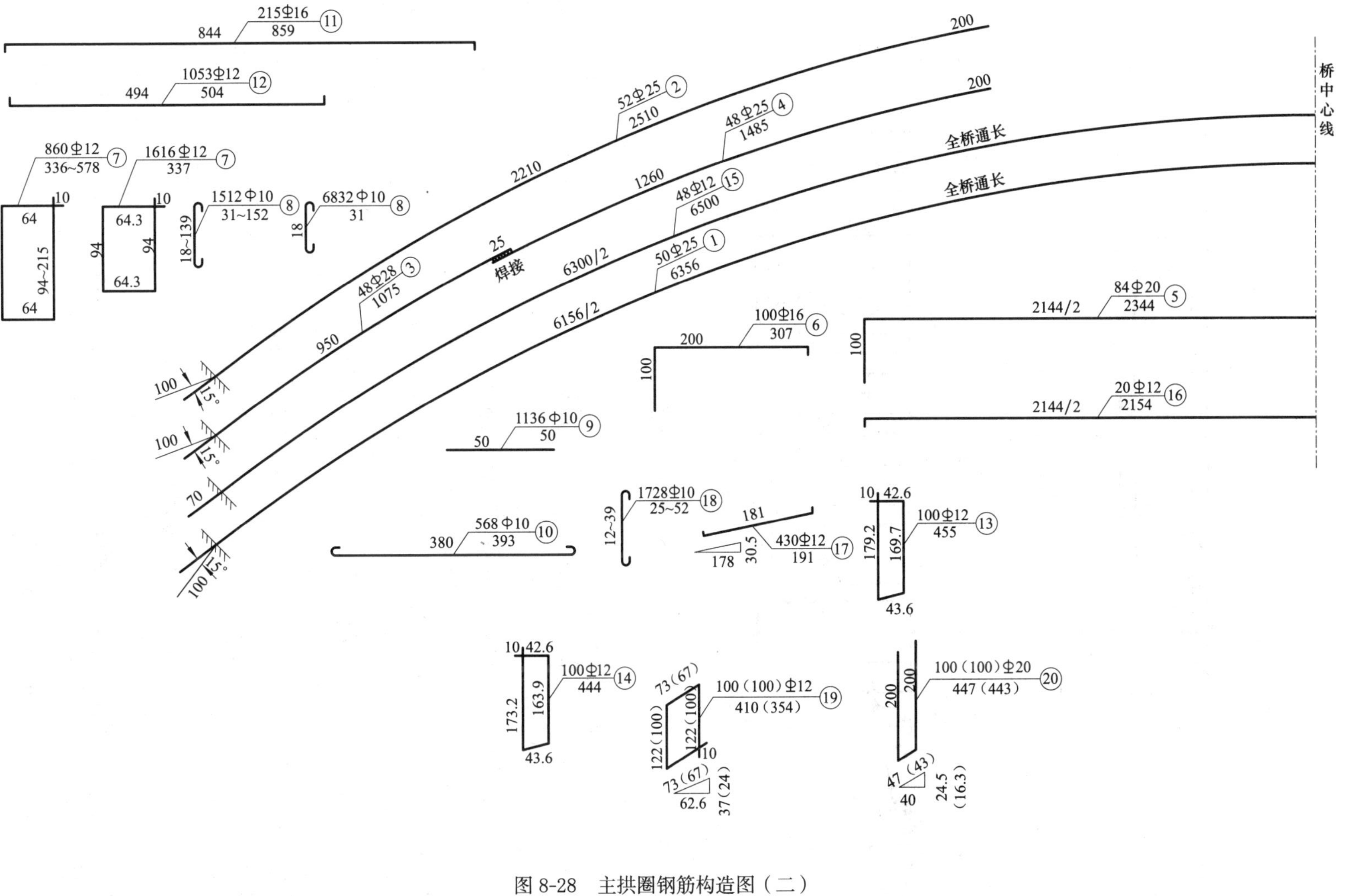

图 8-28　主拱圈钢筋构造图（二）

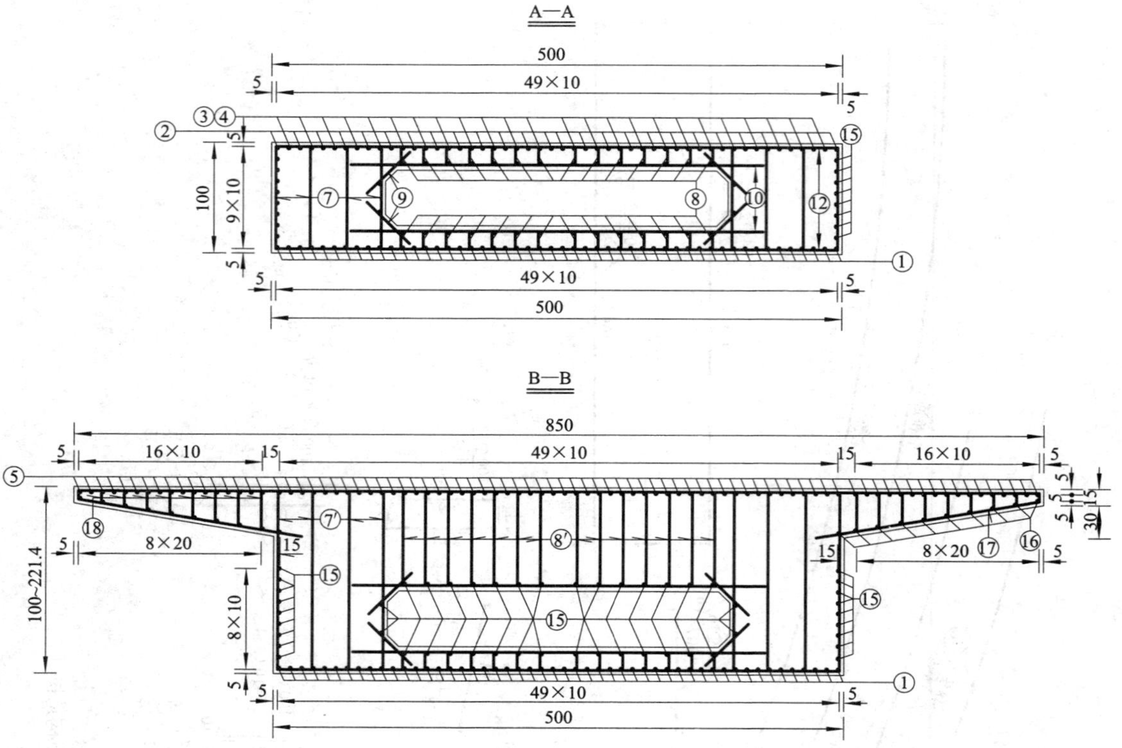

A—A

B—B

图 8-28　主拱圈钢筋构造图（三）

由立面图和钢筋尺寸图可知，在拱圈顶部布置的⑪号钢筋沿桥横向布置，共 215 根、钢筋直径 16mm、钢筋下料长度 859cm。在拱圈顶部布置的⑦′号钢筋为环状布置，具体布置方式可以结合 B—B 断面。由于拱圈顶部水平段部分竖直厚度是变化的，因此⑦′号钢筋的下料长度在不同截面图也是不同的，故图中给出其下料长度为一个范围，即 336～578cm。其他等厚度处拱圈沿厚度方向布置⑦号闭合钢筋，其下料长度是固定的 337cm。同理，可以分析⑧′号钢筋。沿拱圈方向布置的①号、⑮号钢筋沿全桥通长布置、钢筋直径分别为 25mm、12mm，下料长度分别为 6356cm、6500cm。②号、③号钢筋也沿拱圈方向布置，但非通长布置，立面图结合 A—A 可确定钢筋布置位置。由钢筋尺寸图可知③号、④号钢筋为焊接在一起，焊接长度 25cm。

其他编号的钢筋的布置、下料长度、钢筋直径等的确定方法也是一致的。钢筋构造图较为复杂，识读时一定要将立面图、断面图以及钢筋尺寸图密切结合起来，图中钢筋间距可以参考图中尺寸的标注确定。

图 8-29 为拱桥立墙钢筋构造图。立墙顶部布置支座，支座下存在加强钢筋网，图中也给出了相应的钢筋布置图。立面图中显示立墙中布置了①号、②号钢筋，①号钢筋竖向布置双肢，②号钢筋水平向布置双肢。两种钢筋布置的形式和具体的尺寸在 A—A 剖面图及钢筋尺寸图中获取。每个支座下均布置了纵横交错的加强③号钢筋，钢筋直径为 10mm，下料长度 46cm、钢筋间距 5cm，共 96 根。

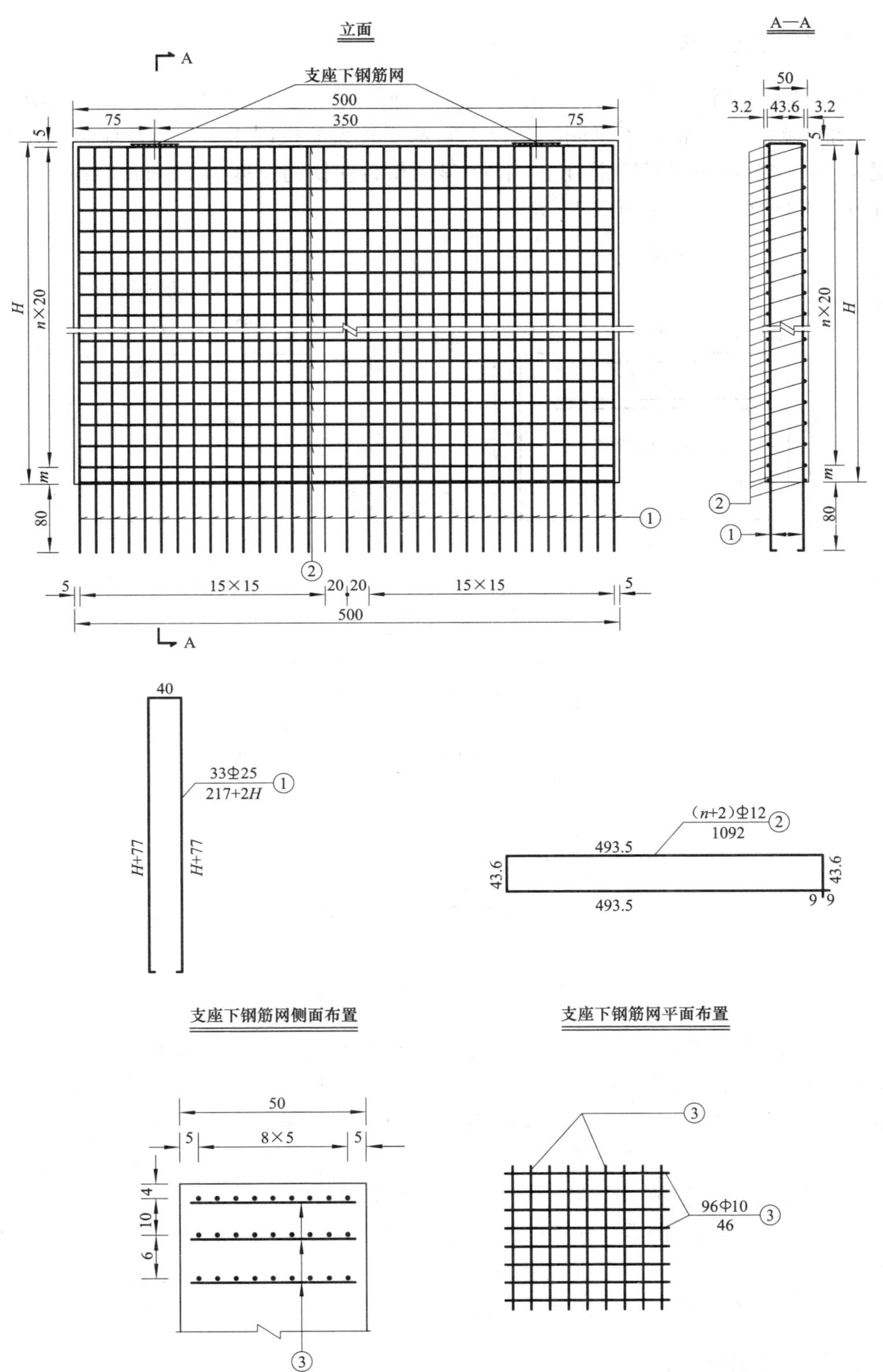

图 8-29　拱桥立墙钢筋构造图

2. 拱桥下部结构

图 8-30 为某拱桥下部结构的构造图。包括立面图、侧面以及平面图。图中拱座相当于梁式桥台的台帽，是直接支承拱圈的部位。它承受较大的拱圈压力，因此应该采用 C20 以上的混凝土，本桥台采用 C25 混凝土。图中显示桥台在横向宽度为 700cm，纵向长 600cm；拱座部分为倾斜面，与竖直面成 45°夹角。

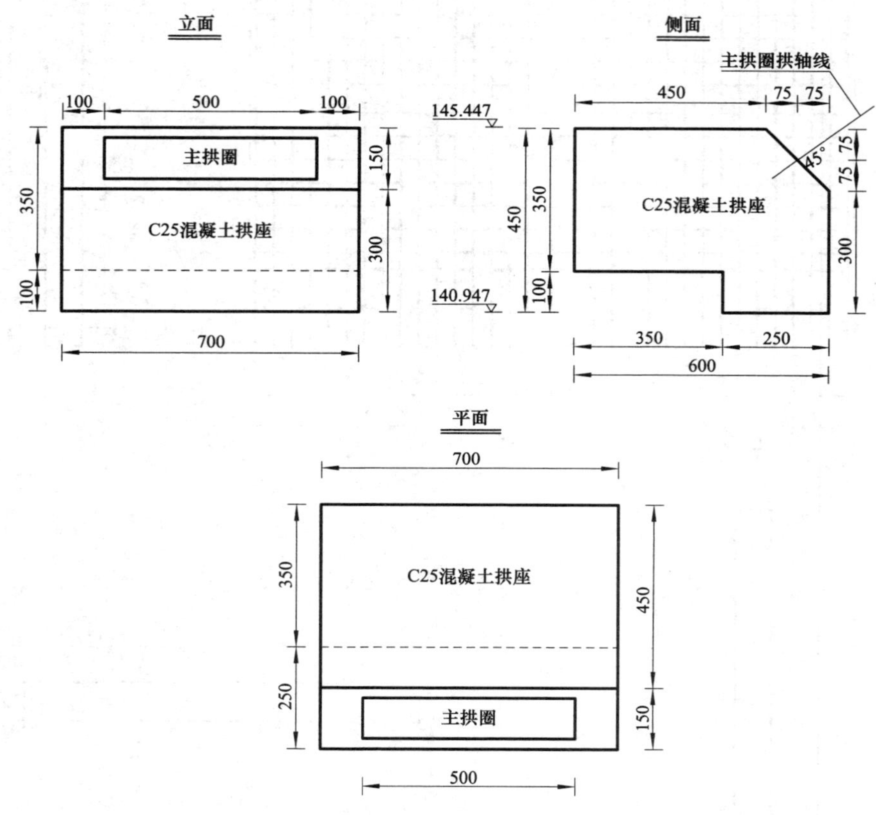

图 8-30　某拱桥下部结构构造图（单位：cm）

图 8-31 为拱桥下部结构钢筋构造图，图中给出桥台钢筋构造立面图以及 4 个剖面的钢筋构造图。由立面图可知①号钢筋沿桥梁横向布置，钢筋间距 15cm，结合钢筋尺寸图可知其直径为 16mm，下料长度 707cm，其中直线段长度为 694cm。立面图中显示③号钢筋在桥台中沿立面轮廓周边布置，结合 A—A、C—C 断面图可知其沿桥梁横向间距为 10cm，其钢筋直径、下料长度、总根数图中亦已标注出。尚需强调的是，由于拱座处承受较大的压力，因此该处布置了钢筋网，即沿斜坡方向布置布置②号钢筋，由立面图中可知，②号钢筋每根长度是不一致的；沿横向布置了①号钢筋。此外，图中显示有主拱圈中的主筋深入拱座当中，具体情况尚需结合拱圈钢筋构造图识读。

3. 附属设施施工图

本部分介绍桥台搭板、墙式护栏、桥头锥坡三种附属设施的施工构造图。

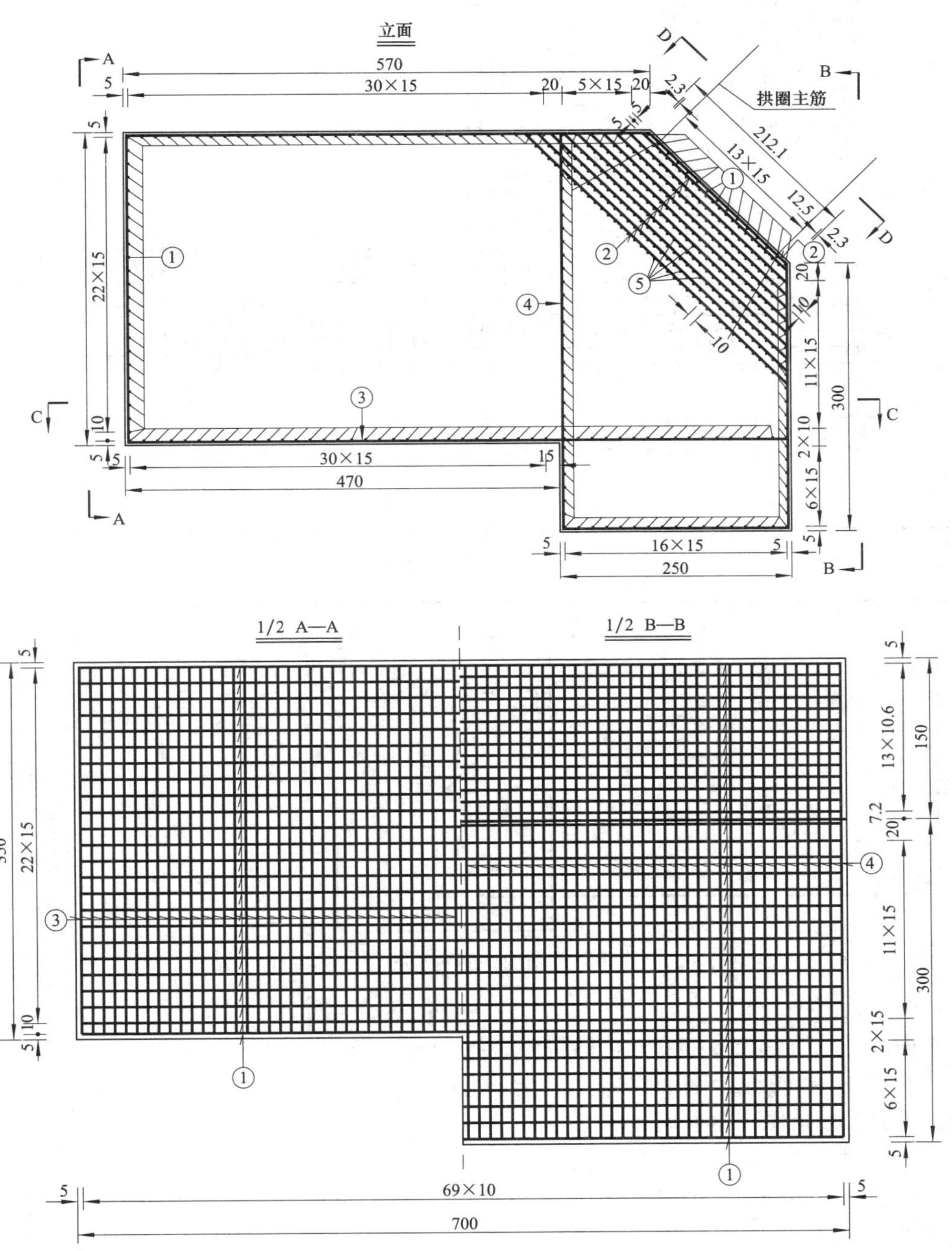

图 8-31 拱桥下部结构钢筋构造图（一）（单位：cm）

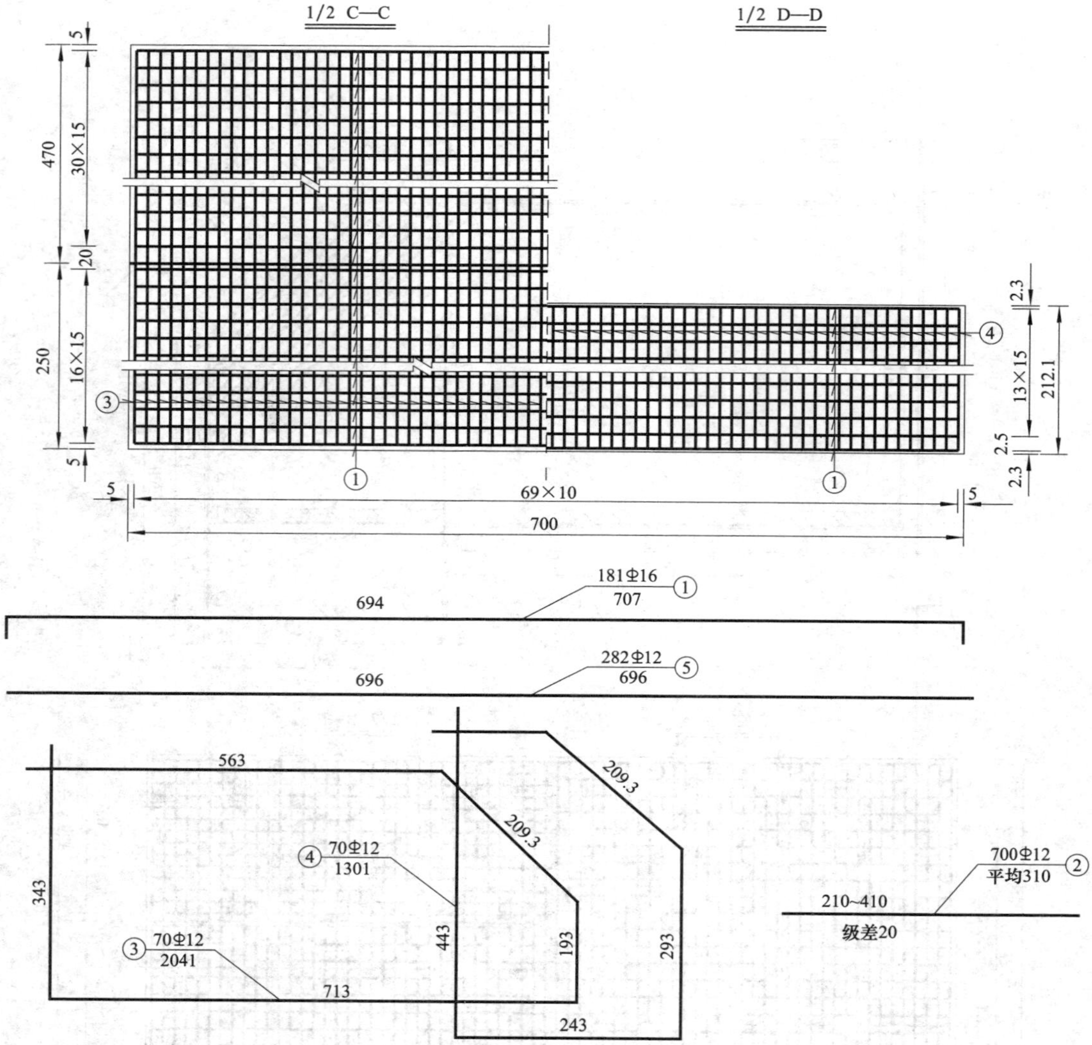

图 8-31　拱桥下部结构钢筋构造图（二）（单位：cm）

（1）搭板（图 8-32）

平面图显示桥台长度 500cm，横桥向布置②号钢筋、纵桥向布置①、③号钢筋，结合 A-A 图可知①号钢筋位于搭板下部，③号钢筋位于搭板上部。各个编号钢筋的布置根数、直径、下料长度见图中钢筋尺寸图。

（2）墙式护栏（图 8-33）

立面图结合正断面图可以判断②、③号钢筋沿护栏横向布置，间距 20cm。①号钢筋沿护栏纵向布置，间距不等，沿护栏周边共布置 13 根。④号钢筋亦沿护栏横向布置，且内箍有桥面板内钢筋。

（3）桥头锥坡（图 8-34）

图 8-34 为某被交道拱桥桥头锥坡防护布置图，该被交道桥头 10m 范围内边坡及桥台中心两侧 8m 范围的另外一线路边坡用六边形预制块铺砌，护坡坡度 1∶1.5。边坡铺砌示意图以及预制块尺寸、铺砌方法、接缝处理详见图中。

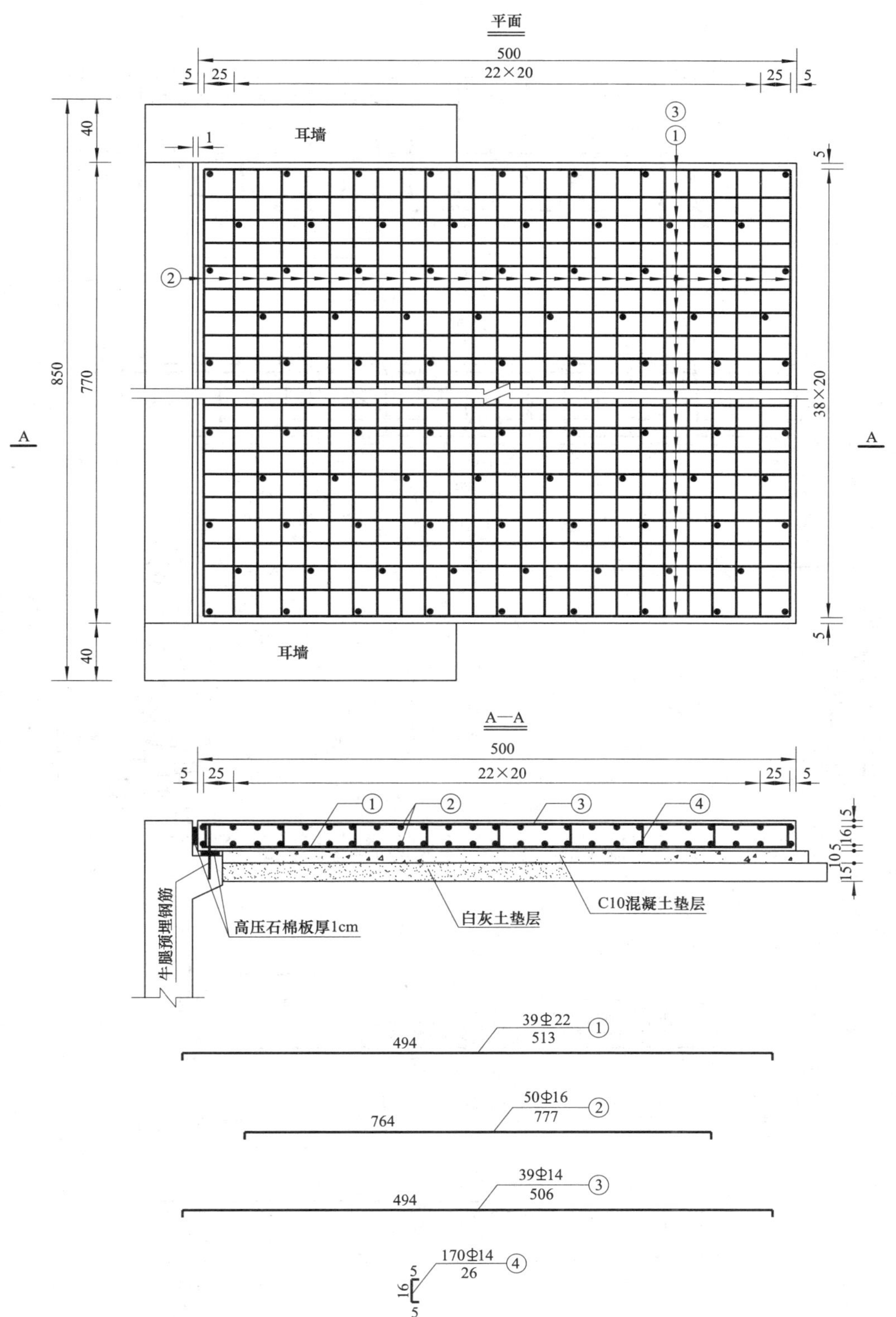

图 8-32　某拱桥桥台搭板构造图（单位：cm）

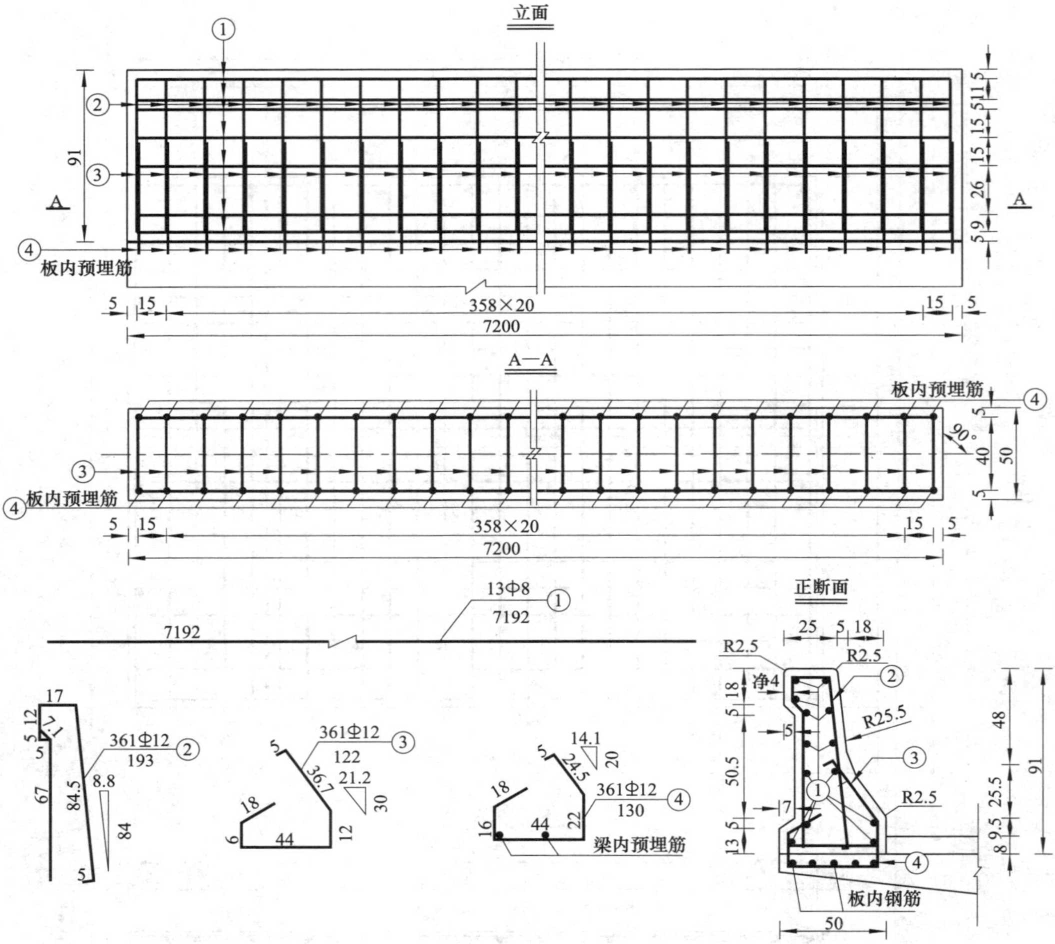

图 8-33　墙式护栏构造图（单位：cm）

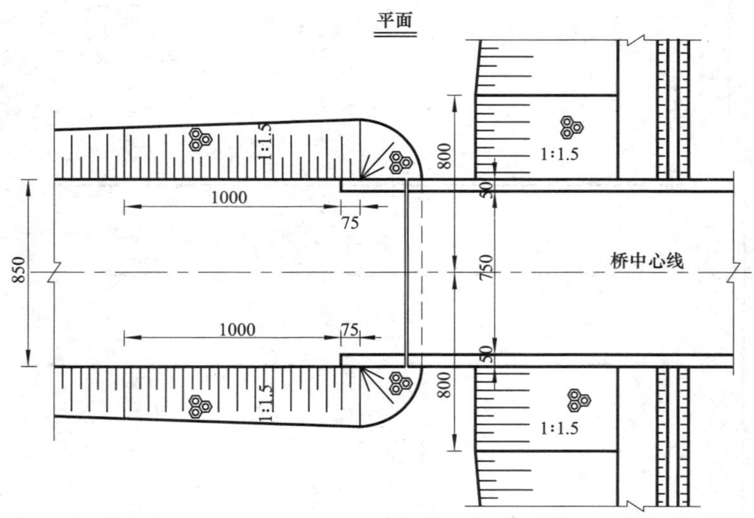

图 8-34　某被交道拱桥桥头锥坡防护布置图（一）（单位：cm）

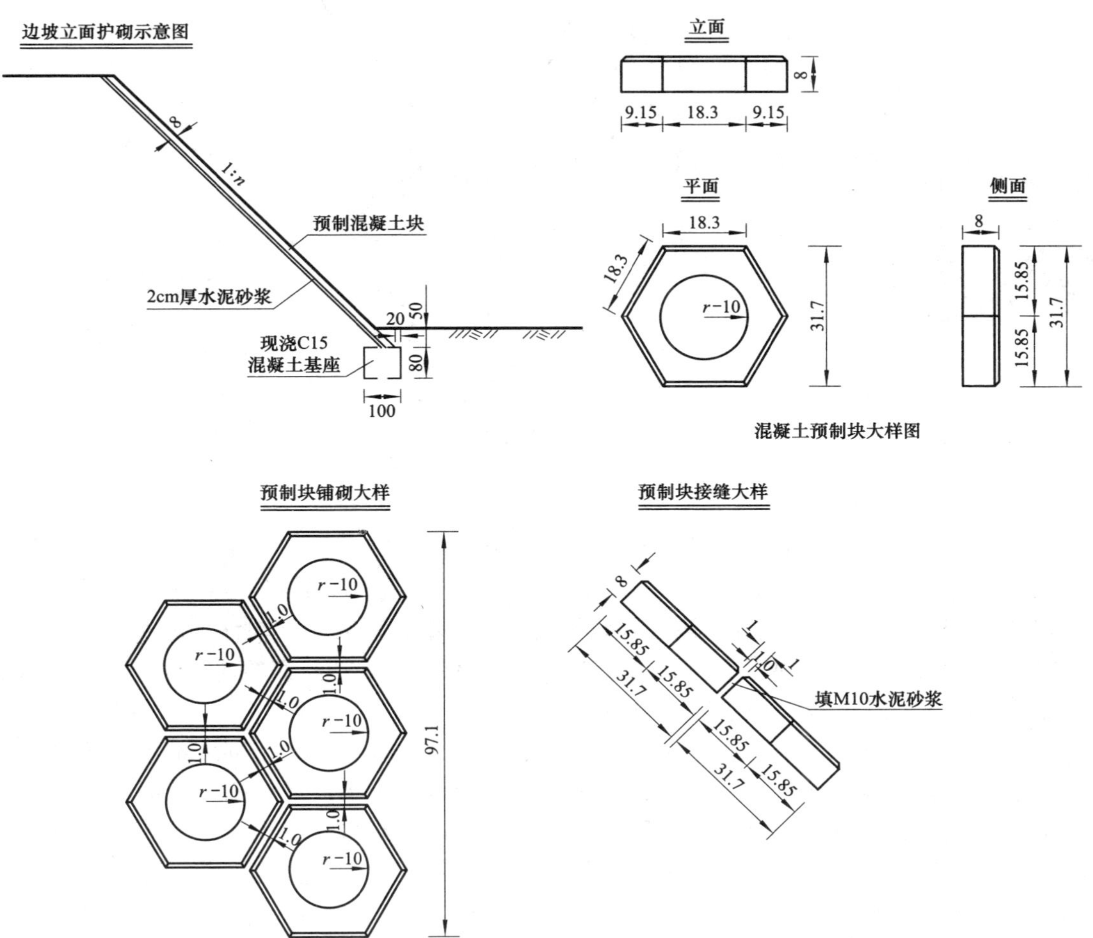

图 8-34　某被交道拱桥桥头锥坡防护布置图（二）（单位：cm）

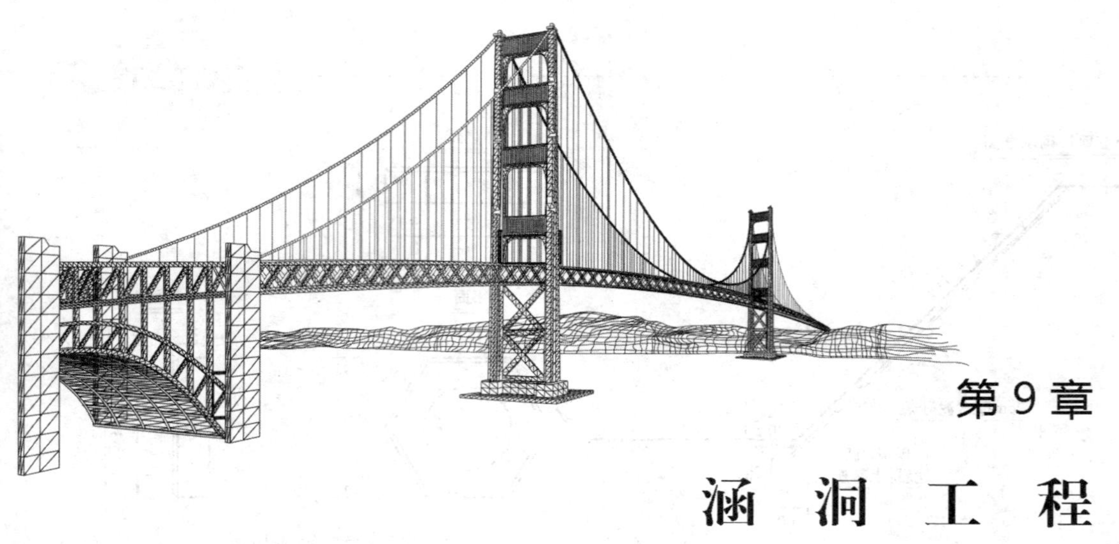

第9章 涵洞工程

涵洞是宣泄路堤下水流的工程构筑物，它与桥梁的主要区别在于跨径的大小和填土的高度。根据《公路工程技术标准》(JTG B01) 中的规定，凡是单孔跨径小于 5m，多孔跨径总长小于 8m，以及圆管涵、箱涵，不论其管径或跨径大小、孔数多少均称为涵洞。涵洞顶上一般都有较厚的填土（洞顶填土大于 50cm)，填土不仅可以保持路面的连续性，而且分散了汽车荷载的集中压力，并减少它对涵洞的冲击力。

由于涵洞是窄而长的工程构造物，故以水流方向为纵向，并以纵剖面图代替立面图。为了使平面图表达清楚，画图时不考虑洞顶的覆土，如进、出水口形状不一致时，则均要把进、出水口的侧面图画出。有时平面图与侧面图以半剖面形式表达，水平剖面图一般沿基础顶面剖切，横剖面图则垂直于纵向剖切。除上述三种投影图外，还有必要的构造详图，如钢筋布置图、翼墙断面图等。

涵洞体积较桥梁小，故其施工图所选用的比例较桥梁图稍大。一般比例为 1∶50。

9.1 涵洞的分类与组成

1. 分类

涵洞的种类很多，按建筑材料可分为砖涵、石油、混凝土涵、钢筋混凝土涵、木涵、陶瓷管涵、缸瓦管涵等；按构造型式可分为圆管涵、盖板涵、供涵、箱涵等；按断面形状可分为圆形、卵形、拱形、梯形、矩形等；按孔数可分单孔、双孔和多孔；按有无覆土可分明涵和暗涵；按涵身轴线与路线轴线的夹角分正交涵与斜交涵；按涵洞进出口有无水头压力又可分无压式、半压式和压力式涵。无压式涵洞是水流过涵保持自由水面；半压式涵指进口被水淹没，另一端自由流出，洞内仍有部分自由水压；压力式涵指进出水口全被水淹，洞内有压力，如倒虹吸涵洞。

2. 组成

涵洞是由基础、洞身和洞门组成。洞口包括端墙、翼墙或护坡、截水墙和缘石等部分。

如图 9-1 所示是圆管涵立体分解图。

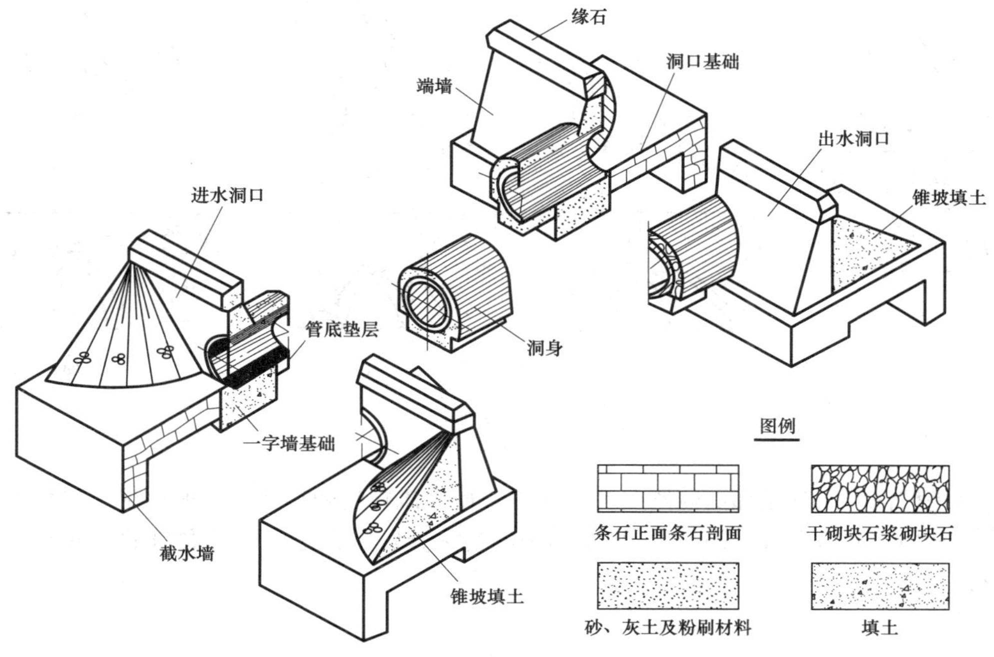

图 9-1 圆管涵立体分解图

洞口出口主要有正交和斜交两大类（图 9-2、图 9-3）。

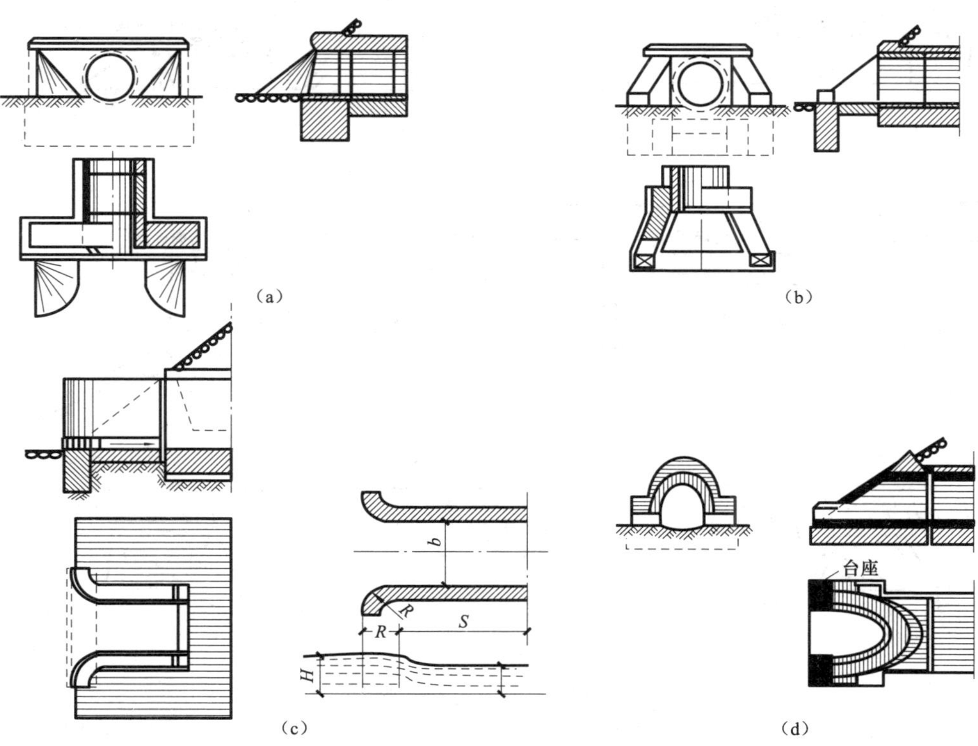

图 9-2 正交涵洞的洞口

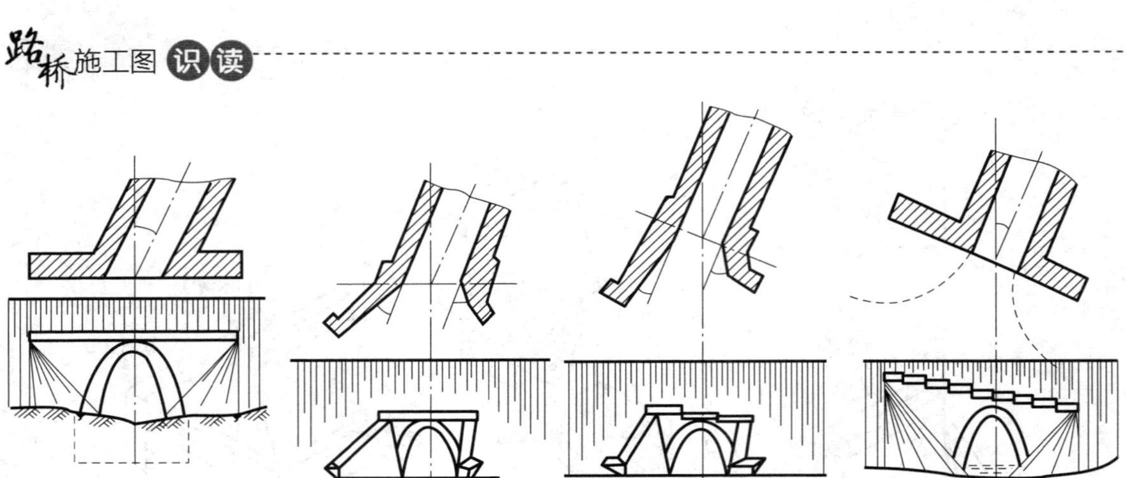

（a）　　（b）　　（c）　　（d）

图 9-3　斜交涵洞的洞口

洞口是保证涵洞基础和两侧路基免受冲刷，使水流顺畅的构造。一般进出水口均采用同一形式，常用的洞口形式见图 9-4。应根据现场情况分别选择上、下游洞口的形式与洞身组合使用。

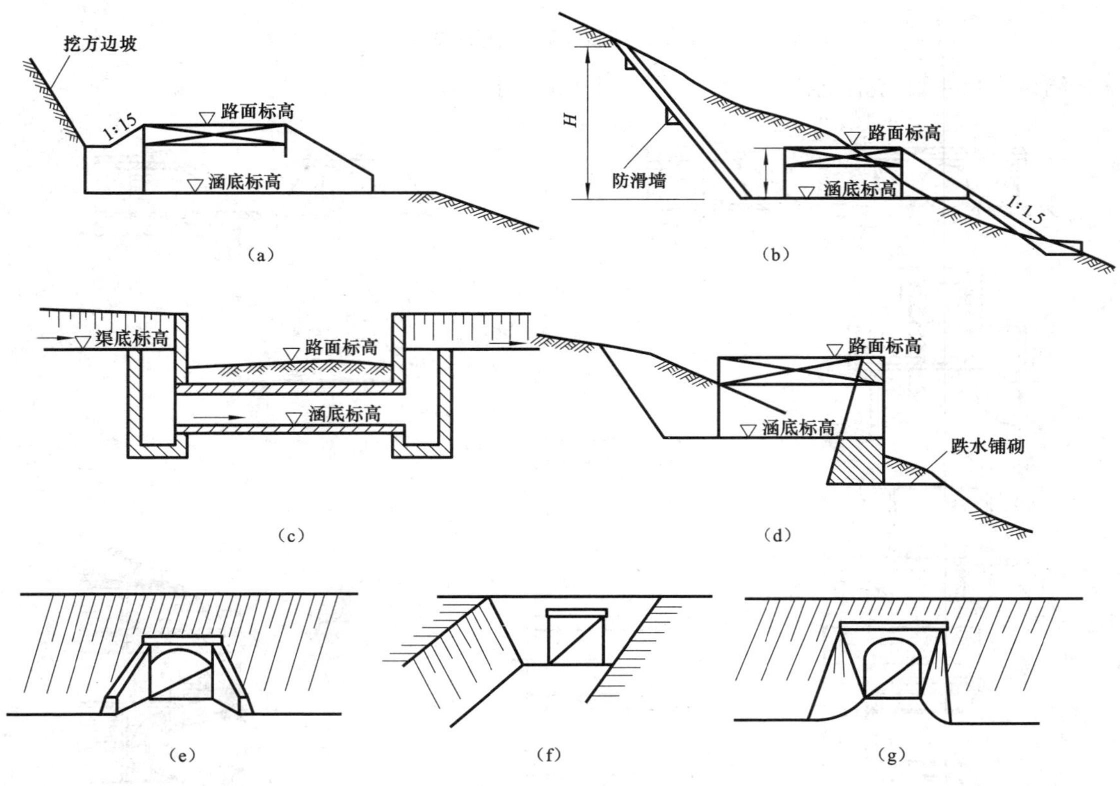

图 9-4　几种常见洞口形式

（a）上游边沟跌水洞口；（b）上游跌水井、下游急流槽洞口；（c）倒虹吸洞口；（d）下游挡土墙洞口；（e）八字墙式（翼墙式）；（f）端墙式；（g）锥模式

9.2 圆管涵

如图 9-5 所示为钢筋混凝土圆管涵一般布置图，从标题栏中可以看出其比例为 1∶50，洞口为端墙式。从图中可以看出端墙前洞口两侧有干砌片石铺面的锥形护坡，涵管内径为“*d*” cm，涵管长度为“*L*” cm，涵洞上部路基宽度为“*B*” cm。由于其构造不对称，故该图采用纵剖面图、平面图和侧面图来表示。如果其构造对称则只需采用用半纵剖面图、半平面图和侧面图来表示即可。

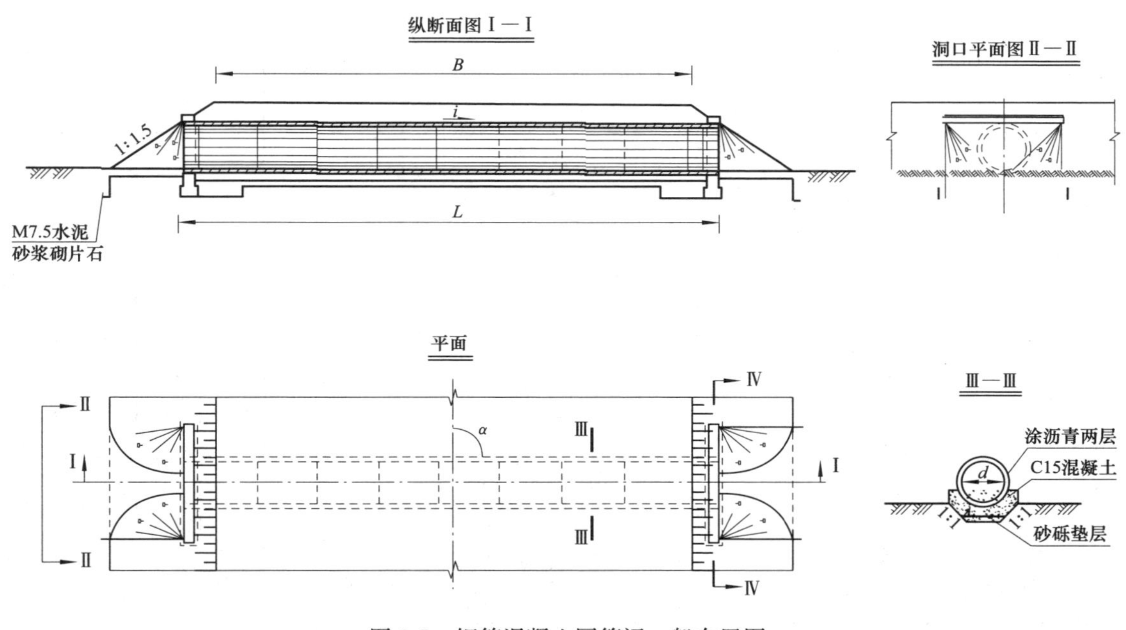

图 9-5　钢筋混凝土圆管涵一般布置图

1. 纵剖面图

纵剖面图中表示出涵洞各部分的相对位置和构造形状，如管壁厚图中未标出，具体图纸具体选用、防水层采用两层沥青层封包、设计流水坡度为 *i*%、涵身长“*L*” cm、洞底铺砌 C15 混凝土和基础、截水墙的断面形式等，路基覆土厚度根据实际情况画出并填写、路基宽度根据实际情况画出并填写，锥形护坡顺水方向的坡度与路基边坡一致，均为 1∶1.5。各部分所用材料均于图中表达，但未示出洞身的分段。

2. 平面图

同纵剖面图相配合。图中表示了管径尺寸与管壁厚度，以及洞口基础、端墙、缘石和护坡的平面形状和尺寸、涵顶覆土作透明处理，但路基边缘线在图上已表示出来，并以示坡线表示路基边坡。

3. 侧面图

侧面图主要表示了管涵孔径和壁厚、洞口缘石和端墙的侧面形状及尺寸、锥形护坡的坡度等。为了使图形清晰起见，把土壤作为透明体处理，并且某些虚线没有画出，如路基边坡与缘石背面的交线和防水层的轮廓线等。习惯上将该侧面图称为涵洞正面图。

表 9-1　　钢筋混凝土圆管涵正管节尺寸及工程数量表

管节长度 L (m)	孔径 d (cm)	管节厚度 δ(cm)	外径 D (cm)	螺旋形主钢筋—甲级冷拔低碳钢丝 $\phi''5$								纵向钢筋—Ⅰ级钢筋（3号钢）$\phi6$				30号混凝土体积 (m^3)	每个管节重量 (t)
				钢筋编号	间距 D_1 (cm)	间距 D_2 (cm)	圈数 n	d_1 或 d_2 (cm)	长度 L(m)	重量 (kg)	合计重量 (kg)	钢筋编号	根数	长度 L(m)	合计重量 (kg)		
2.00	75	8	91	1	17.6		13	85.5	35.52	5.47	15.06	3	24	1.96	10.44	0.417	1.04
				2		8.8	24	79.5	62.26	9.590							
	100	10	120	1	15		15	115.5	54.74	8.43	22.63	3	32	1.96	13.92	0.691	1.73
				2		7.5	28	104.5	92.20	14.20							
	125	12	149	1	13		17	144.5	77.46	11.93	32.02	3	40	1.96	17.40	1.032	2.58
				2		6.5	32	129.5	130.43	20.09							
	150	14	178	1	10.2		21	173.5	114.73	17.67	47.60	3	48	1.96	20.89	1.442	3.61
				2		5.1	40	154.5	194.35	29.93							
0.50	75	8	91	4	14.8		5	85.5	13.46	2.07	5.15	5	24	0.46	2.45	0.104	0.26
				5		7.4	8	79.5	19.99	3.08							
	100	10	120	4	14.8		5	115.5	18.44	2.84	6.93	6	32	0.46	3.27	0.173	0.43
				5		7.4	8	104.5	26.56	4.09							
	125	12	149	4	14.8		5	144.5	22.99	3.54	8.60	6	40	0.46	4.08	0.258	0.65
				5		7.4	8	129.5	32.84	5.06							
	150	14	178	4	11.1		6	173.5	32.99	5.08	12.60	6	48	0.46	4.90	0.360	0.90
				5		5.6	10	154.5	48.81	7.52							

9.3 钢筋混凝土盖板涵

盖板涵指的是洞身由盖板、台帽、涵台、基础和伸缩缝等组成。图 9-6 为盖板涵立体图。盖板涵的填土高度为 1～8m，甚至可达 12m。在孔径较大和路堤较高时，盖板涵造价较高，但施工技术较简单，排洪能力较大，盖板可以集中制造。

如图 9-7～图 9-9 所示为盖板涵的构造图，从标题栏中可以看出图的比例为 1∶50，洞口两侧为八字翼墙。从图上可以看出洞高为“h_1” cm，净跨为“B” cm，采用的是纵剖面图、剖面图及平面图和侧面图来表达。

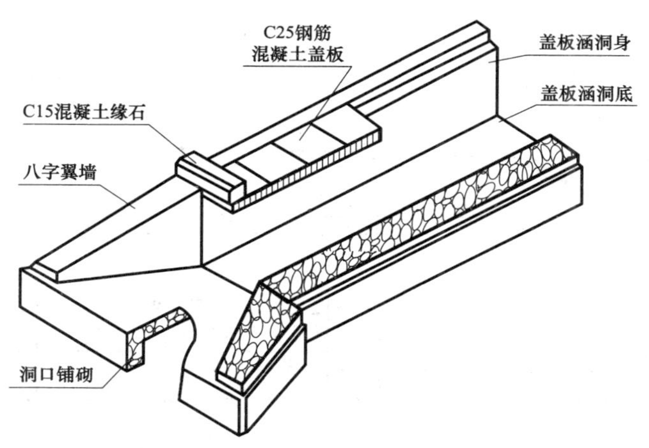

图 9-6　盖板涵立体图

1. 纵剖面图

本图把带有 1∶1.5 坡度的八字翼墙和洞身的连接关系以及洞高“h_1”cm、洞底铺砌 40cm、基础纵断面形状、设计流水坡度 i%等表示了出来。盖板及基础所用材料可由图中看出，但图中未画出沉降缝的位置。

2. 平面图及剖面图

用半平面图和半剖面图能把涵洞的墙身宽度、八字翼墙的位置表示得更加清楚，涵洞长度、洞口的平面形状和尺寸以及墙身和翼墙的材料均在图上可以看出。为了便于施工，在八字翼墙的 B—B 和 C—C 位置进行剖切，并另作 B—B 和 C—C 断面图来表示该位置翼墙墙身和基础的详细尺寸、墙背坡度以及材料情况。A—A 断面图和 B—B 断面图类似，但有些尺寸有变动。

3. 侧面图

本图反映出洞高为“h_1”cm 和净跨为“L”cm，同时反映出了缘石、盖板、八字翼墙、基础等的相对位置和它们的侧面形状。习惯上将该图称为洞口立面图。

9.4　石拱涵

拱涵指的是洞身顶部呈拱形的涵洞。

石拱涵是涵洞的跨径要求较大时所采用的一种跨越形式（图 9-10），且在石料丰富的地区，容易就地取材，可以少用或不用钢筋，其超载潜力较大。其拱圈受力按无铰拱计算，其矢跨比不宜小于 1/4；但拱涵对地基承载力要求较高，结构调整高度大，施工复杂。一般实用于高填土、地质条件较好的地方。

A—A
1/2分离式基础
1/2整体式基础
B
40
20
填土
d_2
T_H
翼墙墙身
D
1:m
G1
400~600
2
400~600
2
400~600
h_1
40
30
60
40
洞口铺砌
200
200
支撑梁
i%
C640
40
H_d
隔水墙
40
翼墙基础
涵台基础
沉降缝

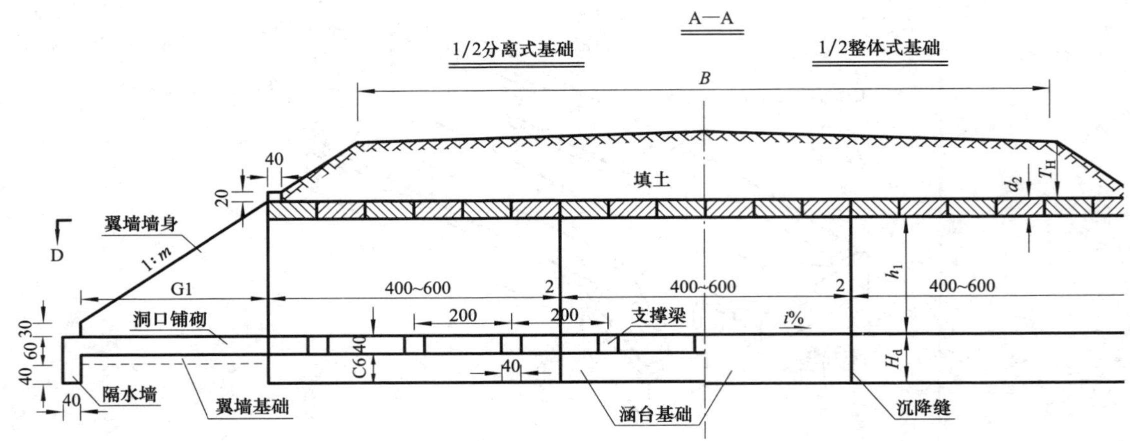

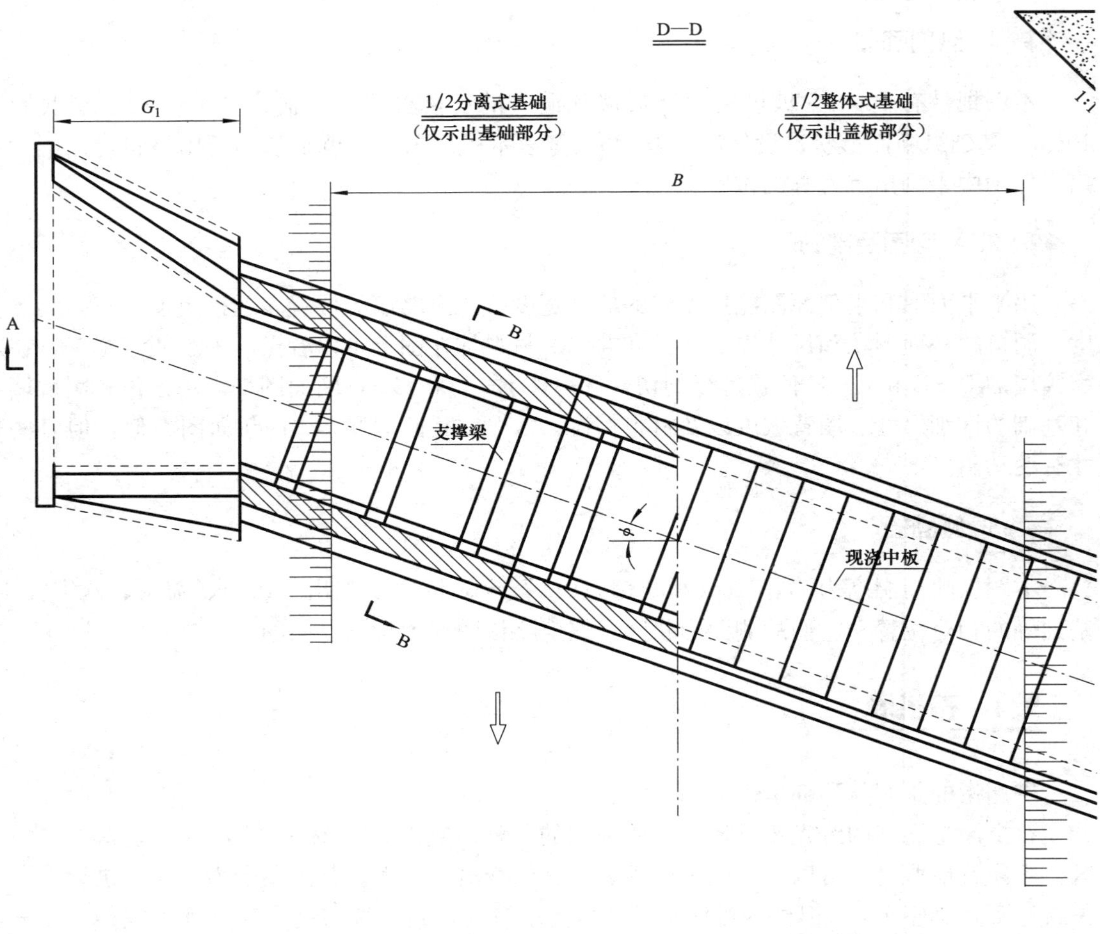

D—D
G_1
1/2分离式基础
(仅示出基础部分)
1/2整体式基础
(仅示出盖板部分)
B
A
B
支撑梁
φ
现浇中板
B

图 9-7　2m、2.5m、3m、4m钢筋混凝

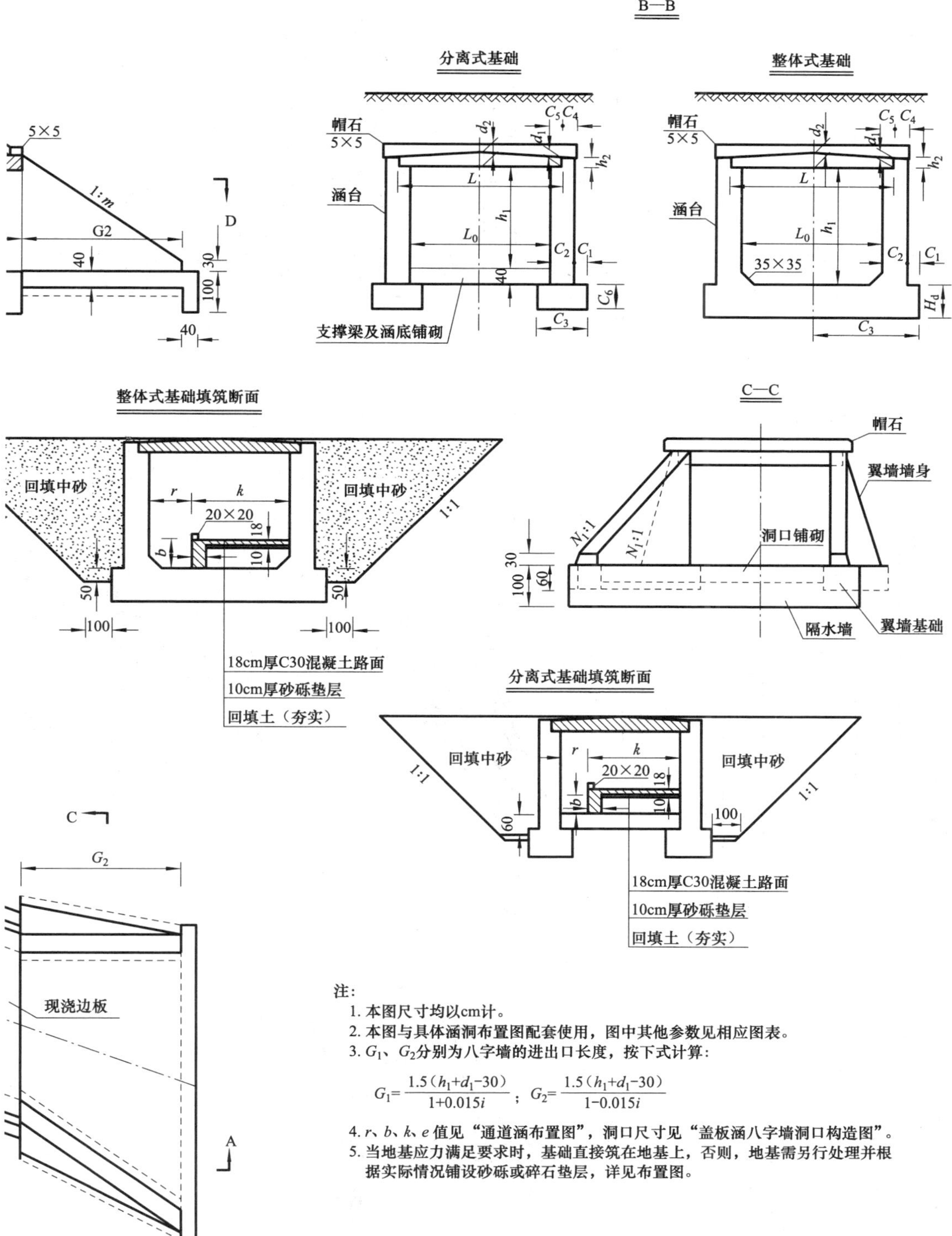

土盖板涵一般构造（填土高0.5~0.8m）

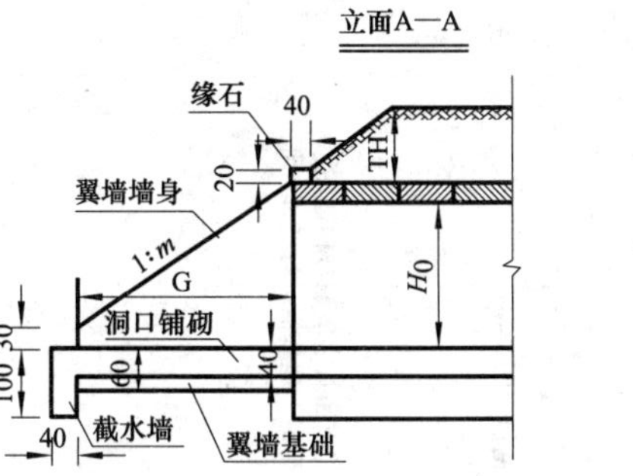

1/2B—B　1/2C—C

D—D

E—E

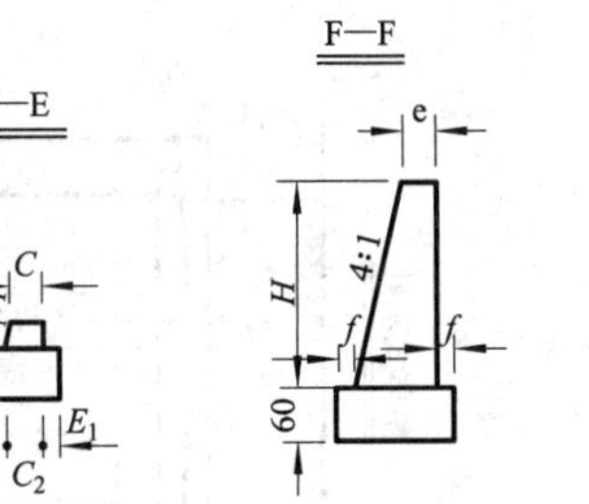

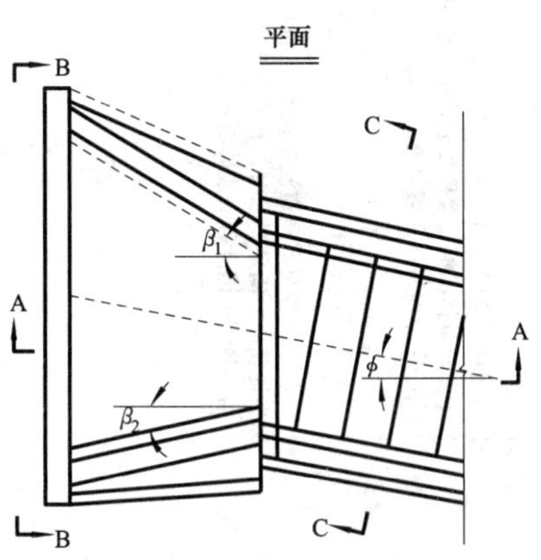

翼墙尺寸大样

角度关系表

斜交角度ϕ		0°	10°	20°	30°	40°	45°
顺翼墙	β_1	30°	35°	35°	55°	55°	60°
	ϕ_1	30°	25°	15°	25°	15°	15°
逆翼墙	β_2	30°	0°	0°	-20°	-20°	-20°
	ϕ_2	30°	10°	20°	10°	20°	25°

注：

1. 本图尺寸均以cm计。
2. β_1、β_2分别为顺逆翼墙的张角（与路线中心线法线的夹角），当偏于涵孔方向其值为负号。ϕ_1、ϕ_2为方便斜洞口正反翼墙尺寸确定而设定的水流扩散角$\beta_1=\phi_1+\phi$　$\beta_2=\phi_2+\phi$。
3. 本图仅示出分离式基础的洞口构造，整体式基础洞口构造与之相同。
4. 图中G为进出洞口八字墙长度的平均值。
5. 洞口尺寸未计入路线纵坡的影响。
6. 当涵洞填土高TH为0.5~8.0m，净高H_0小于4.0m时，e=40cm，f=20cm，否则e=55cm，f=50cm。
7. 当涵洞填土高TH为8~20.0m，净跨径L_0小于4.0m时，e=45cm，f=30cm，否则e =55cm，f=50cm。
8. 图中其他参数见相应图表。

图 9-8　盖板涵八字墙洞口构造图

钢筋混凝土盖板涵泄水能力及水力计算表

跨径	净跨径	过水断面净跨径	净高	进水口净高	泄水能力	水深				流速		坡度		
						涵前水深	进水口水深	临界水深	收缩断面水深	临界流速	收缩断面流速	临界坡度	当流速V_{max}=4.5(m/s)时的最大坡度	当流速V_{max}=6.0(m/s)时的最大坡度
L	L_0	L_1'	h_1	H_d'	Q	H	H'	h_k	h_c	V_k	V_c	i_k	i_{max}	i_{max}
(m)	(m)	(m)	(m)	(m)	(m^3/s)	(m)	(m)	(m)	(m)	(m^3/s)	(m^3/s)	(×0.1%)	(×0.1%)	(×0.1%)
1.90	1.50	1.50	1.00	1.00	1.63	0.96	0.83	0.62	0.55	2.41	2.67	7.7	42.6	
1.90	1.50	1.50	1.50	1.50	3.00	1.44	1.25	0.92	0.83	2.95	3.27	9.2	27.2	
1.90	1.50	1.50	2.00	2.00	4.61	1.92	1.67	1.23	1.11	3.40	3.78	10.8	21.4	
2.40	2.00	2.00	1.50	1.50	4.36	1.44	1.25	0.92	0.83	2.95	3.27	6.9		48.1
2.40	2.00	2.00	2.00	2.00	6.71	1.92	1.67	1.23	1.11	3.40	3.78	7.8		34.3
2.40	2.00	2.00	2.50	2.50	9.37	2.39	2.08	1.54	1.39	3.80	4.23	8.7		27.6
2.90	2.50	2.50	2.00	2.00	8.80	1.92	1.67	1.23	1.11	3.40	3.78	6.3		29.3
2.90	2.50	2.50	2.50	2.50	12.30	2.39	2.08	1.54	1.39	3.80	4.23	6.9		22.9
2.90	2.50	2.50	3.00	3.00	16.17	2.87	2.50	1.85	1.66	4.17	4.63	7.6		19.2
3.60	3.00	3.00	2.50	2.50	14.06	2.39	2.08	1.54	1.39	3.80	4.23	6.3		21.0
3.60	3.00	3.00	3.00	3.00	18.48	2.87	2.50	1.85	1.66	4.17	4.63	6.8		17.4
3.60	3.00	3.00	3.50	3.50	24.30	3.45	3.00	2.22	2.00	4.57	5.07	7.4		14.8
4.60	4.00	4.00	2.50	2.50	19.92	2.39	2.08	1.54	1.39	3.80	4.23	4.9		17.4
4.60	4.00	4.00	3.00	3.00	26.18	2.87	2.50	1.85	1.66	4.17	4.63	5.2		14.0
4.60	4.00	4.00	3.50	3.50	34.42	3.45	3.00	2.22	2.00	4.57	5.07	5.6		11.5
4.60	4.00	4.00	4.00	4.00	43.37	4.02	3.50	2.59	2.33	4.93	5.48	6.0		9.9

水流图示

注：

1. 水力计算采用的参数如下：
   流速系数 ψ=0.95，粗糙系数 n=0.0016，指数 y=1/6；
   进水口水面降落系数取 0.87；流速分布系数 α=1。
2. 涵洞出口断面最大允许流速：当 L<1.5m 时，V_{max}=4.5m/s；当 L≥1.5m 时，V_{max}=6.0m/s。

图 9-9　盖板涵泄水能力及水力计算表

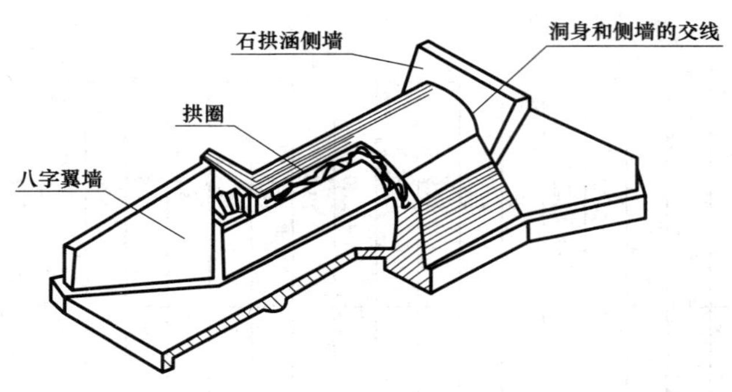

图 9-10　石拱涵立体图

如图 9-11～图 9-13 所示为八字翼墙石拱涵图表，洞身长为“B_0”cm，净跨为“L_0”cm，拱矢高为“H”cm，矢跨比为 $f_0/L_0=1/2$、1/3、1/4，路基宽度为“B”cm。该图所用比例为 1∶100。

1. 纵剖面图

纵剖面图是沿涵洞纵向轴线进行全剖的剖面图，图中表达了洞身的内部结构、洞高、洞长、翼墙坡度、基础纵向形状和洞底流水坡度。为了显示拱底为圆柱面，故每层拱圈石的厚度不一，下疏而上密。在路基顶部示出了路面断面的形状，但未注出尺寸。

2. 平面图

本图的特点在于拱顶与拱顶上的两端侧墙的交线均为椭圆弧。从图上还可看出，八字翼墙与上述盖板涵有所不同，盖板涵的翼墙是单面斜坡，端部为侧平面，而本图则是两面斜坡，端部为铅垂面。

3. 侧面图

本图采用了侧面和横剖面图，侧面图反映出洞口外形，横剖面图则表达出了洞口的特征和洞身与基础的连接关系。从图上还可以看出洞口基顶的构造是一个曲面。当涵洞在两孔或两孔以上或跨径较大时，也可选取洞口作为立面图。

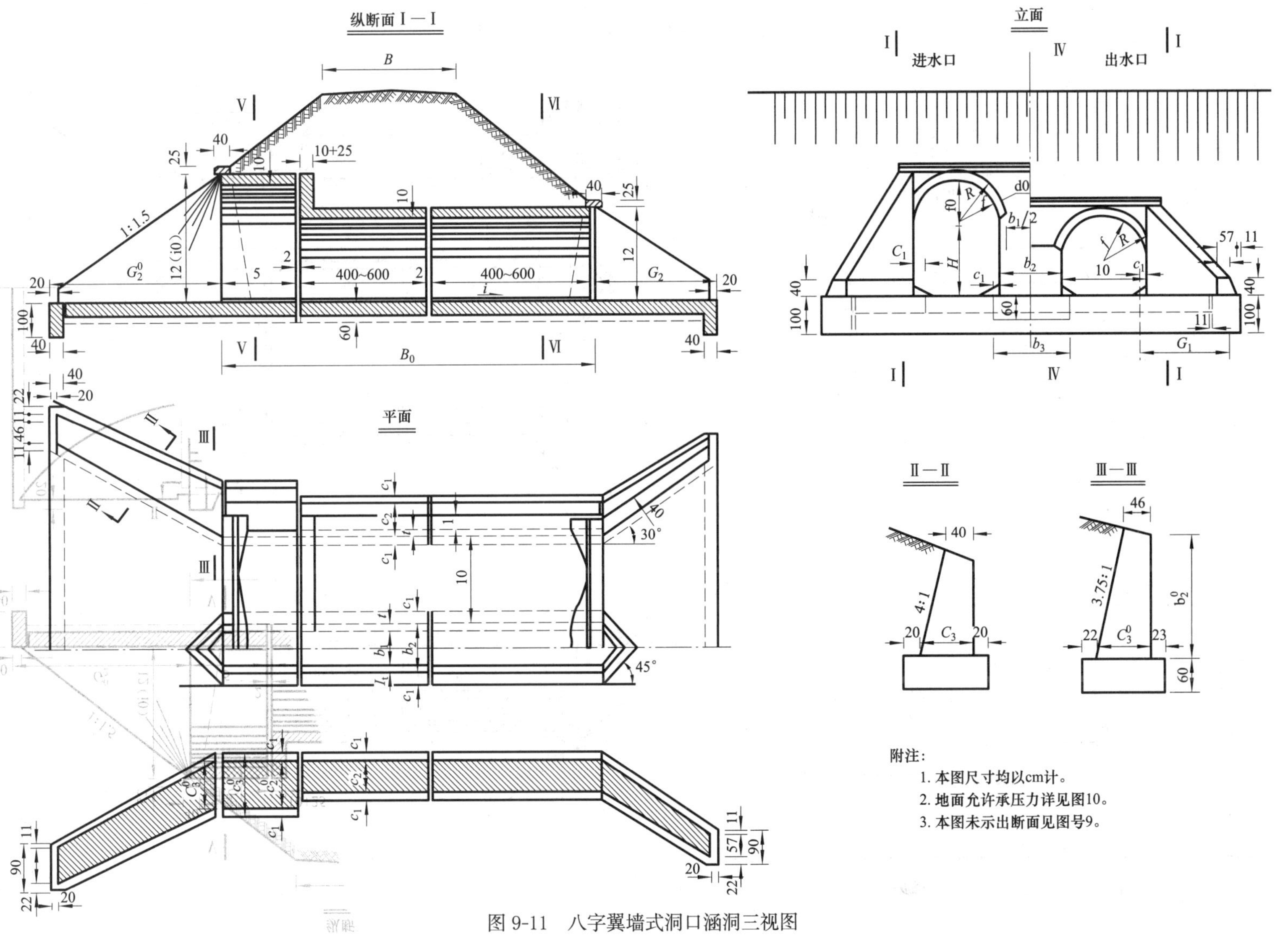

图 9-11　八字翼墙式洞口涵洞三视图

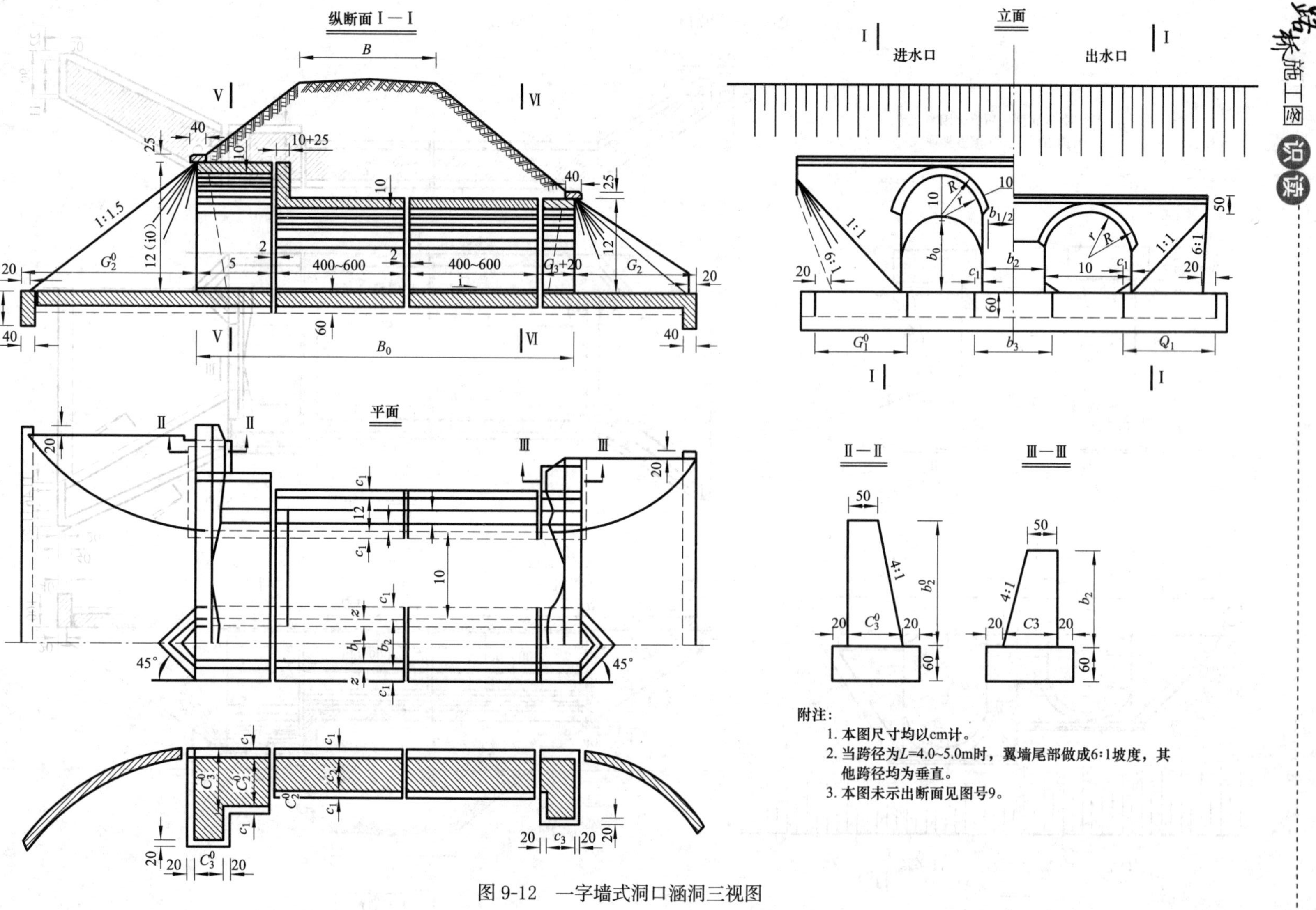

图 9-12　一字墙式洞口涵洞三视图

表

洞口工程数量表

L_0	H_0	升高管节洞口														H	基本管节洞口																
		单孔一字墙						单孔八字墙					内孔八字墙或一字墙				单孔一字墙						单孔八字墙					内孔一字墙或八字墙					
		侧墙及一字墙墙身	帽石	锥形护坡	一字墙基础	勾缝		侧墙	帽石	翼墙		翼墙及一字墙勾缝	侧墙	帽石	侧墙勾缝		端墙及一字墙墙身	帽石	锥形护坡	一字墙基础	勾缝		侧墙	帽石	翼墙		翼墙及端墙勾缝	侧墙	帽石	分水尖		勾缝	
						侧墙及一字墙	锥坡			墙身	基础										侧墙及一字墙	锥坡			墙身	基础				帽石	墙身	基础	分水尖
1.00	0.90	2.67	0.42	1.86	1.16	2.81	7.98	0.49	0.19	2.22	2.87	6.77	0.21	0.12	0.36	0.50	1.52	0.34	0.96	0.63	1.68	4.51	0.49	0.19	1.13	1.92	4.18	0.21	0.10	0.05	0.16	0.36	0.44
1.00	1.30	4.34	0.50	3.05	1.75	4.26	12.44	0.49	0.19	3.75	3.91	9.91	0.21	0.12	0.36	0.80	2.34	0.40	1.61	1.03	2.50	7.02	0.49	0.19	1.91	2.63	6.07	0.21	0.10	0.08	0.16	0.36	0.70
1.50	1.30	6.12	0.60	4.06	2.05	5.66	16.15	0.95	0.24	5.10	4.68	12.65	0.42	0.17	0.67	0.80	3.66	0.50	2.36	1.28	3.62	9.87	0.95	0.24	2.85	3.33	8.32	0.42	0.15	0.11	0.20	0.67	0.83
1.50	1.90	10.43	0.72	6.72	3.13	8.77	25.72	0.95	0.24	8.85	6.47	18.99	0.42	0.17	0.67	1.20	5.55	0.58	3.69	1.89	5.22	14.77	0.95	0.24	4.59	4.40	11.70	0.42	0.15	0.16	0.20	0.67	1.24
2.00	1.70	11.41	0.78	7.07	3.15	9.44	26.99	1.57	0.29	9.38	6.69	20.07	0.70	0.23	1.06	1.00	6.37	0.64	3.95	1.88	5.79	15.73	1.57	0.29	7.93	6.06	17.77	0.70	0.20	0.17	0.23	1.06	1.16
2.00	2.40	18.81	0.92	11.10	4.62	14.08	41.26	1.57	0.29	15.64	9.03	29.21	0.70	0.23	1.06	1.50	9.75	0.74	6.09	2.77	8.30	23.46	1.57	0.29	7.93	6.06	17.77	0.70	0.20	0.25	0.23	1.06	1.74
2.50	1.70	14.54	0.89	8.57	3.53	11.52	32.33	2.43	0.34	11.65	7.60	23.86	1.08	0.28	1.56	1.00	8.68	0.75	5.09	2.19	7.47	19.87	2.43	0.34	6.51	5.40	15.74	1.08	0.25	0.22	0.28	1.56	1.32
2.50	2.40	22.89	1.03	12.97	5.07	16.54	47.81	2.43	0.34	18.73	10.04	33.68	1.08	0.28	1.56	1.50	12.63	0.85	7.49	3.13	10.26	28.46	2.43	0.34	9.99	6.94	21.37	1.08	0.25	0.32	0.28	1.56	1.97
2.50	3.20	36.04	1.18	19.09	7.11	23.49	69.20	2.43	0.34	29.55	13.14	46.98	1.08	0.28	1.56	2.00	17.79	0.95	10.35	4.16	13.55	38.60	2.43	0.34	14.43	8.61	27.86	1.08	0.25	0.43	0.28	1.56	2.63
3.00	2.60	30.73	1.17	16.42	6.08	20.85	59.90	3.44	0.39	24.71	11.82	41.62	1.55	0.34	2.13	1.50	15.95	0.95	8.97	3.52	12.36	33.74	3.44	0.39	12.26	7.83	25.15	1.55	0.30	0.39	0.31	2.13	2.16
3.00	3.30	44.09	1.31	22.33	7.97	27.52	80.43	3.44	0.39	35.65	14.69	54.27	1.55	0.34	2.13	2.00	21.80	1.05	12.08	4.62	15.92	44.71	3.44	0.39	17.25	9.57	32.12	1.55	0.30	0.52	0.31	2.13	2.88
3.00	4.00	61.07	1.44	29.14	10.11	35.16	103.97	3.44	0.39	49.26	17.81	68.63	1.55	0.34	2.13	2.50	29.08	1.15	15.65	5.81	19.98	57.21	3.44	0.39	23.35	11.44	39.95	1.55	0.30	0.65	0.31	2.13	3.61
4.00	2.70	44.16	1.42	22.97	3.63	29.47	82.64	8.00	0.49	36.88	14.99	56.87	3.14	0.44	3.88	1.50	25.02	1.18	13.24	1.96	18.48	48.79	8.00	0.49	19.20	10.19	35.91	3.14	0.40	0.80	0.53	3.88	3.10
4.00	3.40	59.58	1.56	29.87	4.79	37.21	106.49	8.00	0.49	50.78	18.13	71.39	3.14	0.44	3.88	2.00	31.97	1.28	16.97	2.61	22.71	61.82	8.00	0.49	25.69	12.10	44.04	3.14	0.40	1.07	0.53	3.88	4.13
4.00	4.00	75.63	1.67	36.50	5.88	44.63	129.33	8.00	0.49	65.04	21.02	85.19	3.14	0.44	3.88	2.50	40.37	1.38	21.16	3.33	27.44	76.39	8.00	0.49	33.42	14.14	53.03	3.14	0.40	1.33	0.53	3.88	5.16
4.00	4.40	87.91	1.75	41.29	6.65	49.97	145.79	8.00	0.49	75.85	23.05	95.08	3.14	0.44	3.88	3.00	50.35	1.48	25.81	4.11	32.67	92.49	8.00	0.49	42.49	16.31	62.88	3.14	0.40	1.60	0.53	3.88	6.19
5.00	3.50	80.14	1.78	36.97	5.67	46.42	130.93	12.60	0.58	66.08	21.22	87.43	5.02	0.55	5.73	2.00	44.47	1.49	21.52	3.15	29.11	77.62	12.60	0.58	34.09	14.31	55.06	5.02	0.49	1.34	0.64	5.73	4.64
5.00	4.00	95.83	1.88	43.04	6.64	53.19	151.78	12.60	0.58	79.90	25.78	99.95	5.02	0.55	5.73	2.50	54.59	1.58	26.20	3.92	34.38	93.85	12.60	0.58	43.28	16.48	64.98	5.02	0.49	1.34	0.64	5.73	4.64
5.00	4.30	106.26	1.94	46.91	7.25	57.50	165.03	12.60	0.58	89.02	25.38	107.88	5.02	0.55	5.73	3.00	66.44	1.68	31.35	4.76	40.15	111.62	12.60	0.58	53.90	18.79	75.77	5.02	0.49	2.02	0.64	5.73	6.96
5.00	4.30	106.26	1.94	46.91	7.25	57.50	165.03	12.60	0.58	89.02	25.38	107.88	5.02	0.55	5.73	4.00	95.83	1.88	43.04	6.64	53.19	151.78	12.60	0.58	79.90	23.78	99.95	5.02	0.49	2.69	0.64	5.73	9.28

附注：

1. 表中数值勾缝面积以平方米，体积以立方米计。
2. 本洞口工程数量以一端计算。
3. 当洞口为n孔：
   无管节升高时工程数量=（基本单孔工程数量+（n−1）×基本内孔工程数量）×2；
   有升高管节时洞孔工程数量=升高单孔洞口工程数量+（n−1）×升高内孔数量+基本单孔洞口工程数量+（n+1）×基本内孔数量。
4. 全涵洞工程数量=洞身工程数量+洞口工程数量。
5. 其他有关说明见洞身工程数量表的说明。

图 9-13　洞口工程数量表

第10章 隧道工程

隧道是埋置于地层中的工程建筑物，是人类利用地下空间的一种形式。隧道的种类繁多，从不同的角度区分，就有不同的分类方法。从隧道所处的地质条件分，可分为土质隧道和岩质隧道；从埋置深度来分，可以分为浅埋隧道、深埋隧道；从隧道所在位置来分，可以分为山岭隧道、水底隧道和城市隧道；按用途划分，可以分为交通隧道（公路、铁路、航运、人行等）、水工隧道（引水、尾水、导流、排沙等）、市政隧道（给水、污水、管路等）、矿山隧道（运输巷道、通风巷道等）。

隧道工程由洞身、衬砌、洞口和附属工程等部分组成。描述一座隧道的工程图纸很多，一般可分为隧道平面图、隧道纵断面图、隧道洞身衬砌断面构造图、隧道进出口设计图、隧道路面结构图、附属工程结构图和结构大样图等，附属工程主要包括隧道排水设施、通风设施、照明设施等。

10.1 隧道一般断面图

图 10-1、图 10-2 分别为单向双车道暗洞与明洞的标准断面图。隧道底部左半部有仰拱，右半部无仰拱。隧道横断面为不同的圆弧连接而成，顶拱圆弧半径为 540cm，半底拱与顶拱过渡处采用半径 840cm 的圆弧连接。隧道的净空是隧道衬砌的内轮廓线所包围的空间，它是根据隧道的建筑限界而确定的，图中虚线轮廓线即为隧道的建筑限界，建筑限界宽度包括：行车道宽度 375cm×2、左侧向宽度 50cm＋右侧向宽度 75cm、检修道宽度 75cm×2。行车道净高 500cm。该建筑限界是以设计车速为 80km/h 而定。建筑限界以外的净空可设置排水、通风、照明、消防、监控和通信等设备。

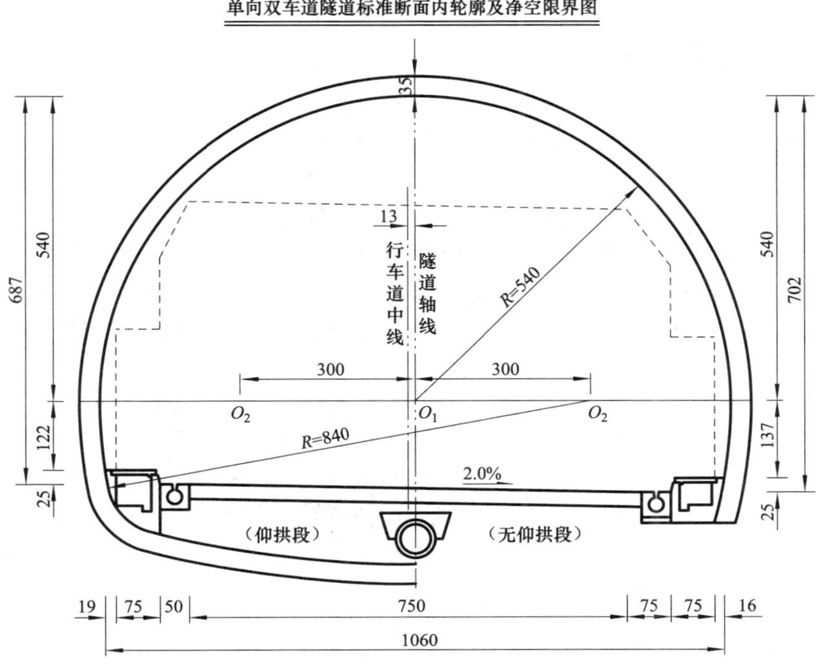

图 10-1　单向双车道暗洞标准断面图（单位：cm）

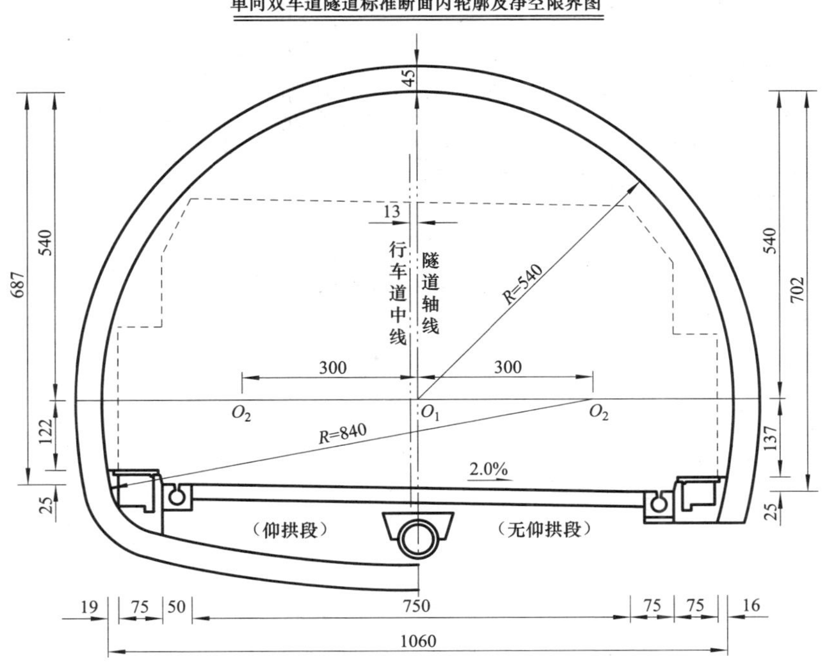

图 10-2　单向双车道明洞标准断面图（单位：cm）

10.2 隧道衬砌构造图

隧道开挖后，为了保持围岩的稳定，一般需要进行支护衬砌。衬砌的主要方式有：整体式混凝土衬砌、拼装式衬砌、喷射混凝土衬砌和复合式衬砌。

图 10-3 为Ⅳ级围岩段衬砌设计图。该隧道内部衬砌先后依次为：超前小导管、砂浆锚杆（环向每断面布置 22 根）、双层钢筋网、格栅钢拱架、喷射混凝土、防水层、模筑混凝土。图 10-4、图 10-5 分别为Ⅳ级围岩段锚杆布置图、钢筋网平面展开图。图中显示锚杆长度为 3.5m、纵向及环向间距为 100cm；钢筋网中钢筋直径 8mm，纵向及环向间距均为 20cm。

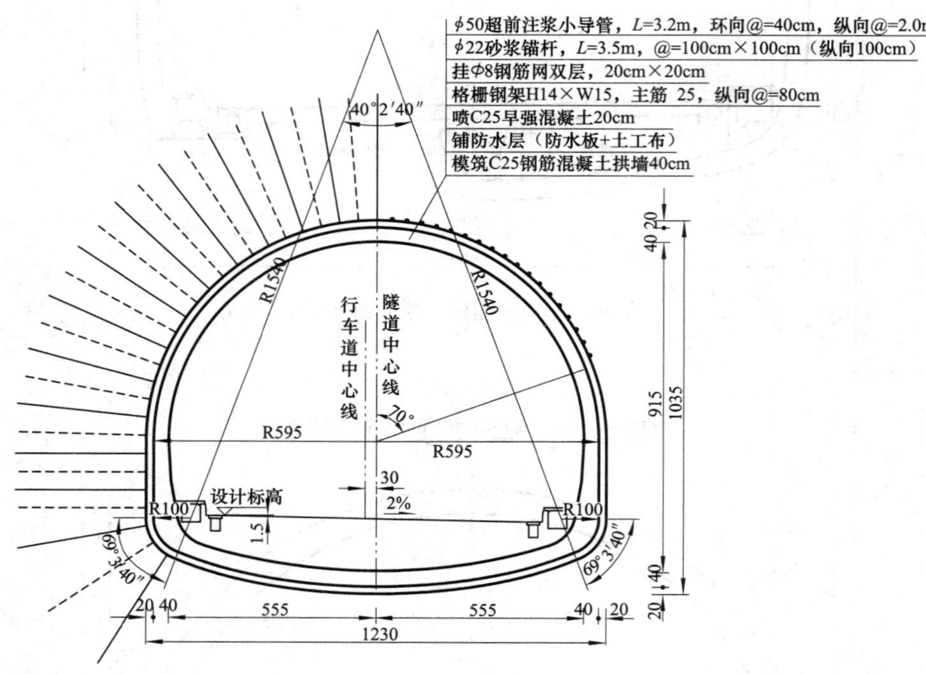

图 10-3　Ⅳ级围岩段衬砌设计图

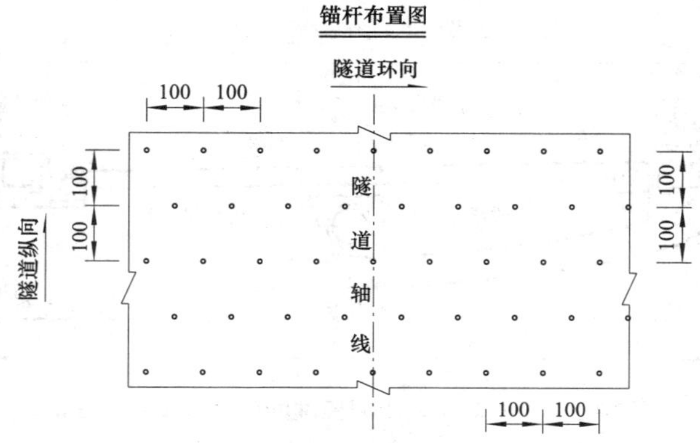

图 10-4　Ⅳ级围岩段锚杆布置图

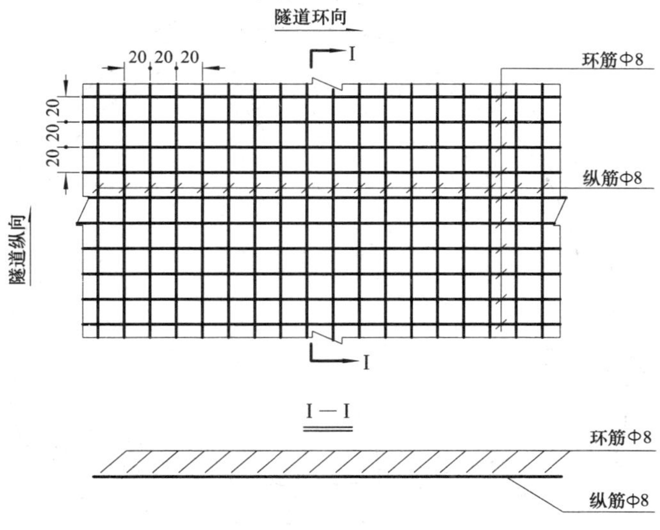

图 10-5　Ⅳ级围岩段钢筋网平面展开图

图 10-6 为Ⅳ级围岩段二次衬砌配筋图。配筋图显示，沿环向拱部配置了①号、②号钢筋，其中①号位于外环，②号位于内环，底拱环向配置了⑤号、⑥号钢筋，过渡处环向布置了③号、④号钢筋。主筋的直径、下料长度及曲率半径如图中主筋大样图，如①号钢筋下

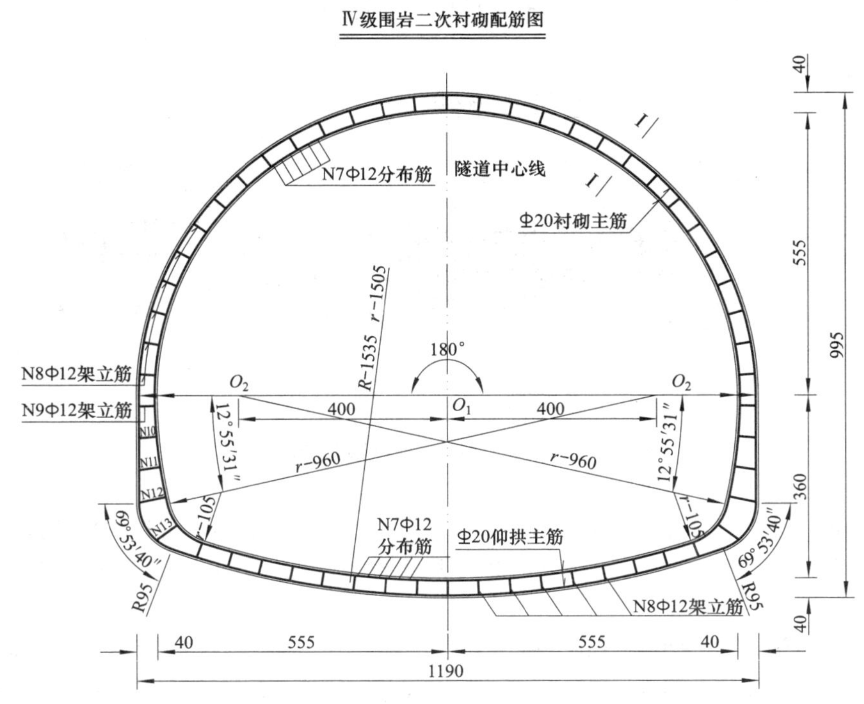

图 10-6　Ⅳ级围岩段二次衬砌配筋图（一）

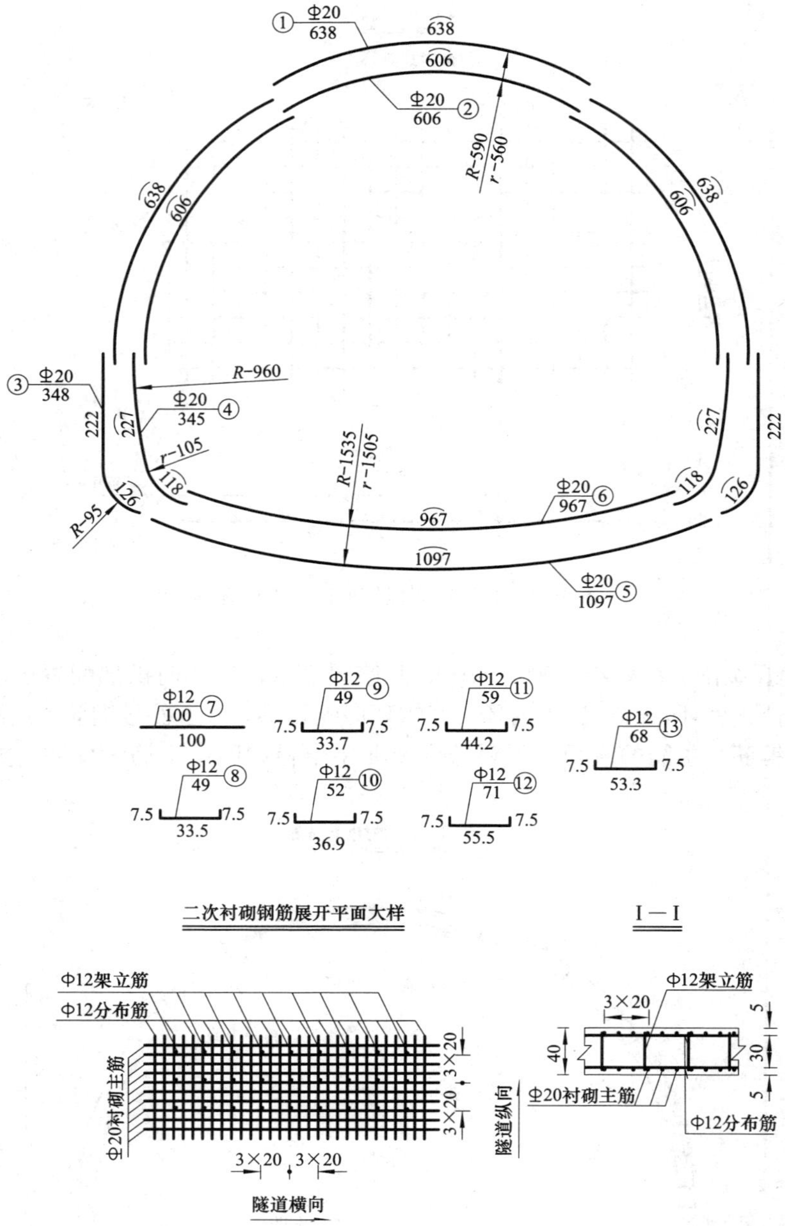

图 10-6 Ⅳ级围岩段二次衬砌配筋图（二）

料长度 638cm、直径 20mm、曲率半径 590cm。由Ⅰ-Ⅰ剖面图可知衬砌主钢筋纵向间距为 20cm。沿径向布置了架立钢筋、分布钢筋，钢筋直径均为 12mm，其下料长度图中已详细标出。

图 10-7 为隧道加强段小导管预注浆设计图。图 10-8、图 10-9 分别为导管纵向布置剖面图与导管大样图。由图中显示，导管直径为 42mm，长度 500cm，环向间距 40cm，纵向间距 240cm。小导管只在竖向轴线左右各 70°范围内布置，其纵向与隧道纵坡成 15°角。小导管

构造图显示，导管前端做成锥形，管壁上交错布置直径 6mm 的注浆孔。小导管端部支撑于型钢支撑上。

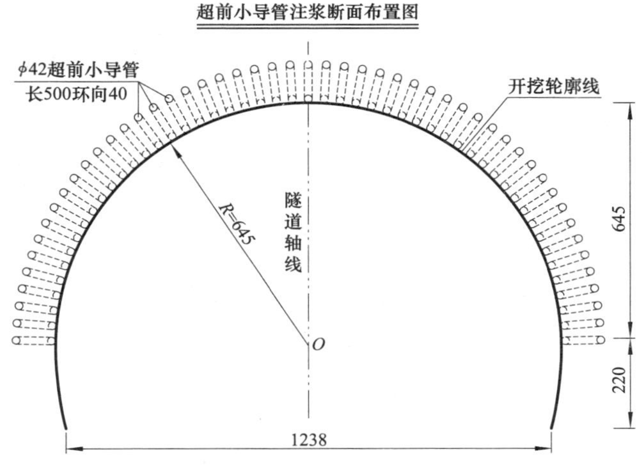

图 10-7　隧道加强段小导管预注浆设计图

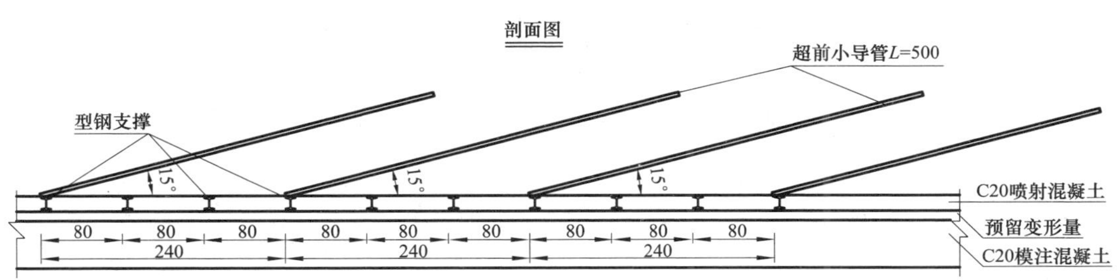

图 10-8　导管纵向布置剖面示意图

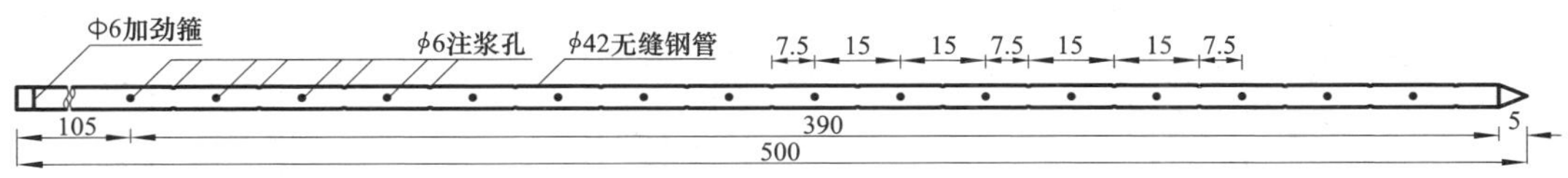

图 10-9　导管大样图

图 10-10 为格栅钢架总装图，图 10-11 为格栅钢架零件图。图中Ⅰ、Ⅱ、Ⅲ为钢架编号，Ⅰ号钢架有 6 片，钢架外弧长 3271mm，内弧长 3185mm，对应的圆心角度为 30°；Ⅱ号钢架有 2 片，钢架外边长 3646mm，内边长 3447mm（外圆弧段 1454mm，内弧段 1255mm，直线段 2192mm）；Ⅲ号钢架有 3 片，钢架外弧长 3723mm，内弧长 3684mm，对应的圆心角度为 13°35′17″。各片钢架的连接见图中的 A 节点详图。根据钢架平、立面图知钢架主筋 N1、N2 直径均为 25mm，沿主筋方向每隔 300mm 用直径为 10mm 的 N7 钢筋连接，同时还采用斜向布置钢筋 N8、N12 进行加强。N7～N12 号钢筋的具体形状、尺寸在图 10-11 中钢筋大样图已经详细标出。

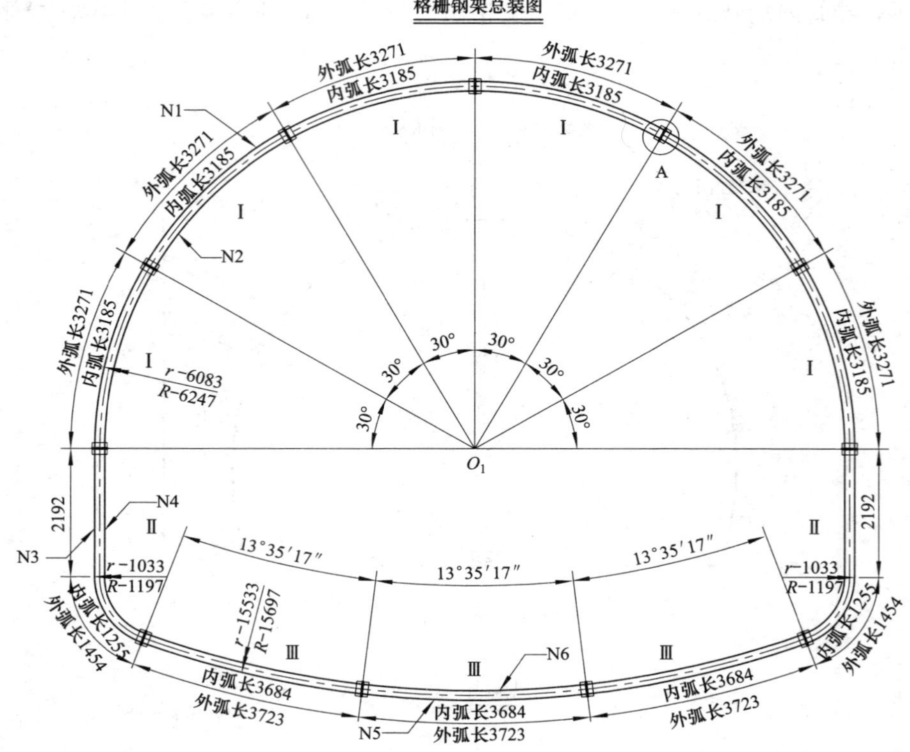

图 10-10　格栅钢架总装图（单位：mm）

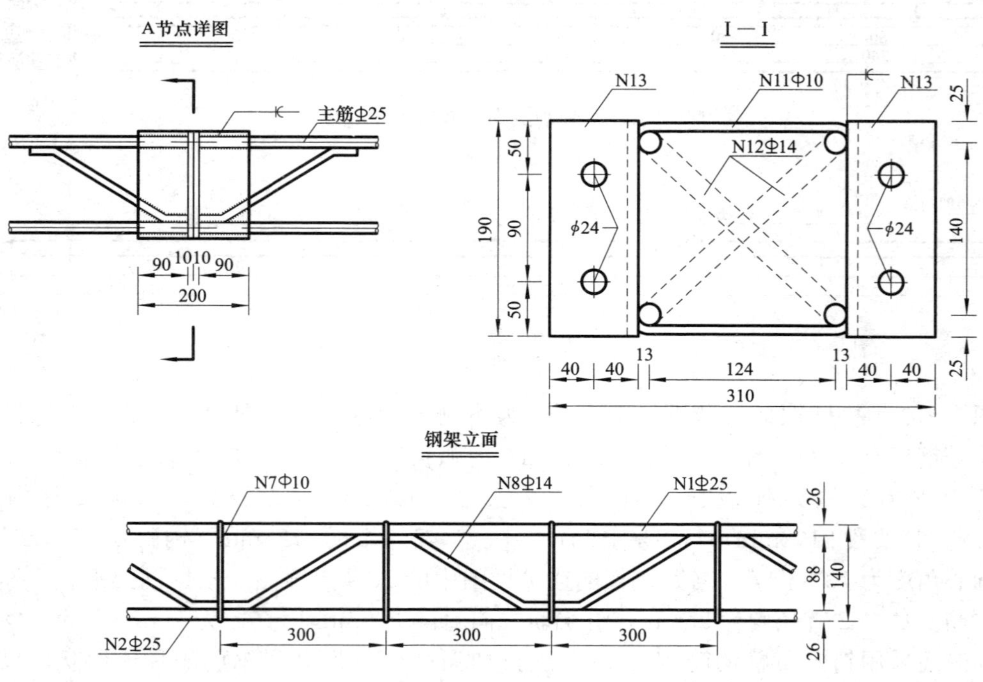

图 10-11　格栅钢架零件图（一）

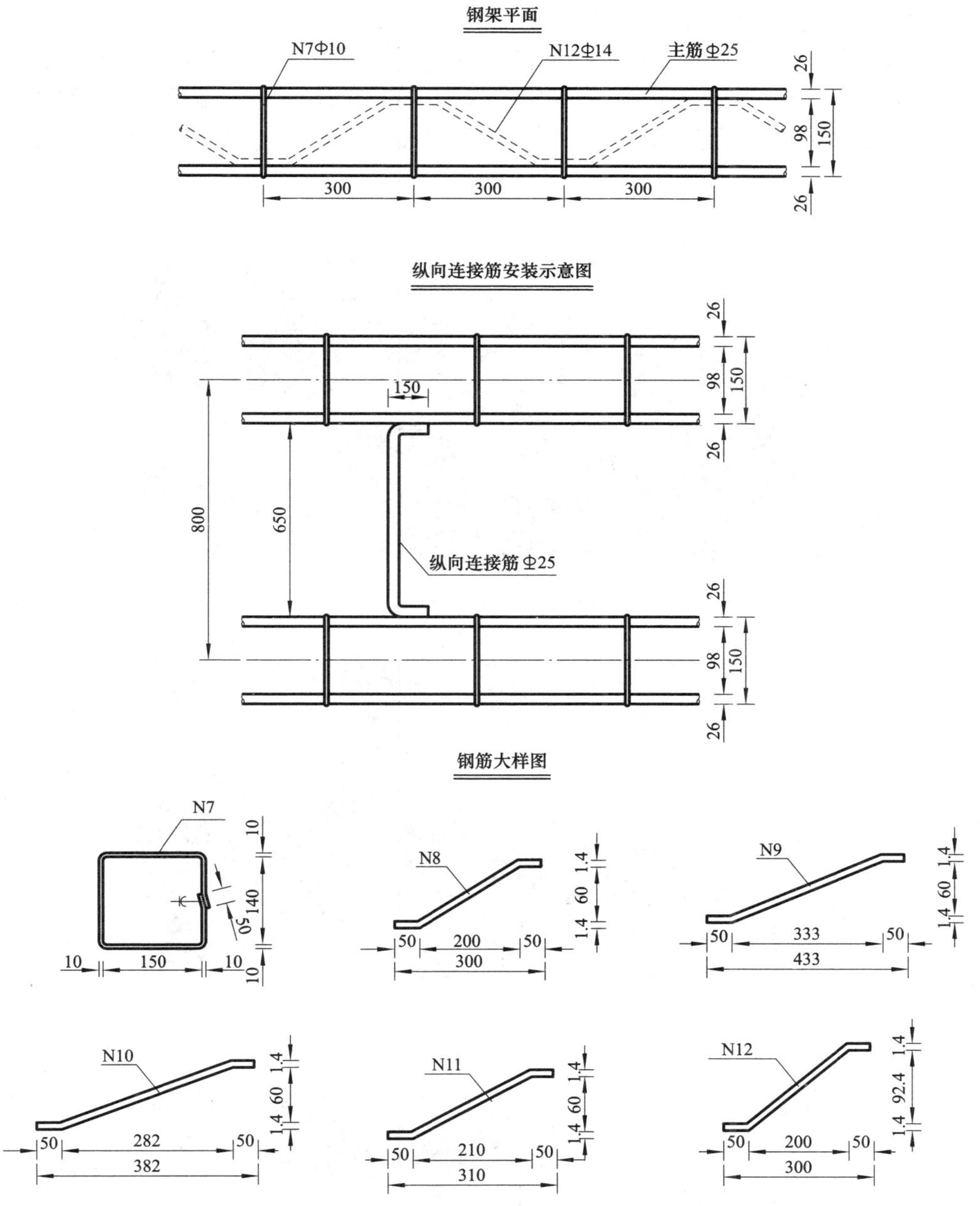

钢架平面

纵向连接筋安装示意图

钢筋大样图

图 10-11　格栅钢架零件图（二）

10.3　隧道洞门、明洞及附属建筑物施工

1. 洞门

山岭隧道、城市隧道、海底隧道等的洞门构造形式有很大的区别。对于山岭隧道洞门，

为了保护岩土体的稳定和使车辆不受崩塌、落石等的威胁，确保行车安全，应根据实际情况，选择恰当的洞门形式，修筑洞门。洞门是隧道咽喉，也是外露部分，在保障安全的同时，还应适当进行洞门和环境的美化。山岭隧道常用的洞门形式有：端墙式、翼墙式、环框式、削竹式、遮光棚式、台阶式等。图 10-12～图 10-14 分别为端墙式、削竹式、台阶式洞门的图片。

图 10-12 端墙式洞门

图 10-13 削竹式洞门

图 10-14 台阶式洞门

图 10-15 为端墙式洞门的平面、立面、侧面图。立面图中显示洞口地面横坡较缓，故采用端墙式，如果洞口地面有一定的横坡，为了保证洞口处的安全并减少造价可采用台阶式洞门。立面、平面图中还显示，洞顶设有排水沟，图中给出了其大样图。隧道仰坡进行植草防护，洞门与隧道连接部位设置两排直径为 22m 的连接钢筋（详见侧面图），每根钢筋长度 100cm；洞门墙在洞口两侧设置沉降缝，自墙顶到基底贯通，缝内充填沥青麻丝。由洞门顶大样图知洞门顶部内缘设置滴水线。此外，洞门拱圈装饰采用大理石板材，洞门墙采用深色装饰板材，洞顶坡面采用直径为 22mm，长度 350cm，间距 120cm 的砂浆锚杆，外挂直径为 6mm，纵横间距 20cm 的钢筋网，外喷 10cm 的 C25 混凝土进行防护。

立面

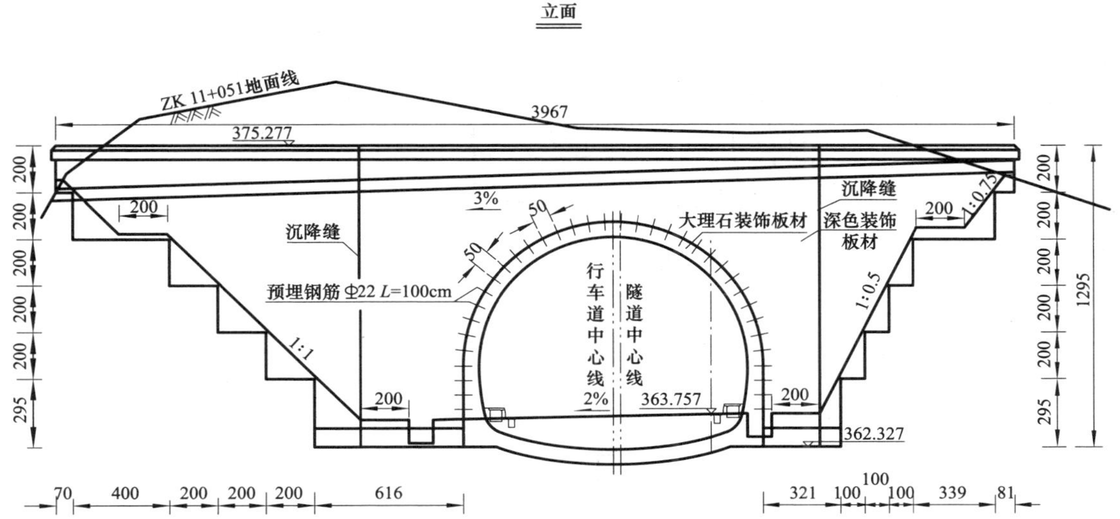

平面

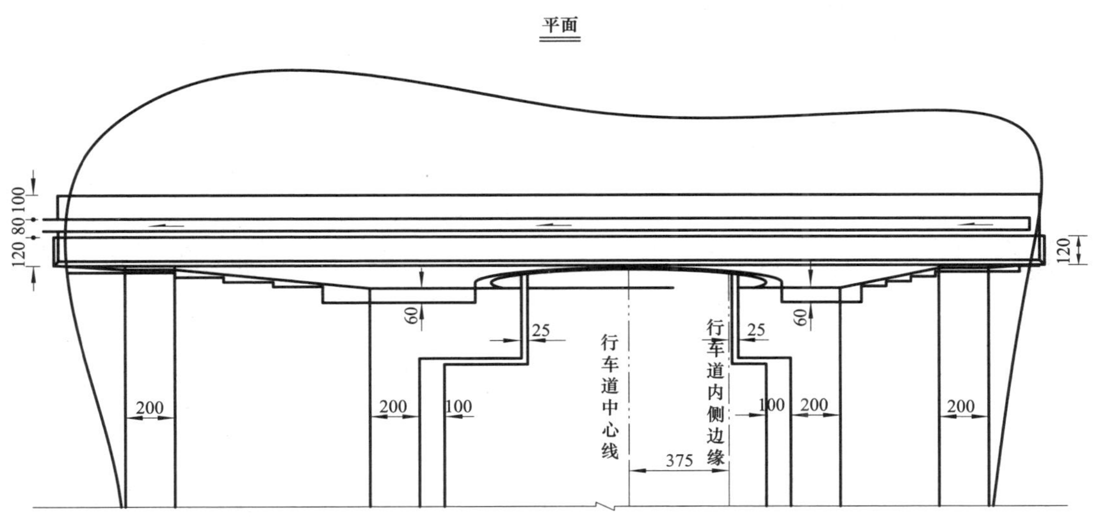

图 10-15 端墙式洞门平面、立面、侧面及细部图（一）

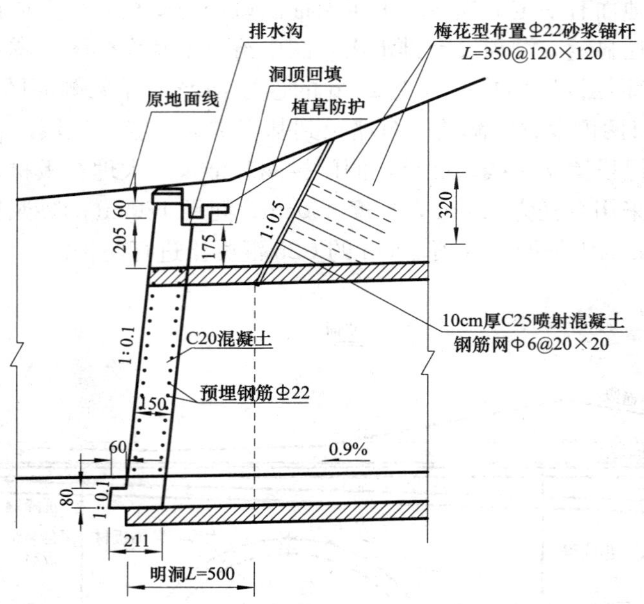

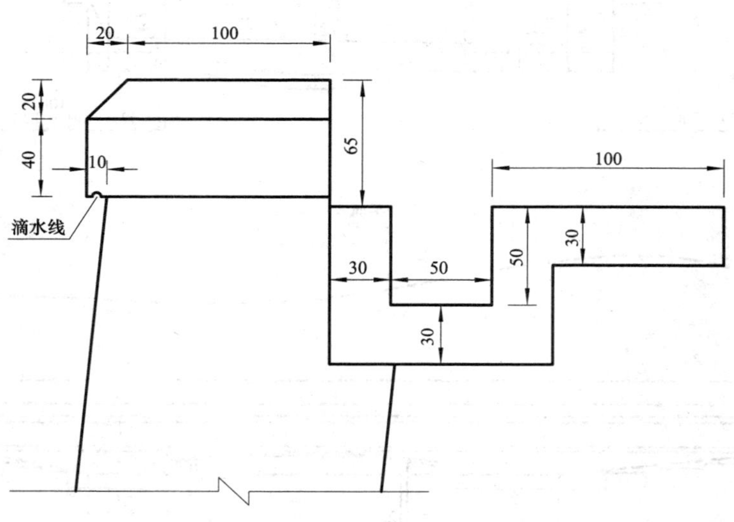

图 10-15　端墙式洞门平、立、侧面及细部图（二）

2. 明洞

明洞是隧道的一种变化形式，它用明挖法修筑。所谓明挖是指把岩体挖开，在露天修筑衬砌，然后回填土石。明洞一般修筑在隧道进出口处，图 10-16 为某隧道明洞图片。

图 10-17 为某明洞开挖支护及回填方案图。明洞施工时其两侧应及时对称回填，碎石土回填应分层夯实，以保证回填的密实性和洞身的均匀受力。回填完成后在其上施作 50cm 厚

的黏土隔水层（黏土隔水层设置在洞顶排水沟之下），然后回填一层普通土，最后在表面植草防护，以满足绿化要求。明洞开挖后应立即做好明洞边仰坡的临时防护，采用喷 8cm C20 混凝土，打长 250cm、直径 22mm 砂浆锚杆（间距 120cm×120cm，按梅花形布设）进行支护。

图 10-16 明洞

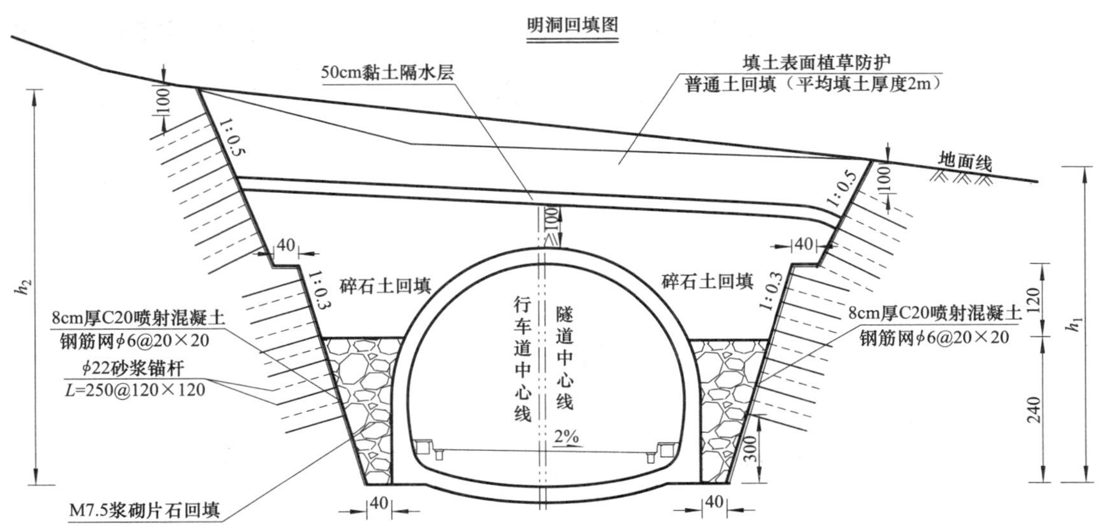

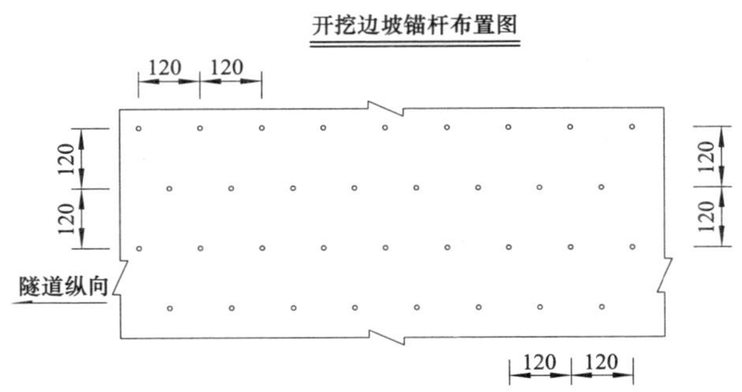

图 10-17 某明洞开挖支护及回填方案图（一）

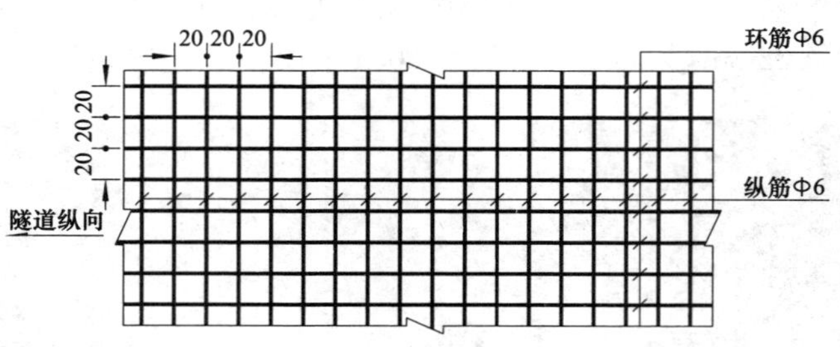

图 10-17　某明洞开挖支护及回填方案图（二）

图 10-18 为明洞衬砌图，内侧为外贴式防水层，外侧为厚度 65cm 模筑钢筋混凝土。图 10-19 为明洞衬砌配筋图。环向布置的主筋为 N1、N2、N3、N4，直径均为 22mm，其中 N3、N3 为底拱主筋。图中标出了各号钢筋的长度，圆弧半径，如 N1 钢筋，长度为 2882cm（其中圆弧段长 1932cm、竖直段 343×2cm、水平直线段 132cm×2）、圆弧半径为 615cm。在外环、内环主筋间布置了架立筋 N6～N12，直径均为 12mm，长度图中亦标出，如 N6 长度为 73.4cm（58.4cm＋7.5cm＋7.5cm）。沿隧道纵向布置有分布钢筋 N5，其直径为 12mm，每根长度为 100cm。图中Ⅰ-Ⅰ、Ⅱ-Ⅱ剖面给出了架立筋、分布筋、主筋的布置图。

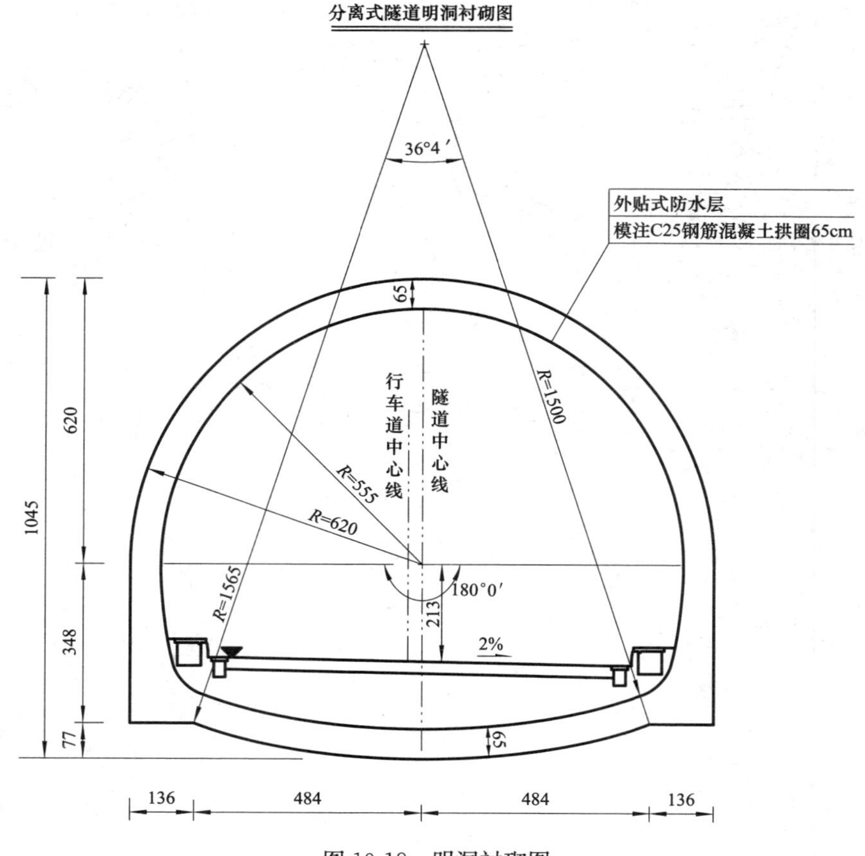

图 10-18　明洞衬砌图

标注中 65 表示模筑混凝土厚度为 65cm、55 表示环向布置的内侧和外侧主筋中心距为 55cm。分布钢筋布置于两类主筋之间，架立筋间距为 60cm。

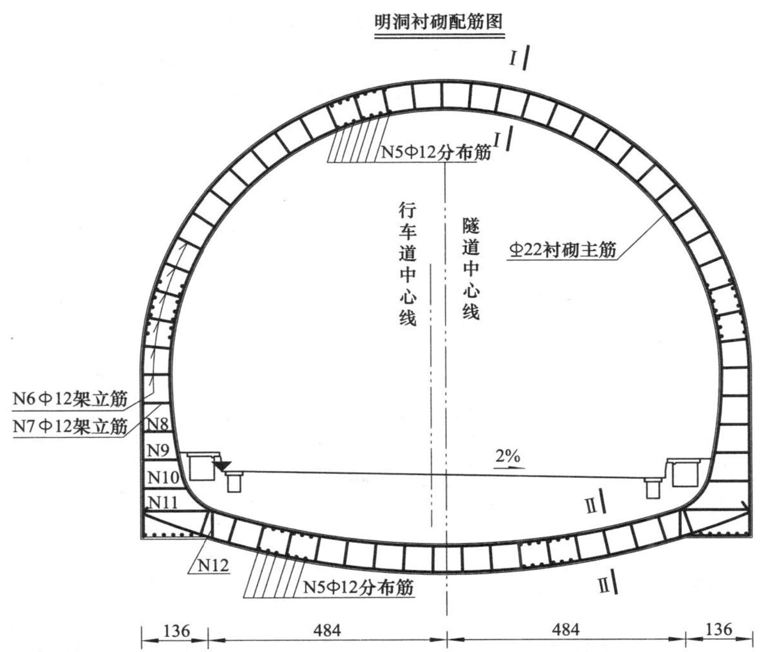

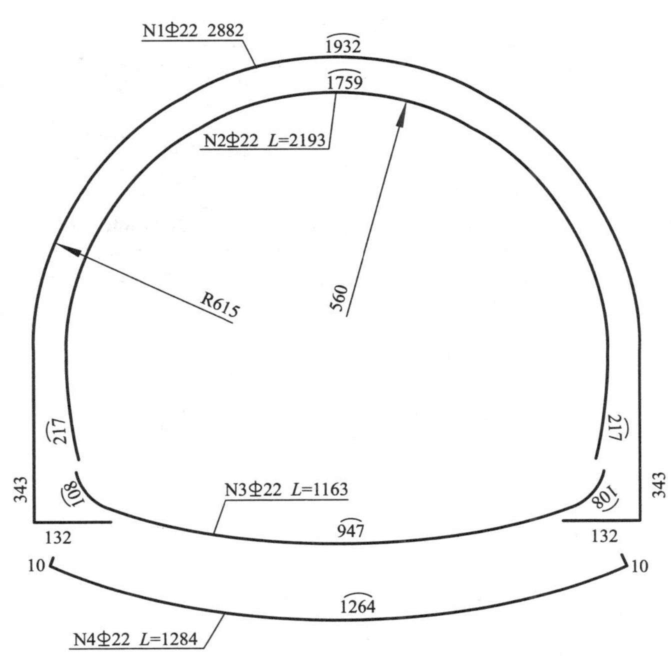

图 10-19　明洞衬砌配筋图（一）

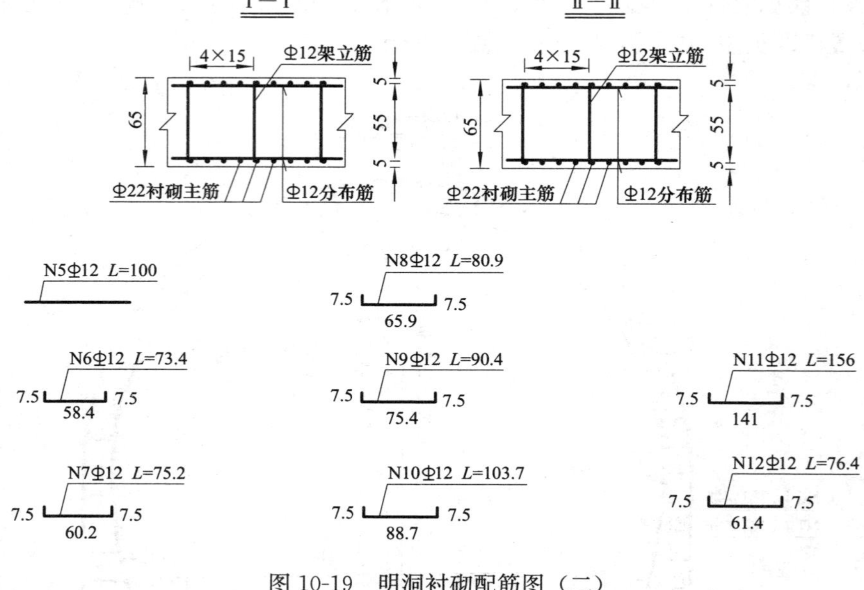

图 10-19　明洞衬砌配筋图（二）

3. 附属建筑物

隧道的附属建筑物包括防排水设施、电力及通信信号的安放设施、内装、天棚及路面设施等。

（1）排水设施

图 10-20 为隧道明洞排水设计图。隧道衬砌按施工先后依次为水泥砂浆保护层、外贴式

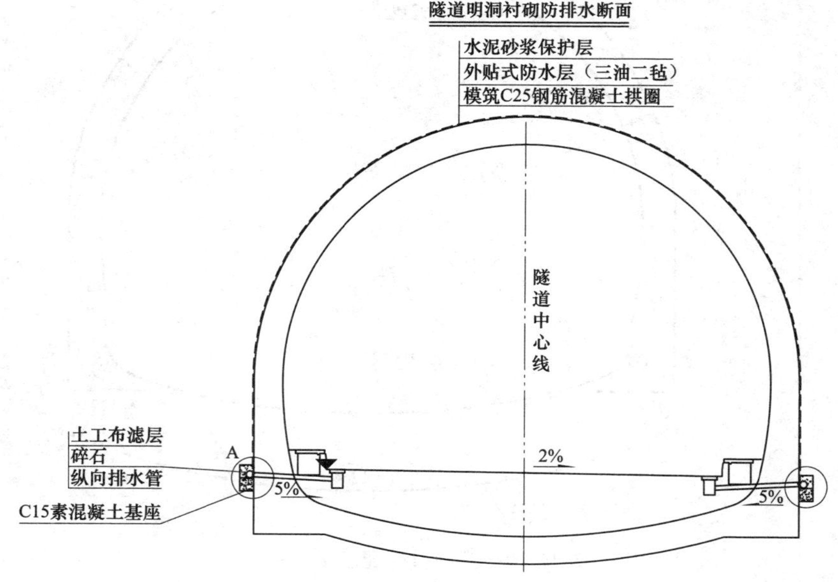

图 10-20　隧道明洞排水设计图（一）

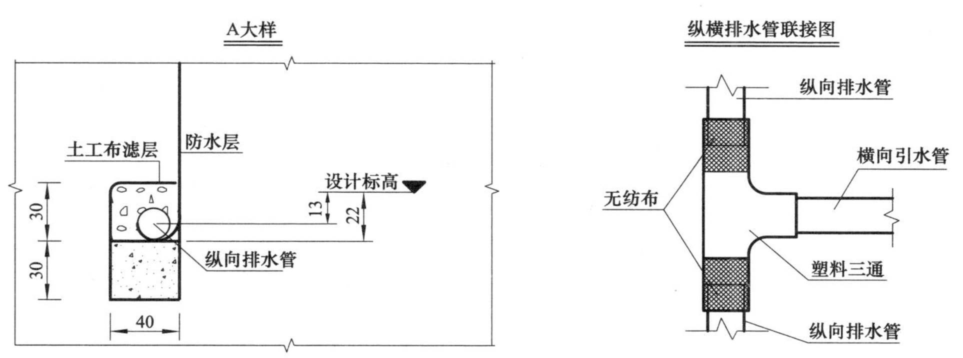

图 10-20　隧道明洞排水设计图（二）

防水层（三油二毡）、C25 模筑钢筋混凝土。防水层通过纵向排水管、横向引水管将渗水排放到隧道路面两侧设置的排水边沟，其中纵向排水管沿隧道全长布置，纵向坡度与隧道一致。横向排水管为直径 100mm 的波纹管，其具有一定的横坡度，图中显示为 5%。图中的 A 大样图给出两侧纵向排水管的布置图。纵向排水管与横向排水管通过塑料三通连接，塑料三通各个接头内衬无纺纱布与纵横管插紧密封。此外，电缆槽也通过横向引水管道与排水边沟连接及时排除槽内积水，并且具有一定的横向坡度，纵向每隔一定距离两侧各设一个。

图 10-21 为隧道暗洞排水设计图，与上面明洞的排水设计图有所不同。隧道衬砌按施工先后依次为初期支护及环向排水管道、土工布、防水板、模筑二次衬砌。暗洞除了需要设置纵横向的排水管道外，尚需要设置环向的排水管。环向的排水管采用直径为 100mmΩ 形排水管。在无仰拱处布设透水型横向排水盲管。纵向、环向的泄水管采用三通连接，图中给出了连接大样图。

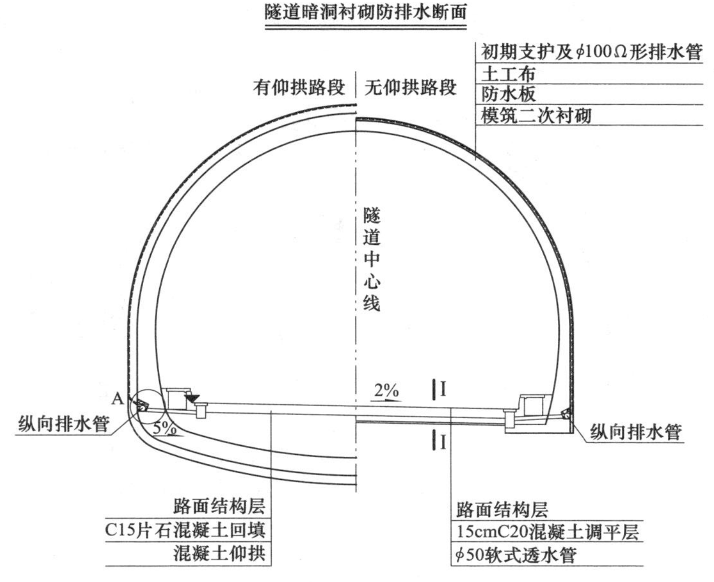

图 10-21　隧道暗洞排水设计图（一）

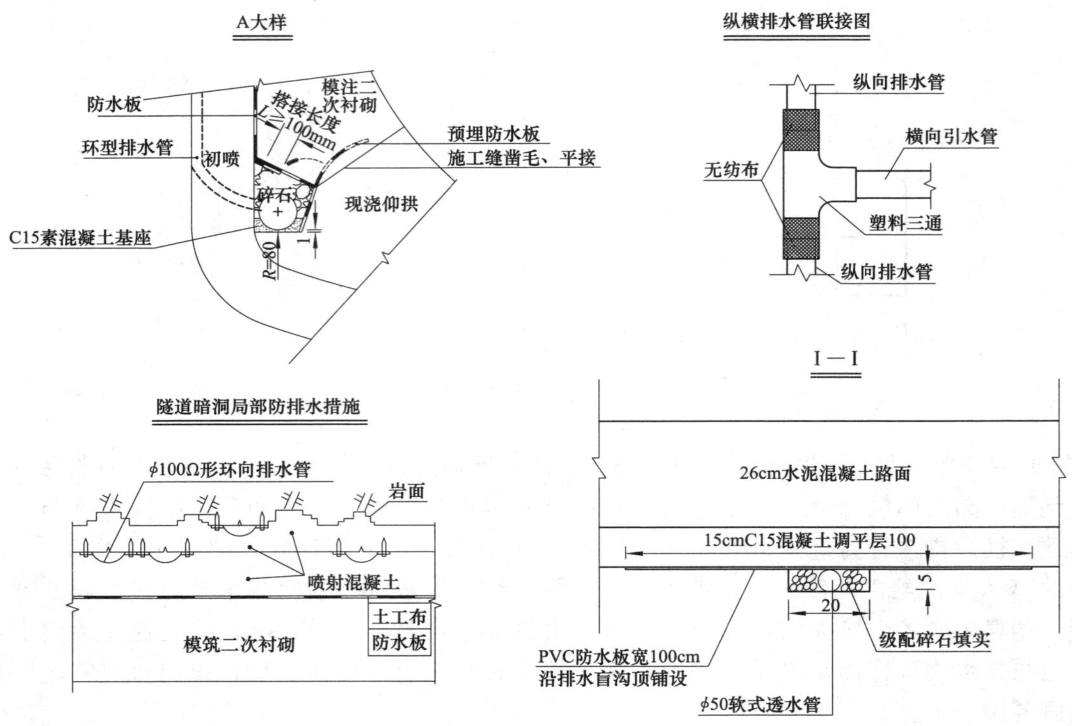

图 10-21 隧道暗洞排水设计图（二）

（2）施工缝、沉降缝防水构造

围岩类别变化截面、明洞与暗洞界面处均应设置沉降缝，沉降缝需在衬砌的全断面设置。施工缝需在拱墙部位设置，其数量根据模板台车每环衬砌长度决定。图 10-22 为隧道施

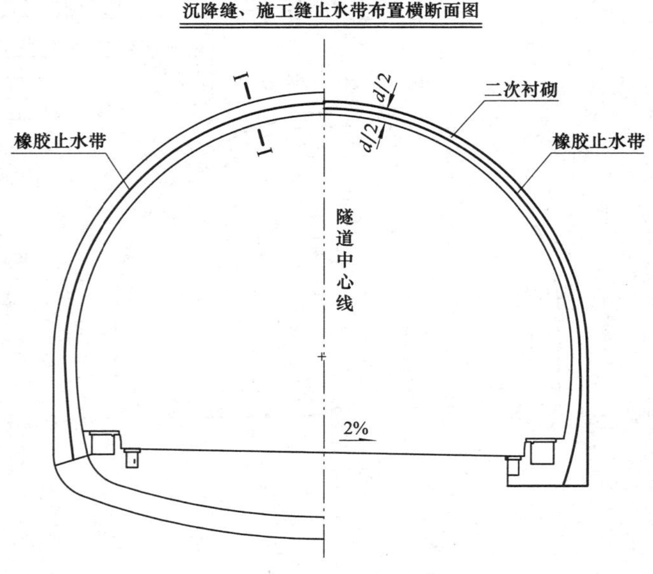

图 10-22 隧道施工缝、沉降缝设计图（一）

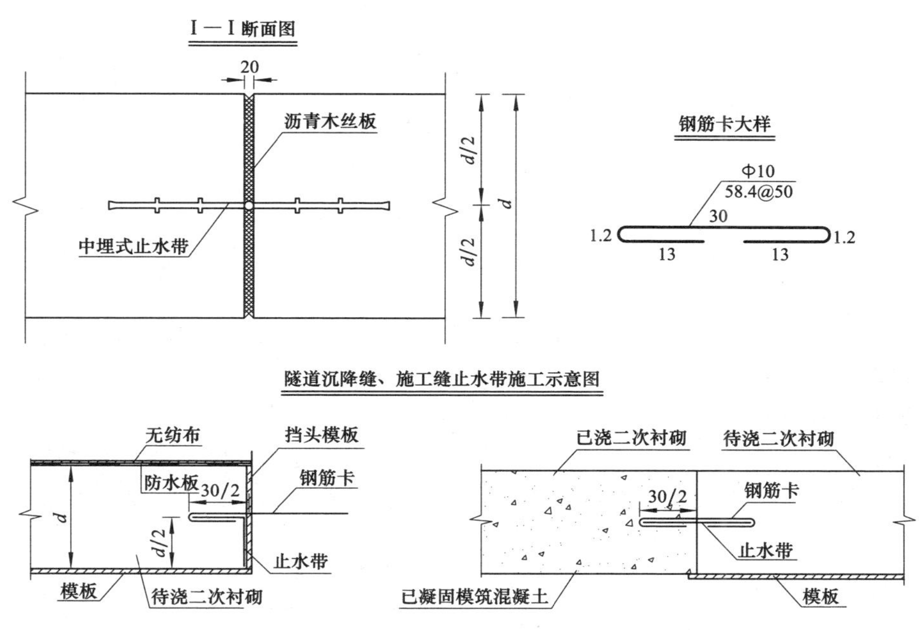

图 10-22　隧道施工缝、沉降缝设计图（二）

工缝、沉降缝设计图。橡胶止水带宽度为 30cm，设置在防水板与二次衬砌之间，图中给出了沉降缝中埋式橡胶止水带施工示意图，安装工艺为：沿衬砌设计线间间隔 0.5m 在挡头板上钻一个直径 12mm 的钢筋孔，将加工成型的直径 10mm 的钢筋卡（长度 58.4cm、间距 50cm）由模筑混凝土一侧向另外一侧穿入，卡紧止水带一半，另外一半止水带平结在挡头板上；待模筑混凝土凝固后拆除挡头板，将止水带靠近中心钢筋拉直，然后弯曲钢筋卡套上止水带，模筑下一环混凝土。

图 10-23 为隧道衬砌接缝防水设计图。图中给出了施工缝、伸缩缝及沉降缝的防水构造

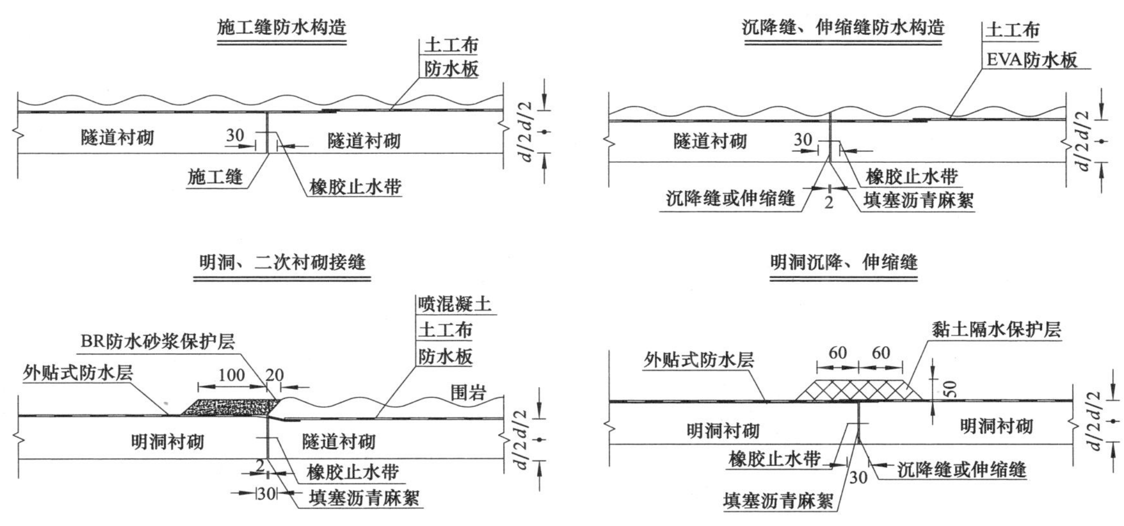

图 10-23　隧道衬砌接缝防水设计图（一）

暗洞防水局部构造

φ100排水半圆管

岩面

h

喷混凝土

土工布（350g/m²）

防水板

图 10-23　隧道衬砌接缝防水设计图（二）

图。d 为衬砌厚度、h 表示喷的混凝土厚度。沉降缝、施工缝宽度为 2cm，内部充填沥青麻絮，橡胶止水带宽 30cm。

（3）纵向管检查井

图 10-24 为隧道纵向管检查井设计图。纵向管检查井两侧交错布置，设置时避开变形缝、施工缝、预留洞室以及预埋管线。剖面图中标出了检查井顶、内、外、壁的尺寸及坡

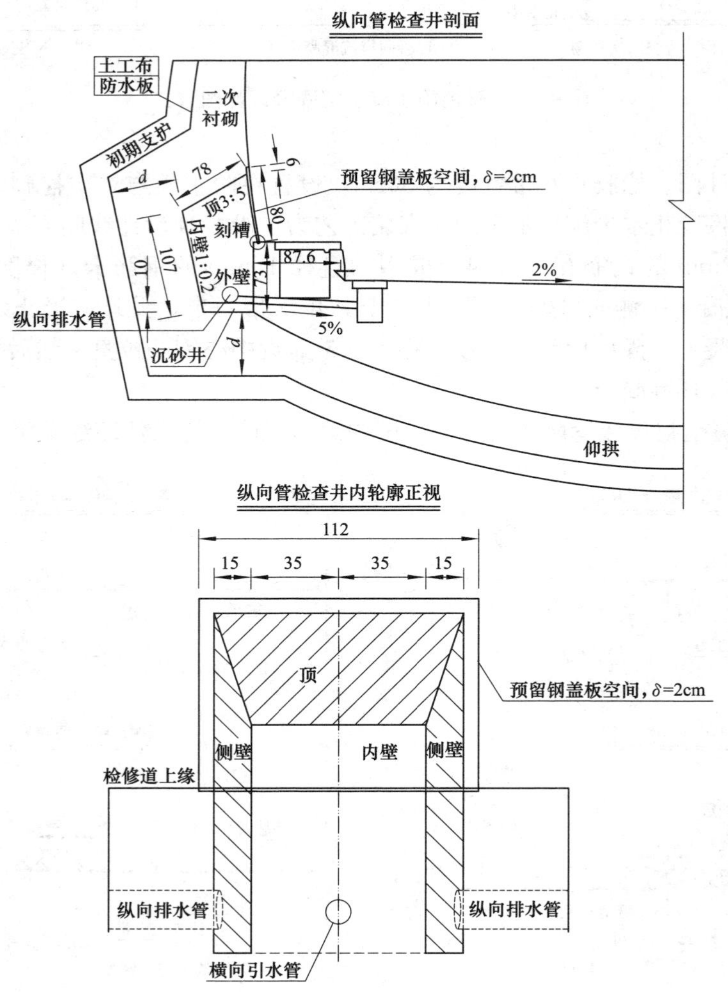

图 10-24　隧道纵向管检查井设计图（一）

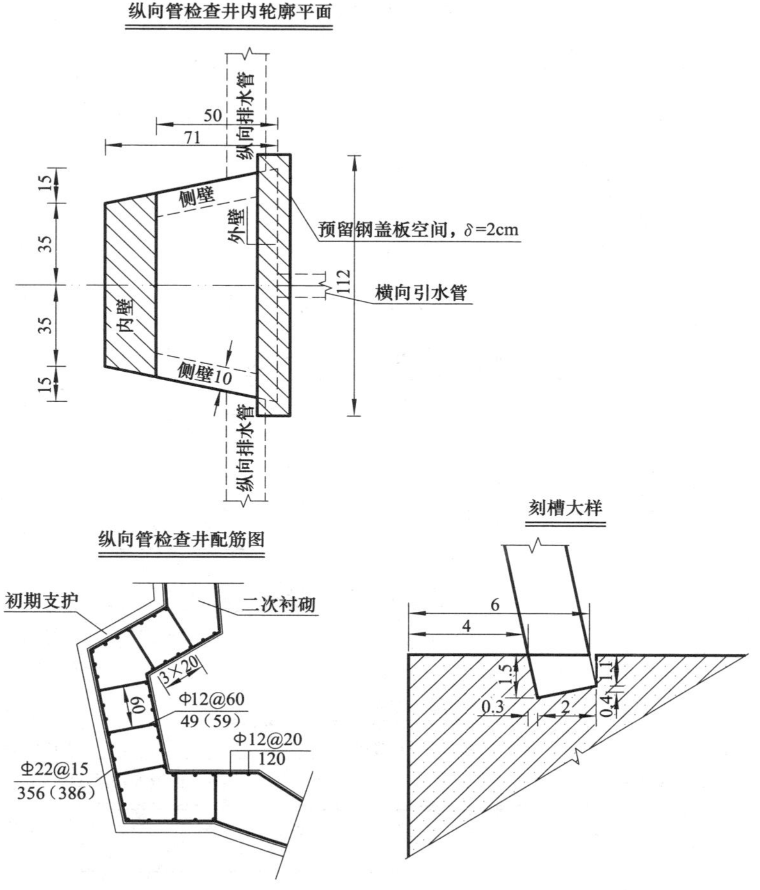

图 10-24 隧道纵向管检查井设计图（二）

度。外壁端部有刻槽，刻槽尺寸应和矩形的钢盖板匹配。图中刻槽大样图给出了其详细尺寸。

（4）隧道施工监控量测

隧道的施工监控是新奥法的重要组成部分。在隧道施工中，通过对隧道围岩动态的监控量测，掌握围岩动态和支护结构的工作状态，利用量测结果调整设计的支护参数，指导施工。通过量测预见事故和险情，以便及时采取措施防止事故发生，确保隧道的安全，达到隧道施工安全、节约工程投资的目的。图 10-25 为隧道施工位移监控量测方案图，图中给出了地表测点、隧道拱顶及和周边测点布置。

（5）人行横洞

图 10-26 为人行横洞设计图。从其中的纵断面图获知，两端为加强段，中间为普通段。加强段与普通段隧道的衬砌有所不同，即加强段采用了砂浆锚杆并挂钢筋网，而普通段则无，此外加强段的模筑混凝土较普通段厚。加强段钢筋网钢筋直径为 6mm，间距 20cm；锚杆直径 22mm，长 250cm，间距 120cm。

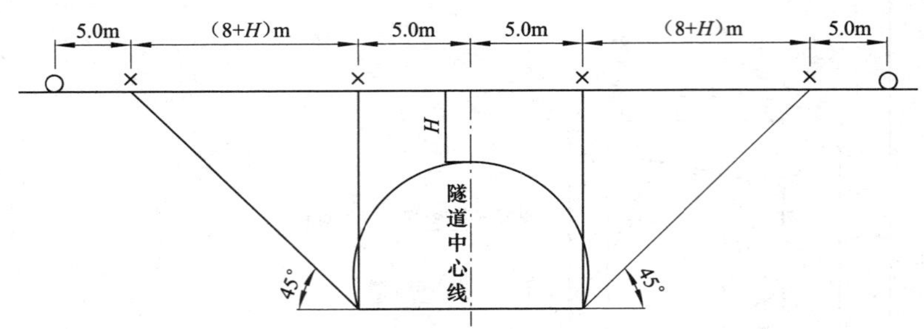

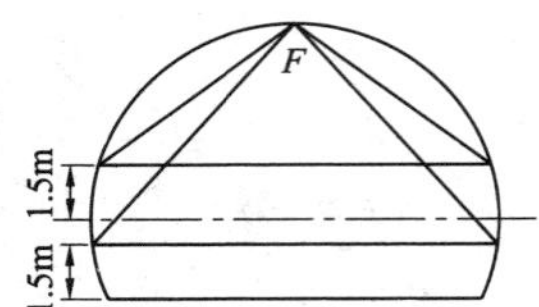

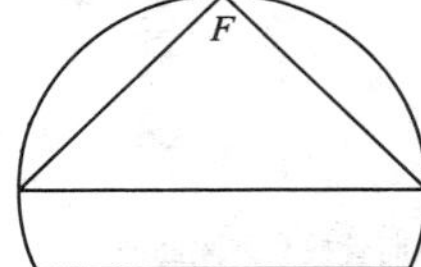

图 10-25 隧道施工监控量测方案图

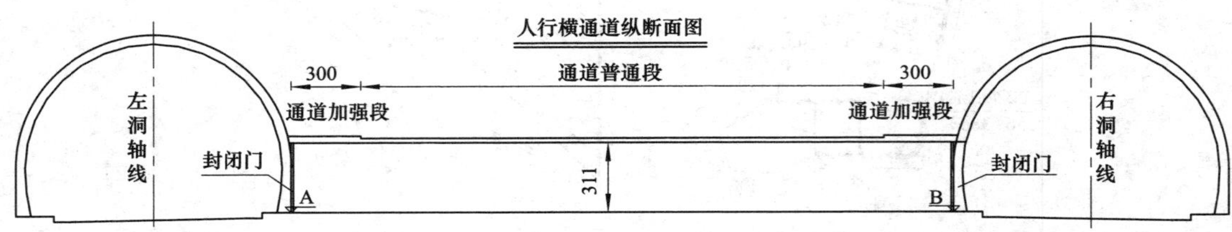

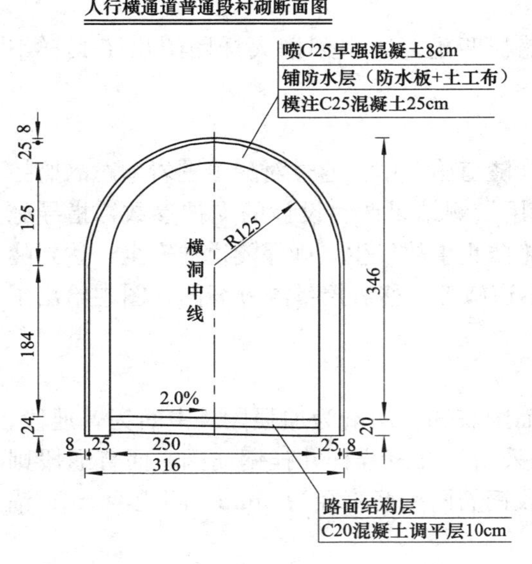

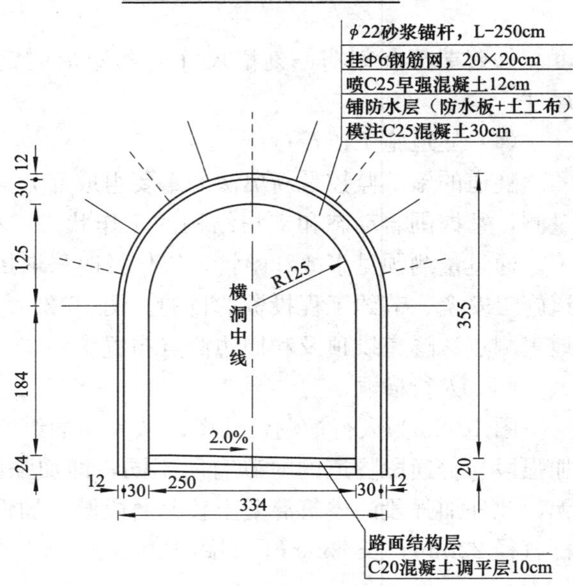

图 10-26 人行横洞设计图（一）

人行横通道钢筋网布置示意图

20

20

I

钢筋Φ6

钢筋Φ6

I

I—I

钢筋Φ6

钢筋Φ6

锚杆布置图

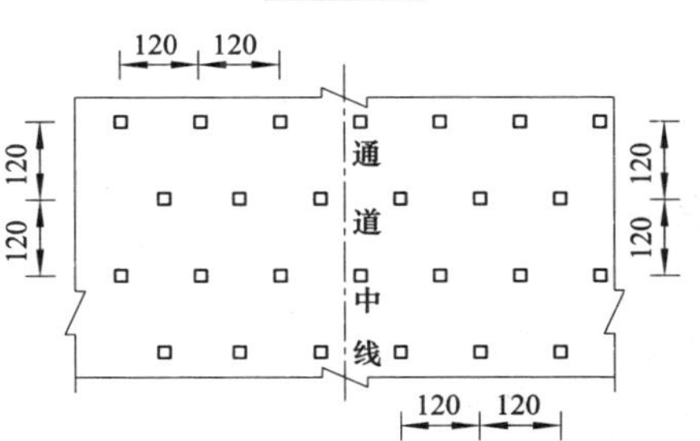

图 10-26 人行横洞设计图（二）

第 11 章 道路交叉口及交通工程图

根据各相交道路在交叉点的高度情况，道路交叉口可以分为平面交叉口和立体交叉口两大类型。

道路交叉口交通状况、构造和排水设计均比较复杂，所以道路交叉口工程图除了平、纵、横三个图样以外，一般还包括竖向设计图、交通组织和鸟瞰图等。

11.1 平面交叉图

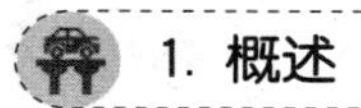

1. 概述

平面交叉口就是将相交各道路的交通流组织在同一平面内的道路交叉形式。

(1) 平面交叉口的形式

平面交叉口按相交道路的联结性质可分为：十字交叉口；T 字形交叉口；斜交叉口；Y 字形交叉口；交错 T 形交叉口；折角交叉口；漏斗（加宽路口）形交叉口；环形交叉口；斜交 Y 形交叉口；多路交叉口等（图 11-1）。

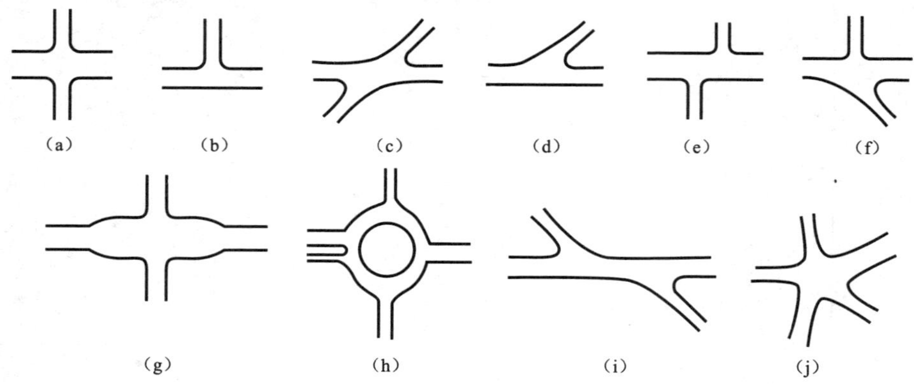

图 11-1 平面交叉形式

(a) 十字交叉口；(b) T 形交叉口；(c) 斜交叉口；(d) Y 形交叉口；(e) 交错 T 形交叉口；(f) 折角交叉口；(g) 漏斗（加宽路口）形交叉口；(h) 环形交叉口；(i) 斜交 Y 形交叉口；(j) 多路交叉口

为了提高平面交叉口的通过能力，常采用环形交叉口。环形交叉口（俗称转盘）是在交叉口中央设置一个中心岛，用环道组织交通，使车辆一律作绕岛逆时针单向行驶，直至所去路口，离岛驶出。中心岛的形状有圆形、椭圆形、卵形等。

（2）冲突点

在平面交叉口处不同方向的行车往往相互干扰、行车路线往往相交，专业上将这些交点称为冲突点或交叉点。如图 11-2 所示，为几种交叉口各向车流的冲突情况。

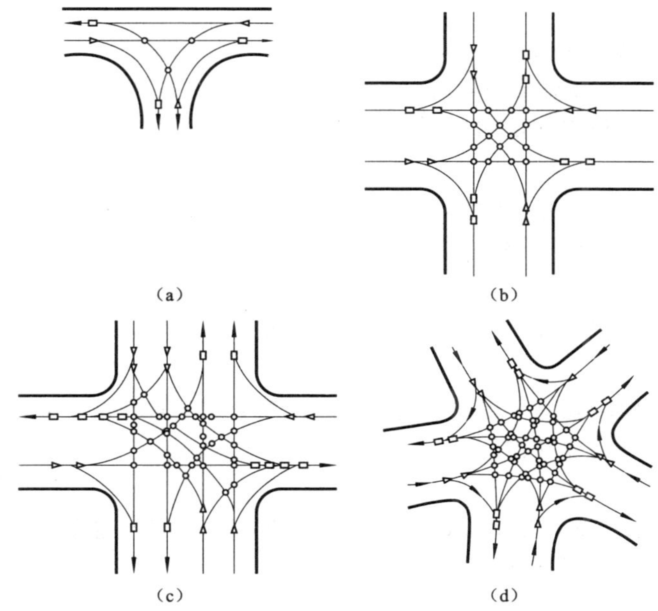

图 11-2　交叉口危险点分布

(a) 三路交错口；(b) 四路交叉口；(c) 四路交叉口；(d) 五路交叉口

□—合流点；▷—分流点；○—冲突点

（3）交通组织

交通组织就是对各项各类行车和行人在时间和空间上进行合理安排，从而尽可能地消除“冲突点”，使得道路的通行能力和安全运行达到最佳状态。平面交叉口的交通组织形式有环形、渠形和自动化交通组织等，图 11-3 是交通组织的两个例子。

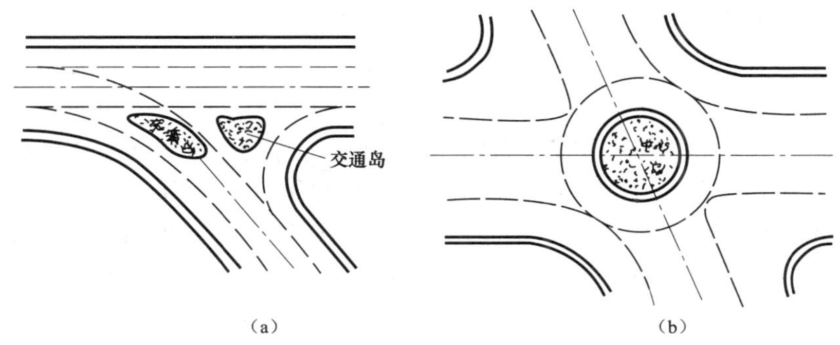

图 11-3　交通组织图

(a) 渠化组织方式；(b) 环形组织方式

2. 平面交叉口的图示方法

(1) 平面图

图 11-4 为某交叉口平面图。从图中可知，次交叉口的形式为“X 字形”，交通组织为渠形。

与道路路线平面图相似，交叉口平面的内容也包括道路与地形、地物各部分。

1) 道路情况

a. 道路中心线用点划线表示。各段道路里程分别标注在其各自的中心线上。由于北段道路是待建道路，其里程起点是南北道路中心线的交点。

b. 本图道路的地理位置和走向是用坐标网法表示的，X 轴向表示东西（左指西），Y 轴向表示南北（上指北）。

c. 由于道路在交叉口处连接关系比较复杂，为了清晰表达相交道路的平面位置关系和交通组织设施等，道路交叉口平面团的绘图比例较路线平面团大得多（如本图比例 1∶500），以便车、人行道的分布和宽度等可按比例画出。由图可知：机动车道的标准宽度为 22m，非机动车道为 4.5m，人行道为 4.5 和 5m，中间两条分隔带宽度均为 1.5m。

2) 地形和地物

a. 该交叉口所处地段地势平坦，等高线稀疏，用大量的地形测点表示高程。

b. 一些房屋和土地需要被占用。

(2) 纵断面图

交叉口纵断面是沿相交两条道路的中线分别做出，其作用与内容均与道路路线纵断面基本相同。图 11-5 某交叉口纵断面图（东西向），读图方法与路线纵断面图基本相同。

(3) 交通组织图

在道路交叉口平面图上，用不同线型的箭线，标注出机动车、非机动车和行人等在交叉口处必须遵守的行进路线，这种图样称交通组织图，图 11-6 所示为某路口交通组织方式。

(4) 竖向设计图

交叉口竖向设计图的任务是表达交叉口处路面在竖向的高程变化，以保证行车平顺和排众通畅，在竖向设计团上设计高程的表示方法有以下几种：

1) 如图 11-7 (a) 为较简单的交叉口，标注控制点的高程、排水方向及其坡度；排水方向可采用单边箭头表示。

2) 如图 11-7 (b) 为一般平交路口，用等高线表示，等高线易用细实线表示，并每隔四条用中粗实线绘制一条计曲线。

3) 如图 11-7 (c) 为用网格法表示的平交路门，其高程数值宜标注在网相交点的右上方，并加括号。各测点高程的整数部分相同时可省略整数位，整数部分在图中注明。

4) 如图 11-7 (d) 为水泥混凝土路面，其设计高程数值注在板角处，并加注括号。在同一张图纸中，当设计高程的整数部分相同时会省略相同部分，同时在附注中说明。

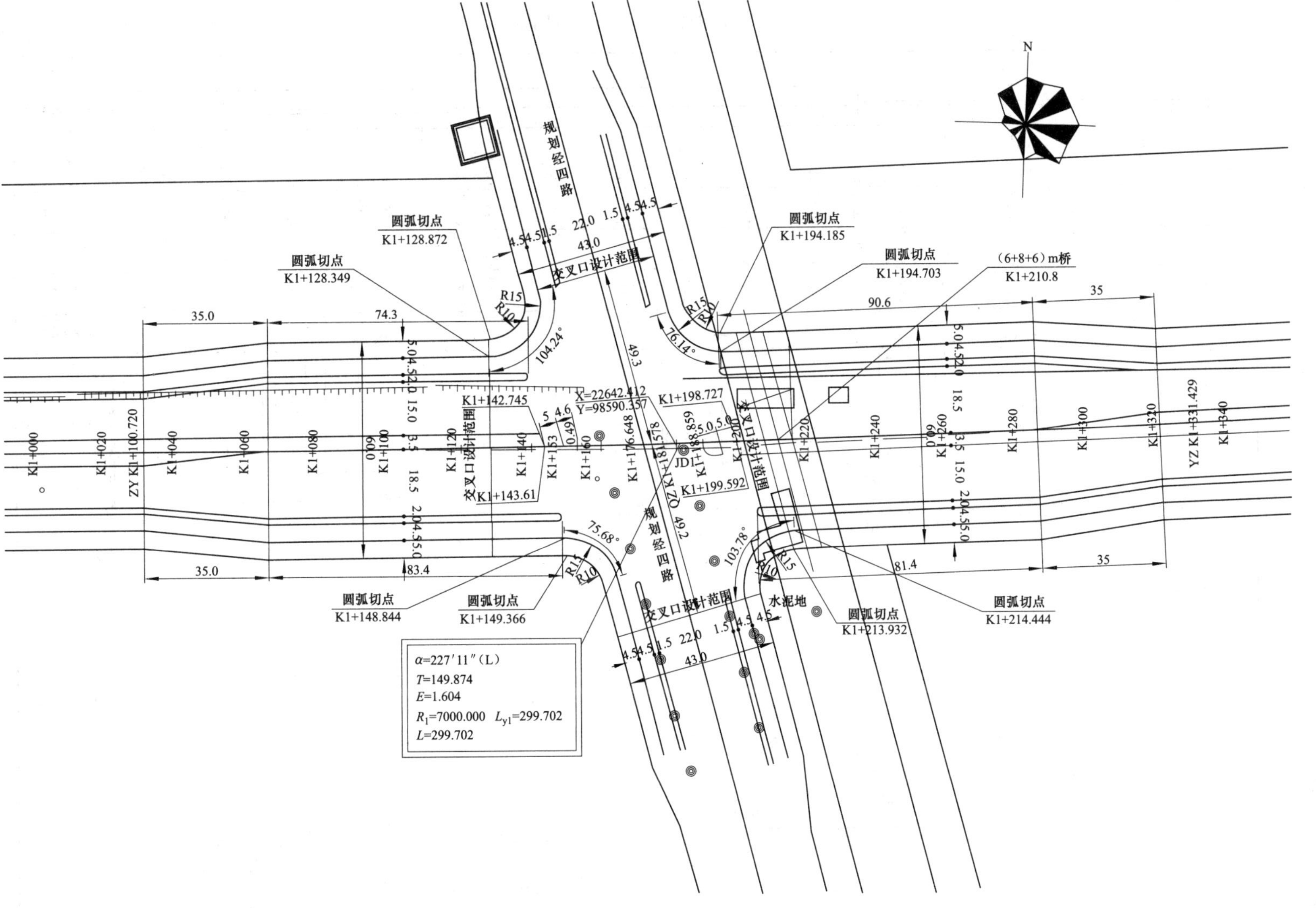

图 11-4 某交叉口平面图

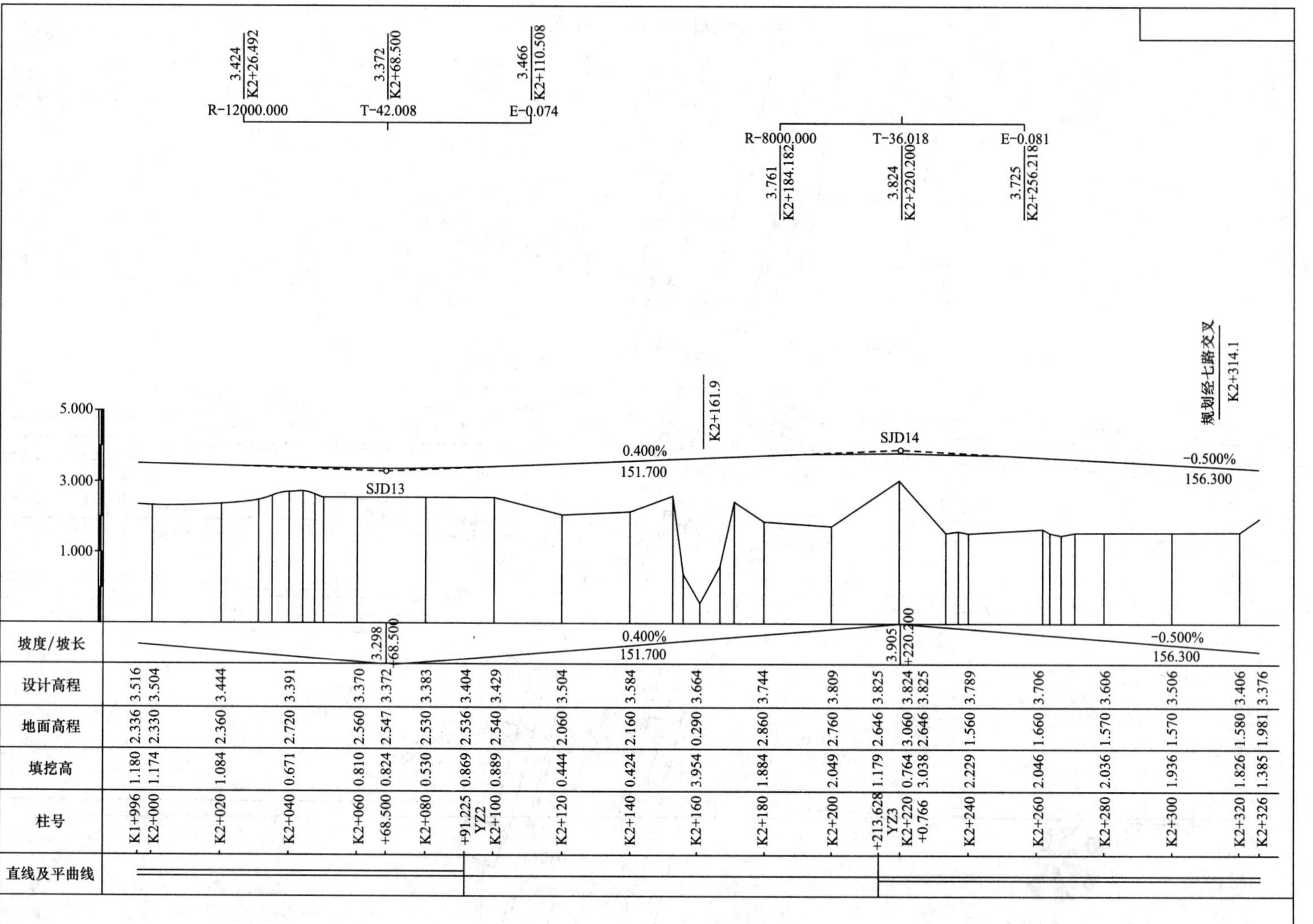

柱号	设计高程	地面高程	填挖高
K1+996	3.516	2.336	1.180
K2+000	3.504	2.330	1.174
K2+020	3.444	2.360	1.084
K2+040	3.391	2.720	0.671
K2+060	3.370	2.560	0.810
+68.500	3.372	2.547	0.824
K2+080	3.383	2.530	0.530
+91.225 YZ2	3.404	2.536	0.869
K2+100	3.429	2.540	0.889
K2+120	3.504	2.060	0.444
K2+140	3.584	2.160	0.424
K2+160	3.664	0.290	3.954
K2+180	3.744	2.860	1.884
K2+200	3.809	2.760	2.049
+213.628 YZ3	3.825	2.646	1.179
K2+220	3.824	3.060	0.764
+0.766	3.825	2.646	3.038
K2+240	3.789	1.560	2.229
K2+260	3.706	1.660	2.046
K2+280	3.606	1.570	2.036
K2+300	3.506	1.570	1.936
K2+320	3.406	1.580	1.826
K2+326	3.376	1.981	1.385

坡度/坡长：0.400% 151.700；-0.500% 156.300

图 11-5　某交叉口纵断面图

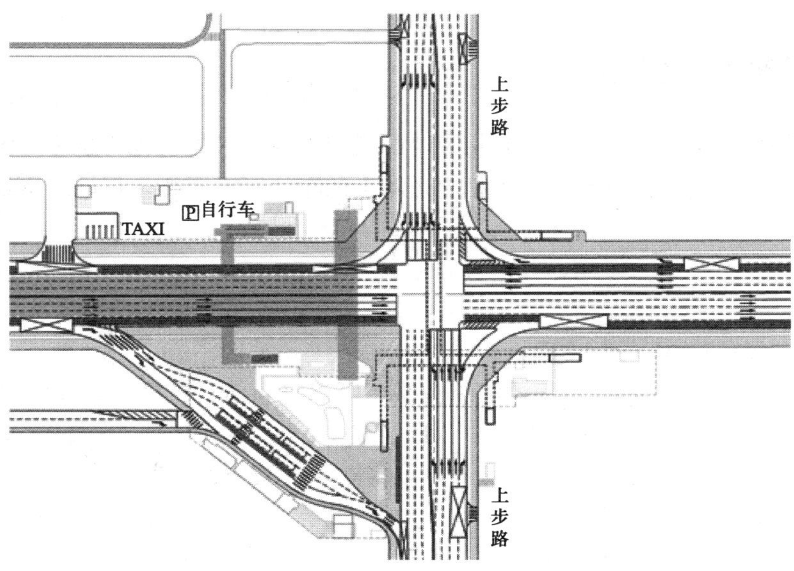

图 11-6 某路口交通组织图

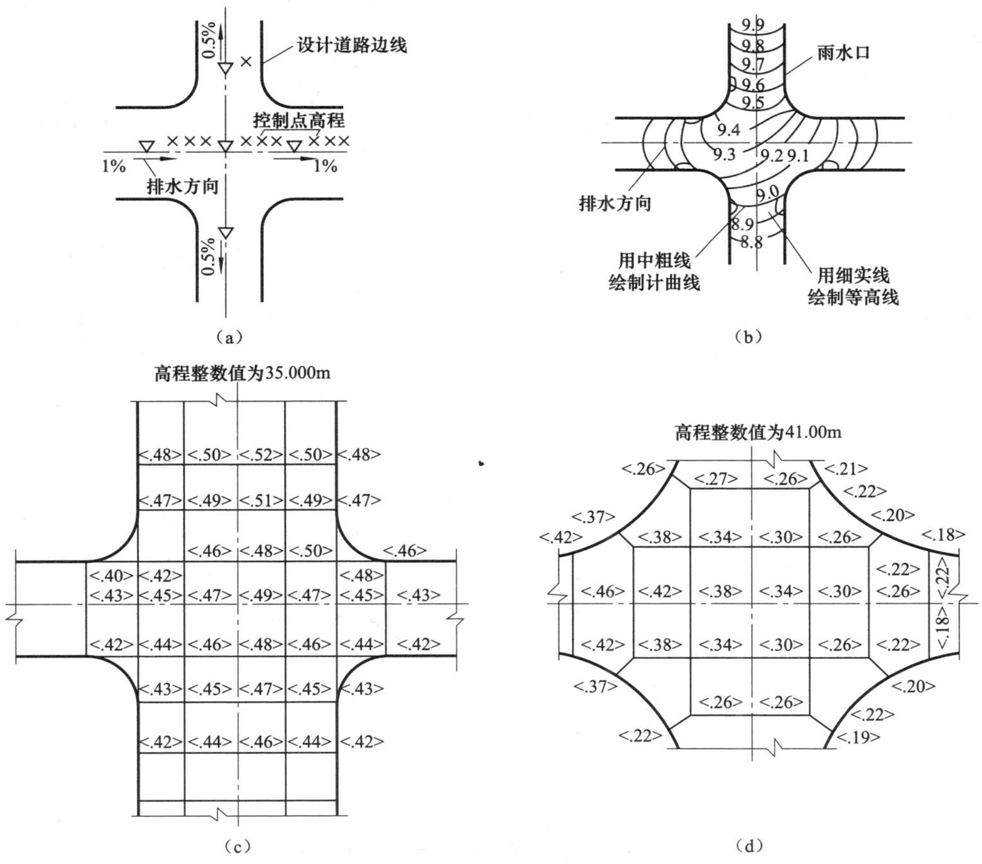

图 11-7 竖向设计图

(a) 坡度法；(b) 等高线法；(c) 两格法；(d) 刚性路面

11.2 立体交叉工程图

立体交叉是指交叉道路在不同标高相交时的道口，在交叉处设置跨越道路的桥梁，一条路在桥上通过，一条路在桥下通过，各相交道路上的车流互不干扰，保证车辆快速安全地通过交叉口。

1. 概述

(1) 立体交叉的形式（图 11-8）

1) 根据行车、行人交通在空间的组织关系，可以将立体交叉分二层次［图 11-8（d）］、三层次［图 11-8（e）］和四层次［图 11-8（f）］。

2) 根据相交道路上是否可以互通交通，可将立体交叉分为分离式［图 11-8（a）］，定向互通［图 11-8（b）］和全互通［图 11-8（g）］。

3) 如果根据立体交叉在水平面上的几何形状来分，可分为菱形［图 11-8（e）］、苜蓿叶形［图 11-8（f）］、喇叭形［图 11-8（b）］等且各种形式又可以有多种变形。

4) 如果根据主线与被交道路的上下关系分，又可分为主线上跨式［图 11-8（b）］和主线下穿式［图 11-8（d）］。

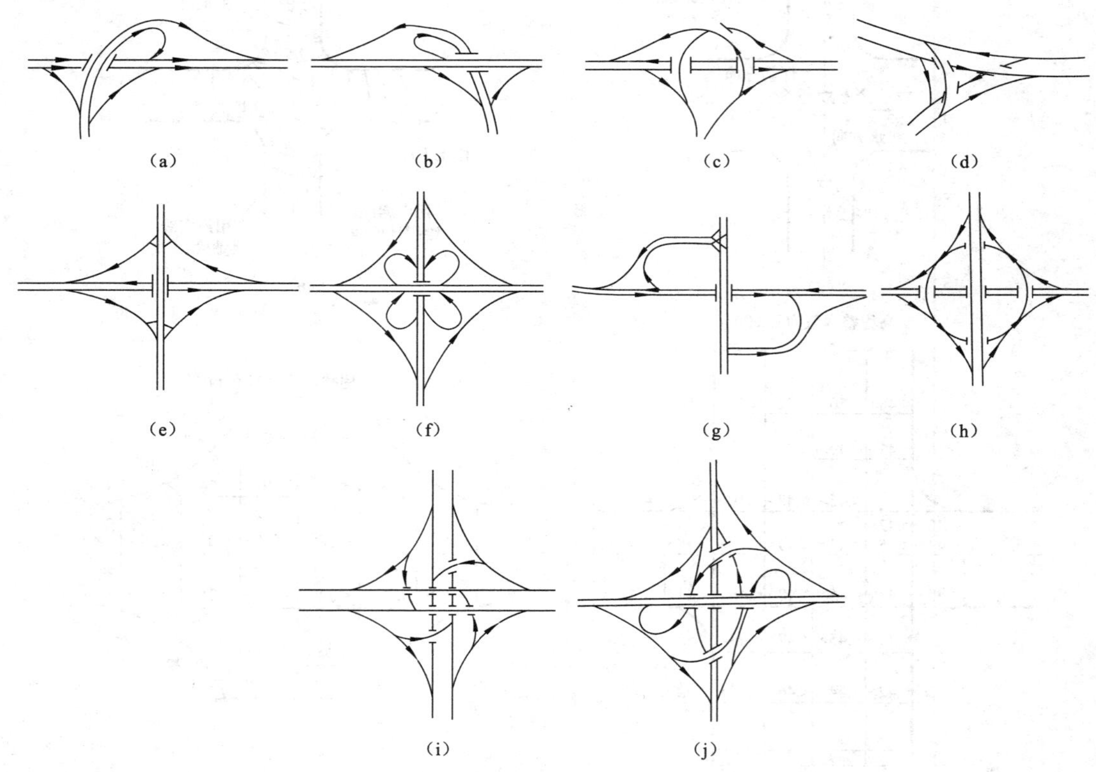

图 11-8 互通式立体交叉基本形式

(a) 喇叭形（A 型）；(b) 喇叭形（B 型）；(c) 半定向 T 形；(d) 定向 Y 形；(e) 菱形；(f) 苜蓿形；(g) 半苜蓿形；(h) 环形；(i) 定向涡轮形；(j) 半定向涡轮形

(2) 立体交叉的作用

无论立体交叉形式如何，所要解决的问题只有一个，就是消除或部分消除各向车流的冲突点，也就是将冲突点处的各向车流组织在空间的不同高度上，使各向车流分道行驶，从而保证各向车流在任何时间都连续行驶，提高交叉口处的通行能力和安全舒适型。

(3) 立体交叉口的组成

立体交叉口由相交道路、跨线桥、匝道、引道、通道和其他附属设施组成。

1) 跨线桥。跨线桥是跨越相交道路间的构造物，有主线跨线桥和匝道跨线桥之分。

2) 匝道。匝道是用以连接上下相交道路左、右转弯车辆行驶的构造物，使相交道路上的车流可以相互通行。

3) 引道干道与跨线桥相接的桥头路，其范围是由于道的加宽或变速路段的起点与桥头相连接的路段。

4) 通道。通道是行人或农机具等在横穿封闭式道路时的下穿式结构物。

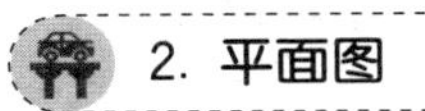

2. 平面图

如图 11-9、图 11-10 所示，分别为图线的对应关系、某立体交叉口的平面图，其中，图 11-10 的内容包括立体交叉口的平面设计形式、各组成部分的位置关系、地形地物以及建设区域内的附属构造物。

(1) 图示方法

与道路平面团不同，立体交叉平面图既表示出道路的设计中线，又表示出道路的宽度、边坡和各路线的交接关系。道路立体交叉平面设计图的图示方法和各种线条的意义如图 11-9 所示。

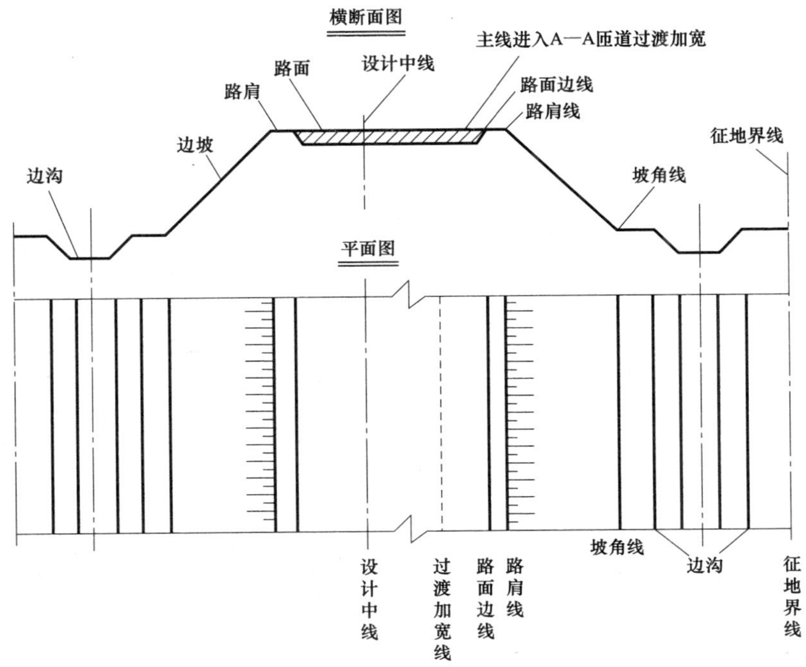

图 11-9　图线的对应关系

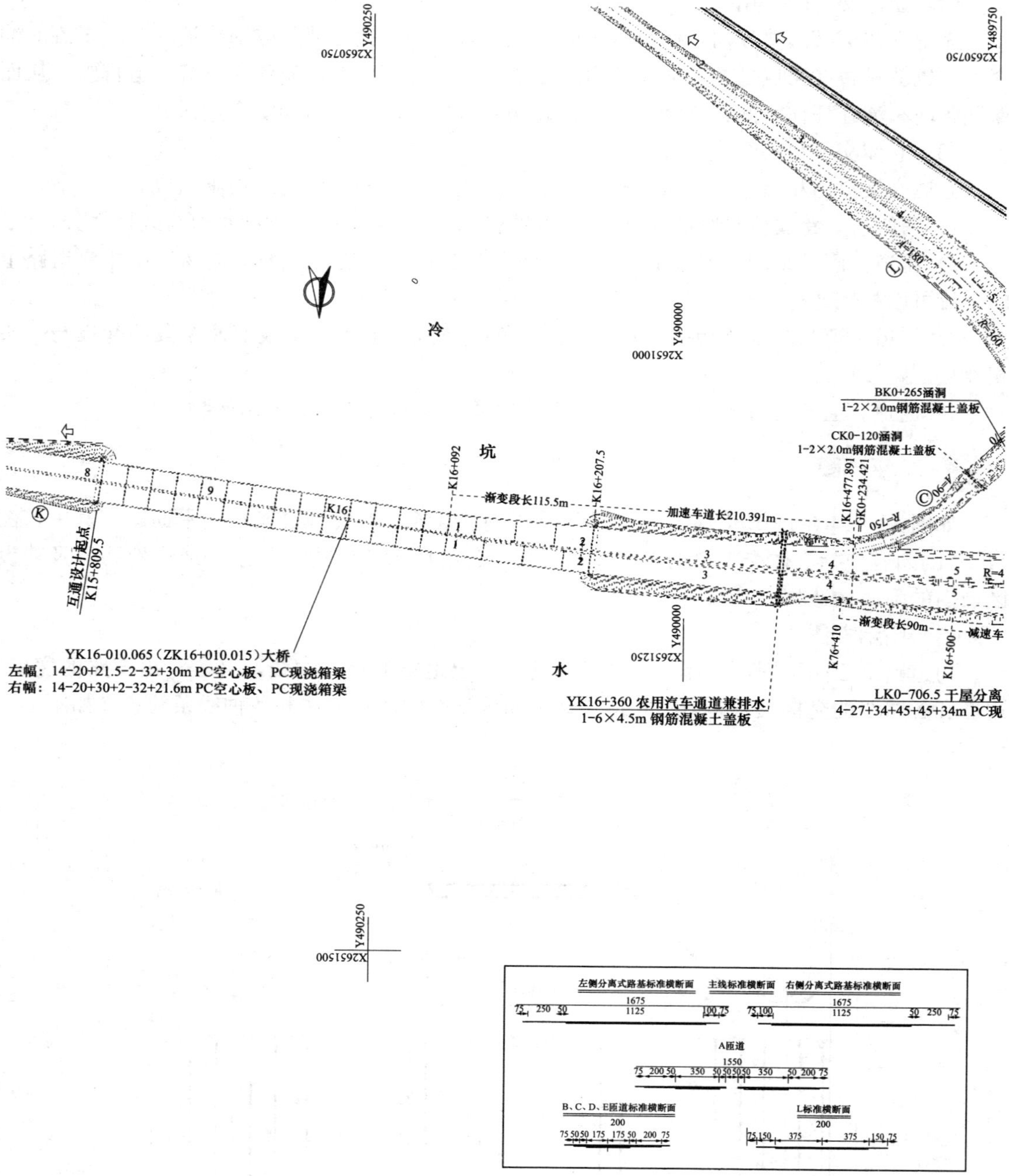

X2650750 Y490250

X2650750 Y489750

冷

X2651000 Y490000

BK0+265涵洞
1-2×2.0m钢筋混凝土盖板

CK0-120涵洞
1-2×2.0m钢筋混凝土盖板

坑

K16+092

K16+207.5

渐变段长115.5m

加速车道长210.391m

K16+477.891
=GK0+234.421

互通设计起点
K15+809.5

K16

渐变段长90m

减速车

K76+410

K16+500

X2651250 Y490000

水

YK16-010.065（ZK16+010.015）大桥
左幅：14-20+21.5-2-32+30m PC空心板、PC现浇箱梁
右幅：14-20+30+2-32+21.6m PC空心板、PC现浇箱梁

YK16+360 农用汽车通道兼排水
1-6×4.5m 钢筋混凝土盖板

LK0-706.5 干屋分离
4-27+34+45+45+34m PC现

X2651500 Y490250

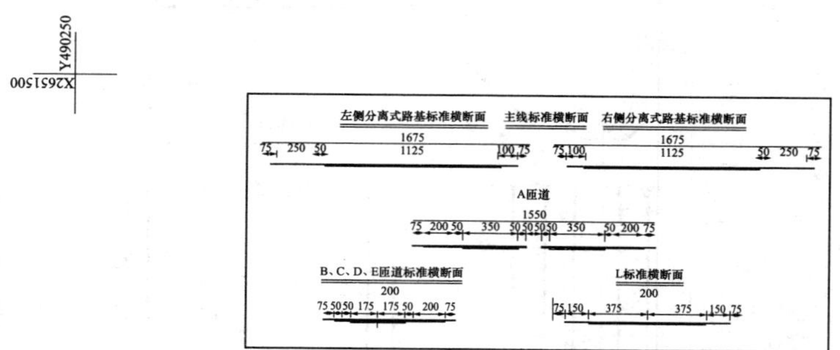

说明：

1. 本图尺寸除横断面以cm计处，其余均以m计。
2. 匝道设计速度为40km/h。
3. 为适应铁路路线桥设计要求，本交叉路段主线采用分离式路基，下穿铁
4. X425（L线）改建路段于屋分离按17.0m净宽预留，路基宽度按怀集县交

图 11-10　某立

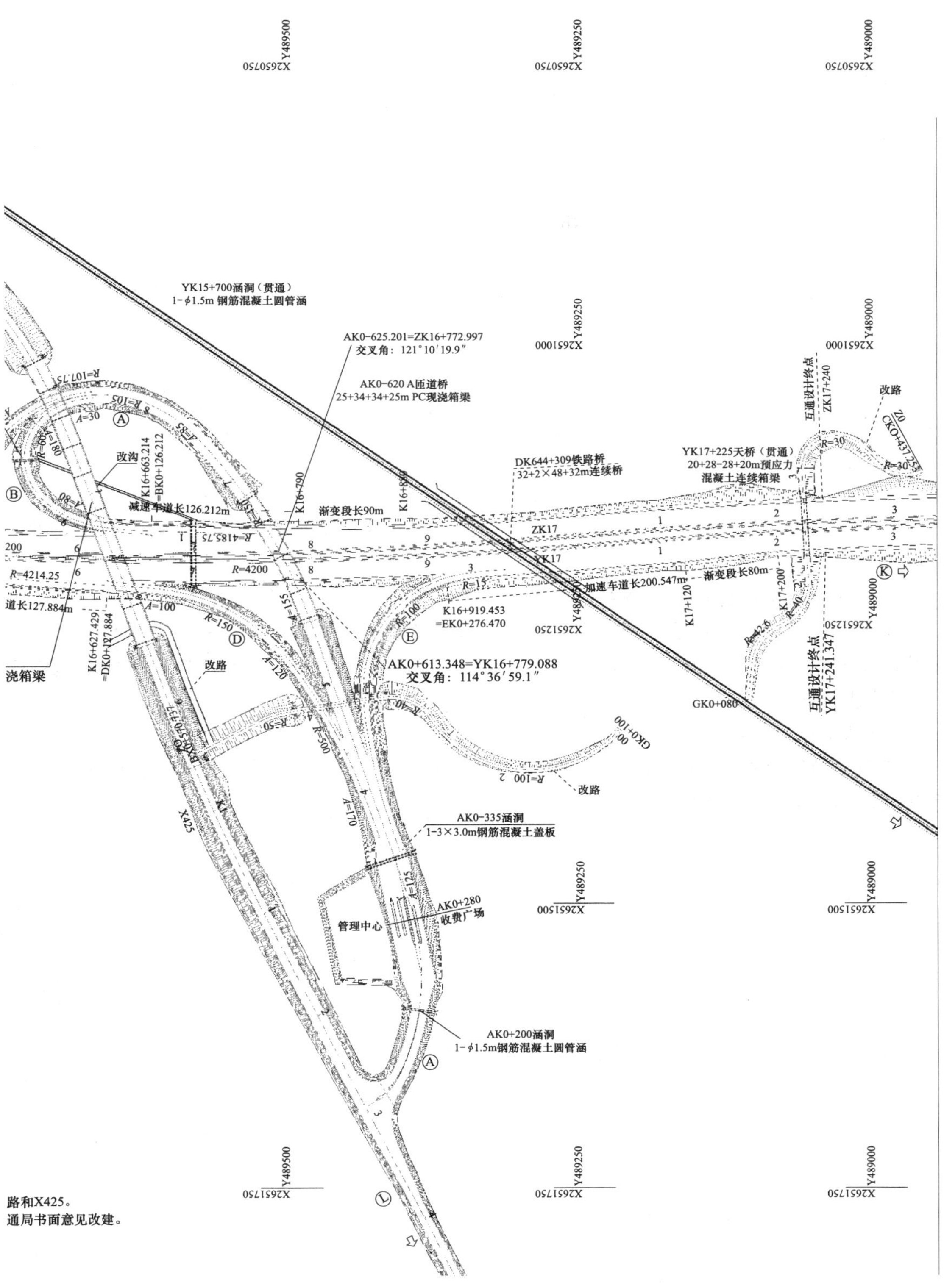
YK15+700涵洞（贯通）
1-ϕ1.5m 钢筋混凝土圆管涵
AK0-625.201=ZK16+772.997
交叉角：121°10′19.9″
AK0-620 A匝道桥
25+34+34+25m PC现浇箱梁
改沟
K16+663.214
=BK0+126.212
减速车道长126.212m
渐变段长90m
K16+790
K16+880
DK644+309铁路桥
32+2×48+32m连续桥
YK17+225天桥（贯通）
20+28-28+20m预应力
混凝土连续箱梁
互通设计终点
ZK17+240
改路
ZK17
YK17
R=4214.25
R=4200
道长127.884m
加速车道长200.547m
渐变段长80m
K16+919.453
=EK0+276.470
K17+120
K17+200
K16+627.429
=DK0+127.884
浇箱梁
改路
AK0+613.348=YK16+779.088
交叉角：114°36′59.1″
互通设计终点
YK17+241.347
GK0+080
GK0+100
改路
X425
AK0-335涵洞
1-3×3.0m钢筋混凝土盖板
AK0+280
收费广场
管理中心
AK0+200涵洞
1-ϕ1.5m钢筋混凝土圆管涵
路和X425。
通局书面意见改建。

体交叉平面图

（2）图示内容

1）比例

与路线平面图不同，立体交叉工程建设规模宏大，但为了读图方便，工程上一般将立体交叉主体尽可能布置在一张图幅内，故绘图比例较小。

2）地形、地物

图中用指北针与大地坐标网表示方位，用等高线和地形测点表示地形，城镇、高低压电线和临时便道等地物用相应图例表示的极为详尽。

3）结构物

在平面设计图上，沿线桥梁、涵洞、通道等结构物均按类编号，以引出线标注，参见图 11-10。

（3）线位数据图

如图 11-11 所示，为某两层空间交叉互通立交平面线位数据图，互通立交在空间比较复杂，需将主线、支线、匝道一条条分离出来，标明各线段的走向、起止点里程，平曲线特征桩、偏角、曲线长以及与平面图上的坐标网相连接的桩号坐标点，平曲线元素等数据。将立体交叉的全部截平面测设数据标注在简化的平面示意图上，并在坐标表中给出主要线型控制点的坐标值，这种图样称立体交叉的线位平面团。其作用是为控制道路的位置和高程提供依据，也为施工放样提供方便。

（4）互通连接部位路面高程数据图

如图 11-12 所示为某互通匝道和主线右线互通路面的高程数据图。表明匝线和主线平面交叉，并表明各线路对应桩号的设计高程数据。在部位示意图中，用小方框在整体互通简图中标出该区域所在位置。

（5）鸟瞰图

如图 11-13、图 11-14 为立体交叉鸟瞰图，它以较高的视点展示出立体交叉的全貌以供审查设计和方案比选之用。

K线（左线）

点名	桩号	X	Y	方位角	长度（m）
QD	ZK16+022.981	2651143.628	490257.49	278°31′56.8″	986.5
GQ	ZK17+009.435	2651174.609	489273.789	265°4′31.4″	879.5
YZ	ZK17+888.933	2651176.365	488395.426	275°9′13.3″	85.3
ZD	ZK17+974.198	2651184.024	488310.506	275°9′13.3″	

K线（右线）

点名	桩号	X	Y	方位角	长度（m）
QD	YK16+022.981	2651145.605	490257.786	278°31′56.8″	51
YZ	YK16+073.939	2651153.166	490207.393	278°31′56.8″	986.2
GQ	YK17+060.173	2651184.166	489223.911	265°4′42.2″	914.4
ZD	YK17+974.578	2651186.016	488310.686	275°9′13.3″	

K线

点名	桩号	X	Y	方位角	长度（m）
QD	K14+181.909	2650995.578	492087.598	265°44′21.4″	1116.4
YZ	K15+298.324	2651037.1	490974.274	278°31′56.8″	724.7
ZD	K16+022.981	2651144.617	490257.638	278°31′56.8″	

L线（X425改建）

点名	桩号	X	Y	方位角	长度（m）
QD	LK0+100	2650710.388	490073.115	307°29′06.9″	281.3
ZD	LK0+381.269	2650881.556	489849.925	307°29′06.9″	92.6
HY	LK0+473.84	2650941.027	489779.077	315°3′44.4″	106.9
YH	LK0+580.77	2651026.995	489716.191	332°34′00.9″	92.6
HZ	LK0+673.341	2651112.527	489680.971	340°8′38.4″	226.5
ZY	LK0+899.802	2651325.525	489604.051	340°8′38.4″	188.4
YZ	LK1+088.177	2651498.223	489529.126	332°56′54.9″	397.2
ZD	LK1+485.406	2651851.994	489348.47	332°56′54.9″	

D匝道

点名	桩号	X	Y	方位角	长度（m）
QD	DK0+000	2651209.153	489784.242	275°11′04.4″	135.4
YH1	DK0+135.392	2651219.22	489649.231	273°20′37.8″	66.7
HY1	DK0+202.058	2651228.002	489583.293	286°4′34.4″	65.6
YH2	DK0+267.678	2651259.172	489526.143	311°8′28.6″	67.2
HY2	DK0+334.878	2651311.196	489483.989	327°49′33.0″	87.7
YH3	DK0+422.608	2651389.161	489444.01	337°52′44.1″	57.8
ZD	DK0+480.408	2651443.497	489424.327	341°11′26.2″	

E匝道

点名	桩号	X	Y	方位角	长度（m）
QD	EK0+000	2651454.453	489407.39	161°11′26.2″	53.4
HY1	EK0+053.389	2651403.593	489423.599	164°35′22.0″	61.7
YH1	EK0+115.076	2651343.187	489435.87	172°26′37.4″	56.2
HY2	EK0+171.271	2651287.276	489435.684	192°7′10.9″	101.4
YH2	EK0+272.712	2651214.16	489371.719	250°14′27.8″	56.2
ZD	EK0+328.962	2651205.379	489316.359	266°21′19.8″	

A匝道

点名	桩号	X	Y	方位角	长度（m）
QD	AK0+100	2651684.477	489429.323	216°55′45.0″	155.5
YH1	AK0+255.502	2651537.795	489390.964	172°22′52.3″	78.1
HZ1	AK0+333.627	2651462.488	489411.256	161°11′26.2″	200.5
ZH1	AK0+534.079	2651272.742	489475.885	161°11′26.2″	53.4
HY1	AK0+587.467	2651222.562	489494.092	157°47′30.4″	144.2
YH2	AK0+731.699	2651099.966	489568.896	139°25′39.3″	52.8
HY2	AK0+784.453	2651064.544	489607.697	121°40′33.4″	64.3
ZD	AK0+848.708	2651049.086	489669.036	86°36′50.1″	

B匝道

点名	桩号	X	Y	方位角	长度（m）
QD	BK0+000	2651173.486	489493.287	90°33′51.4″	128.3
YH1	BK0+128.316	2651170.256	489621.557	92°19′14.5″	126.5
HY1	BK0+254.787	2651117.435	489726.545	165°38′55.8″	50.8
YH2	BK0+305.612	2651070.378	489714.138	223°53′25.9″	50.1
ZD	BK0+355.691	2651051.831	489668.873	266°36′50.1″	

C匝道

点名	桩号	X	Y	方位角	长度（m）
QD	CK0+000	2651046.34	489669.198	86°36′50.1″	56.6
YH1	CK0+056.594	2651064.03	489722.274	56°31′12.1″	52.2
GQ1	CK0+108.799	2651099.365	489760.518	42°38′25.1″	54
HY1	CK0+162.799	2651136.77	489799.356	52°57′12.8″	80.5
YH2	CK0+243.253	2651166.138	489873.226	83°41′05.4″	52.1
ZD	CK0+295.318	2651165.744	489925.215	93°59′05.4″	

附注：

1. 本图表为互通式立交主线及匝道线位数据图表。
2. 互通式立交主线范围为K15+809.5~YK17+241.347(ZK17+240)。
3. 本图中尺寸均以m计。
4. 坐标系统采用二广A1段抵偿坐标系，中央子午线为112°10′，抵偿投影面高程160m，重心坐标为（2671277，313626）。
5. 高程系统采用1985国家高程基准。

图 11-11　某立体交叉平面线位数据图

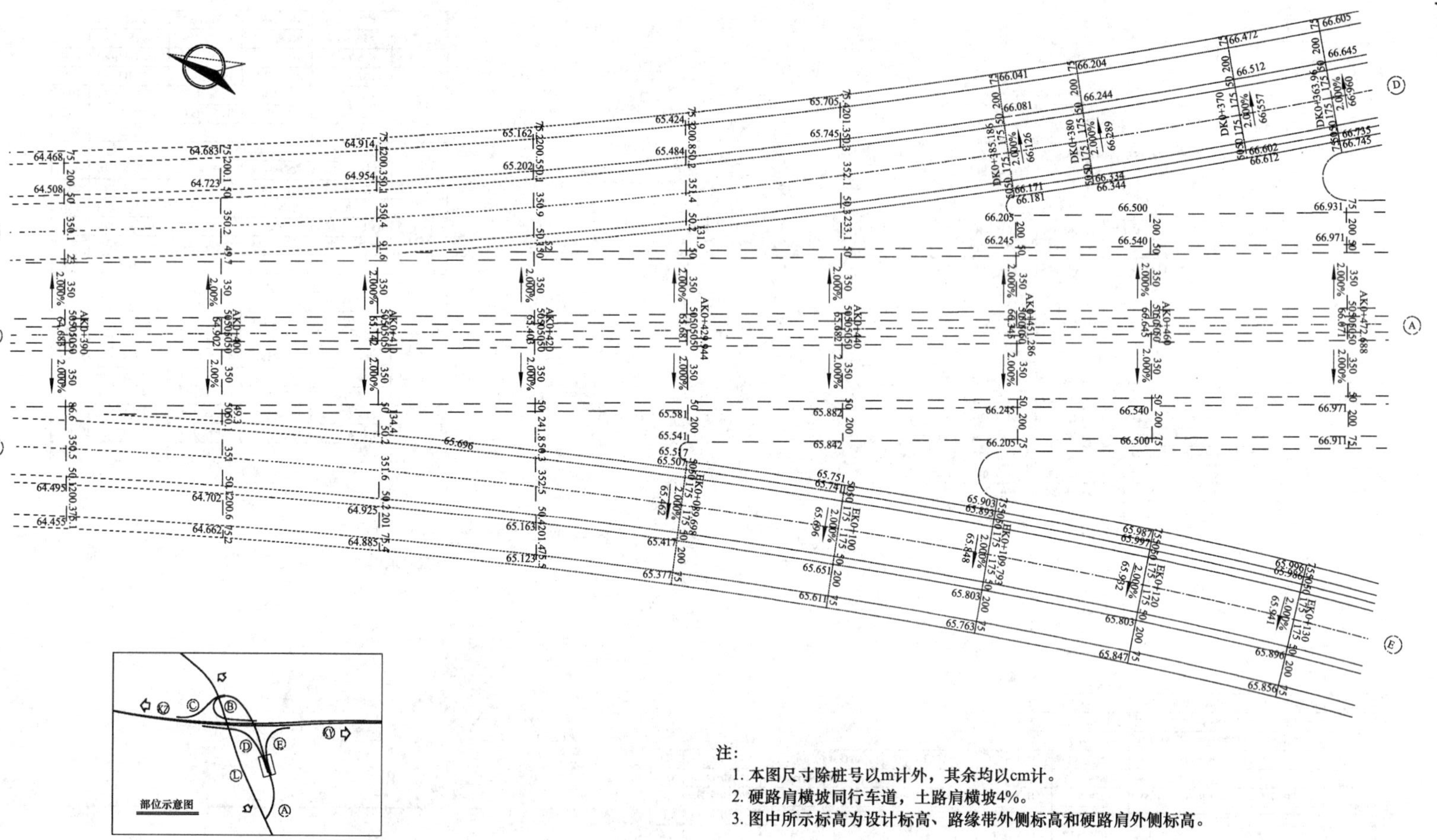

注：

1. 本图尺寸除桩号以m计外，其余均以cm计。
2. 硬路肩横坡同行车道，土路肩横坡4%。
3. 图中所示标高为设计标高、路缘带外侧标高和硬路肩外侧标高。

图 11-12　某立体交叉连接部标高数据图

图 11-13　某立体交叉鸟瞰图（一）

图 11-14　某立体交叉鸟瞰图（二）

第12章 其他工程

12.1 交通工程及沿线设施

道路沿线设施工程图是道路设计文件的一项重要内容，主要表达除了路线、路基、路面等主要工程以外的部分，如交通安全设施、交通服务设施等的布置情况、具体构造和技术要求。一般包括平面布置图和构造大样图。

1. 交通安全设施

交通安全设施属于道路的基础设施，它对减轻事故的严重度，排除各种纵、横向干扰，提高道路服务水平，提供视线诱导，增强道路景观起着重要作用。

交通安全设施主要包括交通标线、交通标志。交通标志标线由标画于路面上的各种线条、箭头、文字、立面标记、突起路标等组成。由于交通标线和标志均是平面图样，其图示方法比较简单，但是其功能是组织和管理交通，因此必须醒目、示意明确和规范。国家标准《城市道路交通规划设计规范》（GB 50220—1995）、《道路交通标志和标线》（GB 5768—2009）等对其进行了细致而严格的规定。

（1）交通标线图

交通标线就是在路面上标示出特定线型或图案，配合相应的交通法规对各种行车和行人进行引导和约束，从而保证交通安全和通畅。通过识读交通标线设计图，可以清楚地获悉该设计道路的交通标线的规划，明确各种标线的形式、尺寸和颜色，以及各种标线在路面上实施的部位。

图 12-1（a）、图 12-1（b）、图 12-1（c）为某道路标线设计大样图。为了清晰地表示各处标线，各标线大样采用了不同的比例。图 12-1（a）包括标准段标线布置示意图及平交口标线布置大样图。识图可知标准段标线、平交口标线布置大样图比例分别为 1∶100 和 1∶400。识读说明可知图中尺寸单位均为厘米，道路标线均为白色，采用热熔材料加玻璃微珠。

道路车行道标准段标线布置图，主要包括车行道分界线、车行道边缘线。车行道分界线用来分隔同向行驶的交通流，设在同向行驶的车行道分界线上。凡同一行驶方向有二条或二条以上车行道时，应划车道分界线。车行道边界线用来指示机动车道的边缘，或用来划分机动车道与非机动车道的分界。由图可识读车行道分界线为白色粗虚线，线宽 15cm，实线长 2m，间隔 4m。车行道边缘线为白色粗实线，线宽 15cm。

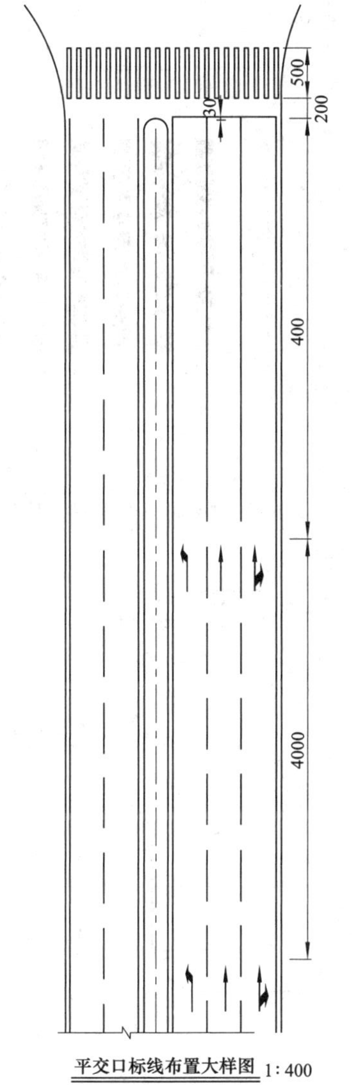

平交口标线布置大样图 1∶400

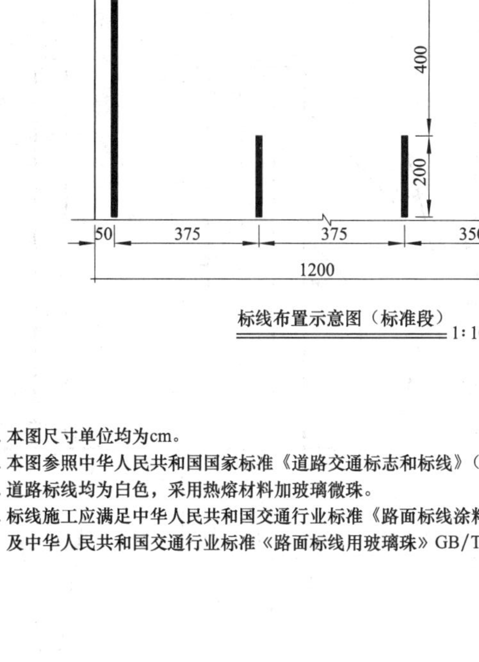

标线布置示意图（标准段） 1∶100

说明：

1. 本图尺寸单位均为cm。
2. 本图参照中华人民共和国国家标准《道路交通标志和标线》（GB 5768—2009）设计。
3. 道路标线均为白色，采用热熔材料加玻璃微珠。
4. 标线施工应满足中华人民共和国交通行业标准《路面标线涂料》（JT/T 280—2004）及中华人民共和国交通行业标准《路面标线用玻璃珠》GB/T 24722—2009中的要求。

图 12-1 （a）平交口及标准段标线

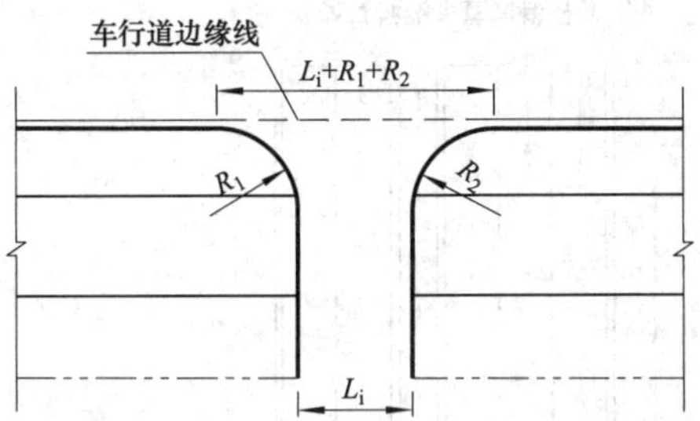

车行道边缘线

$L_i+R_1+R_2$

R_1

R_2

L_i

车行道边缘线位置示意图 1∶400

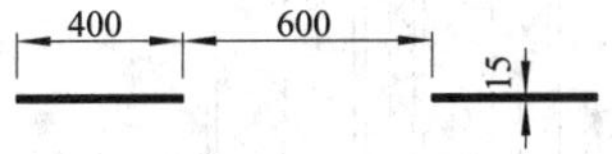

400 600 15

车行道边缘线设计图 1∶200

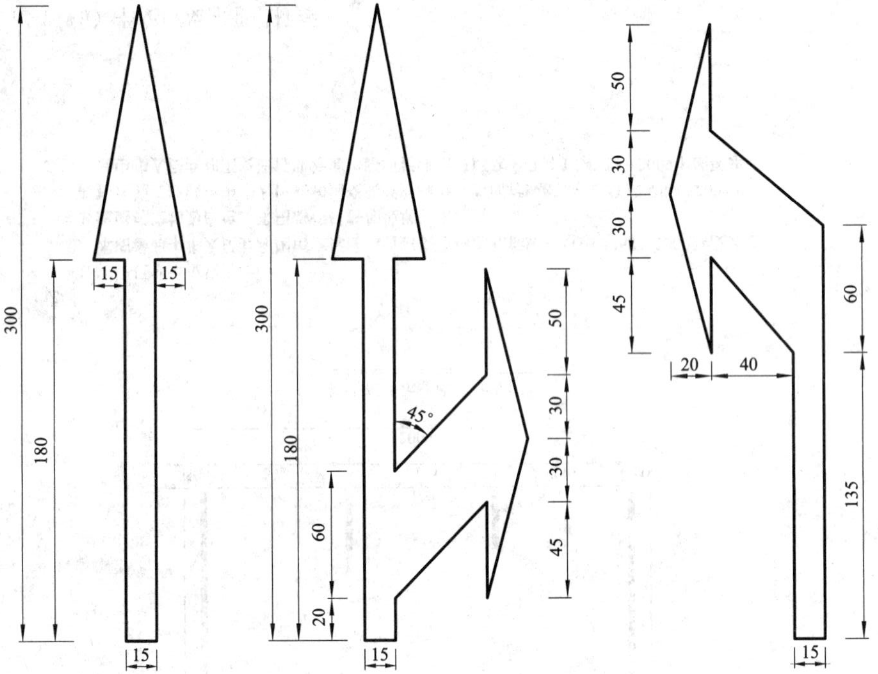

60 40 500

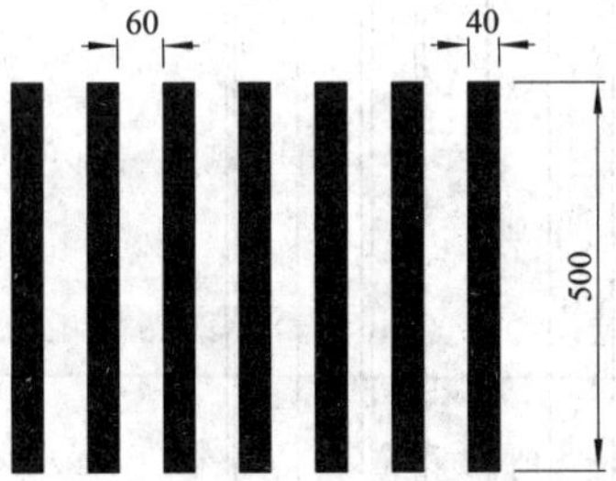

人行横道线大样图 1∶100

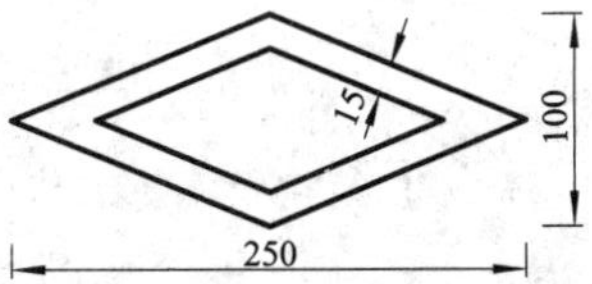

15 100 250

人行横道预告标示大样图 1∶40

300 180 15 15 15

300 180 60 20 15 50 30 30 45 45°

50 30 30 45 20 40 60 135 15

导向箭头大样图 1∶20

说明：

1. 本图尺寸单位均为cm。
2. 本图参照中华人民共和国国家标准《道路交通标志和标线》（GB 5768—2009）设计。
3. 道路标线均为白色，采用热熔材料加玻璃微珠。
4. 人行道预告标示可根据道路两侧建筑物性质在适当位置增设，详见《道路交通标志和标线》（GB 5768—2009）。
5. 标线施工应满足中华人民共和国交通行业标准《路面标线涂料》（JT/T 280—2001）及中华人民共和国交通行业标准《路面标线用玻璃珠》（GB/T 446—2009）中的要求。

图 12-1 （b）车行道边缘、人行横道线、人行横道预告标示、导向箭头

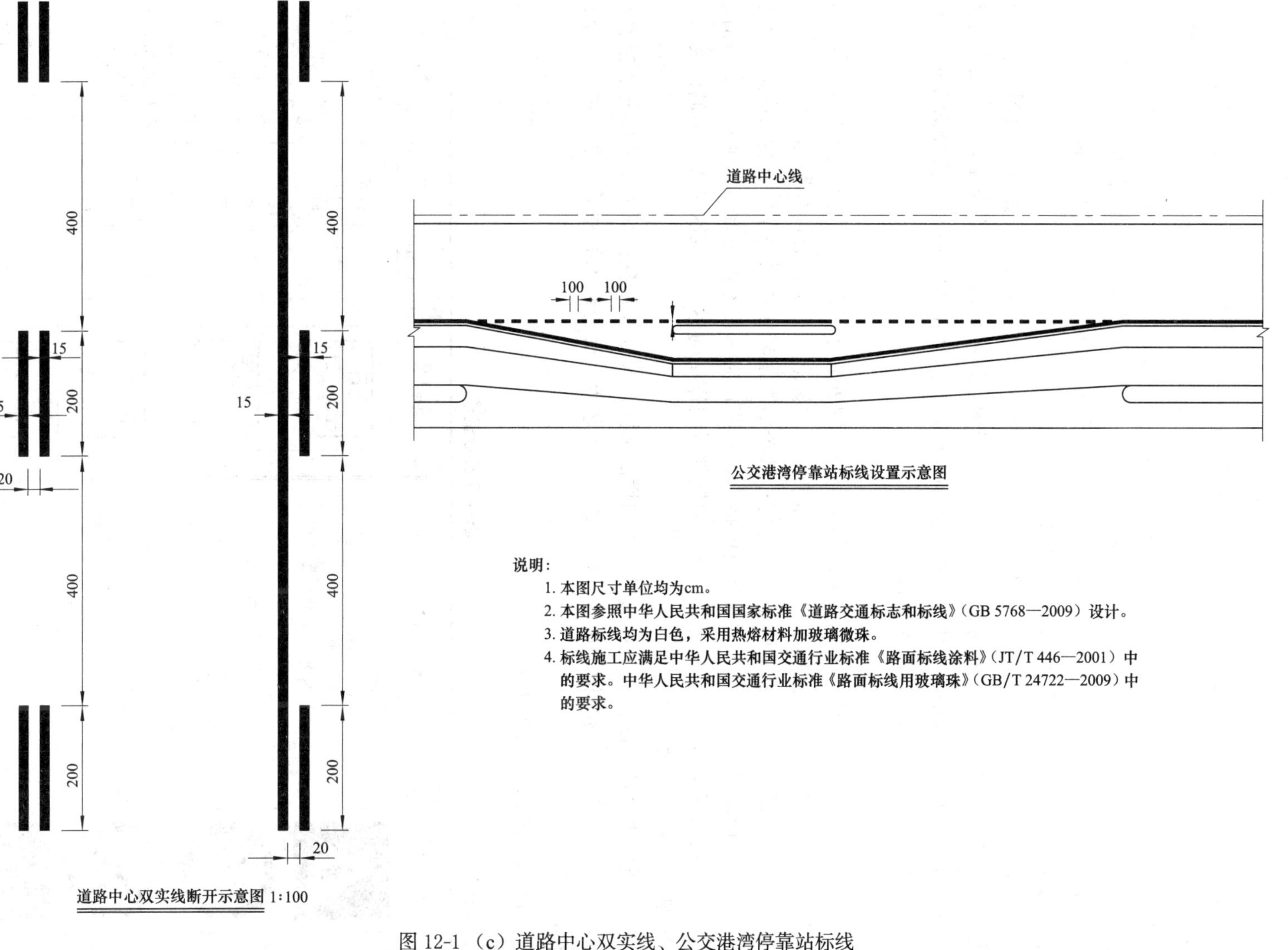

说明：

1. 本图尺寸单位均为cm。
2. 本图参照中华人民共和国国家标准《道路交通标志和标线》（GB 5768—2009）设计。
3. 道路标线均为白色，采用热熔材料加玻璃微珠。
4. 标线施工应满足中华人民共和国交通行业标准《路面标线涂料》（JT/T 446—2001）中的要求。中华人民共和国交通行业标准《路面标线用玻璃珠》（GB/T 24722—2009）中的要求。

图 12-1 （c）道路中心双实线、公交港湾停靠站标线

由平交口标线布置大样图可看出停止线起于车行道中心线，止于路缘右边线。图示停止线线宽为 30cm，停止线距离人行横道间距为 200cm。

图 12-1（b）包括车行道边缘线位置示意图、导向箭头大样图、人行横道大样图、人行横道预告标示大样图及说明。样图要重点识读各标线的线型、线宽和尺寸。车行道边缘线为白色虚线，表示指示车辆可临时跨越的车行道边缘。导向箭头表示车辆的行驶方向，主要用于交叉道口的导向车辆内，出口匝道附近及对渠化交通的引导，图示导向箭头的高度为 300mm。由人行横道大样图，可识读该人行横道采用数条间隔 60cm 的平行细实线表示，所标线宽为 40cm。技术要求等在附注中给出。

图 12-1（c）包括道路中心双实线断开示意图及公交港停靠站标线设置示意图，表示公共客车通向专门的分离引道和停靠位置。由图可识读，该停靠站为港湾式停靠站，站台为流线型。与传统的直接式车站相比，港湾式车站在一定程度上有利于减少对旁侧交通的干扰，规范驾驶员的进站行为，提高安全性。

（2）交通标志图

交通标志是道路两侧或上方设置的用于引导和约束的标示设备。我国的交通标志分为主标志和辅助标志两大类。主标志中有警告标志、禁令标志、指示标志、指路标志四种。警告标志是警告车辆、行人注意危险地点的标志；禁令标志是禁止或限制车辆、行人交通行为的标志；指示标志是指示车辆、行人行进的标志；指路标志是传递道路方向、地点、距离信息的标志。辅助标志是附设在主标志之下，起辅助说明作用的标志，表示时间、车辆种类、区域或距离、警告、禁令理由等。

交通标志设计图的任务是：选择标志图样的形式、尺寸和颜色；规划交通标志的位置和布局；确定标志设备的结构、尺寸、材料和制作工艺等。交通标志的种类很多，下面简介其图示方法。

1）交通标志图（表 12-1）

表 12-1　标志样图及数量表

编号	标志种类	数量	尺寸(cm)	颜色	备注	编号	标志种类	数量	尺寸(cm)	颜色	备注
1		20	80×80	蓝底，白三角形，黑图案	参见 GB 5768—2009 示 19（人行横道标志）	5		2	302×184	蓝底，白字，白图案	参见 GB 5768—2009 路 10（丁字交叉路口标志）
2		6	ϕ80	白底，红圈，黑图案	参见 GB 5768—2009 禁 37（限制速度标志）	6		2	248×163	蓝底，白字，白图案	参见 GB 5768—2009 路 11（丁字交叉路口标志）
3		6	ϕ80	蓝底，红圈，红杠	参见 GB 5768—2009 禁 30（禁止车辆停放标志）	7		4	248×163	蓝底，白字，白图案	参见 GB 5768—2009 路 11（丁字交叉路口标志）
4		16	80×80	蓝底，白图案	参见 GB 5768—2009 示 29（允许掉头标志）	8		1	296×100	蓝底，白字，白图案	参见 GB 5768—2009 路 17b(陡坡慢行)

表 12-1 为某道路标志样图及数量表，重点识读交通标志的编号、类型、形状、颜色及制作标志的数量等信息，明确该交通标志的功能。表格备注中说明了设计的依据。由表可知该道路共采用 8 种标志。例如编号 1 为警告标志，等边三角形，顶角向上，由图可知边长为 80cm，标志颜色由表中可识读采用蓝底，白三角形，黑图案，该道路共有 20 块。编号 2 为禁令标志，标志功能为限制该路段速度。标志如图所示为圆形，外径为 80cm，白底，红圈，黑图案，具体参见现行国家标准《道路交通标志和标线》（GB 5768—2009）中的有关规定，该道路上共有该禁令标志 6 块。

以表 12-1 中编号 5 标志为例，图 12-2 为该标志具体的版面布置图。图样应重点识读该标志的形状、尺寸、图案等。交通标志形状、尺寸、图案、文字应符合《道路交通标志和标线》（GB 5768—2009）的规定，标志板的制作应符合《公路交通标志及支撑件》（GB/T 23827—2009）的有关规定。

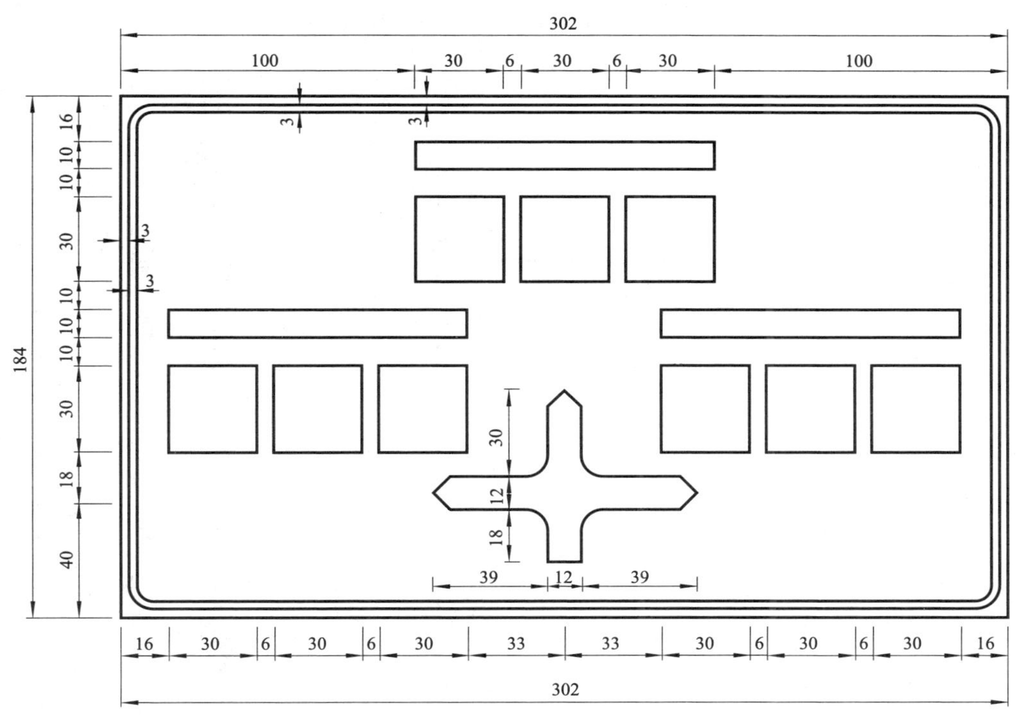

图 12-2　标志版面布置图示例（单位：cm）

2）交通标志结构图

交通标志按支撑方式一般分为四种：立柱式（包括单柱式和双柱式）、悬臂式、门架式和附着式。同一路段，同类标志支撑方式宜保持一致。

图 12-3 为某公路指路标志结构大样图，其图样部分由标志的正立面图和侧立面图面两个图样构成，从图样要重点识读该指路标志设备的组成、形状、结构、尺寸以及标志支撑方式等信息。例如，该交通标志由标志板、横梁、支柱、基础和紧固件等组成。标志板为矩形，长 3020mm，宽 1840mm，其版面底边距地面高度为 5m。立柱总高度 6.59m，外径 273mm，壁厚 12mm。横梁数目为 2 个，间距 840mm，标志基础深 2m，长 2m，宽 1.4m，

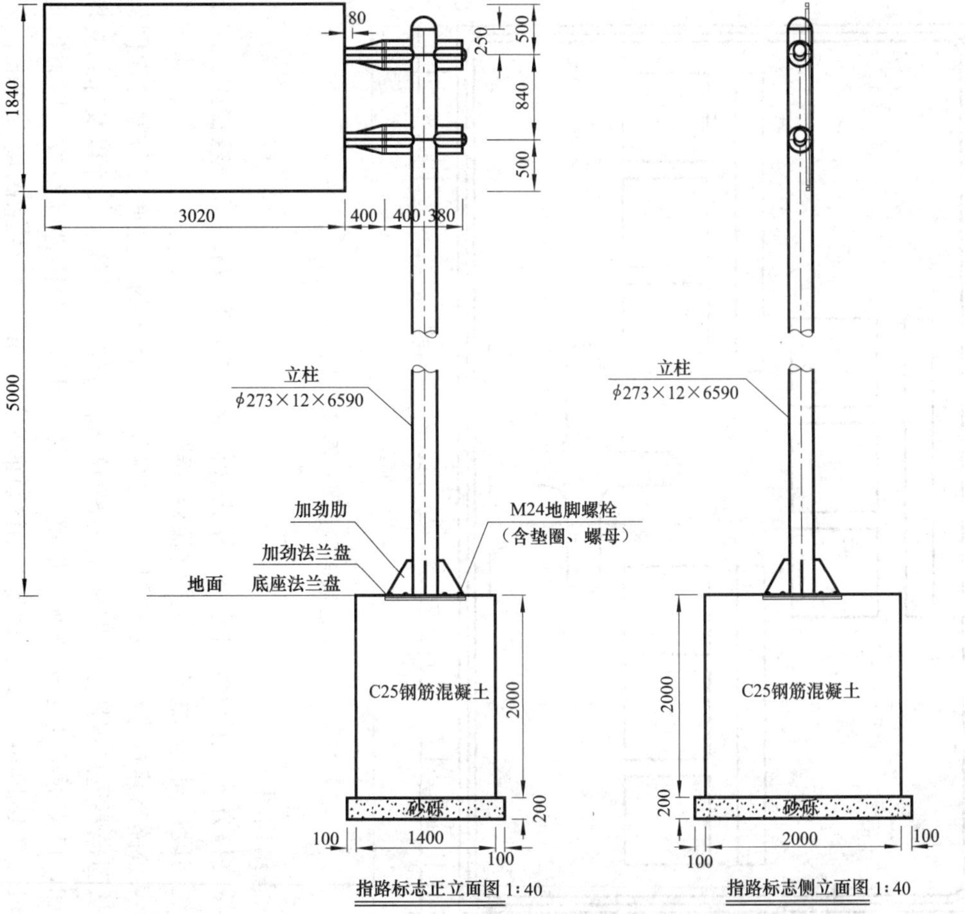

说明：

1.图中尺寸单位均为mm。
2.指路标志安装在绿化带中央。
3.标志板采用LF2-M铝合金板制作，板厚3mm。
4.所有铁件外露部分均做防锈处理。
5.标志板连接部分结构另见大样图。
6.立柱采用热轧无缝钢管，表面热浸镀锌。

指路标志材料数量表

材料名称	规格（mm）	数量	总长（m）	体积（m³）
钢管立柱	ϕ273×12×6590	1		
标志板	3020×1840	1		
横梁	ϕ127×5×3300	2		
	ϕ127×5×760	2		
滑动螺栓	M12×40	24		
六角螺栓	M10×140	24		
高强螺栓	M20×70	8		
地脚螺栓	M24×1400	16		
滑动槽钢	70×16×3×1640	6		
抱箍	50×5×200	12		
抱箍底衬	50×5×360	12		
悬臂法兰盘	ϕ273×20	4		
加劲法兰盘	800×800×20	1		
底座法兰盘	800×800×20	1		
柱帽		1		
封口钢板	ϕ127×3	4		
1号加劲肋	300×73×10	8		
2号加劲肋	243.5×73×10	8		
3号加劲肋	380×73×10	8		
4号加劲肋	1/2(50+250)×350×20	4		
钢筋	N1: Φ8	22	45.1	
	N2: Φ8	7	46.228	
基础混凝土	C25			5.60
砂砾				0.704

注：螺栓材料均包括其对应型号的螺母和垫圈。

图 12-3　指路标志结构图示例

基础由 C25 钢筋混凝土构成，基础下铺 20cm 厚度砂砾垫层，标志基础地脚螺栓（包括相应螺母、垫圈）采用型号 M24。识读图 12-3 可知该标志支撑属于悬臂式支撑。

图中材料数量表可识读制作一个指路标志所用到的材料，例如规格 ϕ273mm×12mm×6590mm 的钢管立柱 1 根、长 3020mm 宽 1840mm 的标志板一块等。

附注说明是图样与工程数量表识读准确的保障。如图中说明 1 “图中尺寸单位均为 mm” 注解说明了图中的尺寸标注的单位。说明 2～说明 6 中 “2. 指路标志安装在绿化带中央；3. 标志板采用 LF2-M 铝合金板制作，板厚 3mm；4. 所有铁件外露部分均做防锈处理；5. 标志板连接部分结构另见大样图；6. 立柱采用热轧无缝钢管，表面热浸镀锌” 注解了标志板的板面材料及相关技术要求。

图 12-4 标志板连接部分结构图表示出该指示牌与其立柱的连结关系，由图样和说明组成。图样包括悬臂横梁连接立面图、悬臂横梁连接平面图，以及底座连接、法兰盘等零件大样图。从标志板连接部分结构图应重点识读立柱和横梁的连接关系、底座连接形式、连接件的尺寸等信息。例如，标志立柱、加劲肋和加劲法兰盘之间，横梁、横梁加劲肋和横梁法兰盘之间，均采用焊接成型。底座法兰盘规格为 800mm×800mm×10mm，加劲法兰盘规格为 800mm×800mm×10mm，悬臂法兰盘外径 273mm，厚 20mm。

从附注说明可识读关键技术要求：立柱沿周边焊接（双面焊）；连接构件应在喷砂清洗后进行防锈处理；横梁端用 3mm 厚钢板焊接封口。

图 12-5 为指路标志板与横梁连接大样图，主要反映标志板与横梁连接方式，例如识读该大样图，可知是通过抱箍及抱箍底衬将标志板与横梁连接起来的。

图 12-6 为某道路人行道标志结构图，包括图样、人行道标志材料数量表和附注说明。识读图样可取得标志的支撑方式，标志板与横梁连接方式，及标志设备的组成、形状、结构、尺寸等信息。

例如，该人行道标志采用单立柱式支撑结构，由标志板、横梁、支柱、基础和紧固件等组成。标志板为方形，边长 800mm，其版面底边距路面高度为 2m。标志基础由 C20 钢筋混凝土构成，深 1m，长 1.2m，宽 1m，基础下铺 20cm 厚度砂砾垫层。标志板与横梁通过抱箍及抱箍底衬连接，所用螺栓包括 M12 滑动螺栓和 M10 六角螺栓。

图中材料数量表可识读制作一个人行道标志所用到的材料种类和数量，例如包括 1.2m^3 的 C20 钢筋混凝土、0.336m^3 的砂砾、规格 ϕ140mm×4.5mm×2690mm 的钢管立柱 1 根、边长 800mm 的标志板一块，及其他连接件等。

附注说明是图样与工程数量表识读准确的保障。如图中说明 1 “图中尺寸单位均为 mm” 说明了图中的尺寸标注的单位。说明 2～说明 8 中 “2. 人行道标志安装时应注意基础与人行道立沿石不发生冲突；3. 标志板采用 LF2-M 铝合金板制作，板厚 3mm；4. 标志板与滑动槽钢用铆接；5. 所有铁件外露部分均做防锈处理；6. 标志板连接部分结构另见大样图；7. 立柱采用热轧无缝钢管，表面热浸镀锌” 表明了标志板的板面材料及相关技术要求。

由图 12-7，应重点识读该人行道标志板各连接构件型号、尺寸及连接方式，例如，底座法兰盘规格为 400mm×400mm×10mm，加劲法兰盘规格为 400mm×400mm×10mm。

附注说明中关键技术要求应重点识读：滑动槽钢采用 LF-M 铝合金板制作；连接构件应在喷砂清洗后进行防锈处理；图中各构件连接方式除指定为螺栓连接外，其余均采用焊接。

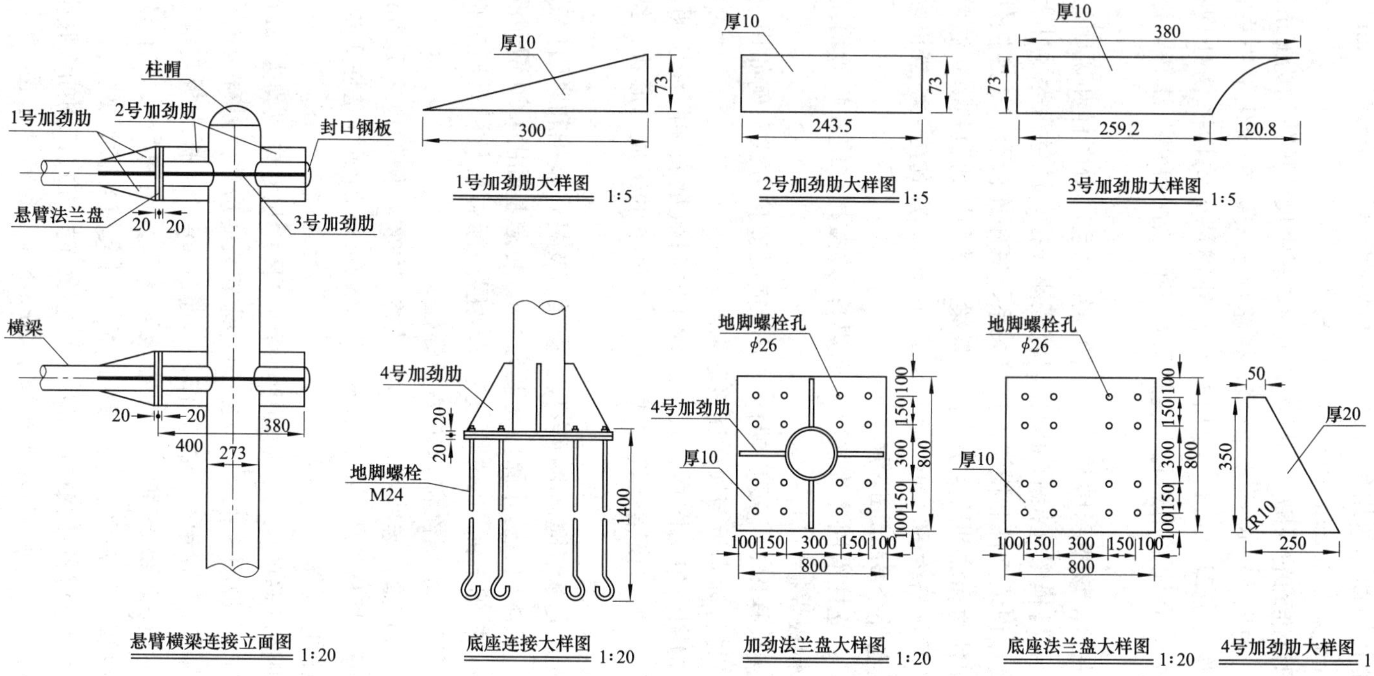

悬臂横梁连接立面图 1:20

1号加劲肋大样图 1:5

2号加劲肋大样图 1:5

3号加劲肋大样图 1:5

底座连接大样图 1:20

加劲法兰盘大样图 1:20

底座法兰盘大样图 1:20

4号加劲肋大样图 1:10

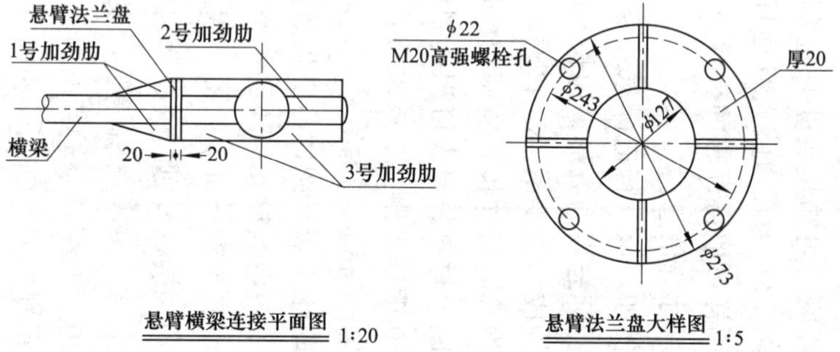

悬臂横梁连接平面图 1:20

悬臂法兰盘大样图 1:5

说明：

1. 图中尺寸单位均为mm。
2. 横梁与立柱的连接采用加劲肋与悬臂法兰盘、立柱沿周边焊接（双面焊）。
3. 连接构件应在喷砂清洗后进行防锈处理。
4. 柱帽及标志卷边见柱帽及标志板卷边大样图。
5. 横梁端用3mm厚钢板焊接封口。

图 12-4 指路标志板连接部分结构图示例

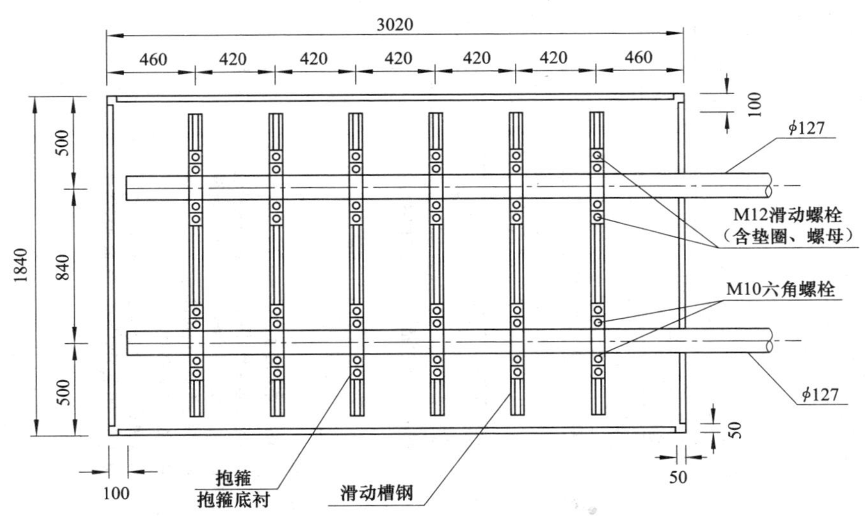

图 12-5　指路标志板与横梁连接大样图（尺寸单位：mm）

图 12-8 为某道路禁令标志结构图，由图样、材料数量表和说明组成。图样包括禁令标志连接大样图、抱箍底衬大样图和抱箍大样图，可从图中看出标志的支撑方式，标志板与横梁连接方式，及标志设备的形状、尺寸等信息。

例如，该禁令标志安装于信号灯悬臂梁上，标志板为圆形，外径 800mm，标志板与横梁通过抱箍及抱箍底衬连接，所用螺栓包括 M12 滑动螺栓和 M10 六角螺栓。

禁令标志材料数量表表示出识读制作一个该禁令标志所用材料种类和数量，例如包括直径 800mm 标志板一块、规格 M12×40mm 的滑动螺栓 4 个、规格 70mm×16mm×3mm×500mm 滑动槽钢 2 个、规格 M10×200mm 的六角螺栓 4 个、抱箍 2 个、抱箍底衬 2 个和柱帽 1 个。

附注说明是图样与工程数量表识读准确的保障。如图中说明 1“图中尺寸单位均为 mm”注解了图中的尺寸标注的单位。说明 2～说明 5 说明了标志板相关制作和施工技术要求，包括：禁令标志安装在信号灯悬臂横梁上的适当位置；图中未示滑动槽钢及滑动螺栓大样图，制作时可参照人行道标志设计图中相应设计图进行制作；柱帽及标志卷边见柱帽及标志卷边大样图；连接构件应在喷砂清洗后进行防锈处理。

3）交通标志标线平面图

如图 12-9 为某丁字路口交通标志标线平面图，此图是在交通平面图上用引出标注的方法。将交通标志标线在全线进行了规划与布置，对交通标志标线布设位置、类型等应在图中重点识读。

该工程全线的标线类型主要有车行道边缘线、车行道分界线、减速让行线、人行横道线等。交通标志牌的位置按平面图所示位置设置，从图中可识读出禁令标志、指示标志、警告标志等标志牌。禁令标志可识读包括禁止车辆停放标志、限制速度标志，设置在路段入口处；指示标志可识读允许掉头标志；指路标志可识读丁字交叉路口指路标志。标志一般设置在车行道上方或道路两侧。

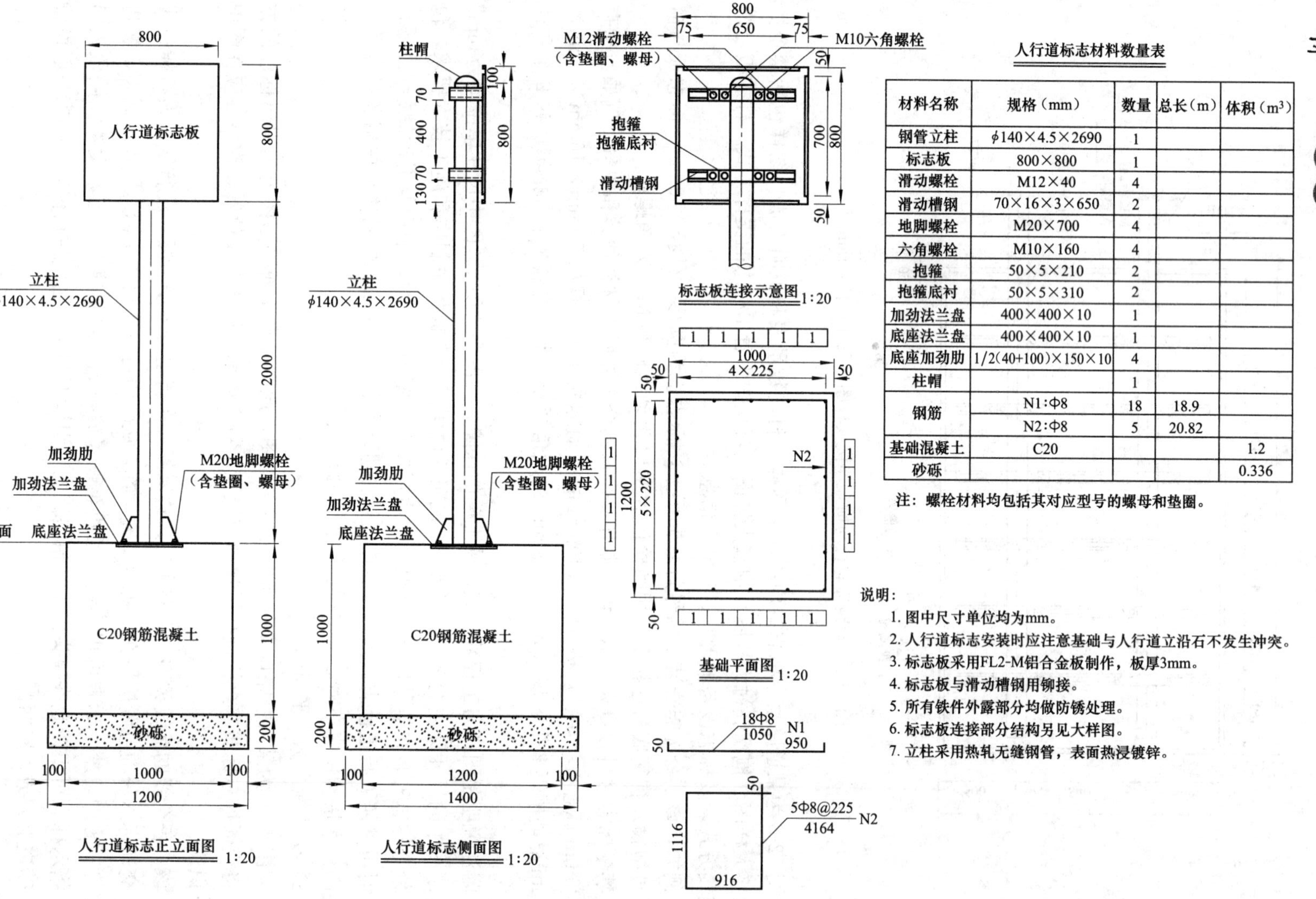

人行道标志材料数量表

材料名称	规格（mm）	数量	总长（m）	体积（m^3）
钢管立柱	ϕ140×4.5×2690	1		
标志板	800×800	1		
滑动螺栓	M12×40	4		
滑动槽钢	70×16×3×650	2		
地脚螺栓	M20×700	4		
六角螺栓	M10×160	4		
抱箍	50×5×210	2		
抱箍底衬	50×5×310	2		
加劲法兰盘	400×400×10	1		
底座法兰盘	400×400×10	1		
底座加劲肋	1/2(40+100)×150×10	4		
柱帽		1		
钢筋	N1:Φ8	18	18.9	
	N2:Φ8	5	20.82	
基础混凝土	C20			1.2
砂砾				0.336

注：螺栓材料均包括其对应型号的螺母和垫圈。

说明：

1. 图中尺寸单位均为mm。
2. 人行道标志安装时应注意基础与人行道立沿石不发生冲突。
3. 标志板采用FL2-M铝合金板制作，板厚3mm。
4. 标志板与滑动槽钢用铆接。
5. 所有铁件外露部分均做防锈处理。
6. 标志板连接部分结构另见大样图。
7. 立柱采用热轧无缝钢管，表面热浸镀锌。

图 12-6　某道路人行道标志结构图示例

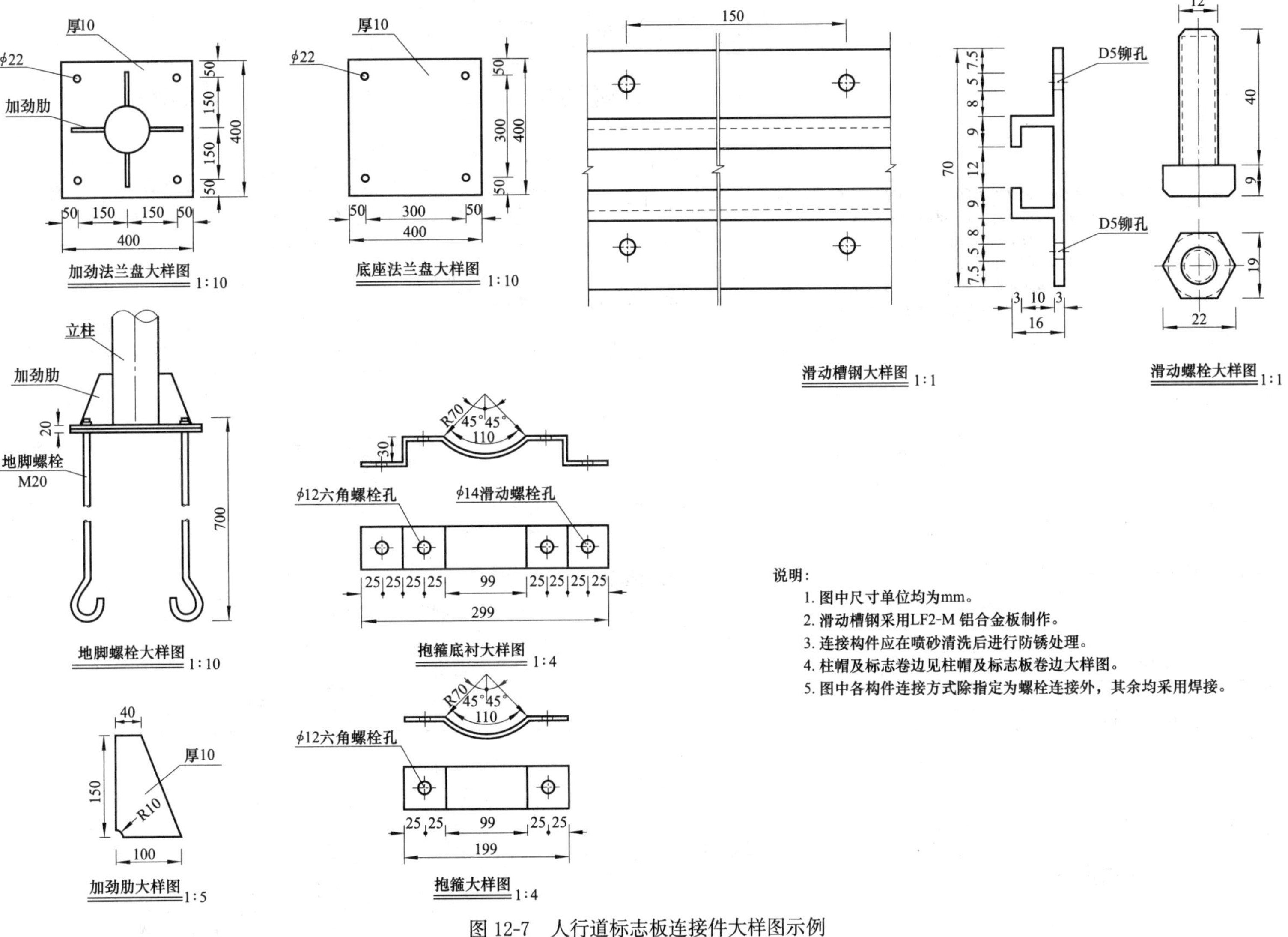

说明：

1. 图中尺寸单位均为mm。
2. 滑动槽钢采用LF2-M 铝合金板制作。
3. 连接构件应在喷砂清洗后进行防锈处理。
4. 柱帽及标志卷边见柱帽及标志板卷边大样图。
5. 图中各构件连接方式除指定为螺栓连接外，其余均采用焊接。

图12-7　人行道标志板连接件大样图示例

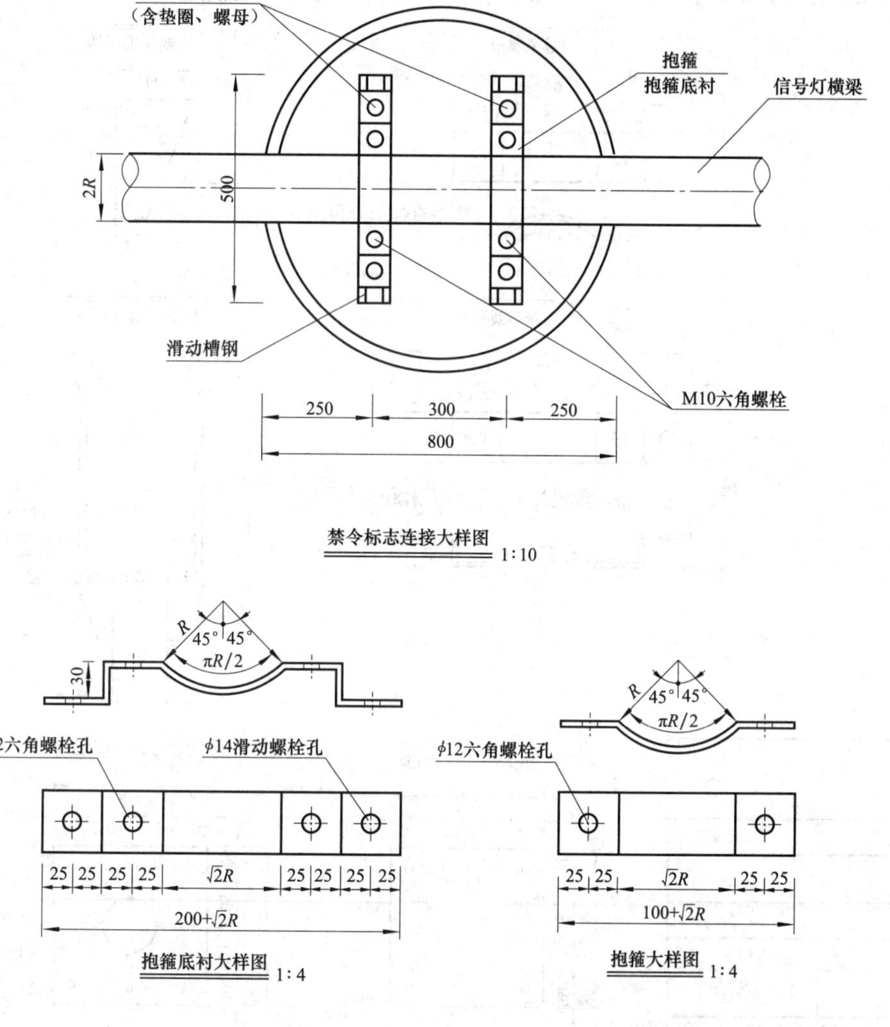

禁令标志材料数量表

材料名称	规格（mm）	数量
标志板	ϕ800	1
滑动螺栓	M12×40	4
滑动槽钢	70×16×3×500	2
六角螺栓	M10×200	4
抱箍	50×5×（100+$\sqrt{2}R$）	2
抱箍底衬	50×5×（200+$\sqrt{2}R$）	2
柱帽		1

注：螺栓材料均包括其对应型号的螺母和垫圈。

说明：

1. 图中尺寸单位均为mm。
2. 禁令标志安装在信号灯悬臂横梁上的适当位置。
3. 图中未示滑动槽钢及滑动螺栓大样图，制作时可参照人行道标志设计图中相应设计图进行制作。
4. 柱帽及标志卷边见柱帽及标志板卷边大样图。
5. 连接构件应在喷砂清洗后进行防锈处理。

图 12-8　禁令标志结构图示例

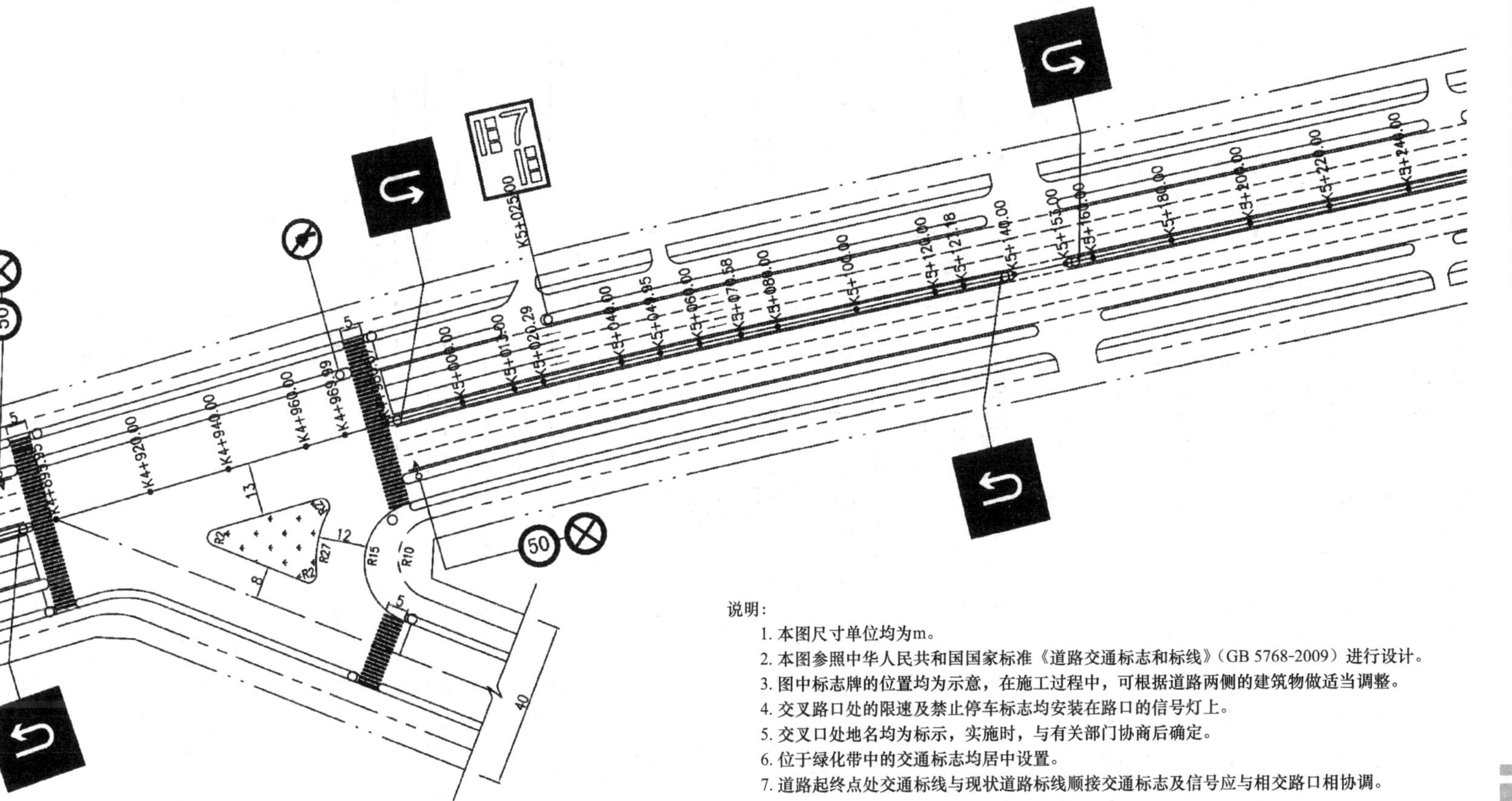

说明:

1. 本图尺寸单位均为m。
2. 本图参照中华人民共和国国家标准《道路交通标志和标线》(GB 5768-2009）进行设计。
3. 图中标志牌的位置均为示意，在施工过程中，可根据道路两侧的建筑物做适当调整。
4. 交叉路口处的限速及禁止停车标志均安装在路口的信号灯上。
5. 交叉口处地名均为标示，实施时，与有关部门协商后确定。
6. 位于绿化带中的交通标志均居中设置。
7. 道路起终点处交通标线与现状道路标线顺接交通标志及信号应与相交路口相协调。

图 12-9 某道路交通标志标线平面图示例

技术要求从附注说明可识读，例如说明 3. 图中标志牌的位置均为示意，在施工中，可根据道路两侧的建筑物做适当调整；说明 4. 交叉路口处的限速及禁止停车标志均安装在路口的信号灯上；说明 6 位于绿化带中的交通标志均居中设置。

标志工程施工顺序依次包括标志基础放样、标志基础开挖、标志基础钢筋绑扎、标志基础模板支护、标志法兰盘和地脚螺栓定位，标志基础混凝土浇筑、标志立柱安装、标志版面安装。基础开挖时，基底应先平整、夯实，控制好标高。在浇注基础混凝土时，应注意使定位法兰盘与基础对中，控制好预埋件的标高及水平。浇筑好的混凝土基础应进行养护，基础周围应回填夯实，并应在安装支柱前完成。在设置标志板时，应与道路中心线垂直成一定的夹角，即指路标志和警告标志为 0°～10°；禁令标志和指示标志为 0°～45°，以减少标志版面眩光对驾驶员视线的影响。

2. 交通服务设施

服务设施应依据公路服务水平、交通量的增长情况和路网规划。城市道路交通服务设施主要包括停车场、广场、公共交通停靠站、加油站、城市道路照明和城市交通管理设施等。

图 12-10、图 12-11 为公共交通停靠站平面图示例，可知两图均为港湾式公交站台，港湾式车站指运营车停靠时不占用行车道的车站，是在直线式站台的基础上以弧形向慢车道或人行道内凹形成。除此，应重点识读公共交通停靠站包含因素及站台尺寸。例如，由图 12-10，公共交通停靠站包含公交站台、站牌、公交停靠区、人非混行道、隔离栏杆、柔性隔离墩、绿化带等要素。附注阐述了施工中关键技术要求：道路施工时注意预埋柔性隔离墩基座。图 12-11 中图样标注尺寸表明示例二公交站台长度为 90m，其中包括 25m 减速段、30m 站台段和 35m 加速段。站台段宽度为 3.5m。

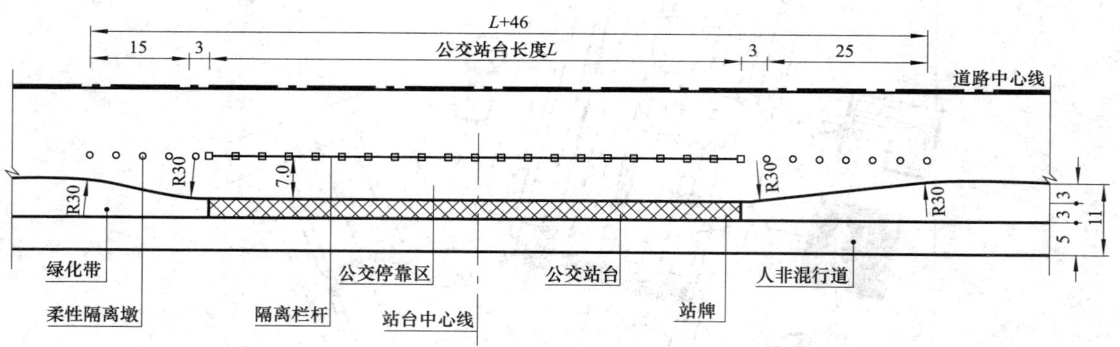

说明：

1. 本图尺寸单位：m。
2. 平面图中所标站台桩号系站台中心线所对应道路中心线的桩号。
3. 站台长度L和宽度b详见平面图。
4. 除平面图中标明外，公交站台均按本图施工。
5. 道路施工时注意预埋柔性隔离墩基座。
6. 站台铺装见景观设计施工图。

图 12-10　某公共交通停靠站设计图示例一

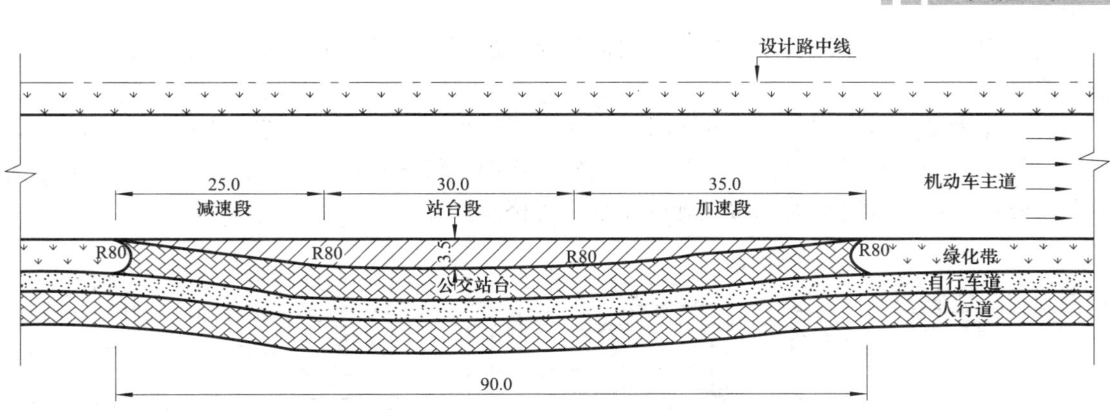

图 12-11 某公共交通停靠站设计图示例二（单位：m）

3. 其他沿线设施

在道路工程中，路缘石是道路沿线附属设施中重要组成部分。无障碍设施及盲道设计是现代城市道路沿线设施设计的重要组成，是完善城市功能不可或缺的一个基本元素。为了便于识别交通工程图，本章简略介绍路缘石、无障碍路口等其他一些沿线设施的识图。

（1）路缘石。路缘石是设置在路面与其他构造带分界的条石。图 12-12 为某道路路面结构缘石大样图，图示路缘石包括人行道立缘石和车行道立缘石。人行道立缘石，花岗岩材质，规格 50cm×10cm×20cm，车行道立缘石，花岗岩材质，规格 80cm×15cm×35cm，外露高度为 18cm。人行道立缘石和车行道立缘石垫层均为 C20 现浇水泥混凝土垫层，垫层厚度均为 5cm。人行道立缘靠背为 C20 现浇水泥混凝土，靠背高度 10cm，靠背厚度 10cm。车行道立缘石 C20 现浇水泥混凝土靠背高度 17cm，靠背厚度 10cm。

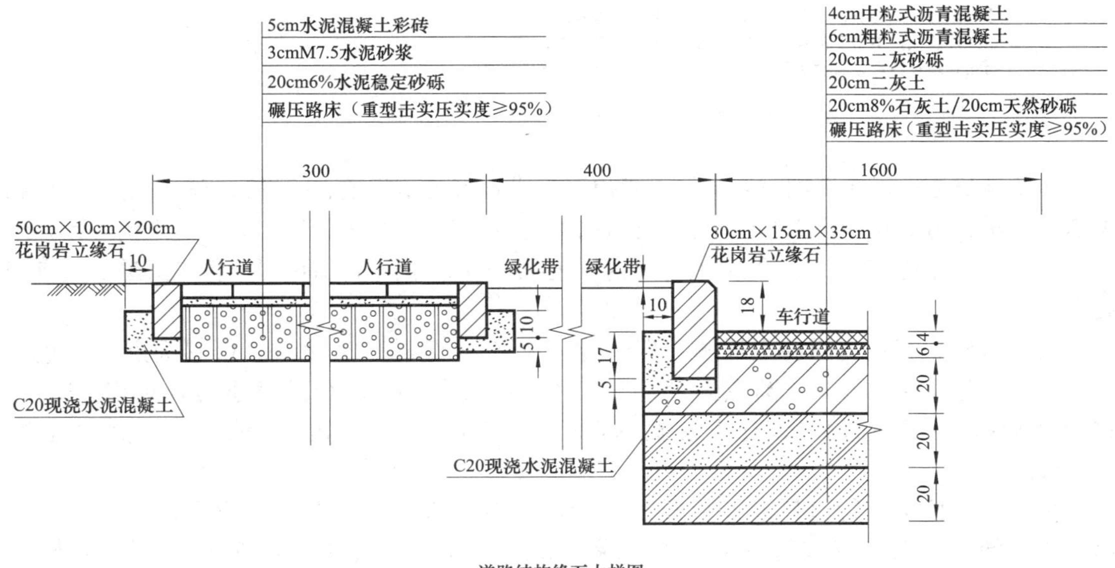

图 12-12 某道路路面结构缘石大样图（单位：cm）

施工中，花岗岩路缘石顶面和面向路面的侧面应刨平，端面和底面应表面平整，并能保证勾缝密实。

（2）无障碍路口。图 12-13 包括图样和附注说明两部分，是某道路无障碍路口设计图。图样包括转角处盲道平面布置图、提示盲道砖大样图、行进盲道砖大样图和三面缘石坡道大样图，应重点识读该路口无障碍设施的布置、规格及尺寸等。

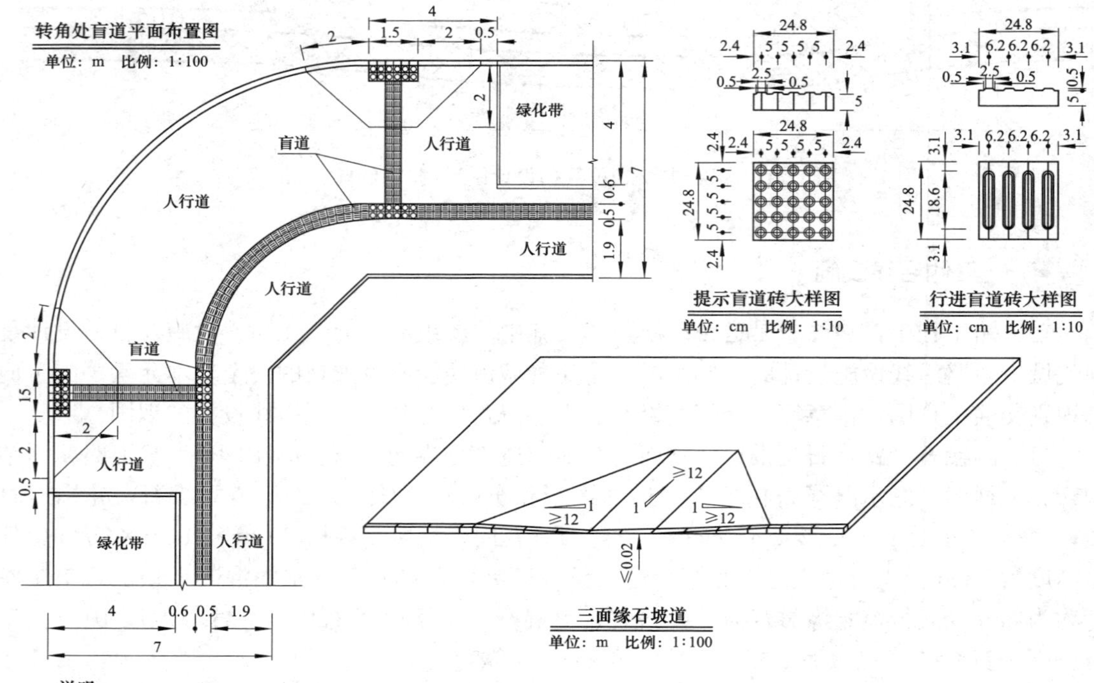

图 12-13 无障碍路口设计图示例

转角处盲道平面布置图可知：该无障碍路口设置有提示盲道、行进盲道和两处三面缘石坡道。提示盲道的宽度为 1.5m，行进盲道的宽度为 0.5m。行进盲道于人行道走向一致，距离人行道外侧绿化带 0.6m，距离人行道内侧边缘 1.9m。提示盲道设置于行进盲道的起点和终点。

由盲道砖、行进盲道砖大样图，盲道砖，规格 24.8cm×24.8cm，触感圆点表面直径 2.5cm，底面直径 3.5cm，圆点高度 5cm，圆点中心距 5cm。行进盲道砖，规格 24.8×24.8（cm），触感条面宽 2.5cm，底宽 3.5cm，高度 0.5cm，长度 18.6cm，触感条中心距 6.2cm。

缘石坡道位于人行道口或人行横道两端，使乘轮椅者避免人行道缘石带来的通行障碍，是方便其进出人行道的一种坡道。缘石坡道可分为单面缘石坡道和三面缘石坡道。识读可得该道路采用为三面缘石坡道，由三面缘石坡道大样图，缘石坡道下口高出车行道的地面高度如图所示，不得大于 20mm。三面坡缘石坡道的正面及侧面的坡度图中所示，不得大于 1∶12。

附注说明文字说明了图中技术使用范围和技术要求等，应重点识读，具体包括：说明 1. 在进行盲道的起点、终点及拐弯处应设圆点形的提示盲道；2. 盲道应连接，中途不得有电线杆、拉线、树木等障碍物；3. 行进盲道在转弯处应设提示盲道，其长度应大于行进盲道的宽度。

12.2 环境保护与景观设计

道路环境保护及景观绿化主要由道路中央分隔带绿化、防护带绿化、边坡绿化，立交绿化、功能小区（服务区、停车区、收费区）绿化等组成。道路环境保护与景观绿化工程结合道路沿线地形、地物、地质等不同情况，种植各种适生的灌木、乔木、花卉、草皮等，起到安全运输、防止水土流失、稳定路基及路堑边坡、美化路容，提高公路的使用品质和环境质量的效果。

在道路景观绿化图中，应重点识读出其绿化类型，包括绿化采用的树木及草皮物种名称，种植位置、及树木或灌木株距等信息。

1. 中央分隔带、防护带绿化

图 12-14 所示为某道路美化绿化设计图，图 12-14（a）为中央分隔带，图 12-14（b）为路侧绿化带。图中包括图样和附注两部分内容。图样部分识读能取得种植位置、树木或灌木株距等信息，附注说明文字注解说明了图中的尺寸标注的单位、所种植灌木和草皮物种的种类等信息。图 12-14（a）中附注说明可知该道路中央分隔带内种植球状灌木和马尼拉草皮，其中灌木株距图示为 144cm。由图 12-14（b），可知该道路路侧绿化带种植白杨，株距为 400cm。在该标段中央分隔带及道路两侧边沟外 3m，共植白杨株数、植灌木株数及中央分隔带植草平方米数详见《环境保护工程数量表》。

2. 边坡绿化

沿线边坡类型一般划分为石质类和土质类两大类型。根据不同的边坡土质条件，采取不同的边坡生态绿化处理工艺。

图 12-15 为植草＋灌木护坡设计图，图中包括图样、工程数量表和说明三部分内容。图样部分能识读边坡绿化的形式、尺寸和材料等信息，图示为植草和灌木护坡形式，其中 A—A 剖面表示与排水沟衔接的边坡绿化形式，B—B 坡面表示与加盖板矩形边沟衔接的边坡的绿化形式。由该图工程数量表可识读取得每延米填方和挖方喷播草籽面积。如填方喷播草籽为（$1.803H+0.7$）m^2/m。附注说明一般会注解说明图中的尺寸标注的单位、使用范围和技术要求等，它是图样与工程数量表识读准确的保障。如图中注：“1. 图中尺寸单位除 H 以 m 计外，余均以 cm 计；2. 适用于边坡高度 $H\leqslant 5$m 的路堤或稳定的边坡高度 $H<5$m 的土质挖方边坡。3. 喷播草籽时应加入灌木籽，草籽和灌木籽应为易成活，生长快，根系发达的多年生草（灌）籽。”

图 12-16 为某道路护坡锚杆框架内植草设计图，包括图样、工程数量表和附注说明三部分内容。

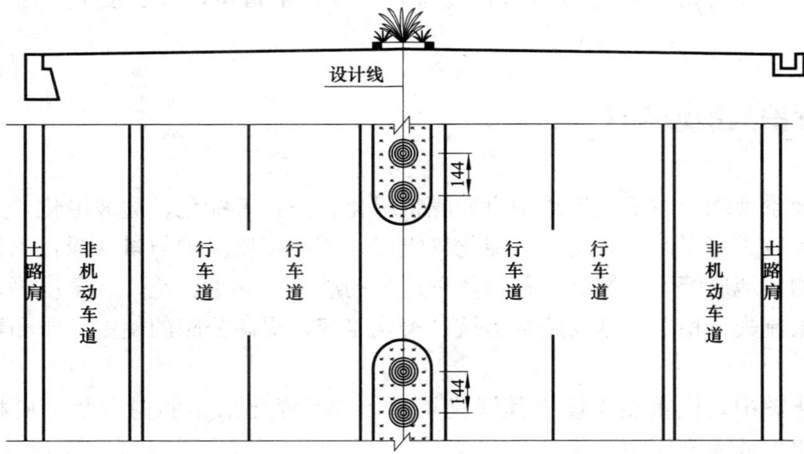

注：

1. 本图尺寸以cm计。
2. 中央分隔带内种植球状灌木和马尼拉草皮。
3. 工程数量详见《环境保护工程数量表》。

（a）

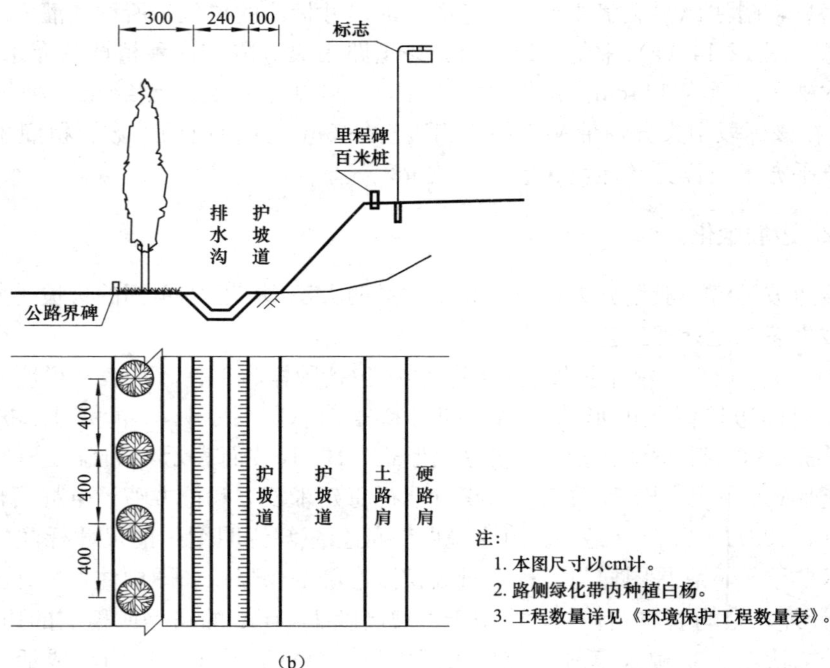

注：

1. 本图尺寸以cm计。
2. 路侧绿化带内种植白杨。
3. 工程数量详见《环境保护工程数量表》。

（b）

图 12-14　某道路美化绿化设计图

（a）中央分隔带；（b）路侧绿化带

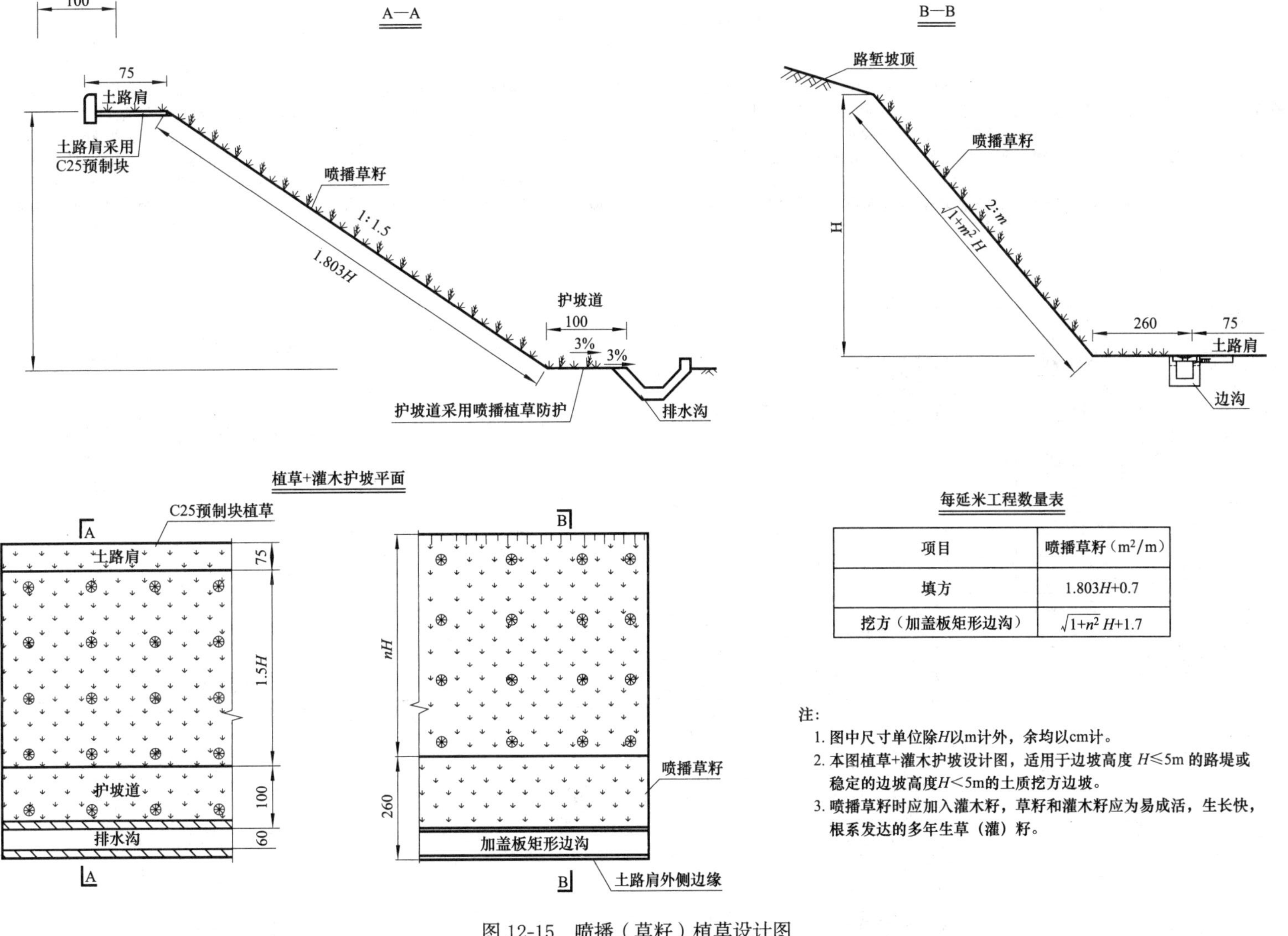

每延米工程数量表

项目	喷播草籽（m^2/m）
填方	$1.803H+0.7$
挖方（加盖板矩形边沟）	$\sqrt{1+n^2}H+1.7$

注：
1. 图中尺寸单位除H以m计外，余均以cm计。
2. 本图植草+灌木护坡设计图，适用于边坡高度 $H\leqslant 5$m 的路堤或稳定的边坡高度$H<5$m的土质挖方边坡。
3. 喷播草籽时应加入灌木籽，草籽和灌木籽应为易成活，生长快，根系发达的多年生草（灌）籽。

图 12-15　喷播（草籽）植草设计图

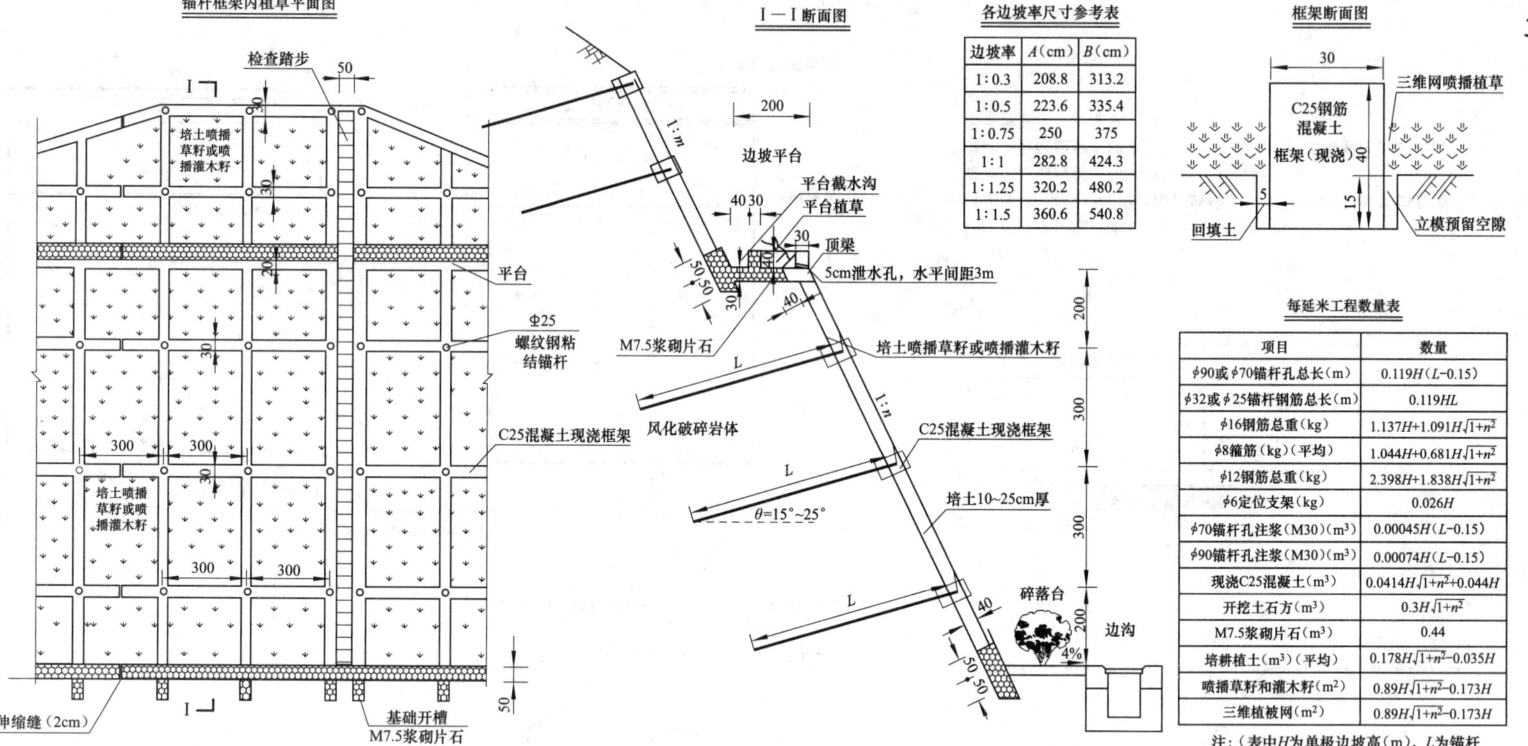

各边坡率尺寸参考表

边坡率	A(cm)	B(cm)
1:0.3	208.8	313.2
1:0.5	223.6	335.4
1:0.75	250	375
1:1	282.8	424.3
1:1.25	320.2	480.2
1:1.5	360.6	540.8

每延米工程数量表

项目	数量
ϕ90或ϕ70锚杆孔总长（m）	$0.119H(L-0.15)$
ϕ32或ϕ25锚杆钢筋总长（m）	$0.119HL$
ϕ16钢筋总重（kg）	$1.137H+1.091H\sqrt{1+n^2}$
ϕ8箍筋（kg）（平均）	$1.044H+0.681H\sqrt{1+n^2}$
ϕ12钢筋总重（kg）	$2.398H+1.838H\sqrt{1+n^2}$
ϕ6定位支架（kg）	$0.026H$
ϕ70锚杆孔注浆（M30）（m^3）	$0.00045H(L-0.15)$
ϕ90锚杆孔注浆（M30）（m^3）	$0.00074H(L-0.15)$
现浇C25混凝土（m^3）	$0.0414H\sqrt{1+n^2}+0.044H$
开挖土石方（m^3）	$0.3H\sqrt{1+n^2}$
M7.5浆砌片石（m^3）	0.44
培耕植土（m^3）（平均）	$0.178H\sqrt{1+n^2}-0.035H$
喷播草籽和灌木籽（m^2）	$0.89H\sqrt{1+n^2}-0.173H$
三维植被网（m^2）	$0.89H\sqrt{1+n^2}-0.173H$

注：（表中H为单极边坡高（m），L为锚杆长度（m），n为边坡率）。

注:

1. 图中除直径以 mm 计外，其余尺寸以 cm 计。
2. 本图为锚杆框架内植草设计图，适用于软岩或潜在浅层坡面破坏的挖方边坡加固及绿化防护，欠稳定的边坡采用Φ32 螺纹钢粘结锚杆，稳定性较好的边坡采用Φ25 螺纹钢粘结锚杆。
3. 框架内培土并外挂三维网喷播植草。
4. 框架由 C25 钢筋混凝土现浇，框架宽 30cm，厚 40cm，浇筑前先绑扎框内绿化护坡预埋钢筋。钢筋骨架节点由全粘式螺纹钢筋锚杆连接固定，锚固角一般为 15°~25°（具体根据地质情况和边坡率而定），锚杆外露端头与钢筋骨架箍筋绑扎或焊接连接。框架每间隔 15~25m 设一伸缩缝，缝宽 2cm，内填沥青防水材料。
5. 施工顺序：修整坡面→锚杆→框架→框架内培土植草。
6. 当坡面岩性为土质或软质岩时，框架嵌入土层 30cm，外露 10cm；当坡面岩性为硬质岩时，框架嵌入岩层 15cm。
7. 边坡平台根据实际情况设置相应的截水沟（见路基路面排水工程设计图），边坡平台绿化适用于第一级平台，其数量已计入工程数量表中。
8. 三维植被网纵向搭接长度≥10cm，三维网为绿色，基本参数：厚度≥14mm、单位面积质量≥250g/m²，纵横向拉伸度≥2kN/m。

图 12-16　某边坡锚杆框架内植草设计图

(1) 其图样部分由锚杆框架内植草平面图、Ⅰ—Ⅰ断面图和框架断面图三个图构成。由Ⅰ—Ⅰ断面图可识读该边坡按二级放坡，均采用锚杆框架加固，锚固角图示为 15°～25°，框架内用三维网植草护坡。第 1，2 级边坡坡度分别为 1∶n 和 1∶m，边坡平台宽度为 2m，并在平台上施工 M7.5 浆砌片石平台截水沟，坡底设矩形边沟。坡面水通过截水沟，泄水孔（直径 5mm、间距 3m），汇集于坡底边沟中排出边坡外。由锚杆框架内植草平面图可识读锚杆采用矩形布置，竖向和水平间距和边坡坡度有关，具体尺寸如各边坡率尺寸参考表所示。边坡设检查踏步，踏步宽度为 50cm。框架横梁每隔一段距离设一道伸缩缝，缝宽 2cm。

(2) 通过识读工程数量表可清楚地获悉每延米锚杆框架内植草护坡所用各种材料的数量，包括锚杆钢筋、箍筋、C25 混凝土、M7.5 浆砌片石、喷播草籽和灌木籽等，如每延米 ϕ50 或 ϕ70 锚杆孔总长 0.119H（L-0.15）m，每延米 ϕ32 或 ϕ25 锚杆钢筋总长为 0.119HLm 等，其中 H 为单级边坡高，L 为锚杆长度。

(3) 附注说明表述了该图的尺寸标注的单位、使用范围和技术要求等，是图样与工程数量表识读准确的保障。如本图注则注解了施工中的关键技术要求。

图 12-17 所示为“锚杆框架内填草绿化”中锚杆框架细部构造设计图，由设计图可识读主要包括图样和附注两部分组成。图样主要包括钢筋框架结点大样图、锚杆与框架连接大样图、锚杆框架大样图等，可反应钢筋框架节点细部及锚杆细部构造等。注 1.“图中除直径以 mm 计外，其余尺寸均以 cm 计”说明了图中标注尺寸的单位。注 2.“本图为锚杆框架细部构造设计图”表明了该设计应用范围。注 3.“箍筋标准间距为 20cm，框格结点处间距 X 在 10～20cm 间变化”和注 4.“锚杆框架施工按照如下顺序进行：清理边坡、设置锚杆孔、清孔、放入锚杆、加压（0.4～0.8MPa）注浆、孔内砂浆充分凝固后扎网，锚杆端部弯折并与纵横骨架筋间逐点绑扎，现浇钢筋混凝土框架”注解了该工艺的技术要求。

图 12-18 为混凝土框架填土植草设计图，设计图包括图样、工程数量表和附注说明三部分内容。

其图样部分由锚杆框架式植草坡面布置图、A—A 剖面图和六角形混凝土预制块、固定锚钉、基座等大样图构成。

由锚杆框架式植草坡面布置图可识读该设计采用锚杆混凝土框架梁挂三维网植草进行绿化防护，锚杆采用矩形布置，水平间距 3m，竖向间距和边坡坡度有关，具体尺寸如各边坡率尺寸参考表所示，如挖方边坡率采用 1∶0.5，则竖向框架斜长为 279.5cm。

由 A—A 剖面图可识读该边坡按二级放坡，1、2 级边坡坡度均为 1∶0.5～1∶1.5，边坡平台宽度为 2m，进行填土植草。锚杆长度为 300cm，框架内培耕植土厚度 15cm，用三维网植草护坡。边坡顶设截水沟，边坡平台按水平间距 3m，设置直径 5cm 的泄水孔，坡底设边沟，坡面水通过截水沟、泄水孔，汇集于坡底边沟中排出边坡外。并在坡底设浆砌片石基座。

大样图针对某一局部构件或特定区域进行特殊性放大标注，可识读某局部构件的结构形式、尺寸和材料等信息，图示基座由 M7.5 砂浆砌片石浆砌。由六角形混凝土预制块大样图可识读该正六角形空心砖由 C25 混凝土预制，该六边形砖厚 5cm，边长 15cm，高 26cm。

通过识读工程数量表可清楚地获悉每延米锚杆框架内植草护坡所用各种材料的数量，包括锚杆钢筋、箍筋、C25 混凝土、M7.5 浆砌片石、喷播草籽和灌木籽等，如每延米 ϕ40 锚杆孔总长 0.413Hm，每延米 ϕ16 锚杆钢筋总长为 0.504Hm 等，其中 H 为单级边坡高。

附注说明表述了该图的尺寸标注的单位、使用范围和技术要求等，是图样与工程数量表

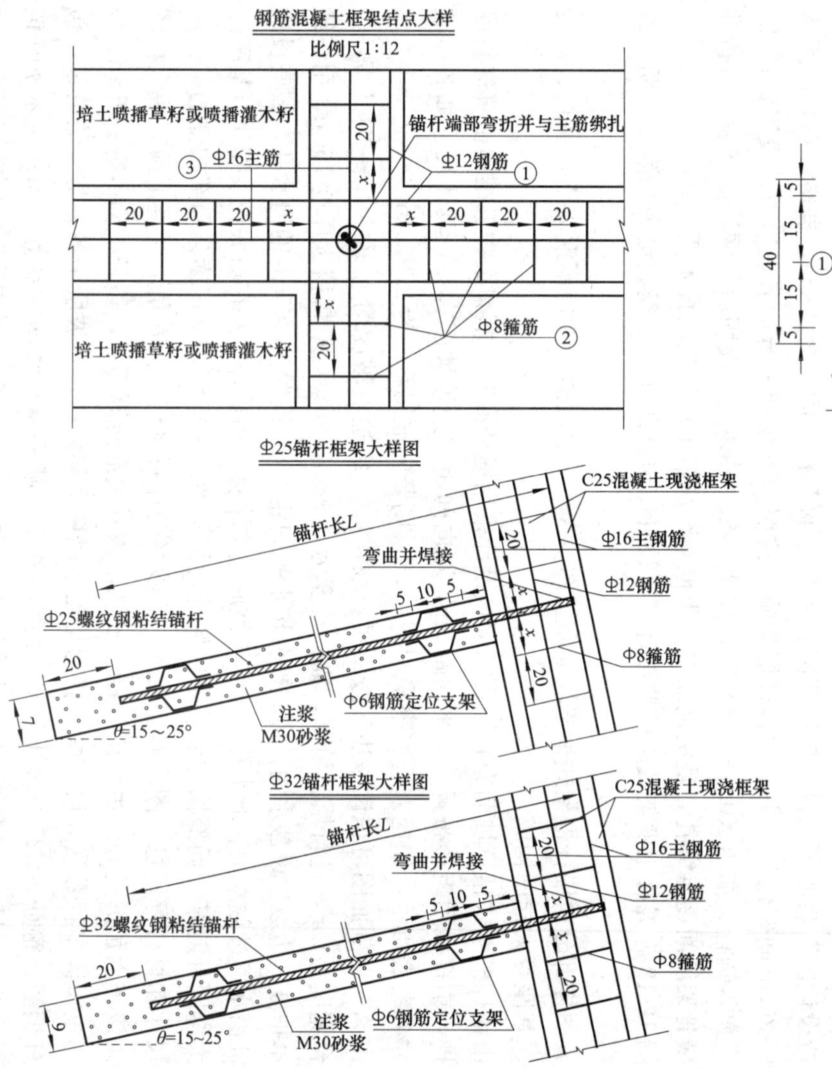

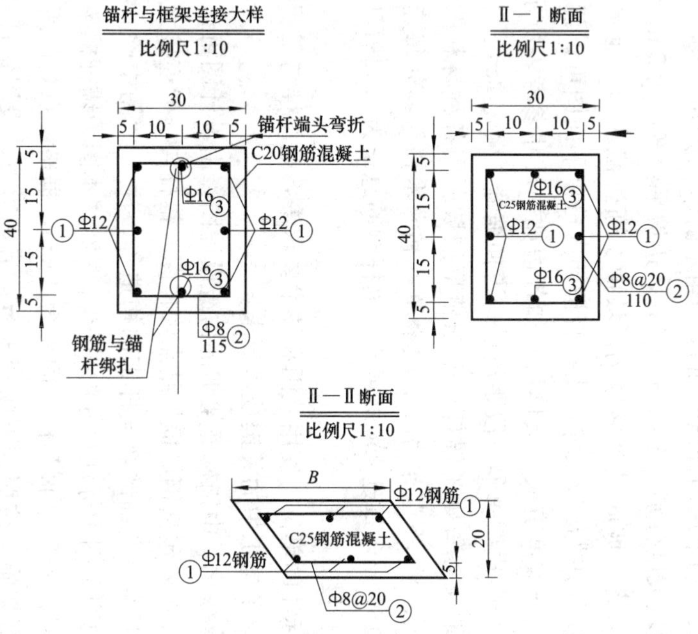

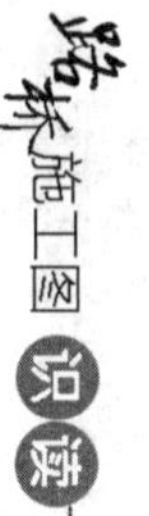

钢筋混凝土框架结点大样

比例尺1:12

培土喷播草籽或喷播灌木籽

锚杆端部弯折并与主筋绑扎

③ Φ16主筋

Φ12钢筋 ①

Φ8箍筋 ②

锚杆与框架连接大样

比例尺1:10

锚杆端头弯折

C20钢筋混凝土

钢筋与锚杆绑扎

Φ8 ② 115

Ⅱ—Ⅰ断面

比例尺1:10

C25钢筋混凝土

Φ8@20 ② 110

Ⅱ—Ⅱ断面

比例尺1:10

C25钢筋混凝土

Φ12钢筋 ①

Φ8@20 ②

Φ25锚杆框架大样图

C25混凝土现浇框架

锚杆长L

弯曲并焊接

Φ16主钢筋

Φ12钢筋

Φ8箍筋

Φ25螺纹钢粘结锚杆

注浆

M30砂浆

Φ6钢筋定位支架

θ=15～25°

Φ32锚杆框架大样图

C25混凝土现浇框架

锚杆长L

弯曲并焊接

Φ16主钢筋

Φ12钢筋

Φ8箍筋

Φ32螺纹钢粘结锚杆

注浆

M30砂浆

Φ6钢筋定位支架

θ=15～25°

注:

1. 图中除直径以mm计外，其余尺寸以cm计。
2. 本图为锚杆框架细部构造设计图。
3. 箍筋标准间距为20cm，框格结点处间距x在10~20cm间变化。
4. 锚杆框架施工按照如下顺序进行：清理边坡、设置锚杆孔、清孔、放入锚杆、加压（0.4~0.8MPa）注浆、孔内砂浆充分凝固后扎网，锚杆端部弯折并与纵横骨架筋间逐点绑扎，现浇钢筋混凝土框架。

图 12-17　某边坡锚杆框架内植草细部构造设计图

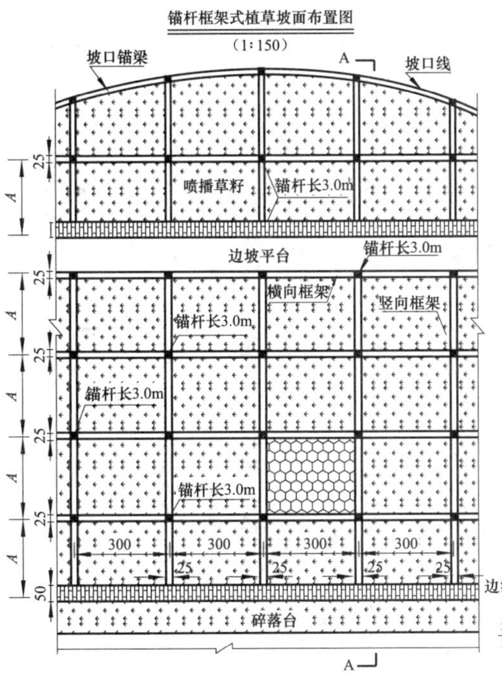

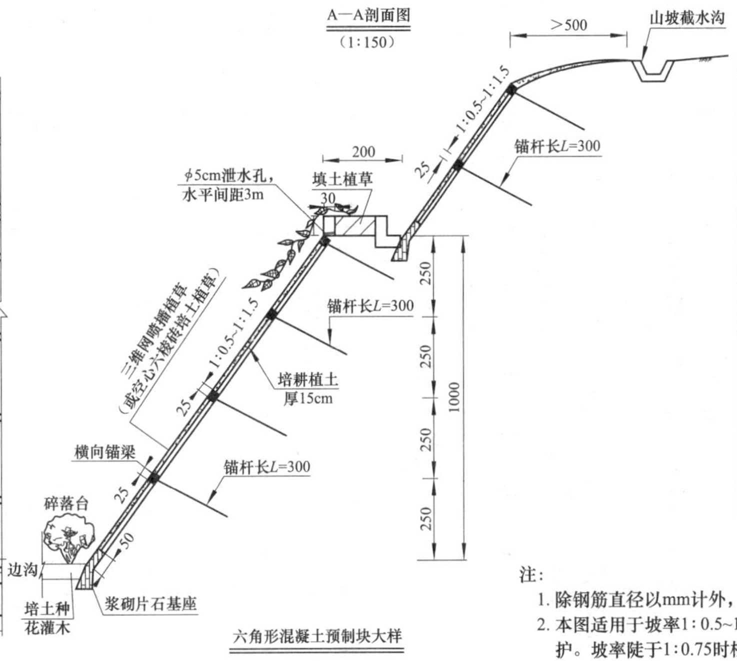

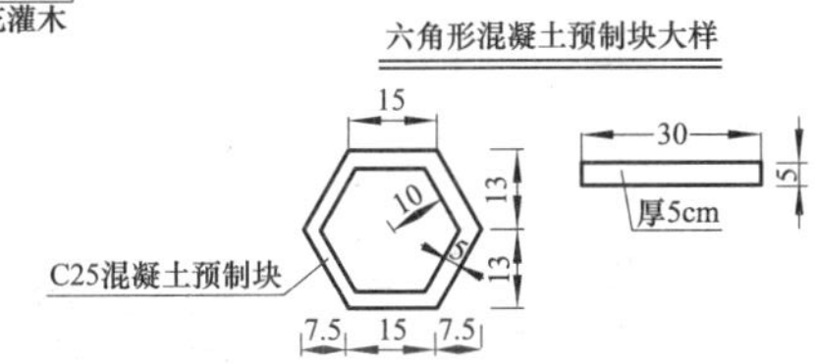

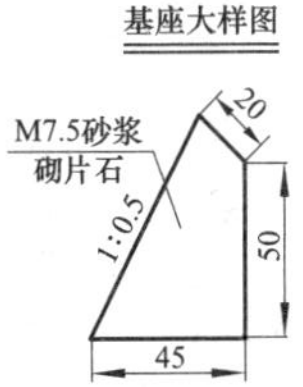

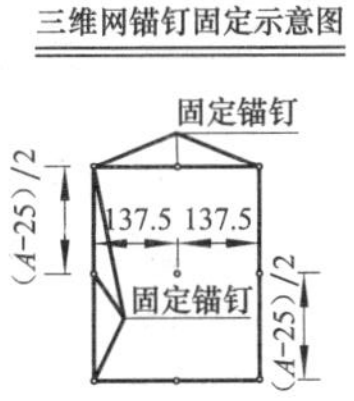

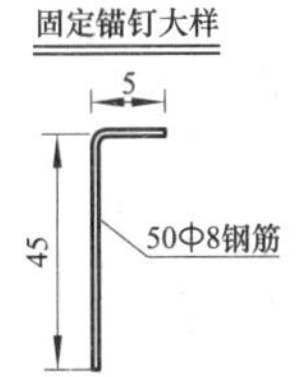

每延米工程数量表

工程项目	工程数量
Φ40锚杆孔总长（m）	0.413H
Φ16锚杆钢筋总长（m）	0.504H
Φ16钢筋（框架）(kg)	$2.528H+2.107H\sqrt{1+n^2}$
Φ8钢筋（框架）(kg)	$0.645H+0.538H\sqrt{1+n^2}$
Φ8钢筋（固定锚钉）(kg)	0.237H
现浇C25混凝土（框架）(m^3)	$0.017H\sqrt{1+n^2}+0.018H$
预制C25混凝土（m^3）	0.0195H
M30砂浆（钻孔注浆）(m^3)	0.0005H
喷播草籽（m^2）	$0.917H\sqrt{1+n^2}-0.138H$
碎落台植草（m^2/m）	1.70
三维植被网（m^2）	$0.917H\sqrt{1+n^2}-0.138H$
培耕植土（m^3）	$0.138H\sqrt{1+n^2}-0.021H$
挖方（m^3）	$0.142H\sqrt{1+n^2}-0.021H$
M7.5浆砌片石（m^3）	0.404

注：表中H为单极边坡高（m），n为边坡率。

各边坡率尺寸参考表

挖方边坡率	竖向框架斜长A（cm）
1:0.5	279.5
1:0.75	312.5
1:1	353.6
1:1.25	400.2
1:1.5	450.7

注：

1. 除钢筋直径以mm计外，其余以cm为单位。
2. 本图适用于坡率1:0.5~1:1.5，强~微风化整体稳定的岩石路堑边坡防护。坡率陡于1:0.75时框架内六棱块培土植草。
3. 六棱混凝土块采用 C25 混凝土预制，M7.5 水泥砂浆砌筑。框架内六棱块砌筑前必须把其下部土体捶实平整，待预制块砌体达到一定强度后，才能在预制块内培土植草皮。
4. 混凝土框架为立模现浇，横向、竖向框架截面宽25cm，高20cm。
5. 沿路线方向每隔15m设置伸缩缝一道，伸缩缝一般设于距离竖梁1/4单元格长度的横梁上，缝宽2cm，交错设置，用沥青麻絮填塞。
6. 施工工序：人工凿削或嵌补坡面至平整→坡面锚杆施工→框架开槽、现浇钢筋混凝土→回填土→挂三维网并固定→喷射泥浆→喷播植草（或六棱混凝土块培土植草）。
7. 边坡平台根据实际情况设置相应的截水沟（见路基路面排水工程设计图）平台绿化适用于第一级平台，其数量已计入工程数量表中。
8. 三维植被网纵向搭接长度不小于 10cm，三维网为绿色，基本参数：厚度≥14mm、单位面积质量≥250g/m^2，纵横向拉伸度≥2kN/m。

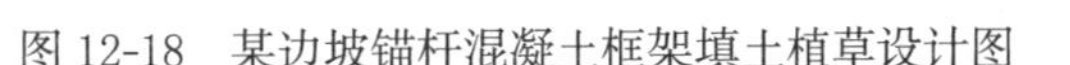

图 12-18　某边坡锚杆混凝土框架填土植草设计图

识读准确的保障。如注 1："除钢筋直径以 mm 计外，其余以 cm 为单位" 说明了该图尺寸标注的单位。注 2："本图适用于坡率 1∶0.5～1∶1.5，强～微风化整体稳定的岩石路堑边坡防护，坡率陡于 1∶0.75 时框架内六棱块培土植草" 强调了该方案的使用范围。附注中注 3～注 8 注解了施工中的关键技术要求。

图 12-19 为"混凝土框架内填土绿化"中锚杆框架细部构造设计图，可表达框架配筋情况及锚杆细部构造等。图样主要包括了单元框架配筋图、普通锚杆大样图、箍筋大样图等。工程数量表图示为一个单元格的材料数量，由单元框架钢筋明细表、单元框架材料数量表和一根普通锚杆数量表组成。附注说明要重点识记，一般会注解说明图中的尺寸标注的单位和技术要求等。

图 12-20 为浆砌片石网格植草防护设计图，边坡采用浆砌片石菱形网格骨架防护，网格内植草。由附注说明可识读该施工工艺适用于土质或全强风化岩质挖方边坡防护。设计图包括图样、工程数量表和附注说明三部分内容。

(1) 由图样可知边坡采用 M7.5 浆砌片石 300cm×173cm 菱形网格防护，浆砌片石厚 40cm，外露坡面砂浆勾缝。坡顶植草，坡顶外延伸 50cm，外延满铺 M7.5 浆砌片石。浆砌片石网格上部设置 8cm×30cm×49.5cm 的 C25 预制混凝土立板作为拦水埂。边坡底部设 40cm 厚 C25 混凝土挡块。为便利养护，设置一宽 0.5m，单节高度 0.25m 的阶梯形检查踏步，图示踏步设在植草窗中间位置。泄水孔设置：泄水孔孔径 5cm，水平间距每 3m 设置一个，泄水孔距坡脚线 50cm。

(2) 由单位工程数量表可知工程数量跟边坡率有关。例如边坡率 1.0 时，每延米工程数量：坡面 M7.5 浆砌片石 ($0.263H+0.6$) m^3/m，护脚（仅碎落台设）M7.5 浆砌片石 $0.756m^3/m$，坡面喷播植草 ($0.75H-1.1$) m^2/m，碎落台喷播植草 $1.30m^2/m$，培耕植土 ($0.15H-0.22$) m^3/m，挖土石方 ($0.263H+1.15$) m^3/m，C25 混凝土预制块 ($0.035H+0.03$) m^3/m。

(3) 注 3～注 8 详细阐明了浆砌片石方格网植草的关键技术要求，如下所示：土质及全风化岩质边坡，开挖网格沟槽后铺砌浆砌片石，可直接喷播草籽和灌木籽植草。宜先培 0.2m 厚耕植土后，再喷播植草。检查踏步每 200m 设置一道，但根据边坡高度及挖方路段长度，每一挖方路段设置不少于一道为宜。边坡平台根据实际情况设置相应的截水沟，平台绿化适用于第一级边坡平台，其数量已计入工程数量表中。坡脚处护脚墙的沟槽采用每间隔 10m 一段跳槽开挖，分段施工。

图 12-21 为道路碎落台花坛设计图示例，由图样、工程数量表和附注组成。图样包括碎落台花坛平面图、花坛种植槽剖面图及流水槽剖面图。

(1) 碎落台设置于边沟与坡脚之间，由碎落台平面图可识读碎落台宽度 2.3m，用 M7.5 浆砌片石铺砌。如图所示设有流水槽，流水槽的水流沿碎落台浆砌片石铺筑层引流至边沟。两流水槽之间布置绿化带种植槽，花坛内种植草和灌木，种植槽长 5m。

(2) 附注 1"本图适用于黄土区的挖方路段碎落台加固，图中尺寸均以 cm 计"说明了该图的尺寸标注的单位和该设计的使用范围。附注 2"碎落台开挖 30cm 后铺砌 M7.5 浆砌片石，预留出种植槽，种植槽深 50cm，长 5m，宽 1.3m，纵向间距为 0.5m，种植槽侧边采用 C20 预制条块围砌，槽内回填种植土，花坛内种植常青灌木和植草，选用适合当地生长的草种、灌水"阐述了技术要求。

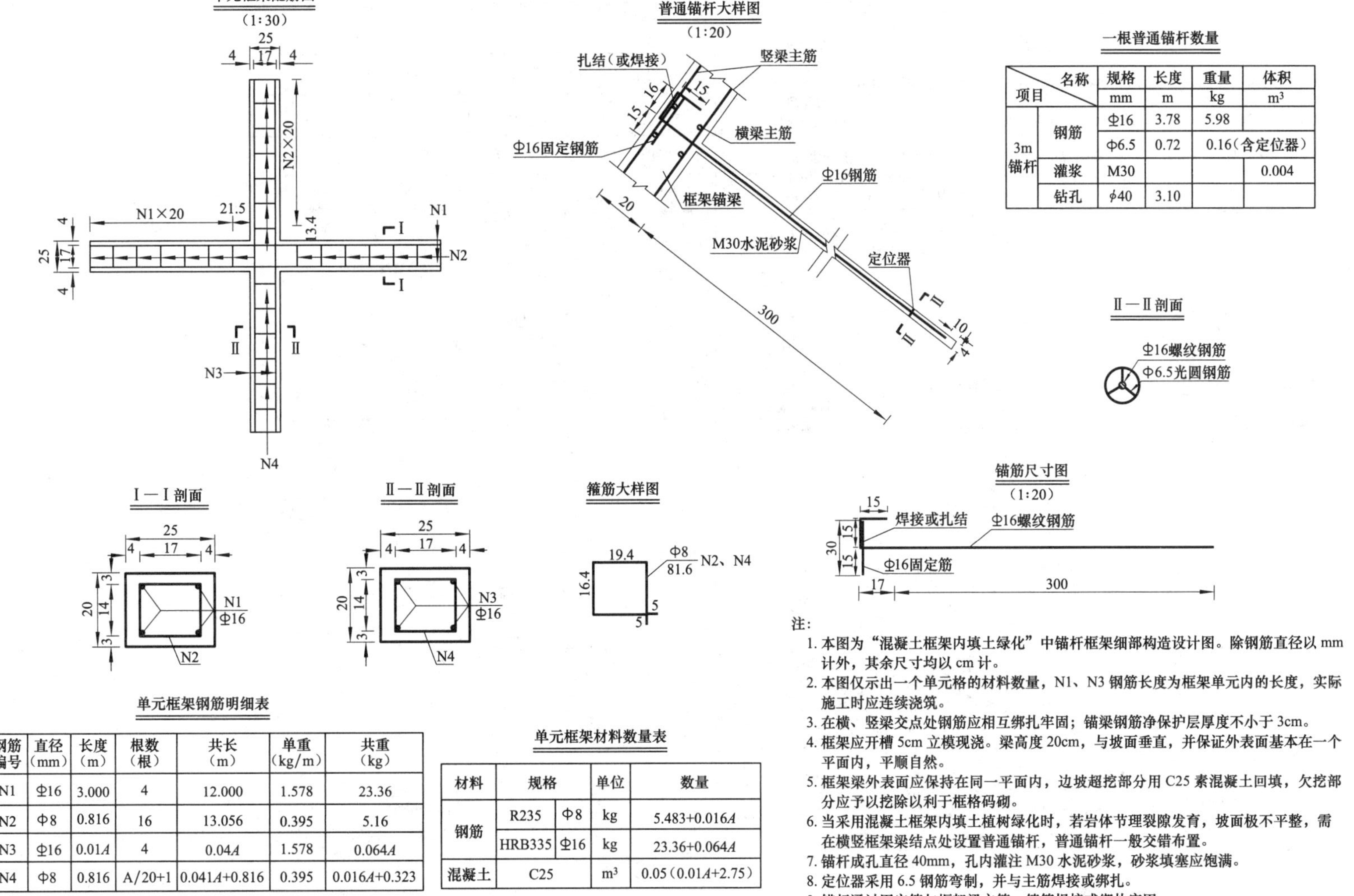

一根普通锚杆数量

项目		名称	规格	长度	重量	体积
			mm	m	kg	m^3
3m 锚杆	钢筋		Φ16	3.78	5.98	
			Φ6.5	0.72	0.16（含定位器）	
	灌浆		M30			0.004
	钻孔		ϕ40	3.10		

单元框架钢筋明细表

钢筋编号	直径（mm）	长度（m）	根数（根）	共长（m）	单重（kg/m）	共重（kg）
N1	Φ16	3.000	4	12.000	1.578	23.36
N2	Φ8	0.816	16	13.056	0.395	5.16
N3	Φ16	0.01*A*	4	0.04*A*	1.578	0.064*A*
N4	Φ8	0.816	A/20+1	0.041*A*+0.816	0.395	0.016*A*+0.323

单元框架材料数量表

材料	规格		单位	数量
钢筋	R235	Φ8	kg	5.483+0.016*A*
	HRB335	Φ16	kg	23.36+0.064*A*
混凝土	C25		m^3	0.05（0.01*A*+2.75）

注：

1. 本图为“混凝土框架内填土绿化”中锚杆框架细部构造设计图。除钢筋直径以 mm 计外，其余尺寸均以 cm 计。
2. 本图仅示出一个单元格的材料数量，N1、N3 钢筋长度为框架单元内的长度，实际施工时应连续浇筑。
3. 在横、竖梁交点处钢筋应相互绑扎牢固；锚梁钢筋净保护层厚度不小于 3cm。
4. 框架应开槽 5cm 立模现浇。梁高度 20cm，与坡面垂直，并保证外表面基本在一个平面内，平顺自然。
5. 框架梁外表面应保持在同一平面内，边坡超挖部分用 C25 素混凝土回填，欠挖部分应予以挖除以利于框格砌砌。
6. 当采用混凝土框架内填土植树绿化时，若岩体节理裂隙发育，坡面极不平整，需在横竖框架梁结点处设置普通锚杆，普通锚杆一般交错布置。
7. 锚杆成孔直径 40mm，孔内灌注 M30 水泥砂浆，砂浆填塞应饱满。
8. 定位器采用 6.5 钢筋弯制，并与主筋焊接或绑扎。
9. 锚杆通过固定筋与框架梁主筋、箍筋焊接或绑扎牢固。

图 12-19　某边坡锚杆混凝土框架植草细部构造设计图

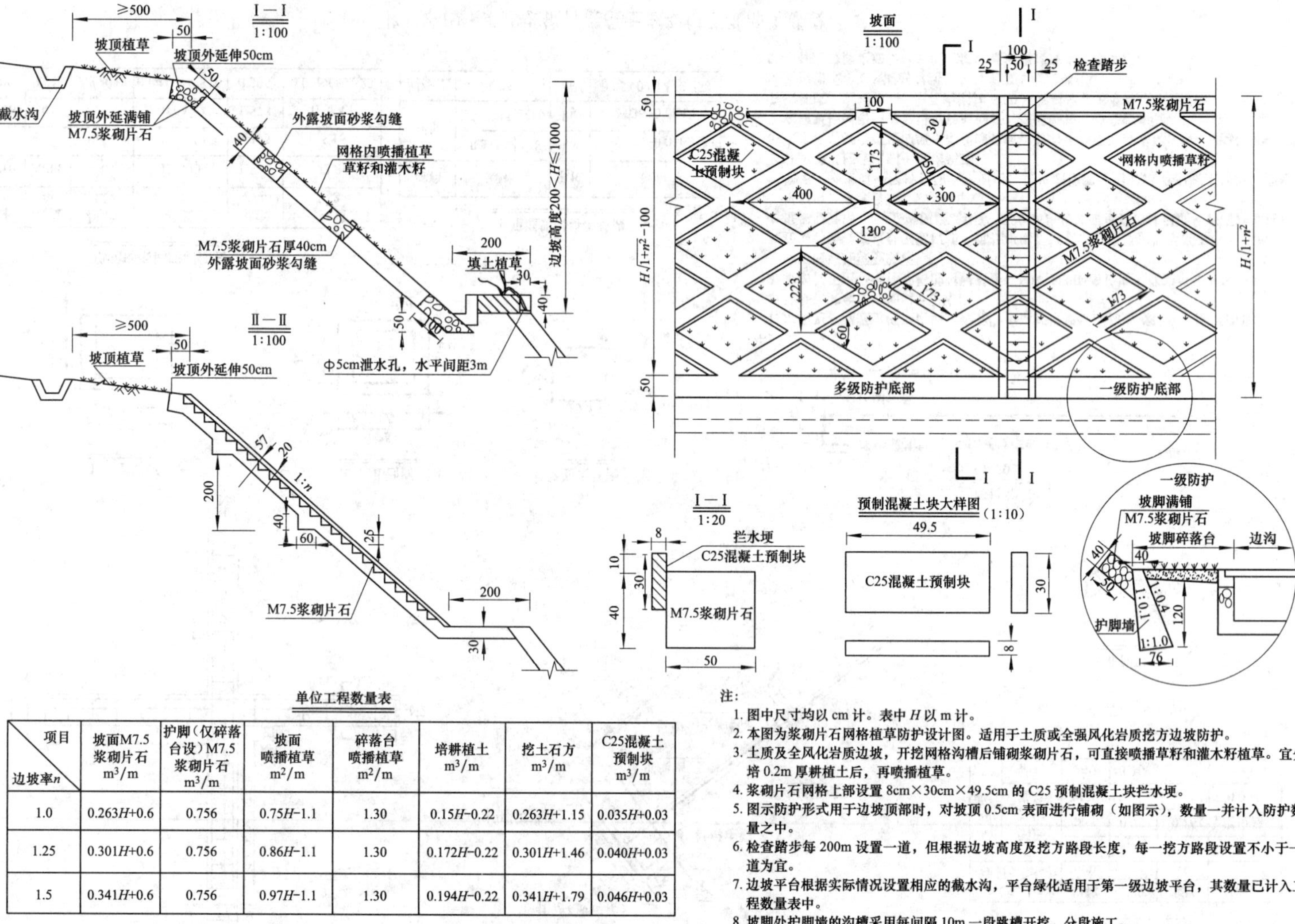

单位工程数量表

边坡率n \ 项目	坡面M7.5浆砌片石 m³/m	护脚（仅碎落台设）M7.5浆砌片石 m³/m	坡面喷播植草 m²/m	碎落台喷播植草 m²/m	培耕植土 m³/m	挖土石方 m³/m	C25混凝土预制块 m³/m
1.0	0.263H+0.6	0.756	0.75H−1.1	1.30	0.15H−0.22	0.263H+1.15	0.035H+0.03
1.25	0.301H+0.6	0.756	0.86H−1.1	1.30	0.172H−0.22	0.301H+1.46	0.040H+0.03
1.5	0.341H+0.6	0.756	0.97H−1.1	1.30	0.194H−0.22	0.341H+1.79	0.046H+0.03

注：

1. 图中尺寸均以 cm 计。表中 H 以 m 计。
2. 本图为浆砌片石网格植草防护设计图。适用于土质或全强风化岩质挖方边坡防护。
3. 土质及全风化岩质边坡，开挖网格沟槽后铺砌浆砌片石，可直接喷播草籽和灌木籽植草。宜先培 0.2m 厚耕植土后，再喷播植草。
4. 浆砌片石网格上部设置 8cm×30cm×49.5cm 的 C25 预制混凝土块拦水埂。
5. 图示防护形式用于边坡顶部时，对坡顶 0.5cm 表面进行铺砌（如图示），数量一并计入防护数量之中。
6. 检查踏步每 200m 设置一道，但根据边坡高度及挖方路段长度，每一挖方路段设置不小于一道为宜。
7. 边坡平台根据实际情况设置相应的截水沟，平台绿化适用于第一级边坡平台，其数量已计入工程数量表中。
8. 坡脚处护脚墙的沟槽采用每间隔 10m 一段跳槽开挖，分段施工。

图 12-20　某护坡浆砌片石网格植草防护设计图

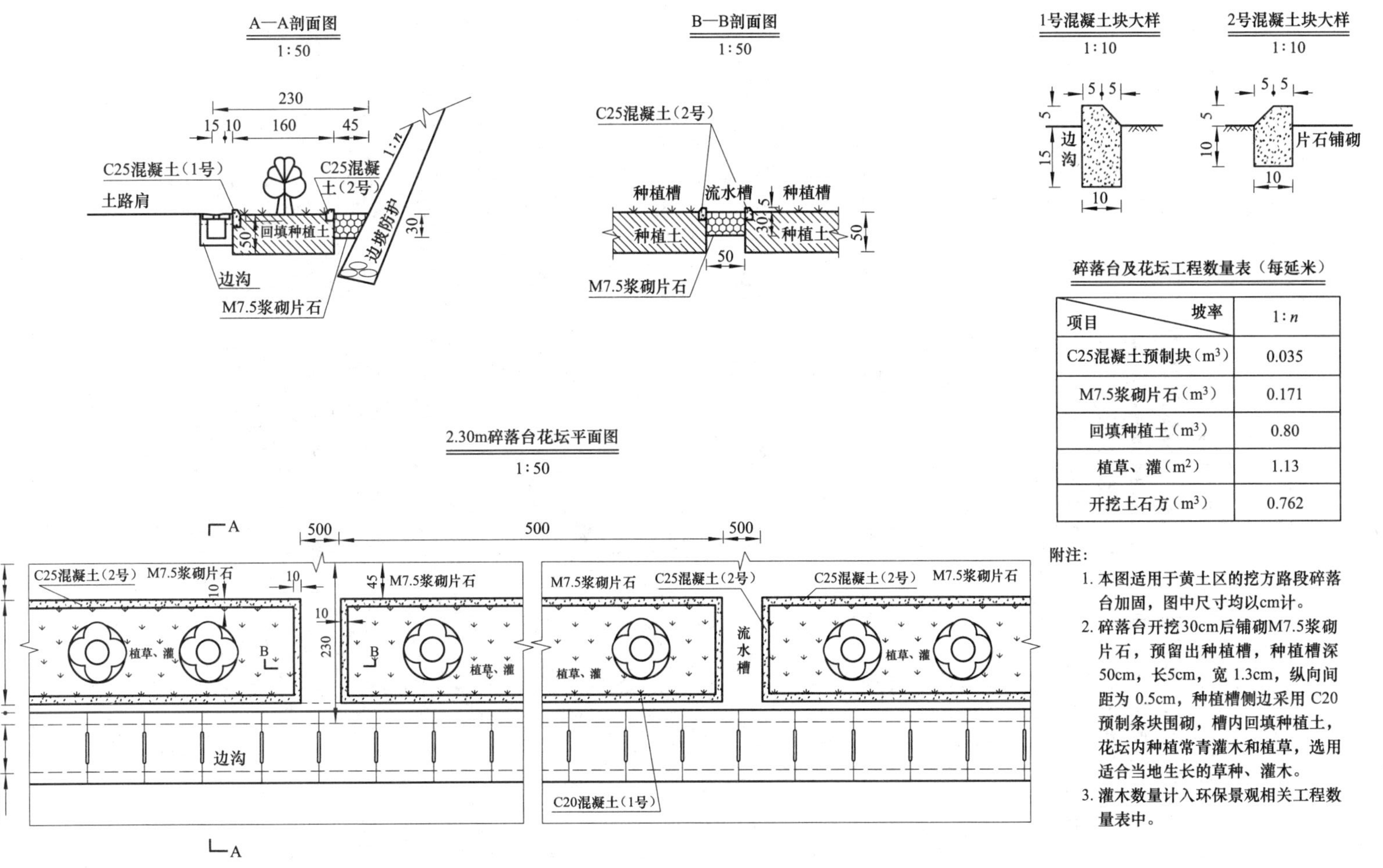

碎落台及花坛工程数量表（每延米）

项目 \ 坡率	1:n
C25混凝土预制块（m^3）	0.035
M7.5浆砌片石（m^3）	0.171
回填种植土（m^3）	0.80
植草、灌（m^2）	1.13
开挖土石方（m^3）	0.762

附注：

1. 本图适用于黄土区的挖方路段碎落台加固，图中尺寸均以cm计。
2. 碎落台开挖30cm后铺砌M7.5浆砌片石，预留出种植槽，种植槽深50cm，长5cm，宽 1.3cm，纵向间距为 0.5cm，种植槽侧边采用 C20 预制条块围砌，槽内回填种植土，花坛内种植常青灌木和植草，选用适合当地生长的草种、灌木。
3. 灌木数量计入环保景观相关工程数量表中。

图 12-21　道路碎落台花坛设计图

参 考 文 献

[1] 袁玉卿. 路基路面工程［M］. 北京：中国电力出版社，2010.

[2] 尚云东，杨桂林. 土木工程识图［M］. 北京：高等教育出版社，2010.

[3] 谭海洋. 道路工程制图［M］. 北京：人民交通出版社，2008.

[4] 杨少伟. 道路勘测设计［M］. 北京：人民交通出版社，2012.

[5] 姚玲森. 桥梁工程［M］. 北京：人民交通出版社，2008.

[6] 朱永全，宋玉香. 隧道工程［M］. 北京：中国铁道出版社，2010.